高等院校"十二五"旅游管理类课程系列规划教材
广西大学商学院专著资助项目

旅游规划理论与实践

The Theory and Practice of Tourism Planning

杨永德 著

经济管理出版社
ECONOMY & MANAGEMENT PUBLISHING HOUSE

图书在版编目（CIP）数据

旅游规划理论与实践/杨永德著．—北京：经济管理出版社，2013.12
ISBN 978 - 7 - 5096 - 2841 - 6

Ⅰ.①旅…　Ⅱ.①杨…　Ⅲ.①旅游规划—研究　Ⅳ.①F590.1

中国版本图书馆 CIP 数据核字（2013）第 286322 号

组稿编辑：王光艳
责任编辑：许　兵
责任印制：黄章平
责任校对：李玉敏

出版发行：经济管理出版社
　　　　　（北京市海淀区北蜂窝 8 号中雅大厦 A 座 11 层　100038）
网　　　址：www. E - mp. com. cn
电　　　话：(010) 51915602
印　　　刷：北京紫瑞利印刷有限公司
经　　　销：新华书店
开　　　本：720mm × 1000mm/16
印　　　张：19.5
字　　　数：372 千字
版　　　次：2014 年 5 月第 1 版　　2014 年 5 月第 1 次印刷
书　　　号：ISBN 978 - 7 - 5096 - 2841 - 6
定　　　价：48.00 元

目　　录

第一章　旅游规划发展历程

▶ 内容导读

旅游规划首先兴起于国外，是旅游发展的必然产物，中国的旅游规划是改革开放后社会需求、市场拉动的结果，随着旅游业的不断发展和旅游市场的日益成熟，旅游规划也出现了多元化的发展态势。通过本章的学习，一方面了解旅游规划发展的背景，掌握旅游规划发展的一些基本规律；另一方面理解旅游规划发展的基本态势，以明确旅游规划的发展方向。

第一节　旅游规划发展回眸

1959 年美国《夏威夷规划》中第一次出现旅游规划，这是作为夏威夷市城区规划中的一个组成部分出现的。19 世纪 60 年代初，法国、英国也出现了正式的旅游规划。1963 年联合国国际旅游大会强调了旅游规划的意义，从此许多国家都兴起了旅游规划的热潮，发展旅游需要先行规划的观念在世界范围内得到认同。由此可见，西方国家的旅游规划历史已将近 50 年。

20 世纪 70 年代以前，中国并没有真正意义上的旅游业，直到 1978 年，邓小平同志提出要发展中国旅游业，争取到 20 世纪末实现年创汇 100 亿美元的目标以后，中国旅游业才开始发展起来。70 年代末期，我国开始实行对外开放政策，大量的海外旅游者涌入，推动了我国旅游业的高速发展，旅游规划工作也就随之发展起来。

中国的旅游规划，早在 20 世纪 30 年代已有初步萌芽。张其昀以《浙江省风景区之比较观》为题在《地理学报》（1934 年第 1 卷第 2 期）上发表了中国历史上第一篇区域旅游资源及其开发的学术论文，具有景区建设方面的观点，被认为是旅游规划研究的早期成果之一。20 世纪 40 年代，在战后复兴的一片呼声中，有关旅游业发展计划的学术成果大量涌现，而且表现出更高的水平，不过并都不是针对现代旅游业的。中国的现代旅游业，起步于 1979 年。新中国改革开放政策使我国现代旅游业得到了迅速发展，各地的经济社会发展规划开始涉及旅游业的发展。与此同时，各类旅游地规划和风景区规划大量出现。1986 年我国政府将旅游业正式确定为一个部门行业，并列入国民经济计划。同年，国家旅游局正式制定了中国旅游发展规划，这标志着中国旅游规划的正式确立。在此期间，各类风景旅游区规划，如风景名胜区规划、森林公园规划、风景旅游城市规划等相继出现；在规划方法和规划内容上也日趋与当地的经济社会发展规划相契合。

那么旅游规划热潮是怎样出现的呢？

首先，社会对旅游规划产生了强烈的需求。主要有以下几个方面的原因：一是旅游大发展的整体形势从根本上促进了旅游规划的需求。二是国家在旅游工作方面提出了一些具体要求：旅游要发展，规划要先行。发展旅游如果连一个总体规划都没有，便不能立项，不能申请国债，也不能得到上级部门的政策扶持与相关产业的扶持。三是旅游规划的重要意义与作用已逐步为各级领导所认识。通过各地多年来发展旅游的实践，各级领导已真正认识到，发展旅游业，如果不先搞一个科学规划，就很难保证旅游发展的有序性和避免开发建设的盲目性，很难保证旅游资源和社会基础服务设施的有效利用，很难保证旅游业和相关行业的配合与协调发展，很难保证旅游业本身的可持续发展。四是旅游产业是国民经济的重要组成部分，一般各个地区制定国民经济计划，都要与旅游规划互为依据，制定与国民经济计划相协调的本地区旅游业发展计划，这也是旅游规划需求产生的一个重要方面。

其次，从供给角度看，旅游规划工作者给旅游市场提供了一个特殊商品，这就是知识含量很高的旅游规划。旅游规划工作者就是生产者。作为生产者，作为供给方，从目前的状况看，已显现出如下特点：一是多学科介入。先是地理、地质方面，后来是经济、市场方面。现在看来，仅仅这几个方面远远不够，近几年又出现了一些新的规划，诸如生态学、心理学规划等。这对提高目前的规划水平大有好处。二是全方位开展。从规划层次来说，纵向的从上到下，一直到县一级乃至乡、镇都有规划；另外，旅游区、旅游景点、旅游项目、旅游市场、旅游商品开发规划等，规划种类丰富全面，因此规划工作的开展是全方位的。三是共同探索。应该说目前我国旅游规划界还不很成熟，规划理论、规划方法和研究基础还很薄弱，许多问题的认识还不统一，还是处在一个共同探索的过程中。四是逐步提高。从现在的规划文本来看，水平比前几年有了很大的提高。2002 年经国家旅游局审批，全国出现了一批旅游规划设计甲级资质单位。如今，在规划理论与规划方法方面已全面总结出了一套具有普遍性、指导性的理论，创建具有中国特色的旅游规划学的条件已基本成熟，现在的问题是如何有效地去组织和实施这一过程。

我们还应该指出，与国民经济和社会发展的总体规划水平及城市规划、国土规划等其他专业水平相比，我国旅游规划还存在三个特点：一是起步晚，二是基础薄，三是发展快。具体表现为：

规划人员少，规划队伍小，组织结构松散，专业结构单一；规划水平、规划程度不均衡，区域差异、地区差异明显；规划理论、规划方法和研究基础弱；规划管理基础薄弱，旅游行业管理部门对旅游规划的指导、调控功能还没有充分发挥；旅游规划工作发展势头迅猛，但离成熟、规范、稳健发展的要求还有较大差距。

但是，如果认真回顾我国近 20 年来旅游规划工作的发展历程，客观、全面、理性地分析其发展轨迹，应该说我国旅游规划工作还是取得了巨大的成就，特别是有以下方面取得了长足的发展：

各级政府对旅游规划的重视程度空前提高，资金投入力度加大，功能效果日益显著；规划队伍不断扩大，人员素质明显提高，多学科、跨专业的复合型规划力量正在成长；规划管理逐步走向规范化、制度化；旅游规划的国际合作不断扩展，加快推进国际交流；规划方法不断进步，规划质量迅速提高。我国旅游规划工作虽然取得了巨大进展，发挥了行业发展的指导性、政策性和宏观性的作用，但由于起步晚，基础较弱，与国际先进旅游规划相比，与城市规划等专业规划相比还存在一定差距和问题，这些差距和问题将在下面章节中做详细论述。

第二节　旅游规划发展态势

随着旅游业的迅猛发展，旅游规划越来越受到国内外专家、世界旅游组织和各国政府的关注。旅游规划的研究与实践，在总体上呈现出以下发展态势：

一、从部门规划走向合成规划

旅游规划涉及旅游吸引物、服务、交通、信息、营销等诸多要素。旅游系统的本质，是一个涉及多个行业、多个部门的现代社会经济边缘系统。旅游规划综合考察自然生态、社会文化、经济和社会制度等因素。因此，它必须从这一本质特征出发，进一步开展对旅游规划的性质、特点、规律、方法、内容和要求的深入研究，建立起全面的旅游规划体系，走出以风景名胜区规划和城市规划取代旅游规划的误区，从单一的部门规划走向综合性的合成规划。

二、从静态规划走向动态规划

经典的规划，强调明确的发展目标以及实现这个目标的理性的技术措施。现代规划学认为，这个目标在全球经济迅速一体化的今天，是难以精确预测的，旅游发展的动态变化尤其如此。因此，旅游规划必须强调在规划实施过程中不断跟踪目标本身的变化，要求规划应以结构性、整体性的谋划为主，给规划本身留有合理的自我适时调节的余地，并要求有较短的旅游规划编修周期，以保证旅游规划切实成为能在迅速变化的市场条件下，引导旅游业朝着具有市场竞争力的、可持续的方向发展。

三、从单纯的政府或企业行为走向知识与价值的社会参与

旅游规划的最终结果，是管理性的社会行为规划，这就需要全社会的理解和支持，需要考虑社区公民的意愿，才能真正实现。因此在规划过程中，规划专业人员、行业管理人员、社区公民必须广泛参与，充分融合交流。这是规划与规划实施行为主体间的交流，必须充分尊重各方面的知识、经验和价值观，充分发挥各方面的主观能动性、创造性，而绝非雇佣者、被雇佣者和旁观者之间的关系。

四、从传统旅游规划走向现代旅游规划

许多新因素在影响旅游规划，其中影响最强烈的是市场需求差异性、公众参与和可持续发展。

现代的旅游需求与过去存在显著差异，需求的多样化成为主流，人们有更高的文化情趣，追求更好的人际关系，追求有特色的旅游经历，强调文化和谐与生活质量。需求的差异性对规划的影响主要表现在突出市场定位作用，设施配置注重参与性、选择性与个性化，传统的开发强调在原有居民区外另建新的旅游设施，建设新的高层建筑，提供新的居住条件，这样容易造成建设雷同。现代开发方式注重在原有居住区内开发新的设施，对现存的设施进行改造，既可保持多样性，又能够充分利用原有设施。在交通方式上，过去喜欢小汽车，现代规划更偏好公共交通；在承载力规划上，以前往往以旺季需求为参照；容易导致设施在旅游淡季的闲置，而现代规划中承载力的确定以平均需求为参照；在建筑风格上，过去比较喜好城市钢筋水泥的高层建筑风格，而现代规划更喜好乡村特色浓厚与环境和谐的建筑风格，以满足旅游者追求文化情趣与特色的旅游经历的需求。

过去的规划是一种精英规划，规划者都是一些旅游专家、建筑规划师、财务分析家等。人们普遍认为只有专家的意见是最正确的。近年来规划实践的经验告诉我们，精英规划也有片面性，比较容易出现中看不中用的"白象"规划，缺乏可操作性。现代规划注重多方参与，在规划设计、市场战略制定、产品线路设计、区域总体布局方面要普遍征求游客、导游、饭店服务人员、地方居民、基层干部、旅行社经理、出租车司机、商贩、餐馆老板、景点工作人员等相关利益集团人员的意见。他们的意见和建议构成规划的主要内容。现代的旅游规划专家更多的是一个集大成者，而非"闭门造车"者。一切创造的来源是与旅游相关的各方人士，规划师的工作是收集、归纳、比较和提炼各方的意见，在大众意见的基础上形成规划。群英荟萃形成的规划来源于基层，实施起来也容易为基层所接受。

现代规划更注重旅游业的可持续发展。可持续发展是得到全球认同的发展经济产业的一项重要战略原则。鉴于旅游资源大多具有不可再生性，旅游开发比任何一种开发更应注重可持续性，强调把开发与保护融合成一种持续永久的合作关系。现代旅游倡导绿色旅游，因此，近年来人们还提出现代旅游规划生态设计理念的一些基本原则：

旅游景点景区设计要和背景融合为一体，而非主宰自然，所有的垃圾、废物都应认真处理，不能污染空气、水和土壤；旅游设施的位置应与重要的自然与人文资源隔离，任何资源的使用都应控制在其承载力范围之内，不要造成环境危害；水线附件的开发，不要仅用一条小路来隔离水域和开发带，要使水域和开发带有一定的距离；要划出特定的区域作为公园与保护区，同时划分出适合商业经营的开发区域；所有项目设计都要能为附近社区所接受；以自然资源为主的吸引物开发，要设计眺望点、临时通道、小路，要保护野生动物的栖息地及植物种群；文化吸引物的开发，要体现其真实性，给游客丰富的经历，而且不会损害其文化价值；主要的景区景点和旅游项目，不应开发在基础设施缺乏的边远地区；重大文化和资源吸引物附近区域的开发，要注意开发设施与吸引物相协调，不要损害游客的经历质量；所有沿海岸的开发，如海浴码头、饭店、商店等，都要考虑波浪、风景和洪水的影响，因此应布局在离水线足够距离的地方，以免遭受损害；主要的土地利用项目，如高尔夫球场等，不要布局在原始自然区，而应布局在对环境影响比较小的区域，其他利用土地的项目应避免占用农田耕地；在有古树或其特色植物的自然景观地区造建筑物时，要尽可能保护这些自然资源。

总之，现代旅游规划的主要趋势是合成的、动态的，让公众参与制定、体现广大人民群众利益和可持续发展的。规划要同时满足游客、当地居民与开发商的利益，更多地关注游客的个性化需求，强调人与环境的和谐相处。开发与保护同等重要，不但要关心当代人的利益，而且要关注后代人的利益，不要把保持优美的环境当作负担，而应把优美的环境当作有力的营销工具。

▶▶ 思考与练习

1. 旅游规划具有哪些特点与发展特征？

2. 请登录"中国期刊网"或寻找旅游规划方面的资料阅读，了解未来旅游规划将朝着什么方向发展？如何判断旅游规划的发展方向？

第二章　旅游规划编制的理论基础

▶ 内容导读

每个行业、每个部门都要编制本行业、本部门的发展规划。旅游业从国家旅游局到省、市、县旅游局乃至旅游区、旅游企业都要编制相应的旅游发展规划，以全面安排协调旅游发展的各个环节。旅游具有文化和经济两重性，决定了旅游规划的性质和旅游规划的功能多重性，因此，旅游规划的理论需要吸收各个相关学科的理论，并逐渐形成自己的理论体系，依靠这些理论对旅游规划进行优化整合。通过本章学习，要了解旅游的两重性，明确旅游规划的理论体系内容，在此基础上掌握整合优化旅游规划的基本方法。

第一节　编制旅游规划的原因——旅游业的两重性

旅游业两重性的理论是对如何策划、设计、评价一个旅游区或景区的开发建设所应遵循的指导原则和思路。

当前，旅游业如同万木逢春，在各地发展都很迅速。在发展中，均是以景区景点建设为中心，为将旅游资源优势转化为技术经济优势，不惜重金，四处聘请专家进行策划和设计。

如何策划、设计、评价一个景区景点的开发建设，必须有一个正确的指导思想和出发点。这个正确的指导思想和出发点就是，旅游开发建设一定要根据旅游业自身固有的特性来进行。这个固有的特性就是旅游业的两重性，即它既是一个经济产业，又是一个文化建设事业（或文化产业）。开发建设一个景区景点，必须围绕这两个方面来做文章；评价一个景区景点的开发建设，也要按照这两个方面提出的要求来考虑和衡量。

一、旅游业作为经济产业，开发建设就应该按经济规律、市场规律办事

具体地说它包含以下几层意思：

（1）旅游业既然是个经济产业，开发建设方案就应该明确体现出现代旅游产业意识，当地政府就要像抓工业、农业那样来抓旅游业。政府主要领导要重视这方面的工作，要充分发挥政府主导作用，把旅游业纳入国民经济和社会发展规划，把它当作一个新的经济增长点或支柱产业来培育，给予必要的财政投入和政策支持，调动各部门、各行业的力量来支持旅游业，而不只是依靠旅游部门来干。

（2）作为经济产业的开发建设方案，就是要求旅游业的开发建设者、经营者和广大的旅游者，都树立起强烈的可持续发展意识，不断提高资源与环境保护的自觉性。这是个战略问题，大意不得。要知道，旅游资源大多是不能再生的，破坏一处少一处。必须坚持保护第一的原则，一定要在保护的前提下进行开发，在开发的过程中严加保护。

（3）既然是经济产业，发展旅游业的方案就应体现出鲜明的市场意识。景区景点的开发建设要以客源市场需求为导向，瞄准现阶段旅游市场需求的新时尚。21世纪旅游市场导向是什么？近年来，世界旅游组织（WTO）发表过一项预测，其中说到"高山、大海、南北极将受到21世纪旅游者青睐。回归大自然的生态旅游、游船旅游、水上体育旅游、南极旅游、北极旅游、沙漠旅游、热带雨林旅游等将成为21世纪旅游新时尚"。旅游开发建设应该优先开发上述旅游产品。

（4）旅游业是一项关联度极高的经济产业，旅游的发展，涉及社会各界和各行业。因此旅游业的开发建设，不能停留在"就资源论开发，就旅游讲发展"的老路上，要跳出旅游来规划、策划、设计旅游，要注意把旅游业与文化、艺术、体育、教育、商业等产业（行业）融为一体，也就是把后者的发展和繁荣考虑进去，使其与旅游挂钩，形成相互促进、共同繁荣的局面。这就是说，旅游业的开发建设，不仅是要建设几个景区景点，还应该联动地开发相关产业，如开发本地区著名的土特产和手工艺品生产，开发观光农业和特种养殖业。通过精心设计和培育，一定要让本地的某些土特产和手工艺品变成创意新奇的旅游商品，并使这些产品的生产现场成为可供观光游览的旅游景点。此举一旦成功，意义非常重大。它不仅可以延长游客的滞留时间和提高人均消费额，使旅游业和相关产业都获得效益，更重要的是它将促使农、林、工、商各行业都推动旅游业，是开

创大旅游、大市场、大产业的有效途径。这是发展旅游业的一条非常值得重视的经验。

（5）从经济产业角度来说，发展旅游业，不仅应着眼于本地区旅游资源，还可延伸利用周边地区的风景名胜和文物古迹，可以把周边地区著名的旅游产品也纳入自己的旅游圈内加以利用，不需要本地区投资就可以组织游客去观光游览。"利用延伸，借景生财"，即借地区外之美景，充实、完善自身功能，从而达到提高效益的目的。

（6）旅游业作为经济产业，在开发建设中，行、食、住、游、娱要有序配套发展，只有这样才能有效地形成综合生产力。

（7）发展旅游业要树立全面的效益观。旅游业既然是个经济产业，在开发建设和经营管理中讲求效益是理所当然的。但应该指出，社会主义旅游业的效益观，是全面的效益观，是经济效益、社会效益、环境效益相统一的效益观。它不允许只顾一时的经济利益，不顾当地承受能力以及国家的整体利益，也不允许引进不健康的东西和一切腐朽没落的生活方式来刺激旅游业的发展。旅游业的开发建设，自始至终都要把旅游技术经济和整个社会的协调发展放在首位。

（8）旅游业作为经济产业，也和工商企业一样，应该搞好自身的形象策划，大力拓展市场。在新时期条件下的旅游业，市场是一个至关重要的影响因素。按现代市场营销理论，对旅游区旅游形象进行策划是使该地区旅游产品顺利进入市场所必须做的一项前期工作。以资源为基础，以市场为导向，根据总体布局，突出地方特色，提升一个富有吸引力的鲜明形象，就是一个完整的策划体系。

（9）最后，旅游业作为经济产业，考虑到有利于筹措资金和降低投资成本，开发建设还应采取分期开发、滚动发展的方式进行。

二、旅游业作为一项文化建设事业，开发建设就应该按文化教育规律办事

具体地说包含以下几个层面：

（1）从文化建设的角度来说，开发建设旅游景区景点，发展旅游业，就应该注意发挥它的社会、环境和文化教育功能。大家都知道，旅游业是一个集多功能于一体的产业。一个旅游产品，除了能为国家和地区创汇的经济功能外，还有比较广泛的社会功能、环境功能和文化功能。在旅游业的未来发展中，一方面应继续强化其经济功能，另一方面还要注意发挥其社会功能、环境功能和文化功能，也就是在旅游开发建设中注意强化社会公德公益、环境保护和精神文明建设等方面的内容和作用。

（2）要重视旅游业的科技文化投入。旅游业既然是一个多功能的综合性产

业，在开发建设中就要树立"两个投入"的思想。一方面要重视资金投入，另一方面还要重视科技文化投入。知识经济时代已经来临，当今世界，一个产业要保持强劲的竞争力，关键是它的产品和服务要有很高的知识含量。我国旅游业起步较晚，目前的组织形式、管理体制、经营项目、营销手段基本上还是沿用传统的经济产业模式，从整体上看，知识含量较低。这无论是在"入世"后国际旅游市场竞争，还是在国内市场持续发展道路上前进，都面临着严峻挑战。因此，我们的旅游业必须加大科技文化投入，尽快实现从传统的经济产业模式向知识经济产业模式过渡，才能在竞争中立于不败之地。而实现这一过渡，当务之急就是要加大旅游项目的科技含量和加速经营手段信息化进程。

（3）要大力提高旅游产品的文化品位。如前所述，旅游活动按其本质，是一种较高层次的文化活动。旅游者一般都有认知旅游产品文化内涵的需求，也就是一般都有了解他们观光游览的实体所包含的科学性、文学性、历史性、艺术性等内容的需求。因此，认真发掘旅游资源的文化内涵，大力提高旅游产品的文化品位，可以使旅游者在不同程度上感受到优秀文化的熏陶，从而获得满意的旅游体验。比如桂林山水，我们的导游解说不能老停留在像"鸡"、像"狗"等附会文化阶段上，而要从地质学、美学、历史学等角度科学介绍其成因和构景，这样才能更好地满足旅游者对自然界认知的需求，从而提高旅游质量。而要做到这一点，需要旅游地科技界和文教界人士的共同努力。

（4）既然旅游业是一项文化事业，旅游地的社会主义精神文明建设、城市建设和环境质量就必须得到高度重视。有些旅游胜地，本身并没有什么著名景观和文物古迹，但文明程度相当高，市容优美，环境整洁卫生，社会风气良好，市场买卖公平，服务周到，居民文明礼貌，热情好客，也能招徕大量游客。由此可见，搞好旅游地精神文明建设，对旅游业发展十分有利，对旅游地城市和乡村集镇综合素质的提高以及投资环境的改善也十分有利。从这个意义上说，文明也是一种旅游资源，是值得认真去策划、设计和开发的。此外，加强旅游地精神文明建设，对旅游部门内容建设也会产生重要的推动作用。长期以来，我国旅游业存在一些问题，少数导游和旅游车司机向游客索要小费，私收景点、商店、餐馆等经营者的回扣，甚至与社会上一些不法分子勾结起来欺骗游客，严重损害了旅游者权利和我国的旅游业的整体形象。通过加强精神文明建设，对提高旅游部门职工思想认识和个人道德修养水平，增强其维护国家和集体声誉、遵守社会公德与职业道德的自觉性会起到非常大的推动作用。现在，国家旅游局在全国范围内持续地开展"创建中国优秀旅游城市"的活动，与世界旅游组织合作共同举办"创建国际上认可的'最佳旅游城市'"的活动，组织全国有条件的大旅游景区（点）申报参加评选3A、4A旅游景区（点）的活动，同时还组织全国旅游协会开展评选"诚信旅游企业"的活动。在制定和评价旅游技术政策、规划、方案和措施工作中，都应该认真考虑这些因素。

（5）旅游业作为一项文化建设事业，旅游景区景点的开发建设就应该追求自然美与人工美的和谐统一。这是从美学角度提出来的、策划景区景点开发建设的一条重要原则。任何景区景点开发建设都要涉及诸多因素，但总的要求是通过人为加工，结合景观基础、环境空间和游览要求，把自然美与人工美结合起来，形成源于自然而高于自然的新的景观面貌，借以提高景观的价值，从而增强景观的吸引力。为此，在景区景点的开发建设中，必须掌握"烘托主题，加强特色；区别对待，因景制宜；自然为主，环境第一"的要求。这个要求的意思是说，任何景区景点的开发建设，首先要确定一个"主题"，继而围绕"主题"去设计、去开发。在开发过程中，要因景制宜地突出自己的特色和个性，切忌抄袭与雷同。要知道，依托于自然的旅游地的开发不同于城市建设，一定要严格控制人工建筑量，防止城市化、商场化倾向。在处理建筑与自然的关系上，也要分清主次，不能主次颠倒。一个景区景点必须有一些人工建筑与设施，但主体必定是山、水、草木、河流、古迹，是自然与环境，人工建筑与设施只能处于从属地位。这也就是说自然风景区内要突出自然景观，严格控制人工建筑量。大型游乐设施、宾馆、饭店等不宜建在风景区内。景区内的游览道、登山道两旁也不宜摆设叫卖摊点。为增添景观效果和方便游客游览而必须建在景区内的建筑设施，在建设总量、体量、高度、大小以及形式、材料方面，也都要有所控制。最好是要使这些建筑像是原来就存在的，自然多姿，犹如天造地设一般。这些人工建筑一般宜藏不宜露，宜散不宜聚，还应广泛采用乡土材料。这就是突出"自然为主，环境第一"的要求。

（6）最后，旅游业作为社会主义文化产业，要发挥综合功能，提高文化品位，实现自然美与人工美的和谐统一，不能止于规划，还要落实在独具匠心的开发设计上。要知道，规划不是设计，不能用规划去直接指导施工建设，具有独特创意的项目设计才是构建旅游精品的关键，旅游开发建设的组织领导者应该高度重视施工设计这个环节，评价一个景区景点的开发建设方案也要考虑这个环节。

第二节　旅游规划编制的理论基础

旅游规划是对一定时间和空间范围内区域旅游资源、劳动力、资金、技术、产品等方面的发展以及它们之间的持续协调发展所作的总体安排与战略部署，它对发挥政府的宏观调控、区域协调发展和企业资源优化配置都有重要作用。但是，这项工作若没有科学的理论指导，就难以形成科学合理的规划方案，不仅不会发挥其应有的作用，实施后反而会造成不良的后果，因此，有必要对旅游规划理论进行研究。

旅游规划理论体系包括哪些内容，目前学术界尚无定论，从有利于贯彻理论来源于实践又反过来指导实践这一基本原理出发，我们把它暂定为一个大体系的两个子体系中的四大板块和三个层次的构成体系理论，简称"四大板块和三个层次"理论，即整个旅游规划理论体系可分为旅游规划的理论基础和旅游规划的基本理论两个子体系。由于旅游规划的理论基础涉及诸多领域，构成这个子体系的理论，又可分为经济、环境、人文和规划四大板块的理论；而旅游规划的基本理论，按其对旅游规划的指导层面和作用的不同，又可分为三个层次的理论，即战略层次的理论、战术层次的理论和技术层次的理论。旅游规划战略层次的理论，如科学发展观的理论、"五个统筹发展"的理论及可持续发展的理论等，实际上是指导一切发展的世界观与方法论的集中表现，它们对旅游发展长远和全局都具有重要的指导作用，旅游规划所涉及的各阶段、各方面、各环节的问题，都是应该贯彻的。旅游规划战术层次的理论，如以资源为基础、以市场为导向的发展观的理论，围绕旅游业两重性进行开发建设的理论及旅游开发建设中文化取向的理论等，它所涉及的是旅游发展的某阶段、某方向、某环节的某个特定问题的解决所应遵循的基本原则和思路，只对某些特定问题起指导作用。旅游规划技术层次的理论，是有关旅游规划的一些技术问题的论述，如旅游业发展目标的指标设置，旅游资源产品化方法，旅游区承载量的测算等，它只对旅游规划中的一些具体问题的解决具有指导作用。

一、旅游规划理论的性质

科学，除了自然科学、社会科学、思维科学，还有边缘科学、综合科学。边缘科学研究两种和两种以上学科之间的结合点，需要用两种以上学科知识和方法。因此，边缘科学也被称为交叉科学。综合科学则是以世界整体为对象，以高度的分析为基础，进行高度综合的科学理论，如系统学、协同学、超循环理论等。它们不仅适用于自然领域，也适用于社会领域和思维领域，具有普遍性和启迪性。

旅游规划理论，是对旅游系统及其规划范畴，以概念、原理等抽象形式进行普遍的、系统化的理论认识。由于它处于旅游学科和规划学科的边缘。目前尚待发展。随着旅游业的迅速发展，旅游规划已经引起我国政府、旅游企业及学术界的关注。旅游学与规划学的结合，不是两者理论的相加，而是同时需要旅游学、规划学、系统学三种学科知识和理论方法来研究，发展并形成新的理论内容与形式。因此，旅游规划理论的属性，应为交叉学科理论。该交叉学科理论研究的对象及研究的目的显然是应用性的，而不是基础性的。

综上所述，旅游规划理论的性质是应用性交叉学科理论，是对于旅游系统在规划范畴的系统化的理性认识。

二、旅游规划理论体系的功能

旅游规划理论体系是指导规划活动的纲领，也是规划活动的行动指南。一般而言，旅游规划能够科学地遇见规划理论的发展趋势，能够科学地管理理论研究工作，能够促进科学知识的整合，也能够为理论本身的发展提供动力。

第一，科学地预见旅游规划理论的发展趋势。旅游规划理论体系通过认识各分支学科之间的作用与发展影响，判断哪些学科分支尚处于低级阶段，哪些探索已进入高级阶段；预见理论整体会出现何种变化，把握各发展阶段的重大问题和突出问题，预见研究成果对于旅游规划分支学科发展的意义以及对旅游发展实践的影响，它有助于把握旅游规划理论的总体现状，洞察发展趋势，预见问题、任务及成果，确定成果鉴定标准，从而能动地把握旅游规划理论的发展。

第二，科学地管理理论研究工作。旅游规划理论作为一种理性认识，注定会不断地发展。然而，人类历史表明，几乎所有学科的理论发展，都曾走过一些弯路，有的理论弯路甚至历时上百年。国际国内旅游市场激烈竞争的形势，要求科学地管理理论研究工作，引导研究工作符合认识发展的规律性，确保研究课题的可行性，把握技术转化的时机性。旅游规划的理论体系能帮助该过程进行科学的决策、有力的组织、及时的协调和有效的监督。

第三，促进科学知识的整合。旅游规划理论来源于众多科学理论知识，各种理论内容之间、各板块之间、各层次之间的"接口"问题十分突出。旅游规划理论体系，有助于突破各传统学科之间的专业壁垒，健全学科理论内容的逻辑结构、改善理论研究的布局，指导研究工作围绕旅游规划的中心目标把握全局，促进旅游规划理论的科学性、操作性和需要性的结合。

第四，在现代"大旅游"的趋势中，旅游规划理论的体系化，将为理论本身的发展提供动力。体系化的旅游规划理论，在认识领域和价值论领域，分别以科学认识和价值评价为核心，其中，价值评价是科学认识的目的和动力，科学认识则是价值的前提。这两大方面结合联系的桥梁是旅游发展实践。实践论范畴的旅游规划理论研究，则使认识论、价值论领域的理论内容得以修正和发展。可见，仅从上述哲学层次的理论间的关系就可以预见，各种理论之间的密切联系将推动旅游规划理论的发展。在旅游规划理论的体系化过程中，哲学层次的旅游规划理论，为理论体系的发展及其本质特征提供根本方法和最一般的理性认识；科学层次的理论，为旅游规划理论体系的发展提供了环境、形式和内容范畴的理性认识；技术层次的理论则提供把握旅游发展的实践原则与途径。毋庸置疑，体系化所蕴含的理论集群的多层次、开放性的主导—支持—反馈功能，使各种各样的理论、原则、技术、方法得以相互贯通和转化。它将给旅游规划理论研究带来机会也带来风险，并能改善旅游规划理论发展的结构、规模与深度，从而成为旅游规划理论发展的强大动力。

第三节 相关学科理论

旅游规划理论包括三方面的理论：一是旅游规划自身的理论；二是相关学科的理论；三是旅游规划实践的理论。

一、旅游经济学与市场学理论

古代旅游，属于少数社会财富占有者的旅行。由于近代商品经济的发展，在蒸汽机交通工具的支持下，形成了具有一定规模的社会性旅游，使旅游活动的支付能力转化为社会收入，被称为"近代旅游"。以博迪奥（L. Bodio，1899，意大利）发表第一篇旅游研究论文《外国人在意大利的移动及其费用》[①] 为先导，旅游研究的早期范畴在于游客人数、逗留时间、消费能力和社会收入，其研究目的均在于经济领域。

第二次世界大战以后，特别是 20 世纪 50 年代中期，喷气客机的普及，使越洋洲际旅游成为现实，更多的普通百姓也一起介入了大规模的旅游活动，被称为"现代旅游"时期。发达国家普遍地把发展旅游业看作一种获取外汇、恢复和发展经济的手段，从而促进了旅游经济学理论的研究，使其进入了快速发展时期。

中国从 1979 年开始进入现代旅游时期，一起步就以发展国际旅游为重点，成为改革开放的先导性产业。旅游经济学理论的研究，在同一时期起步，并迅速发展，至今已成为旅游研究领域中的一个强大分支。

国外旅游经济学理论研究已有近百年的历史。其内容变化很大，但基本上均在经济现象、经济关系和经济发展规律的范畴之内。具体内容主要包括：旅游经济活动的性质、特征，旅游商品、需求与供给、市场与价格、旅游需求与消费、

---

① L. Bodio. Foreigners moving their costs in Italy ［J］. Italian Statistics, 1899.

旅游收入与分配等。自 20 世纪 70 年代起，国外学者普遍认识到旅游经济对其他经济产业的带动作用，其直接、间接和就业三项乘数研究结论，可成为评价旅游的经济意义的强有力的理论手段，旅游发展的经济乘数效应遂成为研究的热点。进入 20 世纪 80 年代以后，宏观领域的研究兴起，如发展旅游的经济效益及代价（包括社会环境）、国际旅游分工理论、区域旅游经济比较理论、产业分布理论等，并得出了一些对后来的旅游规划有很大价值的研究结论，如非正式部门（边缘旅游经济）的"开放性结构"、正式部门（专业旅游部门）的"飞地性结构"具有更高的乘数效益区域差别"扩散理论"及中国的"旅游经济所有制结构"研究，等等。

旅游经济学理论的基本立场是：旅游产品（经历）的生产、流通、消费的特点，除了有经济活动运行的共同规律外，具有自身运行的特点和规律，因而被普遍地认为是一门独立的学科。

市场学（Marketing），是研究企业市场营销活动规律的一个经济管理学科分支。1912 年，哈佛大学正式出版了第一本《市场学》教材。1948 年，菲利蒲等人合著的《市场学原理与方法》一书，用新的体系研究了产品、价格、营销等各部分的有机联系，标志着市场学理论研究的成熟，该书仍被作为大学的教科书。20 世纪 70 年代后产品的空前丰富以及竞争的进一步加剧，加上电视广告的普及，又推动了市场学研究的进一步发展。

一般认为，市场学理论的核心概念是"4P"，即产品（Product）、价格（Price）、营销渠道（Place）、促销（Promotion）。它在理论上指导企业研究目标市场、市场预测、市场经营组合、产品组合、宣传方式、分销及服务方式、市场竞争战略等。当代市场学理论又将人们的认识从流通领域进一步引申到生产领域（无污染生产、人权等）、消费者领域（伦理学、社会学等）。

旅游市场学理论，是在上述背景下产生、发展的。其研究范畴特别关注旅游商品的特征——无形性、不可储存性、就地消费性、产品潜在性、季节波动性，在此基础上研究旅游商品的一系列市场营销问题。如目标市场定位及交通条件、旅游者的内在需求及其社会文化经济背景、旅游路线、现实需求及潜在需求、产品替代威胁，等等，以便优化广告、渠道、旅游项目、服务项目、可接受的价格、行业合作、旅游经济效益和社会宏观经济效益等。

旅游市场学，尽管只是一个经济管理范畴的分支，发展的时间很短，但它从一开始就面向应用领域，涉及旅游者、旅游目的地（项目）、旅游企业（效益及经营管理）之间利益的平衡关系，近年来的热点还趋向于重视拓展和维护上述三者之间的长期关系，因而对旅游规划具有不可或缺的间接价值。

二、旅游心理学理论

在心理学家马斯洛（A. H. Maslow, 1954）提出著名的"需求层次理论"①之时，法勃（Farber, 1954）开始探索旅游心理学理论，后来提尔登（Tilden, 1957）研究了有关文化差异引起的心理反应等问题，特纳（V. Turner, 1978）则将心理学理论应用于研究旅游现象，提出了生活与旅游的心理学区别。此后，美国 D. J. 梅奥出版了《旅游心理学》②专著。另外，卡特尔、普洛格、贾维斯登等专家学者也对旅游业进行了相关研究。

国内心理学领域的发展动荡起伏，旅游心理学的发展时期更短，但经过有关学者的辛勤耕耘，成果斐然，有关专著有《旅游业心理学》③（吴正平）、《饭店心理学》（薛平基）、《旅游心理学》④（屠如骥）、《旅游心理学》⑤（甘朝有等）。

旅游心理学主要研究的范畴包括：旅游者心理品质、心理活动及相应的旅游行动，还涉及旅游服务心理、旅游企业管理心理，从旅游知觉、旅游动机、旅游需要、旅游态度、旅游决策、人格与旅游方式、旅游偏好、满意度等角度，研究旅游活动过程中人的心理规律。一些成熟的研究成果对旅游规划有一定的启发性，如不同人格特质（孤僻、忧虑、恃强、独立、自律等）对"旅"的偏爱规律（冬季旅游、乘火车旅游、自行车旅游），按旅游活动情绪进行的旅游人群分类（如安乐小康型、追新猎奇型）等等。在总体上，旅游心理学理论成果或统计研究结论，能较直接地指导旅游规划的实例，目前尚不多见。

三、闲暇与游憩学理论

人类技术与经济发展的必然趋势是，生产率进步。著名经济学家凯恩斯曾预言，人类将面临一个真正的永久的问题是"如何度过闲暇"。未来学家托夫勒在《第四次浪潮》⑥中预言，未来社会的闲暇与旅游将成为"第五次浪潮"（John Taufle, 1996）。

最早在 1883 年，B. 拉法格发表了《有权获得闲暇》⑦的论文。20 世纪 50 年代起，关于闲暇的研究日渐兴起；60 年代，著名社会学家 N. 贝宁，基于休闲

---

① 马斯洛. 动机与人格（第 3 版）[M]. 许金生等译，北京：中国人民大学出版社，2009.
② [美] 梅奥. 旅游心理学 [M]. 浙江：浙江教育出版社，1986.
③ 吴正平. 旅游业心理学 [M]. 山东：山东友谊出版社，1987.
④ 屠如骥. 旅游业心理学 [M]. 南京：南开大学出版社，1986.
⑤ 甘朝有. 旅游心理学 [M]. 南京：南开大学出版社，1987.
⑥ 约翰·托夫勒. 第四次浪潮 [M]. 北京：华龄出版社，1996.
⑦ [法] 保罗·拉法格. 有权获得闲暇 [A]. 拉法格文选（上卷）[M]. 王鹏译，北京：人民出版社，1985.

及游憩是发展的行为这一理念，提出了"未来社会是闲暇社会"的论断。在总结闲暇理论的基础上，美国和法国的百科全书对闲暇的解释，均有脱离工作、义务和自由、解放之意。

20世纪80年代以后，中国开始较多地运用"休闲"一词。从词源及语义角度看，"闲暇"偏时间含义，"游憩"偏指闲暇时间中的活动，"旅游"则偏指以"旅"的手段所达成的游憩活动。

闲暇与游憩理论，被公认为属于生活行为理论范畴。其实际研究内容十分广泛，主要内容至少有：闲暇历史与发展、闲暇与生理和心理、环境与闲暇行为、闲暇与休闲产业、休闲价值与社会发展五大方面、在休闲与游憩理论研究领域，影响较大的英语学术刊物主要有美国全国游憩与公园协会（NRPA）主办的《休闲研究杂志》（Journal of Leisure Research，季刊)、《休闲科学》（Leisure Science，季刊）等。

在闲暇与游憩理论研究领域，目前已形成的基本理论命题至少有如下七点：

（1）闲暇史是与人类伴生的历史，并且具有美好的发展前景。

（2）闲暇与游憩是维持人类生理、心理健康的充分必要条件。

（3）具有游憩潜力的事物是一种资源。

（4）闲暇是一种前景广阔的现代产业。

（5）闲暇是人类的基本权力，是社会发展的重要方面，需要政府介入。

（6）闲暇类型具有地域、文化和发展阶段的差异。

（7）闲暇与可持续发展具有较为密切的相关性。

四、旅游社会学与人类学理论

1942年，亨泽克（Walter Hunziker）与克雷夫（Kurt Krapf）合著《旅游总论概要》（Gundtiss der Allgemeine Fremdenuerkehrslehre）一书，认为[1]：旅游现象的本质是具有众多相互作用要素和方面的结合体。它以旅游活动为中心，因而旅游与其说具有经济本质，不如说更接近社会学的范畴。

20世纪70年代以后，随着旅游规模的扩大，西方开始重视旅游的社会影响研究。主要研究范畴包括：旅游者本身及旅游者之间的关系；旅游者与接待地社会的关系；旅游的社会影响（如旅游与宗教、道德、伦理、语言、治安、保健的关系）。

旅游社会学的研究课题及研究方法多种多样，如旅游对接待地社会影响的理论和衡量模式[2]（Doxer，1975，1976），道德导向与卖淫犯罪（Urbanowicz，

---

① 吴必虎. 旅游学概论 [M]. 北京：中国人民大学出版社，2009.

② 陈云岗，彭祎. 旅游活动对目的地社会文化影响的研究 [J]. 经营管理者，2008（16）.

1977）等等。总体而言，旅游社会学发展至今形成了"七种理论探索的途径"①（Dann, 1991），一些基本概念及问题在某些学者的研究中已达到了较高的学术水平，但在理论体系和方法方面的综合"并未成功"，被认为"仍处在早期的幼年阶段"（Dann & Cohen, 1991）。

以人类学的观点来认识旅游的年代较晚，它从 20 世纪 70 年代，才开始对旅游者与接待地文化的相互关系有所关注与争论（悲观主义与乐观主义），如特纳②（Turner, 1975）、麦卡耐尔（Macannell, 1973）、格林伍德（Greenword Smith, 1977）等。1977 年，《旅游人类学》正式出版，尽管它是一本论文集，但仍具有里程碑意义。此后，史密斯的《主人与客人：旅游人类学》③（Smith, 1989）一书，研究了旅游对非西方文化社会，旅游对边缘地区社会的影响。

旅游社会学与旅游人类学的相互关系，从研究对象看，均为旅游活动中人际或人、物间的关系，并使用几乎相同的研究方法与技术手段。它们的差别在于，旅游社会学偏重于研究旅游者的动机与行为及接待地居民对旅游者的相关反应规律；旅游人类学则较多地侧重于关注主客文化碰撞及其后果，如接待地文化的改变与文化价值取向的矛盾，文化群落的衰退等，调查研究选题也较多地集中于经济落后的国家、地区和少数民族。

五、旅游政策研究

旅游的宏观经济利益，不断地影响政府制定政策的观点和态度；旅游的微观经济利益，也必然反映到为经济服务的政治生活中；旅游的社会利益还被当今世界各种社会制度确认为一种公民权利。随着全球旅游经济的迅速发展，各种力量通过不同途径和方式介入了政治舞台。可查找到的国外旅游政策的系统研究专著主要有：埃基尔的《国际旅游政策》④（D. L. Edgell, 1990, International Tourism Policy, 第 204 页）；布莱恩编著的《欧洲休闲政策》⑤（P. Bramham, 1993, Leisure Policies in Europe, 第 254 页）；美国加州大学行政研究所编著的《开放空间与法律》⑥（Institute of Governmental Studies, University of California, 1965, Open

---

① Dann Graham and Erik Cohen. Sociology and Tourism ［J］. Analysis of Tourism Research, 1991, 18（1）：155 – 169.

② Turner and J. Aah. The Colden Hordes：International Tourism and the Pleasure Periphery ［M］. London：Constable, 1975.

③ Smith, Valene L. （ed）, Hosts and Guests：the Anthropology of Tourism ［M］. Philadelphia University of Pennsylvania, 1989.

④ D. L. Edgell. International Tourism Policy ［M］. University of Pennsylvania, 1990.

⑤ P. Bramham. Leisure Policies in Europe ［M］. European Press, 1993.

⑥ University of California. Open Space and the Law ［M］. Institute of Governmental Studies, 1965.

Space and the Law，第 137 页）；等等。

1980 年，世界旅游会议通过《马尼拉宣言》；1982 年，通过《阿卡·普尔科文件》；1989 年，世界旅游组织又召开各国议会联盟大会，通过了《海牙宣言》，标志着对旅游政策的认识已从政府提升到了国际。这三个宣言的主要精神有：①各国旅游管理部门必须对发展旅游业"切实承担起责任"；②旅游业除了经济上的重要意义外，还有重大的社会和政治价值，政府和新闻媒介应对之"建立必要的兴趣"；③"自由旅游政策"，即逐步消除对旅游的行政、技术、财务和人事障碍；④维护旅游者的权利，包括各种民族语言、宗教及残疾人；⑤切实推进保护异国、异域旅游者的人身安全；⑥"自然资源是吸引旅游者的最根本力量"；⑦"公共当局应统一、不断且连贯地为旅游业制定综合规划"，"确定并保障旅游不超过旅游地的承受力，力争使旅游业特别关注保护环境"；⑧通过培训及长期教育，"尽可能将教育扩大到人口的所有阶层"；⑨必要时制定具体而有效的旅游法。

上述三个宣言的精神，基本上代表了当前国际上在旅游政策研究领域的可喜成果。由于旅游政策的理论研究起步较晚，目前尚未成熟。本书认为，旅游政策研究要形成较完整的研究体系，其研究内容至少应包括：旅游政策史、旅游政策的制定程序、旅游政策影响评价、旅游政策的作用预测、旅游政策的形式类型、旅游政策比较与国际间的接轨、旅游政策的制定与实施机制七个方面，并宜延伸至旅游立法研究。

旅游政策研究领域，预计将会得到重视和长足发展，这是由旅游政策与旅游发展的密切关系所决定的。旅游政策与旅游的关系，一方面表现为旅游作为社会经济的一种关系总和，其特定的社会经济性质决定政策的面貌及组织水平，即旅游的发展将推动旅游政策的发展；另一方面政策会对旅游起巨大的推动或障碍作用。

旅游政策学的作用在于：它不仅能指导人们科学认识和分析政策的能力与方式，引导和规范政策的制定与实施，帮助人们正确地把握政策的本质及其规律，而且还能为化解旅游引起的社会、经济、环境矛盾提供正确的政策原则和科学的机制选择。旅游政策学理论，能有效地指导人们吸取各国的经验教训，及时选择和制定合理的旅游政策，在帮助各级政府探索旅游高速、可持续性发展的途径、方法、机制等方面，将起到不可替代的重大作用。

六、旅游地学理论

地学是天、地、生、数、理、化六大基础科学之一，在人们了解认知世界、解释自然现象和为了提高生活品质而从事生产、生活过程中，无不需要地学知识。地学与旅游业，特别是旅游规划关系更为密切，无论是在旅游资源的发现、调查、评价阶段，在确定旅游区的性质、功能和确定开发方案过程中，还是在旅游资源保护规划、旅游科学解说规划以及旅游景区建立后长期保护工作中，特别是在旅游业可持续发展工作中，都离不开地学知识，都离不开旅游地学工作者的介入，地学在旅游规划工作中处于基础地位。本书将从地学的内涵、自然旅游资源的地学类型、人文旅游资源的地学背景、地学与旅游资源的保护、地学与旅游景点的科学解说等几个侧面来论述地学与旅游规划的关系，以期为旅游规划工作提供参考。

1. 地学的含义及其主要学科内容

地学是地球科学的简称，它包含以地球为研究对象的各分支学科，有些学者把它视为地质学的同义语，但是这种认识是不正确的，后者是一种狭义的地学观。正确的地学观是广义的地学观，凡是以研究地球为对象的各门学科都属于地学范畴，概括地说，地学按其研究内容主要分为三个部分：第一部分是研究地球的外部圈层（即大气圈和水圈）的流体地学，包括大气科学、海洋科学和水文科学等，各种气候、气象、风景旅游资源都与之关系密切。第二部分是研究地球表面及内部圈层（即地壳、地幔、地核）的固体地学，包括地理学、地质学、地球物理学、地球化学等，一切地质旅游资源和旅游区自然环境因素都与之有密切关系。第三部分是从整体上研究地球组成特征及发展演化规律为目的的地球学与地球系统科学。它与旅游的关系是科学地解释自然旅游资源的形成演化规律和在全球的分布规律，预测旅游资源可持续发展前景。但是，构成地学主体，而且和旅游业关系最为密切的科学是地质学和地理学。地质学是以地球为研究对象的科学，它主要研究地球的物理成分、内部构造、表面特征、历史、各种地质作用及其在经济、文化建设和人们生活中的应用等。对地球和地外行星及其空间物质（如陨石等）的研究也属于地质学的范畴。

地质学有许多分支科学，如研究地壳物质成分的矿物学、岩石学、地球化学（它们是构成各种自然旅游资源的物质基础）；研究地壳运动及地球表面山川湖海形成原因的动力地质学、火山学、地震学、冰川学、岩溶学、海洋学等，它们是研究各种自然旅游资源特别是地质景观资源的基础科学；研究地球形成及发展历史的地史学、环境地质学、工程地质学、水文地质学、医疗地质学、地热地质学、宝石学、观赏石学和旅游地质学等，它们和旅游业中的吃、住、行、游、购、娱都有密切的关系。地质作用形成了许多科学、美学价值极高的旅游资源，构成了自然旅游资源的主体，因此决定了地质学在旅游业中的重要基础地位。

地理学是地学的重要组成部分，是地学中一门研究地球表面，即人类生活在其中的地理环境的科学。它主要研究地球表面自然和经济地理学要素的分布规律和空间关系。按其研究的具体对象可分为自然地理学和人文地理学（包括经济地理学）两大部分。把人和地密切地联系起来是地理学有别于其他地学学科的最大特点，也可以说，地理学是跨越了自然科学和人文科学的一门大的综合性科学。自然地理学以研究自然地理环境的构成、功能、演化及地域分异规律为主旨，包括气候学、水文地理学、土壤地理学、生物地理学、环境地理学、化学地理学、海洋地理学、古地理学等，它既和地质学有密切交叉关系，又和生命科学、气象学相互交融。因此，地理学在评价、规划自然旅游资源工作中包含的面也宽广得多。人文地理学主要研究人类活动和地理环境的相关关系的地域体系形成过程、结构、特点和发展演化规律，主要包括资源地理学、经济地理学、人口地理学、政治地理学、军事地理学、社会地理学等。人文地理学在研究客源市场、经济评价方面的作用是明显的，和某些人文旅游资源研究也有关联。

从以上两门主要地学学科的简介中，可以了解它们的研究领域和与旅游规划工作的关系，要做好旅游规划工作必须有丰富的地学知识和专业旅游地学工作者参与。

2. 自然旅游资源地学类

旅游资源既是旅游规划的主要对象也是旅游业发展的基础。通常旅游资源划分为人文与自然两大类型。在自然旅游资源中，地学旅游资源占主导地位，关于地学旅游资源类型划分有许多方案。国家旅游局从普查旅游资源出发，由尹泽生研究员担任组长编写的《中国旅游资源普查规范》（试行稿）中，把与地学有关的旅游资源划分为两个大类19个亚类：

一为地文景观类，包括典型地质构造；标准地层剖面；生物化石；自然遗迹；名山；火山熔岩景观；奇特形象山石；沙石地风景；沙滩；小型岛屿；洞穴；其他地文景观。二为水域风光类，包括风景河段；漂流河段；湖泊；瀑布；泉；现代冰川；其他水域风光。

这个方案是一个比较完善的分类方案，但是从地质学角度看，其分类的系统性和完整性尚显不足。

国家主要风景名胜区是我国最主要的旅游对象，在119处国家主要风景名胜区中属于地学景观类型的就在百处以上，从中我们很容易发现最主要的景观类型是什么。

（1）古火山遗迹类。黑龙江五大连池；云南腾冲；黑龙江镜泊湖；广东西樵山。

（2）花岗岩景区类。天津盘山；辽宁千山；辽宁凤凰山；浙江普陀山；安徽九华山；安徽天柱山；安徽黄山；福建鼓浪屿——万石山；福建太姥山；江西三清山；山西北武当山；山东青岛崂山；河南鸡公山；湖北九宫山；湖南衡山；

陕西华山；江西井冈山；广西桂平西山；福建清源山；北京八达岭。

（3）火山岩景区类：浙江雁荡山（流纹岩）；浙江天台山（流纹岩）；浙江莫干山（流纹岩）；四川峨眉山（玄武岩）。

（4）层柱硅铝质岩景区类：嶂石岩型：河北赞皇嶂石岩；河北井陉苍岩山；河南王屋山——云台山；张家界型——湖南武陵源。丹霞型：河北承德避暑山庄外八庙；福建武夷山；江西龙虎山；广东丹霞山；四川青城山；甘肃麦积山；甘肃崆峒山；福建仙都；福建冠孚山；贵州赤水山；安徽齐云山。

（5）碳酸盐岩景区类：河北野三坡；山西恒山；山西五老峰；安徽琅琊山；广东肇庆星湖；广西桂林漓江；四川黄龙；四川九寨沟；云南路南石林；浙江双龙；四川金佛山。

（6）沙地景区类：甘肃鸣沙山——月牙泉。

（7）变质岩景区类：山西五台山；江苏云台山；山东泰山；江西庐山；河南嵩山；湖北武当山。

（8）洞穴景区类：辽宁本溪水洞；贵州织金洞；云南建水；云南九乡；贵州龙宫；湖北大洪山；福建桃源洞——鳞隐石林。

（9）峡谷景区类：长江三峡；贵州马岭河峡谷；云南三江并流；贵州舞阳河；四川缙云山。

（10）风景河段类：辽宁鸭绿江；浙江富春江——新安江；云南瑞丽江——大盈江；浙江南溪江；贵州荔枝江。

（11）风景海湾（滩、岛）：河北秦皇岛北戴河；辽宁金沙滩；辽宁兴城海滨；辽宁大连海湾；山东胶东半岛海湾；海南三亚海滨；福建海坛。

（12）瀑布景区类：黄河壶口；贵州黄果树；四川四面山。

（13）风景湖泊类：吉林松花湖；吉林净月潭；江苏太湖；浙江杭州西湖；云南滇池；云南大理洱海；湖北武汉东湖；湖南洞庭湖；青海青海湖；新疆天山天池；福建金湖；贵州红枫湖；江苏蜀岗瘦西湖。

（14）泉水景区类：陕西临潼丽山温泉。

（15）古冰川遗迹：四川康定贡嘎山。

（16）雪山类：四川西岭雪山；四川四姑娘山；云南丽江玉龙雪山。

从以上可知，中国国家重点风景名胜区中，花岗岩景区类、碳酸盐岩类景区、层状硅铝岩类景区以及风景湖类景区数量最多，旅游价值也最大。

为了更好地保护地质遗产和适应联合国教科文组织建立的"世界地质公园"网络的需要，国土资源部于2000年推出了建立中国国家地质公园的计划，并于2001年3月16日颁布了我国首批国家地质公园，它们是：①云南石林国家地质公园；②湖南张家界砂岩峰林国家地质公园；③江西庐山第四纪冰川遗迹国家地质公园；④河南嵩山地质构造国家地质公园；⑤云南"澄江动物化石群"国家地质公园；⑥黑龙江五大连池火山国家地质公园；⑦四川自贡恐龙国家地质公园；⑧福建漳州滨海火山国家地质公园；⑨陕西翠华山山崩国家地质公园；⑩四川龙门山推覆构造（飞来峰）国家地质公园；⑪江西龙虎山丹霞地貌国家地质公园。中国国家地质公园计划的实施，不但为我国旅游业增添了新的品牌，而且会在提高我国旅游事业的科学水平，改善旅游形象，提高旅游景区层次并和国际旅游事业接轨上起到重要作用。国家地质公园委员会规定，在申报国家地质公园时，要求有一个高标准的资源评价报告和一个以保护地质遗产及开展旅游活动发展地方经济为主旨的总体规划。这是一种新的景区旅游总体规划类型，随着我国国家地质公园（包括省、市级地质公园）计划的推进，将有大批地质公园要求进行兴建，旅游规划界要提前做出准备。

3. 人文旅游资源地学背景

从前文我们得知，在进行自然旅游资源规划中，地学知识是非常重要的。在人文旅游资源规划中也需要大量的地学知识。人文旅游资源是人类活动形式的遗迹、遗址、现代建筑物、宗教文化和民风、民俗等，其形成的主导因素是人，但人是在地质地理环境中生存和发展的，因此人文旅游资源的发生、发展和时空分布深受自然地学环境的影响，无不留下地学烙印。比如"周口店北京人遗址"被联合国教科文组织批准为世界文化遗产，是人文旅游资源的顶级了。"北京人"是地质历史生物演化的产物，是典型的地学资源。再如人类文明历史产生的文化现象，比如，四大文明古国中国、印度、埃及、巴比伦产生的文化景观，都带有浓厚的区域地质地理背景特色。代表中华文明的黄河文化产生于黄河流域，它的主要遗址都分布在黄河冲积平原或黄河主流、支流的堆积阶地上，印度的恒河文化、埃及的尼罗河文化、巴比伦的两河文化也是如此。人文旅游资源中的古、新建筑具有重要地位。如楼、阁、殿、堂、塔、碑、坊、桥、水利工程等木石建筑物，其位置环境选择、地基选择和处理、可用石料的选择加工，甚至其朝向方位、建筑形式等都运用了大量的地学知识。万里长城是最伟大的人文景观，不论其总体选址布局，还是局部依山就势兴建上都是遵循地学原则的。再如宗教文化景观中最有代表性的石窟文化建筑，更与地学关系密切相关，其位置多选在河流阶地上，石窟的岩石结构大多数以易于开凿的砂岩等石基为主，其次是质地细腻的石灰石，其他岩石则为数很少。寺庙位址的选择更是注重朝向和地形，尤其要选择有泉水出露的山坳中。古陵墓地址的选择对地下水文条件要求很高，这就是许多陵墓至今仍处于地下水面以上得以完好保存的原因。以上概括论述了人文资源的地学背景情况，我们不难看出在人文旅游资源规划中地学知识也是不可缺少的。

4. 地学与旅游资源的保护

在旅游规划中资源保护是重要的内容之一，因为只有把旅游资源保护好，才能保证旅游业的可持续发展。旅游资源保护大体可分为两个方面：一是防止人为破坏，二是防止自然破坏。自然破坏主要是指风化作用、地震、泥石流、滑坡、山崩、地裂、地面沉降、地下水位变化、暴雨、狂风、沙尘暴、雷击等自然灾害现象对景观的破坏，由于它们都属于地学灾害现象，当然要求用地学知识去提出防治对策，提出切实的保护方案。以上自然灾害现象不但对景观资源产生破坏作用，而且直接威胁到游客的人身安全。因此，在制定旅游保护规划时，必须把对游客的安全考虑在内，提出万无一失的保护对策。特别是那些自然灾害严重的景区、旅游线，更要提出详细的规划方案。人为作用对旅游资源的破坏看起来与地学没有关系，其实不然。如在景区挖山、采矿、兴建大型水坝、公路、桥梁等都和地学有关，就是在以观赏地貌为主的景区内兴建人工建筑，不考虑地学审美情况，从而造成视野上的景观污染，也和地学审美学有着重要的关系。所以景区一切人工建筑物都要严格地和地质地貌景观相协调。至于那些由于不遵循地质学原理，乱采地下水，过量使用地热资源，导致景观水（如济南的泉水、敦煌的月牙泉湖及许多温泉）消失或降低景观质量的现象，其本身就是地学问题。人文景观的地学背景知识，对旅游规划工作者来说是必不可少的。

5. 地学与旅游景点（区）科学解说规划

科学解说规划应是旅游规划的主要内容，但是，它往往被我国旅游规划工作者所忽视。在我们接触的大量旅游规划中，很少看到专项景点（区）科学解说规划，而这点在国外是观光学（即旅游学）的重要组成部分。在美国，每个国家公园都要严格按照规范编制解说系统规划，为了便于大家对解说规划有一个概括性的了解，现将《美国国家公园解说规划手册》的目录摘录如下。该手册共分五章：第一章解说规划的目的：①解说实施计划；②为什么要计划；③解说计划的功能。第二章解说规划的原则。第三章规划团队及其成员，如团队成员的任务分配等。第四章解说规划程序：①工作指导；②资料收集；③背景资料分析；④计划文本；⑤解说计划的要素；⑥撰写计划的步骤；⑦要点；⑧核定。第五章解说媒体的特性：①展示品；②路边展示；③出版物；④人员解说；⑤视听器材。由以上章节可以粗略地看出美国对解说规划要求的详细程度。为了保证解说规划的实施，美国国家公园设立专门部门负责解说规划。开展科学解说工作，寓科普教育于观赏游憩之中，是世界旅游业的总趋势。在美国的大峡谷国家公园，科罗拉多河切穿了20余亿年的各时代的地层，形成了深达1700多米深的大峡谷。他们便把它当成了一部地球历史的石头书，向游客普及地学知识，除了游客中心系统展示之外，还在野外露头上设立科学解说牌，使人在欣赏大自然奇观中了解这里的地球发展历史，这里根本没有用神坛传说去解释自然的事和人，但游客的兴致一点也没有减少。而我国却是另外一种情况，在众多的旅游景区内，很少看到科学解说，展示、图书、音像资料，听到的解说词也多是用传说、新编神话故事去解释自然现象，尤其是对地质地貌景观的解释，更是谬误百出，以至于溶洞到处是花果山、水帘洞、玉母娘娘洗脚盆之类的说笑，也无益于游人。有时夹杂一两句科学术语，由于解说员并不真正了解，无法正确解释。如安徽一处峡谷型廊道的溶洞，由于和常见的管道型溶洞有别，十分引人入胜，可是讲解却使人目瞪口呆。解说是这样的，这种峡谷型溶洞在国内罕见，因为它是世界两大板块在这里碰撞交汇所形成的。这种解释对外行来讲，既动人又有较高的科学内涵，而实际上是彻底的错误。地质学把地球分为六个板块，中国大陆属于欧亚板块，它东与太平洋板块相连接，西南部与印度——澳大利亚板块相连接，在我国台湾省的台东纵谷中可以看到欧亚板块与太平洋板块碰撞的现象，西藏雅鲁藏布江是印度——澳大利亚板块和欧亚板块的碰撞地带之一，两大板块怎么能相会到安徽的一个小溪中呢？有一个例子发生在北京，各种报纸对京东大溶洞的发现大肆渲染了，有个报纸吹嘘它是我国古老的溶洞，是在 10 亿年前形成的，这是误把溶洞回岩的年龄当成了溶洞的年龄了。地质学家研究证明，无论是燕山山脉或是北京西山现在开放的溶洞都是新生代所形成的，它们都非常年轻，仅有几十万年或者几百万年的历史，绝不会出现 10 亿年前的老溶洞，我们也曾在云南九乡国家重点风景区的导游说明书中看到了一个大错误，九乡是溶洞群为主的岩溶风景区，被誉为"岩溶之乡"，而他们在翻译成英文时把岩溶误译为熔岩，转瞬间"岩溶之乡"变成了"熔岩之乡"，这就意味这个昔日沧海横流之地，变成了一片火山熔岩之区，让国外游客莫名其妙。究其原因不在于讲解者，而在于规划者没有做科学解说规划，在于规划班子中缺少科学专业人才，特别是缺少地学专业人才。自然景区中地学类型占有绝对多数，在进行旅游规划中一定要注意地学人才的配备。

　　综上所述，地学是一门综合性的基础科学，它与旅游业、与旅游规划工作关系极为密切。在旅游资源中，地学旅游资源不但类型众多，而且在自然旅游资源中具有绝对优势，人文旅游资源大多数有深刻的地学背景。因此，地学在旅游规划中处于基础地位，它是旅游规划的一项重要的基础理论知识。最近我国推出的国家地质公园计划，为旅游规划工作者开拓了新的领域。地学在旅游资源保护规划中地位突出，解说规划是我国旅游规划的薄弱环节，应该加强。特别是地学科学应尽快规模化地进入解说规划领域，以提高我国旅游业的水平，改善我国旅游业的形象，并尽快和国际旅游接轨。古老的地球科学要从同旅游业的结合中吸取营养、焕发青春，新兴的旅游产业需要各种科学介入，更需要地球科学和旅游地学工作者介入，只要解决贯彻好"服务"和"依靠"这个重大方针，我国旅游业必将迈向一个新的高度。

七、旅游生态环境学理论

旅游生态环境学，目前尚未发现有相应的系统著述。本书热切希望它能尽快成为旅游领域的一个分支学科。

环境观与生态思想，一直与旅游密不可分。工业革命以后，人们对旅游与环境关系的认识开始走向科学化、理智化。这一时间至少可以上溯到 1864 年，"风景建筑学"（Landscape Architecture）一词的缔造者奥姆斯特丹（美国，F. L. Olmated）。1851 年美国发现了约塞密提谷（Yosemite Vally），1864 年美国联邦政府授权加州政府研究开发利用该地区，以达到"远足、游憩目的"。奥氏作为研究小组成员之一，敏锐地认识到它将对人类产生深远的影响。作为一名农场主、旅游爱好者、作家，他深谙伐木、牧羊、开垦对自然的危害。因此，他在为规划预先准备的一份工作方案报告中，提出了清晰的保护原则。这一原则后来成为美国国家公园局的核心任务。8 年后，约塞密提谷成为世界上第一个国家公园，其环境资源意识、管理机制及严格的保护理念，对全世界产生了重大的影响。

此后，旅游与生态环境关系的研究，多用于政策、规划设计和管理等实用目的。对该问题的科学系统化研究极为少见。旅游界介入该领域的理论与方法的研究则起步很晚，一般认为直至 20 世纪 80 年代，才形成了一定的研究局面。1980 年，世界经济发展与合作组织（OECD）发表了《旅游对环境的影响——总报告》（Impact of Tourism on the Environment—General Report）；1985 年，《国际环境研究杂志》（IJES）出版了专辑《旅游与环境：文献与出版物评论》（Tourism and Environment：A Review of the Literature and Issues）；1987 年，《旅游研究记事》学刊出版了专辑《旅游与物质环境》（Tourism and Physical Environment）；等等。

这一时期研究的内容，多侧重于资源开发利用的生态环境影响与保护问题。如游憩娱乐区对水质、土壤、野生动植物的影响，旅游与卫生的关系（WTO，1980），滑雪场开发与环境问题（Goldman，1989）等等，并出现了具有可持续发展理念的"非消费性的休闲旅游"（W. Game，1988），还出现了"自然旅游"（Natural Tourism）、"生态旅游"（Ecotourism）等概念[1]。

值得一提的是"生态旅游"（Ecotourism，Laarman，1988；Hill，1990；Wall，1991），这一概念标志着旅游生态环境研究进入了系统观水平。从实践角度看，

---

① G. Candela and P. Figini. The Economics of Tourism Destinations ［M］. Springer – Verlag Berlin Heidelberg，2012.

"生态旅游"概念一经提出，立即在全世界引起了反响，各式各样冠以"生态旅游"的旅游，迅速发展普及。

"生态旅游"概念的提出，其主要的学术意义在于：它蕴藏着系统思想，因为所谓"生态"实质上是一种事物间的生存性关系。在"生态旅游"的桂冠下，可以看到其学术实质是，人们对旅游的认识，开始从对资源与生态环境的索取式欣赏，深入到其内部的相互生存性关系。这一观念的发展，必然会导致旅游生态工程的发展（需要科学技术），尤其是导致旅游活动项目的改变（需要人类自制力）。从旅游系统结构的运行角度看，它正处于系统负反馈路径，这意味需要旅游者的自我超越与自觉。这种旅游发展趋势，急需进行旅游与环境系统化研究，以支持旅游生态工程的科学设计，并提供及时、具体、科学化的鼓励，给予旅游者的自觉行为以科学的心理支撑，直至为有关立法提供有关具体的量化界限，以切实保护旅游者的"生态旅游"权利，免受知识与心理不健全者的侵犯。

综上所述，"生态旅游"的发展趋势证明，旅游生态环境学分支的形成将成为一种趋势。但是，我们也要看到，旅游与生态环境的关系网络庞大复杂，变量繁多，要达到科学水平，达到指导应用的水平，非一日之功，其中监测、分析、运算、价值判断、综合决策、管理机制、方法论研究等，所需时间及各种条件非常长久、复杂。对此，必须要有长期思想准备。

八、规划学理论

规划学最早作为管理学的四要素之一起源于经济管理。公认的规划学先驱有经济学家史密斯（Adam Smith）、空想社会主义者欧文（Robert Owen）、数学教授巴贝奇（Charles Babbage）等人。19世纪末20世纪初，规划学在经济管理、城市和区域规划等社会实践的基础上获得发展。尔后，规划学得益于系统科学的发展而进一步提高。1937年，纽曼（Von Neumann）提出了均衡原理，劳瑞（Lowry）则将均衡规划模型动态化。数学家、经济学家康丘维（Kontroich）提出了规划论，包括线性规划、非线性规划、动态规划等等理论。旅游规划实践始于20世纪50年代末的夏威夷。作为一个较年轻的规划学分支学科，旅游规划是为实现旅游发展的目标，预先安排行动步骤并不断付诸实施的过程。然而，国际上近40年的旅游规划史实告诉世人：旅游发展的未来几乎总是始料不及。究其根源，旅游规划往往依赖极不完整的信息，依赖对竞争者可能采取的行动的臆测，加之旅游规划包含着用理性的技术方法或精确的计算难以完全解决的价值判断、行为规范、偏爱流变等问题，因此，旅游规划理论在实践中常遇到一些棘手的问题：到底是旅游预测模型错了，或是游客的价值观或专家的规划评判标准变了，还是世界本身变幻莫测？

第四节 如何优化旅游规划的理论

通行的旅游规划（包括区域、战略、城市、风景名胜区、度假区、建筑和项目规划）的不足之处可归纳为六个"化"。

一、旅游规划的城市化

旅游规划有自身特殊的发展规律，是介于一般城市规划、建筑规划、区域规划、计划、战略规划、风景园林规划（包括风景名胜区规划）、历史文化名城规划等之间的边缘性规划。初期编制这类规划时，在总体指导思想、程序、方法、手段以及规划审批的权限等均无明确的法规、政策和文件作界定，更无现成的蓝本可参照。然而，实践又需要旅游规划，故当时甚至于目前，全国普遍采用了一般城市规划，走入了城市化的死胡同。它所造成的恶果就是把旅游区的规划变成只有建筑、土地利用、建筑形体、平面布局规划，或者说是基本上是摆房子、划分功能区，缺少对旅游区发展的深度和广度的认识和思考。没有主题和主题项目的策划与对旅游区的社会、经济发展和区域条件的优、劣势进行综合性的市场分析，也就没有旅游规划所要求的要适应旅游客源市场需求的旅游项目、氛围和情调。没有旅游区的灵魂，起不到创造出旅游区具有特殊吸引功能的作用。

二、主题抽象化

随着旅游业的发展，规划部门正在朝着不断探索如何编制旅游规划的方向发展。因此，近年来不少旅游区的规划，也在依据不同地区的特色努力探索旅游区、项目的主题。但是，由于种种因素的限制（主要因素：它是一个专业规划需要与旅游部门的充分融合进行策划），目前大部分旅游规划的主题还不准、不深，没有预见性、经济性和社会性，较为抽象、不具体，因而无法依据主题去策划具体项目，无法形成旅游生产力要素的优化配置，找不到旅游区的经济生长点，更无法形成有吸引力的区域、项目。因此，只能用抽象的"起点要高"、"下个世纪不落后"、"国际一流"等主题来表述。

三、市场概念化

很多旅游规划也注意了对旅游市场的分析，但都过于概念化，缺少对本地旅游市场的细分，更没有找到潜在的市场需求，并进而对这个区域的项目实行市场定位。仅笼统地认为全省（地区）每年有多少游客，如按多少比例可以到本区来多少游客的简单推断来决定旅游区的规模，有的规划也提出以旅游市场为导向，但只是一个标签，市场与资源还是两张皮，市场定位不准。

四、项目雷同化

应当说，不少旅游规划（包括风景规划）也都有一些属于旅游景点的（这不完全属于旅游项目）项目分析和论证，但普遍存在着雷同的感觉，没有从更广的空间和时间去把握社会、经济、文化及旅游发展趋势等方面的关联度，更没有找准市场需求与本地资源和概念资源的切入点。故项目的策划随意性较大，因而雷同度高。

五、设施简单化

当前多数旅游规划几乎千篇一律，主体设施都是别墅、度假村（只不过式样不同），或者主楼、洋房，而且客房数量是按照城市规划的容量法计算出来的游人数来匡算的，因而客房大量过剩。相反，与游人在一个旅游区（点）的六大要素或七大要素要求的配备设施，如吃、购、娱乐、对外的交通、旅游区与周边的六大要素的配备需求设施和旅游线路的组合极少涉及。因而旅游区的功能不全，也很难形成旅游生产力去满足游人的需求和促进经济的发展。

六、规划纯技术化

规划作为一门科学当然是技术性的，但作为旅游区规划，其主体对象是人，人是动态的，而且与整个社会、经济、文化、政策环境、国内外政治环境是密不可分的。如果一个旅游规划，仅仅只是建房、修路、通水电，那旅游者就用不着千里迢迢从一个城市或一个旅游区来到另一个城市和旅游区了。所以，有了人的流动，就要有一个以人为主体的社会环境，就需要有各种政治、经济、文化的政策，也就是需要有一个软环境，更需要有一个为旅游者服务的组织机构和优秀的服务队伍，给游人留下一生难忘的"经历"，这就不是一个纯技术规划所能达到的要求。

七、如何优化旅游规划

综上所述，目前，旅游规划存在规划城市化、主题抽象化、市场概念化、项目雷同化、设施简单化、规划纯技术化等问题，针对这些问题，应当如何解决，如何进一步优化旅游规划呢？

首先应是旅游区开发总体思路上的优化。无论对一个旅游区还是项目，都必须首先编制旅游发展规划（即对项目、旅游区的市场定位、项目定性）即把它放在大宏观环境上去把握它的位置，去找自己的生长点，找出本区旅游资源优势与相关资源优势，尽可能根据旅游市场要求，得到合理而有效的配置，以期使旅游业在一定时期内能达到自身的、预期的优化发展和对整个经济、社会发展贡献的最佳值。这样的总体思路的确定，便是一个旅游规划成功的标志。但目前，不少旅游区虽做了旅游发展规划或主题项目策划，但一进入建设规划部门就成了废物，仍然按传统规划去设计、施工，造成资源和资金的浪费。

其次是旅游规划程序上的优化。旅游区（点）的旅游规划应包括旅游发展规划和旅游建设规划两个有机组成部分，也可以说是旅游规划工作的两个阶段。即任何一个旅游区（项目）的规划，首先必须编制发展规划，（即项目策划）然后才组织编制具有建设内容的详规和设计。旅游发展规划，就是以市场为导向，对旅游区的主题功能、项目进行科学的定位，使之具有市场的"卖点"，才具有可操作性；反之，只能是一大堆建筑物，造成极大的浪费。

最后是内容上的优化。旅游发展总体规划，不是替代旅游建设规划，而是为编制好旅游总体规划提供的市场要求、项目设置、环境布局、服务功能等行业性的要求，使旅游总体规划更适应旅游市场的需求，使旅游产品能形成"卖点"。

因此，旅游规划的优化要先编制旅游发展总体规划，其实质性内涵是一个"定性"，七个"定位"。

一个定性是指旅游地的旅游整体形象定性。一个旅游地要使旅游者对它怀有特殊的兴趣，能抓住游人的心理需求，就必须从社会经济、文化、旅游发展的整体、全过程、项目方案优化、商业机会与交易成本之间的规律（以最小的投入，取得最大的产出）等四方面进行综合性的研究，从而策划出一个地区（项目）的、能使不同层次旅游者公认的旅游主题整体形象（如新加坡的花园城市、香港的动感之都、上海市的都市旅游、海南的热带海岛休闲度假地等），这是关系到一个地区（项目）旅游能否持续发展、取得综合效益的首要问题。

旅游规划的七个定位是：

（1）产业定位。旅游产业的定位，是各地发展旅游，通过旅游产业的发展带动国民经济发展所追求的目标，所以，产业定位如何，是关系到旅游业的地位问题。要使旅游区、旅游城市的旅游得到社会的支持和理解，必须明确旅游业在诸多产业中的地位，也就是说，必须明确大旅游观念，实行社会共办大旅游，才能使旅游业真正成为先导产业。

（2）旅游客源市场定位。这是编制旅游发展总体规划的先导和依据。现代旅游客源市场有入境客源市场、国内旅游客源市场、出境旅游客源市场。对这三大旅游客源市场的细分、开发的主从、先后程序、营销策略等都必须做好定位。

有特定旅游市场的需求，才能使旅游发展总体规划建立在牢固的科学分析的基础上，也才具有可操作性，才能形成"卖点"。

（3）旅游区域（项目）的功能、产品定位。旅游区域功能、产品定位的关键在于将处于自然的、分散的、潜在的、能形成综合旅游生产力的诸要素，按旅游市场的需求，进行优化组合配套，使之成为具有特色的主题功能区域、旅游线路、旅游项目。这是使旅游区、旅游城市形成旅游整体形象的核心内容，也是实现商业机会最大、交易成本最小、以取得效益的物质载体。

（4）旅游营销定位。营销是现代旅游企业经营的一种哲学。旅游营销理论要求企业以旅游者为中心，正确确定自己的目标市场，了解并满足这一客源市场的需求和欲望，并且比竞争对手更为有效地提供旅游客源市场所期望满足的产品和服务。也就是说，顾客需要什么样的旅游产品，企业就依据当地的旅游资源的特色，组合出能满足这些需求的产品和服务，是"提供你能够销售出去的产品"，而不是"出售你能够提供的产品"。营销的方式和手段颇多，采用何种营销方式定位，就成为检验一个地区旅游发展总体规划水平高低的标准之一。

（5）旅游服务功能的定位。服务功能应定位于与国际标准接轨，这是发展旅游业，尤其是提高核心区、重点项目的旅游品位、档次的主要问题。应根据各旅游功能区项目的特点，加强对各旅游区的服务功能的定位（即软服务环境），这是一个地区旅游业持续发展的根本条件之一。

（6）投入产出的定位。旅游开发需要投入，而且有的项目还应是大投入，但绝不能盲目投入。可以采取利益、组合、借势的原则进行组合开发的，就不应加大投入；需要大投入才能取得大产出的，当然应加大投入；反之，则应节省投入和成本。合理投入的标准是旅游客源市场不断发展的需求，是能使旅游产品形成"卖点"，是旅游产品能被旅游者所购买，否则为节约成本而节约成本也是违反投入产出的基本经济原则的。

（7）旅游管理职能的定位。应当说，以上的基本"定位"，不仅是编制旅游发展总体规划的前提、遵循的原则和追求的效果，更是政府旅游主管部门对全地区（省、市）大旅游业实行宏观调控的需求与依据。各地区和不同历史阶段有着不同的管理职能定位模式，具体规划时，应因地制宜，具体分析，加以确定。

案例

旅游规划优化整合理论

——以《四川省旅游发展总体规划》为例

《四川省旅游发展总体规划》（以下简称《规划》）是由世界旅游组织专家编写，它是中国旅游规划优化整合的一个经典案例，其鲜明的特点给人们留下了深刻的印象。

1. 编制组的成员及其运作方式

该规划先由四川省人民政府与世界旅游组织签订委托编制协议，再由世界旅游组织用招标形式，选定在菲律宾执业的亚太设计公司路德维稀·雷德先生任专家组组长，并聘请来自菲律宾、澳大利亚和丹麦等国的生态旅游、世界文化遗产、交通和基础设施、土地使用、经济分析、市场营销和人力资源七名专家组成编制组。七名专家各提交一篇专题报告，然后由雷德先生总纂。他们从赴川考察到提交规划中英文稿（中文约35万字）和十多张规划图仅花了大半年时间，其工作效率之高令人惊叹。

2. 《规划》体系和成果

该《规划》由"远期规划"、"近中期实施计划"和"六处土地使用规划"三篇组成，并含十多份附件及图表。第一篇阐述了四川旅游业现状、前景、总体目标、发展战略、主要旅游城市规划和旅游的经济、社会文化及环境影响评估；第二篇阐述川西自然生态旅游区、乐山/峨眉山旅游区、自贡/竹海旅游区和成都口岸旅游区四个优先开发地区的规划，其内容包括交通和公共设施、旅游服务设施、人力资源、组织机构、促销方案和投入估算；第三篇对九寨沟、成都大熊猫繁殖基地、峨眉山、自贡恐龙公园、海螺沟冰川公园和大邑刘氏庄园六个优先开发的项目，逐一进行资源评估、问题分析、项目策划和可行性分析（即投入产出估算），六个项目均有一张"概念性土地使用规划图"（即总体布局图）。《规划》把远期目标与近期计划相结合、全面规划与重点开发相结合、宏观布局与微观策划相结合、定性分析与定量分析相结合，体系完整、重点突出，由远及近、逐步深入。

3. 市场导向与产品开发

《规划》对四川省众所周知的主要旅游资源作了简明扼要的陈述，着重针对该省的"外部市场条件"，从全球客源市场、亚洲客源市场、中国客源市场和本省潜在客源市场的现状与趋势作了深入的分析，抓住该省旅游资源的总体特征，将四川省定位成"中国生态旅游和自然旅游的目的地",进而确定把该省独有的"大熊猫"作为全省旅游的标志物。这种以客源市场的需求为导向,评估和筛选旅游资源,确定主导旅游产品及其市场形象的规划思路,体现了以旅游者为中心设计旅游产品的"以需定产"的市场导向原则,这与计划经济体制下形成的传统规划思想是迥然不同的。

4. 市场经济与产业发展

《规划》确定,旅游业是"四川省面向 21 世纪推动经济与社会发展的骨干或支柱产业"。在市场经济条件下发展支柱产业是整个《规划》的一根主线,贯穿各个方面。旅游资源的筛选、优先项目的选择、交通基础和服务设施的建设、旅游商品的开发、旅游信息的传递、营销策略的谋划、行业机构设置、旅游企业的改制、融资战略的确定和旅游项目的经济效益分析,无不体现了旅游产业的经济特征及其市场运作规律。

5. 硬件建设与软件开发

《规划》从旅游业是人对人、面对面的服务特点出发,既重视景区、交通和饭店等硬件的建设,也强调对经营管理、宣传营销和人力资源等软件的开发,把两者放在同等重要的位置上。《规划》根据国际惯例,提出"建立一个强有力的、高效的旅游企业协会是成功开发国际旅游的先决条件"。《规划》指出四川旅游人员的服务和技能较差、旅游培训机构及其培训能力较差,预测了全省近、中、远期旅游从业人员及各类技术人员的需求量,要求旅游院校"确保至少60% ~70% 的各级教师有行业经历","尚无行业经历的教师必须与其学生一样,到饭店、旅行社和旅游企业工作"。

6. 旅游资源和环境保护与旅游业的可持续发展

《规划》的突出优点是把可持续发展原则贯穿始终。它认为,四川旅游开发存在的一个问题是:"主要旅游资源的非可持续性利用,例如许多自然和文化景点游客过度拥挤、污染严重、环境恶化"。《规划》从生态旅游和自然旅游的特定要求出发,既从总体上对旅游业的经济、社会及文化和环境方面的正负影响进行评估,又对每一个优先开发的旅游区和项目的环境和资源保护提出切实可行的方案和措施。对泸沽湖摩梭母系文化这种独特而脆弱的旅游资源,《规划》忠告"是否照此开发下去,最终得由社区拿主意。因为照此开发下去,深受其害的是他们自己"。《规划》对九寨沟景区的承载能力作了测算,明确要求"拆除世界级、国家级风景区内所有的过夜住宿设施"。

由于《规划》全部由外国专家执笔,因而在对国情、省情的分析上,历史文化资源的挖掘和文化旅游产品的开发上,国内旅游市场的战略地位和国内旅游产品的开发上,四川与周边省市互补、合作和竞争关系的把握上,旅游管理体制的调整上不可避免地存在着明显的缺陷。但瑕不掩瑜,《规划》所体现的原则和方法、体系和思路,特别是它强烈的市场意识、产业意识、服务意识和生态意识,为我们编制区域旅游发展规划提供了一个蓝本,具有示范和借鉴意义,是中国旅游产业规划与国际标准接轨的一次有益探索。该《规划》的一些不足之处,也说明编制区域旅游规划不能没有中国专家的参与。旅游规划既要与国际标准接轨,又要符合中国国情、具有中国特色。这一历史性的任务,责无旁贷地落在中国旅游管理和研究者的身上。

▶▶ 思考与练习

1. 旅游规划具有哪些性质与具体内容?
2. 如何优化整合旅游规划以提高旅游规划的科学质量?
3. 请收集各个期刊杂志发表旅游规划的文献以及不同版本的旅游规划书籍,对旅游理论的内容体系展开思考。诸如旅游规划理论应该包括哪些体系内容? 它的性质和功能是什么? 如何完善旅游规划的理论体系?

第三章 旅游规划的编制

▶ 内容导读

旅游规划编制涉及方方面面，需要对不同性质的旅游规划确定不同的规划内容和设置不同的规划指标，同时，旅游规划的编制也需要按照一定的工作程序进行，以便将旅游规划纳入法制化、正规化。通过本章学习，应了解旅游规划编制的一般意义和工作程序，理解不同性质的旅游规划需要有针对性地设置相应的规划内容，掌握旅游规划内容中重要指标如何设置和计算等内容。

第一节 旅游规划编制的意义

发展旅游必须先行规划，旅游规划的编制和实施在旅游目的地的发展中具有举足轻重的作用。编制科学合理的旅游规划，一方面可以统辖行区域旅游业的整体发展，保证旅游发展的有序性，促进旅游产业与其他产业协调发展；另一方面还能够促进旅游资源的有效利用，最终保证旅游业的可持续发展。

旅游规划的制定和实施有着非常重要的意义，表现在：

一、保证旅游发展的有序性，避免开发建设中的盲目性

旅游规划的制定和实施，目的是将旅游发展纳入有计划有步骤健康发展轨道，以使其得到较顺利的发展。

不论是全国还是地区，旅游发展都离不开全国和地区经济社会的发展，旅游发展必须建立在全国和地区经济社会发展的基础上，必须得到社会上各个方面的支持。因此，旅游发展必须与经济社会发展相适应，而不能超越当时的经济社会

发展水平。

　　旅游规划在制定的过程中，从规划的时间上说，首先要制定长期旅游发展规划，之后，再制定中期和短期旅游发展规划，中短期规划不能离开长期规划的制约。从地域上说，首先要制定全国的规划，之后，再制定省、市、地区、旅游地以及旅游景区景点规划，后者也要以前者为依据，并受其制约。这样，从上至下，从全局到局部，使旅游发展纳入到旅游规划之中，旅游发展也就进入了有序发展。否则，不制定旅游规划，不按照一定的顺序关系去制定和实施旅游规划，就必然导致旅游发展的盲目性。

　　从我国旅游发展的实践看，在我国旅游发展过程中，旅游规划的制定是滞后的，特别是全国的、长期的旅游规划的制定是滞后的。因此，地方的、旅游地的、旅游景区景点的旅游规划往往缺乏较为明确的方向和目标，致使旅游发展中出现一定的盲目性和无序性。例如，过去我国在旅游饭店的建造中，一些地方和城市就出现了一哄而起，出现了供过于求的状况，使很多旅游饭店出现经营上的困难，同时，也使社会资源遭受极大浪费。又如，在旅游景区景点建设上不少地方出现趋同化，一处兴建了某个主题或特色的景点后，其他地方不顾自身条件盲目跟进，导致同类旅游点过多过滥，使经营效益大大下降，甚至陷入困境。以上的例子都说明由于没有很好地制定和实施旅游规划，而导致旅游发展的无序性和盲目性。

二、保证旅游业和相关行业的相互融合、协调发展

　　旅游业的特点之一就是与许多部门和行业都有密切关系。这里主要的部门和行业有交通运输业、邮电通讯业、商业和服务业、金融保险业、供水供电供气业、医疗保健业、餐饮业和娱乐业等。如果这些部门和行业不能与旅游业同步协调发展，甚至任何一个部门或行业发展滞后，那么旅游业的发展都将碰到很大困难。要使得旅游业与这些相关部门和行业同步协调发展，单靠各个部门和行业是不能有效解决的。这个问题必须要靠国家和各地政府通过制定与各部门和行业规划衔接的旅游规划来加以解决。

三、保证旅游资源更有效的利用和结构上的合理性

　　我国旅游资源极为丰富，可以开发利用的旅游资源非常多，但是，从投入产出的角度看，旅游资源就有一个有效利用的问题。在一定地域内，在一定时期中，并不是旅游资源开发的越多越好。旅游资源的开发和利用应该与一定地域和一定时期旅游业的发展状况相适应，与一定的客流量相适应。旅游资源开发利用偏少，不能构成对旅游者的吸引力，不能满足旅游者的需求，会形成对旅游发展

的阻碍。但是，超越需求与需要开发，就会导致所开发旅游资源的闲置。虽说旅游资源开发应有一定的超前性，但也不能超过一定限度。为保证所开发旅游资源的有效利用，必须根据旅游发展的现状和今后发展的趋势，做好旅游发展规划工作。一定时期开发什么样的旅游资源，开发多少，什么时候开发，开发规模多大等，都应制定出明确的规划，并按照规划有步骤地进行开发。

旅游资源的有效利用还与旅游资源开发的合理结构相关。旅游资源的类别很多，在一定地域和一定时期中，旅游资源开发存在着一个结构问题。开发资源的结构合理，就可以使资源得到有效利用；反之，开发资源的结构不合理，资源必然得不到有效利用。例如，从全国范围来说，各地开发的许多旅游资源趋同化，缺乏本地特色，游客在甲地游览观赏过某一旅游资源开发的旅游产品，到乙地时不想再去看类似的旅游产品了。这样，从全国范围来看，不论是甲地还是乙地，其类同的旅游资源开发的类似的旅游产品都未能得到有效利用。就是从一个局部地区，旅游资源开发的产品结构不合理，同样也会导致该地区旅游资源不能得到有效利用。因此，要使旅游资源开发的旅游产品保持一个合理结构，就需要制定和实施有关的旅游规划。

四、保证旅游业的可持续发展

旅游业发展要以旅游资源为凭借。旅游资源，特别是那些不可再生的旅游资源，如诸多的自然旅游资源和人文旅游资源，一旦被过度消耗或破坏，就永远地使旅游业失去根本的凭借，可持续发展会受到严重影响。为此，对一些旅游资源的开发，必须有计划有步骤地进行，对一些已被开发利用的旅游资源，为了使其不至于过度消耗或破坏，就必须制定出保护规划，这也是旅游规划中的一项重要内容。

此外，旅游业的发展与生态环境有着密切的关系，如旅游地的海滩、湖泊、河流、小溪等，都应保持清洁、卫生，避免受到各种污物的污染。又如旅游地的空气、环境也应保持清新、干净、美观等，不能受到污染和破坏，否则，旅游业就失去了可持续发展的条件和基础。因此，还必须制定保护生态环境的规划，有关地方和部门必须按照旅游规划的要求做好生态环境的保护工作。由此可见，旅游规划是旅游业可持续发展的保证。

第二节　编制旅游规划的工作程序

根据 2002 年颁布的中华人民共和国国家标准《旅游规划通则》，旅游规划编制的一般程序分四个阶段：任务确定阶段、前期准备阶段、规划编制阶段和征求意见阶段。现将各阶段主要工作简介如下。

一、任务确定阶段

这一阶段主要是规划编制方与委托方的协商洽谈阶段。委托方在经过招标或者其他方式确定编制单位后，双方再就合同的具体事宜作出约定，以保证规划编制的合法性和严谨性。

1. 委托方确定编制单位

委托方根据国家旅游局对旅游规划设计单位资质认定的有关规定，确定旅游规划编制单位。确定形式通常有公开招标、邀请招标、直接委托等形式。

（1）公开招标。委托方以招标公告的方式邀请不特定的旅游规划设计单位投标。

（2）邀请招标。委托方以投标邀请书的方式邀请特定的旅游规划设计单位投标。

（3）直接委托。委托方直接委托某一特定规划设计单位进行旅游规划的编制工作。

2. 签订旅游规划编制合同

旅游规划编制合同主要依据《中华人民共和国合同法》、《旅游规划通则》以及《建设工程勘察设计管理规定》等提出的，编制单位和委托方在平等协商的基础上，就编制过程中双方的义务、权利、编制期限、编制费用、成果要求等作出具体的约定。

二、前期准备阶段

这一阶段是合同签订后，旅游规划编制工作的前期准备阶段。在这一阶段中，规划编制单位要派出专家团队前往规划目的地进行实地调研和考察，了解与本次规划编制相关的各项法律法规，掌握当地的旅游资源分布情况，了解当地的旅游客源市场以及区位条件等各方面的情况，并作出相应的分析。

1. 政策法规研究

对国家及本地区旅游及相关政策、法规进行系统研究，全面评估规划所需要的社会、经济、文化、环境及政府行为等方面的影响。

2. 旅游资源调查

对规划区内旅游资源的类型、品位进行全面调查，编制规划区内旅游资源分类明细表，绘制旅游资源图，确定其旅游容量。

3. 旅游客源市场分析

在对规划区的旅游者数量和结构、地理和季节性分布、旅游方式、旅游目的、旅游偏好、停留时间、消费水平进行全面调查分析的基础上，研究并提出规划区旅游客源市场未来的总量、结构和水平。

4. 对规划区旅游业发展进行竞争性分析

确立规划区在交通可进入性、基础设施、景点现状、服务设施、广告宣传等方面的区域比较优势、劣势，综合分析和评价各种发展旅游相关的因素的机遇和挑战。

三、规划编制阶段

这一阶段主要是规划的撰写编制阶段。经过专家团队的实地调查和市场分析，结合规划目的地的经济社会等情况，规划编制的专家团队经过多次讨论，确定规划区的主题、建设分期、空间布局、重点开发项目以及发展战略等规划的核心内容，最终撰写规划的文本和说明书。具体过程如下：

①规划区主题的确定，在前期准备工作的基础上，确定规划区旅游主题，包括主要功能、主打产品和主题形象。②确定规划分期及各分期目标。③提出旅游产品及设施的开发思路和空间布局。④确定重点旅游开发项目，确定投资规模，进行经济、社会和环境评价。⑤构思并形成规划区的旅游发展战略，提出规划实施的措施、方案和步骤，包括政策支持、经营管理体制、宣传促销、融资方式、人员培训等。⑥撰写规划文本、说明书和附件的草案。

四、征求意见阶段

规划草案形成后，原则上应广泛征求各方面的意见，并在此基础上，对规划草案进行修改、充实和完善。

第三节　旅游规划编制的内容体系

旅游规划编制一般包括编制的依据、旅游产业发展的总体战略与布局、实现旅游产业发展战略的规划体系以及旅游产业发展规划的保障体系这四大方面的内容。其中编制依据是规划科学性和合法性的保证；旅游产业发展的总体战略和布局是规划编制的核心和难点；实现旅游产业发展战略的规划体系是规划中的重点和旅游产业发展总体战略的细分，主要包括产品开发，基础设施规划、游线组织等内容；最后的保障体系是规划实施的重要部分，主要包括规划的政策与措施以及社会、经济与环境各方面的评估控制等。

一、旅游规划的主要内容

1. 编制规划的依据

编制规划主要考虑以下因素：

区域基本情况，包括区域自然地理条件（区位条件和自然条件）、社会经济条件、基础设施条件（交通、通讯、供电、给排水等）和社会文化条件（区域历史沿革、民俗文化等）；区域旅游资源分析评价（根据中华人民共和国最新标准《旅游资源分类、调查与评价》）；区域客源市场分析与预测（客源市场结构现状、客源市场变化规律、市场对旅游产品质量评价、周边旅游市场现状、竞争对手旅游市场开发状况等），旅游业发展系统分析（国际、国内旅游业发展现状及趋势、区域旅游业发展现状分析，即现状、存在问题、有利条件、不利因素等）；编制规划的法律、法规依据。

2. 旅游产业发展的总体战略与布局

旅游产业发展的总体战略与布局主要包括如下内容：

区域旅游发展定位（产业定位、产品定位、形象定位）；区域旅游发展的总体战略（战略思想、战略目标、战略步骤与战略措施）；区域旅游发展的总体布局与景区划分。

3. 实现旅游产业发展战略的规划体系

旅游产品开发与景区景点建设规划；旅游基础设施建设规划；旅游服务设施建设规划；旅游线路组织规划；旅游客源市场开发规划；旅游商品开发规划；旅游文化开发规划；旅游资源与环境保护规划；旅游城镇精神文明建设规划；旅游软件开发规划（管理体系建设、人力资源开发、产业自动化与网络化建设等）。

4. 旅游产业发展规划的保障体系

政策与措施；社会、经济与环境影响的评估与控制。

二、旅游规划的编制方式

目前，我国各地区域旅游规划的编制方式基本上有：由本地区规划专业人员编制规划；委托旅游规划专业单位编制；通过招标投标方式选择规划设计单位编制；本地干部与旅游规划单位和专家联合编制；委托世界旅游组织专家或外国规划单位编制。

第四节　旅游规划中的重要指标设置

编制旅游规划要制定旅游业发展战略，它包括国际国内旅游业发展形势分析与本地区旅游业发展的战略思想、战略目标、战略步骤和战略措施等内容。其中战略目标的提出，是要运用一系列旅游规划指标的。

一、旅游规划指标

旅游规划指标，是对该规划战略目标所确定的方位进一步量化所形成的一系列可度量的技术标准。旅游业发展战略目标的制定与实施，通常需借助旅游规划指标这一工具来实现对旅游发展的实时状态和预测状态的度量。

目前，我国常用的旅游规划指标主要有：①来华旅游入境人数；②人均停留天数；③国际旅游收入；④旅游涉外饭店接待人数；⑤城市接待旅游者人数；⑥客房数；⑦平均客房出租率；⑧固定资产原值；⑨固定资产现值；⑩营业收入；⑪营业税金及附加；⑫利润总额；⑬全员劳动生产率；⑭人均实现税利；⑮利润率；⑯平均职工人数；⑰旅游总人次数；⑱旅游出游率；⑲旅游总收入；⑳旅游人均花费。

当然，以上指标各有各的用途，但在编制旅游规划工作中，实际上未用到这么多指标。常用的只是"国际旅客数"、"国内游客数"（按小口径和大口径分别统计）、国内旅游收入（按小口径大口径分别统计）、创汇数、国际国内旅游总收入等几个指标而已。根据实际工作体会，这个现行的指标体系最大的弊端是：指标太多、太烦琐，而反映的问题又太少、太单一。20个指标只反映一个旅游企业的经营规模和经营状况，远远不能满足考察旅游业发展情况的需要。

二、旅游规划的指标设置

众所周知，旅游业是个经济产业，讲求效益是理所当然的。但正像我们多次提到的，社会主义的效益观是全面的效益观，是经济效益、社会效益、环境效益相统一的效益观。因此，考察旅游业是不是健康发展，需要设置反映经济、社会、环境三方面情况的指标。考虑到统计工作实施管理的可操作性，旅游规划指标体系应在优化的同时作最大限度的简化，尽可能设置一组精干的，主要反映旅游系统整体质量的那部分指标，以此来指导旅游系统整体的健康发展。

根据上述思想，我们提出旅游规划的指标设置意见如下：

（1）经济效益指标：旅游总收入、旅游投入产出比、对国内生产总值贡献率；

（2）社会效益指标：旅游总人次、人均逗留时间、旅游比、创造就业机会；

（3）环境效益指标：环境率、森林覆盖率、新增加旅游资源破坏率。

其中，"旅游总收入"为国际旅游收入加国内旅游收入；"旅游投入产出比"为旅游总收入除以旅游总投入；"对国内生产总值贡献率"为旅游总收入除以国内生产总值；"旅游总人次"为一定时期内来旅游目的地的旅游者人次；"人均逗留时间"为旅游者在旅游地停留时间的算术平均值；"旅游比"为人均逗留时间除以人均交通时耗；"创造就业机会"为一定时间内增加旅游直接从业人数；"环境率"为旅游地各项环境质量之乘积除以国家一级环境质量标准之乘积（含大气、水体、噪声等指标）；"森林覆盖率"（城市为绿地覆盖率）为旅游地森林面积除以旅游地总面积；"新增旅游资源破坏率"为一定时期内新破坏的旅游资源单体数除以该地区旅游资源单体总数。

当然，应当指出，随着工作需要和旅游业的发展，这些指标是可以增减的。

第五节 旅游业发展规划的编制

旅游业发展规划按其范围和政府管理层次分为：全国旅游业发展规划、区域旅游业发展规划和地方旅游业发展规划。地方旅游业发展规划又可分为省级旅游业发展规划、市级旅游业发展规划和县级旅游业发展规划等。

地方各级旅游业发展规划均要依据上一级旅游发展规划，并结合本地区的实际情况进行编制。

旅游业发展规划的主要任务是明确旅游业在国民经济和社会发展中的地位和作用，提出旅游业的发展目标，优化旅游业发展要素结构与空间布局，安排旅游业发展的优先项目，促进旅游业持续、健康、稳定发展。

一、旅游业发展规划编制

旅游业发展规划的主要内容有：

①全面分析规划区内旅游业发展历史与现状、优势与制约因素及与相关规划的衔接；②分析规划区的客源需求总量、地域结构、消费结构及其他结构，预测规划期内客源市场需求总量、地域结构、消费结构及其他结构；③提出规划区旅游主题形象和发展战略；④提出旅游业发展目标及依据；⑤明确旅游产品开发方

向、特色和主要内容；⑥明确旅游发展重点项目，并对其空间布局及开发时序作出安排；⑦按照可持续发展原则，注重保护、开发、利用的关系，并提出合理措施；⑧提出对规划实施的保障措施；⑨对规划实施的总体投资分析，主要包括旅游设施建设、配套设施建设、旅游市场开发、人力资源开发等方面的投入产出分析。

旅游业发展规划成果包括规划文本、规划图表及附件。附件包括规划说明书及基础资料等。

二、旅游区规划的编制

旅游区规划按规划层次分为：总体规划、控制性详细规划、修建性详细规划等，现分述如下。

1. 旅游区总体规划

旅游区在开发建设之前，原则上应当编制总体规划，但小型旅游区也可以直接编制控制性详细规划。

旅游区总体规划的期限一般分为 10 年至 20 年。同时可根据需要对旅游区的远景发展作出轮廓性的规划安排。对于旅游区近期发展布局和主要建设项目，亦应作出近期规划，期限至少为 5 年。

旅游区总体规划的任务，是分析旅游区客源市场，根据旅游资源确定旅游区主题形象，划定旅游区用地范围及空间布局，安排旅游区基础设施建设内容，提出开发措施。

（1）旅游区总体规划的内容。旅游区总体规划的内容主要包括：

①对旅游区客源市场的需求总量、地域结构、消费结构等进行全面分析与预测；②界定旅游区范围，进行现状调查和分析，对旅游资源进行科学评价；③确定旅游区的性质和主题形象；④确定规划旅游区的功能分区和土地利用，提出规划期内的旅游容量；⑤规划旅游区的对外交通系统的布局和主要交通设施的规模、位置；规划旅游区内部其他道路系统的走向、断面和交叉形式；⑥规划旅游区的景观系统和绿地系统的总体布局；⑦规划旅游区其他基础设施、服务设施和附属设施的总体布局；⑧规划旅游区的防灾系统和安全系统的总体布局；⑨研究并确定旅游区资源的保护范围和保护措施；⑩规划旅游区的环境卫生系统的布局，提出防止、治理污染的措施；⑪提出旅游区近期建设规划，进行重点项目策划；⑫提出总体规划的实施步骤、措施和方法以及规划、建设、运营的管理意见；⑬对旅游区开发建设进行总体投资分析。

（2）旅游区总体规划的成果要求，旅游区总体规划的成果包含如下内容

①规划文本；②图件，包括旅游区区位图、综合现状图、旅游市场分析图、

总体规划图、道路交通规划图、功能分区图等其他专业规划图、近期建设规划图等；③附件，包括规划说明和其他基础资料等；④图纸比例，可根据功能需要来确定。

2. 旅游区控制性详细规划

在旅游区总体规划指导下，为了近期建设的需要，可编制旅游区控制性详细规划。旅游区控制性详细规划的任务是：以总体规划为依据，详细规定旅游区建设用地的各项控制指标和其他规划管理的要求，为区内一切开发活动提供指导。

（1）旅游区控制性详细规划的主要内容：

①详细划定规划范围内各类不同性质用地的界限。②规划分地块规定建筑高度、建筑密度、容积率、绿地率等控制指标，并根据各类用地的性质，增加其他必要的控制指标。③划定交通出入口方向、停车泊位、建筑后退红线、建筑间距等要求。④提出对各地的建筑体量、尺度、色彩、风格等要求。⑤确定各级道路的红线位置、控制点坐标和标高。

（2）旅游区控制性详细规划的成果要求。

①规划文本；②图件，包括旅游区综合现状图、各地块控制性详细规划图、各项工程管线规划图等；③附件，包括规划说明及基础资料；④图纸比例一般为1/1000～1/2000。

3. 旅游区修建性详细规划

对于旅游区当前要建设的地段，应编制修建性详细规划。旅游区修建性详细规划的任务，是在总体规划或控制性详细规划的基础上，进一步深化和细化，用以指导各项建筑和工程的设计和施工。

（1）旅游区修建性详细规划的主要内容：

①综合现状与建设条件分析；②用地布局；③景观系统规划设计；④道路交通系统规划设计；⑤绿地系统规划设计；⑥旅游服务设施及附属设施系统规划设计；⑦工程管线系统规划设计；⑧竖向规划设计；⑨环境保护和环境卫生系统规划设计。

（2）旅游区修建性详细规划的成果要求。①规划设计说明书；②图件，包括综合现状图、修建性详细规划图、道路及绿地系统规划设计图、工程管网综合规划设计图、竖向规划设计图、鸟瞰或景观效果图等。图纸比例1/500～1/2000。

第六节　规划的评审、报批

一、规划的评审

1. 规划评审方式

（1）旅游规划文本、图件及附件草案完成后，由规划委托方组织评审。

（2）旅游规划的评审采用会议审查方式，规划成果应在会议召开前五天送达评审人员审阅。

（3）旅游规划评审，需经全体人员讨论、表决，并有 3/4 以上评审人员同意，方能通过。评审意见应形成文字性结论，并经评审小组全体成员签字，评定意见方有效。

2. 评审人员组成

（1）旅游发展规划的评审人员由规划委托方与上一级旅游行政主管部门商定；旅游区规划的评审人员由规划委托方与当地旅游行政主管部门商定。旅游规划评审组人员由 7 人以上组成，其中行政管理部门代表不超过 1/3，本地专家不超过 1/3。规划评审小组设组长 1 人，根据需要可设副组长 1~2 人。组长、副组长人选由委托方与规划评审小组协商产生。

（2）旅游规划评审人员应由经济分析专家、市场开发专家、旅游资源专家、环境保护专家、城市规划专家、工程建筑专家、旅游规划管理官员等组成。

二、规划的报批

旅游规划文本、图件及附件，经规划评审会议讨论通过，并根据评审意见修改后，由委托方按有关程序报批实施。

▶ 思考与练习

1. 旅游规划的工作流程是什么？如何高效率地进行旅游规划？

2. 旅游规划一般包括哪些内容？如何根据不同的旅游规划设置不同的规划内容？

3. 以一个完整的旅游规划文本为例，阅读并分析旅游规划的各个章节内容，然后谈谈旅游规划重要指标设置的依据及其计量方法。

第四章　旅游规划的战略编制

▶▶ 内容导读

旅游规划的战略问题是对旅游目的地的宏观规划问题，对旅游目的地的发展起到纲领指导作用，一般包括战略指导思想、基本原则、战略定位、性质、布局与功能分区等。通过本章学习，了解旅游战略规划的基本内容，懂得各个战略内容确立的理论内容，通过案例评析，掌握各个战略内容的理论依据以及编制方法与技巧。

第一节　战略指导思想确立理论

目前，旅游业已成为世界经济中发展最快、带动面最广的朝阳产业，旅游业将在全球经济的重构中发挥重要作用。2009 年 12 月，国务院颁布了《国务院关于加快发展旅游业的意见》（以下简称《意见》），《意见》从全局的高度，不仅鲜明地提出了把旅游业培育成国民经济的战略性支柱产业和人民群众更加满意的现代服务项目业，而且明确了中国旅游业的发展目标，为我国旅游业的快速发展提供了重要保障。而习近平主席也曾指出，旅游业是综合性很强的产业，关联带动功能强，我国国民经济的快速发展给旅游业的发展提供了广阔的发展空间。在这样的背景下，旅游业的发展必须要坚持以科学发展观为指导，创新发展模式，提高发展质量，加快行业改革步伐，促进旅游业和政治、经济、文化的结合与协调发展，进一步开创我国旅游业繁荣发展的新局面。

一、旅游规划战略指导思想的理论

旅游规划战略指导思想的理论，实际上是指导一切发展问题的世界观与方法论的集中表现，它们对旅游发展长远全局都具有根本性的重要指导作用，旅游规划所涉及的各阶段、各方面、各环节的问题都是应予贯彻的。

1. 坚持科学发展观

科学发展观就是指坚持以人为本，全面、协调、可持续的发展观。它是我们党以邓小平理论和"三个代表"重要思想为指导，从新世纪、新阶段我国社会主义事业全局出发提出的重大战略思想，它提示的是发展的普遍规律，对全国各项工作都有普遍的指导意义。旅游工作者要学会应用发展观来分析评价要解决的旅游技术经济问题。

全面发展，就是要以经济建设为中心，全面推进经济、政治、文化建设，实现经济发展和社会的全面进步。

协调发展，就是要统筹城乡发展，统筹区域发展，统筹经济社会发展，统筹人与自然的和谐发展，统筹国内发展和对外开放，推进生产力和生产关系、经济基础和上层建筑相协调，推进经济、政治、文化建设的各个环节、各个方面相协调。

可持续发展，就是要促进人与自然和谐，实现经济发展和人口、资源、环境相协调，坚持走生产发展、生活富裕、生态良好、文明发展道路，保证一代接一代的永续发展。

科学发展观是紧紧围绕发展这个主题的，是用来指导发展的。因此，科学发展观的精神实质是要实现经济社会更好地发展。发展是硬道理，发展是第一要务，发展是贯彻"三个代表"重要思想的主题。离开发展，就无所谓发展观。发展首先要抓好经济发展，坚持以经济建设为中心，用发展的办法解决前进中的问题，这是我们建设有中国特色社会主义的一条基本经验。

科学发展观的根本要求是统筹兼顾。随着改革开放的深入和现代化建设的推进，我们面对的社会利益主体更多，领域更广，利益关系也更复杂，加上我国经济社会发展还不够全面，城乡二元经济结构局面有待改善，地区发展又很不平衡，经济的快速增长对资源、环境的压力日益加大，等等，这就要求我们的发展更加要注重统筹兼顾。

科学发展观的内涵极为丰富，是个重大的理论问题，也是个重大的实践问题，在旅游开发建设中贯彻落实科学发展观，还要准确地把握好它的基本要求。科学发展观的基本要求，一是坚持以经济建设为中心，抓住机遇加快经济发展；二是坚持经济社会协调发展；三是坚持城乡协调发展，站在经济、社会全局的高度研究和解决"三农"问题，实行以城带乡，以工促农，城乡互动，协调发展；四是坚持区域协调发展，继续发挥各个地区的优势，推进西部大开发，振兴东北地区老工业基地，促进中部地区崛起，鼓励东部地区加快发展，形成东中西互动，优势互补，相互促进，共同发展的新格局；五是坚持可持续发展，高度重视资源与生态环境问题，处理好经济建设与人口增长、资源利用及环境保护的关系；六是坚持改革开放，统筹国内发展和对外开放。所有这些都是我们分析评价当前面临的旅游技术经济问题的重要理论指导。

科学发展观是指导发展的世界观与方法论的集中表现。全面落实科学发展观，必须从思想上、组织上、作风上和制度上形成更有力的保障。要深化对科学发展观基本内涵和精神实质的认识，建立符合科学发展要求的经济社会发展综合评价体系，扎扎实实地推进改革开放和社会主义现代化建设。所有以上精神，对于我们搞好旅游业发展规划都是起着长期指导作用的。

2. 坚持统筹发展

党的十六届三中全会的决定提出"完善社会主义市场经济体制的目标和任务，按照统筹城乡发展、统筹区域发展、统筹经济社会发展、统筹人与自然和谐发展、统筹国内发展和对外开放的要求"，更大程度地发挥市场在资源配置中的基础性作用，增强企业活力和竞争力，健全国家宏观调控，完善政府社会管理和公共服务职能，为全面建设小康社会提供强有力的体制保障。"五个统筹发展"的思想，也是旅游业健康发展的保证，它不仅给我们进行旅游技术经济分析、编制旅游规划提供了强有力的武器，也为旅游业的振兴带来了新的机遇，让我们在编制旅游规划中开阔了思路。

我们知道，在编制旅游发展规划中，"统筹城乡发展"，有利于我们在推进城市旅游业发展的同时，加快发展农村旅游业，扩大城乡旅游交流，在解决"三农"问题中做出更大贡献；"统筹区域发展"，有利于我们进一步推动区域旅游联合，进一步开发利用中西部地区和东部发达地区的旅游资源，进一步扩大旅游经济的覆盖面，做大做强旅游产业；"统筹经济社会发展"，有利于推动社会各方面进一步提高对旅游业的认识，在重视旅游产业功能的同时，更加重视发展旅游业在促进就业、提高人民生活质量、弘扬民族文化、建设社会主义精神文明等方面的综合作用；"统筹人与自然和谐发展"，有利于提高社会各方面对发展旅游业促进环境保护和生态保护、实现资源可持续利用的意识，有利于把发展旅游业这个国民经济新的增长点与坚持环境保护这个基本国策更加紧密地结合起来；"统筹国内发展与坚持对外开放"，有利于提高社会各方面对"旅游业是国内发展与对外开放的结合部"这个特点的认识，从而积极支持旅游行业继续坚持"大力发展入境旅游，积极发展国内旅游和出境旅游"的总方针，在更好地利用国内和国际两种资源、两个市场方面发挥更大作用。旅游规划要全面领会好"五个统筹发展"的思想，以便在促进旅游业健康发展中更好地发挥指导作用。

3. 坚持旅游业可持续发展

"可持续发展"，如果只与旅游资源及环境联系起来，强调对资源与环境的保护，这样的理解远远不够，应该把它当作战略层次的重要理论来理解。

（1）可持续发展思想的提出。应该指出，可持续发展思想的提出是具有深刻根据的，它是近百年来人类经济迅速增长给人类带来的反思的结果。大家知道，与全球经济高速增长同时出现的是地球沙漠化、石漠化、水土流失、森林锐减、生物多样性逐渐消失、地面沉降、大气污染、沙尘暴肆虐、酸雨危害等。因此自 20 世纪 60 年代以来，生态环境恶化迫使人们开始用新的思维方式考虑自己的未来，于是提出了可持续发展这一战略思想。

可持续发展思想是被当作一条永恒的、人类谋求生存和发展的战略提出来的。今天，它已经是得到全世界普遍认同的一条战略原则。鉴于旅游资源多属不可再生资源，旅游生态环境一旦遭受破坏也极难恢复，因此必须把这一原则单独列出来，作为分析评价旅游开发建设的一条重要的战略原则。

什么是"可持续发展"？自从 1972 年世界第一次人类环境会议在斯德哥尔摩举行以来，已有过多种解释。目前被普遍引用和接受的定义是 1987 年世界环境发展委员会提出的：可持续发展是"既满足当代人需求，又不损害后代人满足其需求的发展"。这个定义包含三个要素：①人的需要；②资源与环境的限制；③公平。人的需要与资源的有限性和环境的限制性，决定了为满足人的需要，就必须实现资源消费的公平。不仅同代之间，而且代际之间都要实现公平；不仅人与人之间，这一代与下一代乃至千秋万代要实现资源消费的公平；而且还应把这一"环境伦理学"理论引入人与自然之间也要实现公平与和谐。因为环境与资源遭受破坏，从表面上看是技术经济和管理等方面的原因，但究其本质来讲，则是由于人缺乏必要的环境道德意识、环境道德良心和环境道德责任感所致。因此，近代伦理学研究的范围扩大了，出现了环境伦理学，专门研究用道德来调节人与自然的关系，在强调人际平等与代际平等的同时，进而强调人与自然的平等与和谐，并主张把这一理论引入旅游学中，作为实现可持续发展的重要理念。

现在，学术界已基本形成共识：可持续发展是生态资源环境的可持续性、社会和文化的可持续发展以及经济的可持续性三者的统一。简言之，就是讲求经济、社会、环境三个效益的统一，而不是单纯地追求其中某一方面。

（2）旅游业可持续发展的含义及其在旅游业各环节上的体现。根据上述可持续发展思想，旅游界人士已经认识到，旅游业比其他行业更应该成为可持续发展的产业。因为它对自然遗产和人类历史文化遗产的依赖性以及对生态系统的稳定性和持续性的要求，比其他行业更直接、更迫切。可以说，如果旅游业与它所依赖的资源与环境不能和谐共存，旅游业肯定将成为短命产业。

同样，根据可持续发展思想，旅游业可持续发展的理论框架和所追求的主要目标就是：①保护现在和未来的旅游业赖以生存的资源与环境；②强化生态意识；③人与人、同代之间和代际之间公平发展；④关注当地社会居民生活质量，关注旅游经营者和旅游者利益；⑤在以上目标基础上向旅游者提供高质量的旅游经历和体验。

上述理论框架的核心就是"协调"二字。可持续发展思想是旅游技术经济方法论中的根本思想，就是指旅游技术政策、规划、方案和措施应该从头到尾都体现"协调"的发展理念——它不仅应该体现出旅游开发建设与资源、环境的协调发展，还应体现出以下几方面的协调发展：①旅游部门与各相关部门的协调发展；②旅游经营者、管理者及旅游者与当地社区居民的协调发展；③旅游六要素——行、食、住、游、购、娱的协调发展；④景区景点旅游者人数与其环境容量的协调发展；⑤现代人需求与同代人乃至子孙后代人需求的协调发展。

只要有一方面不协调，旅游业就不可能得到持续发展。编制旅游规划、制定旅游技术政策、技术方案、技术措施的人要牢牢地掌握这一点，分析评价这些规划政策、方案、措施的人也要牢牢地掌握这一点。

（3）要促使各方面在保证有效地实现旅游可持续发展工作中做出贡献。制定旅游技术政策、规划、方案和措施，不仅要在各方面体现出可持续发展的思想，还应该促使各方面在保证有效地实现旅游可持续发展工作中做出贡献。这可以从以下几个主要方面入手：

第一，积极提倡发展生态旅游。提倡发展生态旅游，是实现旅游可持续发展的重要途径。国家旅游局最近几年一直提倡发展旅游业要积极开展"三区两点"（"三区"即国家旅游度假区、生态旅游示范区、旅游扶贫试点区，"两点"即农业旅游示范点、工业旅游示范点）建设，其中一个主导思想就是要发展生态旅游，引导旅游业走可持续发展之路。

生态旅游是一种爱护资源与环境的文明旅游方式。目前，人们对这种新兴的旅游方式称呼不一，它的名称多达十几个，如绿色旅游、自然旅游、环保旅游、低影响旅游、责任旅游、文明旅游、软旅游、可持续旅游、生态旅游，等等。各种名称侧重点不同，强调旅游活动的某一方面，但有一个共同点，即旅游必须在对当地资源与环境的永续利用基础上进行。

提倡发展生态旅游具有重要意义：它适应现代人休闲度假追求回归大自然的特殊需要；它为我国丰富的绿色资源，特别是森林资源找到了一条与生态环境并行不悖的开发利用之路；它通过寓教于游，培养人们的环境意识和文明情操；它还为贫穷落后地区找到了一条扶贫富民的有效途径；特别是生态旅游的广泛开展，还会带动其他大众旅游方式对资源与环境的爱护。总之，发展生态旅游对发展旅游、发展经济、开发贫困山区。保护自然与文化遗产、弘扬中华先进文化、培育良好的社会风气都具有重要意义。

第二，认真做好景区景点旅游承载力（旅游环境容量）的测算，搞好旅游业发展对旅游目的地影响的评估与控制，包括经济影响、社会影响和环境影响的评估与控制。

第三，调动各方面的积极性，承担各自的责任，促进旅游业的可持续发展。

首先，地方政府和旅游主管部门要对旅游可持续发展施加强有力的影响，对旅游业实现可持续发展做出贡献，如及时制定旅游业可持续发展的有关政策法规；对旅游业有关部门人员进行培训，增强其可持续发展意识和有关知识；建立旅游业可持续发展考核指标体系；加强与其他地区之间在旅游业可持续发展方面的信息、技能和技术以及经验教训方面的交流与合作等。

其次，旅游经营者在其经营活动中，应通过各种方式对旅游业可持续发展做出贡献，如旅行社、旅游公司及旅游交通企业应多选择具有生态旅游条件的旅游目的地；应向旅游者多推介环保型旅游产品，包括生态旅游产品、森林旅游产品、农业旅游产品等；在旅游项目策划的各阶段，充分听取地区生态科研人员和自然保护区人员的意见；要将旅游团队人数控制在适当范围内；正确引导旅游消费行为，培养旅游者的环保意识；对导游和领队人员加强培训，增长其生态方面的专业知识；采取各种措施实施废弃物最小化；减少能源的利用和降低潜在的具有破坏性的大气排放物；保护水资源质量，高效而公平地利用现有的水资源，千方百计地使废水排放减少到最低程度；减少旅游交通对环境的污染等。

最后，地方政府、旅游主管部门和旅游经营者要同心协力，教育游客做文明的旅游者，对旅游业可持续发展做出贡献。

4. 世界和中国旅游业发展的大趋势

一个产业发展的大趋势理论，也是对该产业发展全局起着长远的指导作用的战略层次的理论。

回顾现代旅游业的产生、发展和崛起的历程，我们可以看到，旅游业这个新兴产业是伴随工业化、全球化和信息化进程而不断发展壮大的，它既是经济社会发展进步的产物，也是经济社会发展进步的标志。经济社会的发展，科学技术的进步，居民实际收入的增长，个人可自由支配的闲暇时间的增多，人们求新、求知、求乐、求健康欲望的增强，是现代旅游业发展的原动力。社会科学家认为，人类需要有三大类：生存需求、享受需求和发展需求。人只有在生存需求得到基本满足以后才能把享受需求和发展需求提到议事日程上来，而旅游活动既是享受需求，也是发展需求。随着世界经济社会的发展进步，已有越来越多的人群摆脱了生存需求的羁绊，旅游行为已经成为现代社会人们不可或缺的一种生活方式。鉴于此，我们可以断言，只要世界经济社会是在发展进步的，社会秩序总体上是安定的，旅游业就会不断兴旺发达，所以，它是永远的"朝阳产业"。

那么，这个"朝阳产业"在新世纪有哪些值得我们重视与研究的新变化和新趋势呢？根据旅游界人士的分析，大体上可以归纳出以下十点：

（1）在总体发展趋势上，虽然近年来遭受世界经济不景气和国际恐怖事件的种种打击，但旅游业发展的市场基础依然坚实，市场需求依旧旺盛，发展速度仍高于全球经济总体增长速度。

（2）在区域发展情况比较上，欧美地区的份额在下降，东亚太地区的份额在增长，其中，中国旅游业发展最为迅猛，被国际旅游界普遍认为是"未来最有发展前景的旅游目的地"。

（3）在发展模式上更加注重可持续发展。本来，旅游业是在发展与环境保护关系上矛盾最小的产业。当然，如果规划不当，开发建设不当，管理不当，旅游者行为不当，也会造成对资源与环境的破坏。正因为如此，自1992年6月在巴西里约热内卢召开联合国环境发展大会以来，世界旅游组织就一直倡导旅游的可持续发展。在这方面，目前各国已达成共识：旅游业比任何部门都更依赖自然、人文环境质量，精心保护好生态环境是发展旅游业的生命线；实现旅游业可持续发展，政府必须发挥主导作用，旅游与环保部门必须密切配合，制定切实可行的法规制度和行动计划；实施旅游业可持续发展，必须强调规划先行，管理跟进，同时要依靠投资者与社区在开发建设与管理中的积极合作，并依靠旅游者素质的提高与自觉配合；实现旅游业可持续发展，必须以实现经济效益、社会效益和环境效益为统一的目标，进行制度创新和管理创新，大力发展绿色产品和绿色经营，使得旅游业可持续发展成为各有关方面的共同行动，并长期坚持下去。

（4）在旅游业经营方式上，将实现集团化、网络化、国际化，旅游业竞争将进一步加剧。随着国际贸易自由化的发展，各国都在不断减少和消除各种有形无形的贸易壁垒，就旅游而言，越来越多的国家，为了鼓励旅游业发展，开始简化签证手续，缩短签证时间；或实现落地签证甚至取消签证的政策。与此同时，也有越来越多的国家开始允许国际跨国公司和外国公司以合资独资等多种形式在本土开办旅游企业，从事旅游经营活动。因此，旅游业经营的国际化已成为发展趋势。从而旅游业的竞争也将进一步加剧。为了应对日益激烈的竞争，旅游业将通过联合、合并和吞并方式等多种形式，走集团化道路，以降低成本，促进销售。

（5）在旅游产品的开发和经营上，更加注重多元化、特色化和硬软件的配合发展，以适应不同人群的不同旅游需求和总体上不断提高的旅游需求。

（6）在旅游形式上，传统的观光旅游将让位于度假旅游。进入21世纪，旅游将不再是少数人的奢侈生活方式，而是一种大众化的活动。像人们吃饭、穿衣一样普遍，大多数人在其一生中，将多次外出旅游。据统计，在英国，平均每年外出旅游达 3 次的人占全国人口的半数；在法国，这一比例也达到了 45%；在瑞士，这一比例则更高，达 75%。久而久之，人们对观光旅游将失去兴趣，程序化的走马观花式的观光旅游将逐渐让位于以休闲、娱乐、放松为目的的度假旅游，特别是在发达国家更是如此。

事实上，度假旅游已成为很多发达国家人们外出旅游的主要形式和目的。据统计，早在 1983 年，法国度假旅游者已占全国人口的 58%，1985 年，联邦德国这一比例为 57.1%，而英国高达 70%。1985 年英国出国度假旅游者为 1490 万人，占出国旅游总人数的 98.3%，特别是在 7~8 月，每年约有 3/4 的旅游者涌向地中海沿岸海滩胜地度假；美国的度假旅游业也很盛行，1984 年美国有 2718 万出国旅游者，其中度假旅游者占 59%。

（7）在旅游目的地的选择上，旅游者更加关注安全和健康保障。珍惜生命是人的本能，旅游目的地吸引力再大，如果旅游者安全没有保障，健康没有保障，除了能够吸引极少数冒险者外，一般旅游者是不敢光顾的。这就是"9·11"事件后欧美旅游业下滑，"巴厘岛爆炸"事件后印度尼西亚旅游业下滑，"非典"疫情发生后我国旅游业下滑的原因。正因为如此，现在世界各国都更加重视本国的旅游安全保障和旅游健康保障。"非典"过后，我国旅游业恢复振兴的一项重点工作，就是尽快重塑"中国是世界上最安全和最健康的旅游目的地"的形象。

（8）在旅游促销上，投入越来越大，手段越来越新，都以能有效吸引游人前来旅游为实现目标。如参加客源地举办的各种旅游展，到客源地举办促销活动，在客源地各种媒体和公众活动场所上做广告，邀请客源地的旅行商和新闻记者来本国考察，在做好对客源地旅行商工作的同时加强对客源地公众的直接促销，等等，仍然是最基本、最有效的促销方式。促销的目的，都是为了有效地吸引客源地居民来本地旅游。

（9）在旅游服务上，更加注重规范化、个性化和情感化。旅游接待有行、游、住、吃、购、娱六大要素，无论在哪个环节上，推行规范化、个性化和情感化服务都是必要的。规范化服务的实施，能把各个服务环节的动作协调起来，使复杂的服务系统化、程序化、制度化、日常化，从而有效地保证基本服务质量。有规范化服务作基础，再在个性化、情感化服务上下功夫，旅游服务就能广泛赢得顾客，优质服务才能真正实现。

（10）在应对国际竞争上，更加注重加强区域内的合作。研究世界各国的客源结构，我们可以发现，绝大多数国家所接待的旅游者，都是以周边国家和所在区域的居民为主。究其原因，主要是赴周边国家和地区旅游，费用极低、交通方便，时间也能允许。为了应对日趋激烈的国际竞争，保持区域内旅游业的持续健康发展，近年来，世界各地区都进一步加快了区域内旅游合作的步伐，我国近年来都在积极通过"博鳌亚洲旅游论坛"做好与亚洲各国的旅游合作工作，今后还将通过"中国—东盟博览会"进一步强化这方面的工作。

第二节 旅游规划的基本原则

原则是指说话或行事所依据的法则或标准，对旅游规划而言，原则通常指在编制旅游规划时所需要遵循的行为准则。旅游规划原则一般是根据旅游发展的背景、要求以及旅游目的地的具体情况下提出的，对旅游规划的编制和实施具有战略上的指导意义。具体而言，主要包括如下七方面：

一、从当地实际出发，与当地国民经济和社会发展规划相协调，与全国和地区旅游发展规划相衔接

旅游业是第三产业中的服务贸易的一部分，是当地国民经济和社会发展规划的一个部分。旅游业的发展要符合和适应该地区和城市的性质、特征和发展方向，并为实现该目标服务。地区国民经济和社会发展规划是编制旅游发展规划的基本依据。

在编制旅游规划时，如条件允许，应采取适度超前发展并留有一定余地的方针。旅游业发展速度比国民经济总体发展速度适当快些，以体现旅游业作为国民经济新的增长点的特征。在拉动消费需求、增加外汇收入、促进国民经济增长中发挥更大的作用。编制旅游发展规划应与编制当地的国民经济和社会五年发展规划和远景目标相协调。

旅游产业实际上是由众多相关行业群组成的。旅游业的发展直接依托于交通运输、信息产业、风景园林、农林业、生态环保、文化文物和商贸等部门和行业，旅游发展规划应与这些部门、行业规划相协调、衔接。

旅游活动是旅游者离开常住地的区位移动。游客不受县界、市界、省界的限制，而是沿着其选择的合理组合的路线流动的。因此，编制旅游地区旅游发展规划可以突破行政区域的局限，从更大范围内进行构思。任何一个地区的旅游业都是一个更大范围的区域网络的一部分，其旅游资源、游客、产品、设施与周边地区客观上存在既互补又竞争的双重关系。因此，不同范围和层次的旅游规划应当互相协调、衔接，并遵循全局统率局部、局部服从全局、上级指导下级、下级配合上级规划的原则。

总之，编制一地的旅游规划，务必有全局观念、整体观念。要登高望远，不

能"就旅游论旅游"，要"跳出旅游看旅游"；不能"就本地论本地"，要"跳出本地看本地"。

二、经济效益、社会效益和生态环境效益相统一，实现旅游的可持续发展

旅游业是社会性、文化性和生态性都很强的经济产业，规划发展旅游产业必须强调经济效益、社会效益和环境效益相统一。

经济效益是发展旅游业的直接目的和强大动力。不注重经济效益，旅游业就成了无源之水。因此，要牢牢树立和不断强化旅游的经济产业意识、市场意识。旅游规划中要确定旅游业本身在国民经济中的产业地位，要评估旅游业对国民经济的直接贡献和间接贡献。

社会效益是发展旅游业的根本宗旨和最终目的。发展旅游业能促进对外开放，促进经济文化交流，改善投资、建设、生活和生态环境；能拓宽人们的视野、转变观念、陶冶情操，全面提高人的素质。旅游规划要算经济账，但不能只讲总收入和增加值，更要充分估计其无形的不可用数字衡量的社会综合效益。

旅游业的可持续发展是指在发掘地方与民族文化特色、保持文物古迹和生态环境，使其能得到永续利用的同时，满足人们对经济、社会和审美的长期需求。它既能为今天的旅游者提供高质量的经历和体验，又能为旅游地居民提供良好的生计和生活质量，同时还能满足和保持后代人的发展需求和利益。

生态环境和自然人文资源是旅游业生存和发展的首要前提和先决条件。未来的旅游者对自然生态环境和社会人文环境的需求越来越高，而很多自然生态和历史文物又是不可再生的，因此，妥善良好的保护才能使这些资源与环境得到永续利用，旅游业才能健康、持续发展；而旅游业的健康、持续发展，又能促进生态环境质量的提高和对历史文化及民俗文化的保护。

经济效益、社会效益和生态环境效益三者相辅相成、互相促进，是旅游业实现可持续发展的关键。经济的可持续、社会和文化的可持续、生态环境的可持续是可持续发展的三大要素和原则。

三、政府主导、社会参与、市场运作与企业经营四方面有机结合

1. 政府主导

我国旅游业是一个正在蓬勃发展的新兴产业。旅游业的综合性、关联性和不成熟性，决定了在今后一段时期内应该实行政府主导型发展模式。在市场经济条件下，政府主导是在尊重旅游经济规律的基础上，政府通过产业政策对旅游业进行倡导，通过法规标准对旅游业进行规范，通过规划对旅游业进行指导，通过发

布信息对旅游业进行引导，通过适当的行政干预对与旅游业相关的方面进行协调，通过组织宣传对本地总体旅游形象进行推广，通过完善基础服务设施建设和城乡精神文明建设为旅游业提供良好的社会环境。旅游业规划应体现出政府如何对旅游业强化倡导、指导、引导、协调和推广，而不是回到计划经济时代由政府决定一切、指挥一切、包揽一切，更不是不顾主客观条件和旅游经济规律，凭长官意志盲目蛮干。

2. 社会参与

旅游产业的各个环节涉及社会经济文化的方方面面和旅游地所在社区人民群众的根本利益。发展旅游产业需要社会各部门、各行业和社区的参与、支持和配合。通过广泛深入的协商和宣传教育形成全社会共识，通过利益结合的经济纽带形成社会合力，通过政府组织协调形成社会系统工程。只有全社会的共同努力才能营造旅游产业良性可持续发展的自然和社会环境氛围。

3. 市场运作

在旅游业起步阶段，第一个推动力往往来自政府，但在社会主义市场经济已经初步建立的情况下，必须自觉地按市场经济规律办事，更大程度地发挥市场在配置资源中的基础性作用。旅游不是人的生存需要，而是人的享受需要，这种需要不是来自任何外在的安排，而是取决于人们自愿选择所形成的市场需求。旅游资源的开发，旅游产品的营销，旅游资金的投入，旅游人才的配置和流动，归根结底要取决于市场这只"无形的手"。这就是说，市场是配置各种旅游要素的基础，是决定旅游业能否及如何发展的根本。政府的导向符合旅游经济规律，就能强有力地推动旅游业发展，政府的导向如果偏离或违背旅游经济规律，就会阻碍甚至破坏旅游业的发展，造成人力、物力、资源和环境的巨大损失。

4. 企业经营

企业是市场的细胞。真正产权明晰、多元所有、自主经营、自负盈亏的企业，是市场运作的基础。在计划经济体制下产生的各类行、游、住、食、购、娱等接待服务的经营性企业和单位，都要按照政企分开的原则，与其主管的政府部门脱钩，走上市场运作、企业经营的轨道。党的十六届五中全会关于制定"十一五"规划的建议指出，全面深化改革的关键，重要是要进一步转变政府职能。"只有坚决实行政企分开，企业才能真正成为市场主体，也才能更大程度地发挥市场配置资源的基础性作用"。"要继续推行政企分开，（政府）坚决把不该管的事交给企业、中介组织和市场，同时把该管的事切实管好，并要适应新的情况，更多地运用经济手段和法律手段加强管理"。

以上四者是互相关联的，不可偏废。没有良好的企业经营，不可能有正常的市场运作；没有正常的市场运作，社会参与就失去了经济动力；没有社会参与，政府主导将成为空架子。从这个意义上说，政府主导就是倡导社会参与，引导市场运作，指导企业经营。

四、以市场为导向，资源为基础，开发适销对路的旅游产品

在市场经济条件下，市场需求决定产业的发展方向、发展规模、发展速度和发展前景。确定细化的客源市场定位，以客源市场的现实和潜在需求为导向，去发现、挖掘、评价、筛选和开发旅游资源，设计、制作和组合旅游产品，并将其推向市场；按照市场经济的运行规律，去筹措和使用资金，管理和经营企业，开发和使用人力资源，改革和优化行业管理体制。

编制旅游规划，要以市场为导向，资源为基础，产品为核心，促销为杠杆，管理为保障，人才为依托，生态和资源保护为前提，环环紧扣，层层推进，进行总体策划、系统规划。

五、突出特色，塑造独特的旅游形象

特色是旅游目的地吸引力、竞争力和生命力的源泉。如果抓准品位高、特色浓甚至是垄断性的旅游资源，开发标志性、支撑性的旅游主导产品，并辅之以其他配套产品和高质量的设施及服务，使其成为旅游精品乃至极品，并通过精心策划宣传，构建鲜明而独特的旅游业目的地（一省、一市、一县等）总体规划形象，在国内外群雄并起的旅游市场上独树一帜，从而对远近旅游者形成巨大吸引力，这是编制旅游规划需要着力探究和解决的中心课题。

六、构建大产业，发展大旅游，实现旅游业的社会化、市场化和国际化

旅游规划的中心任务是构建一个地区的旅游产业化蓝图，而绝不仅仅是策划几个景点、几家饭店。旅游只有形成产业规模才能在国民经济中发挥作用。旅游产业化的本质是旅游业的社会化、市场化和国际化。

社会化是旅游产业的基础。如前所述，旅游业是一个由众多行业和部门组合的产业群体，它们共同支撑行、游、住、食、娱等旅游六大要素的运转，并向旅游者提供完整与完美的经历和体验，以旅游吸引物为核心，逐步形成融旅游服务、旅游交通、旅游商贸、旅游农业、旅游工业、旅游文化、旅游科技、旅游教育、旅游信息等于一体的社会化产业群，只有实现了旅游的社会化，才能充分发挥旅游业的关联带动功能和辐射渗透能力，才能使旅游业与国民经济中各行业、各部门相互支持、共同发展，才能真正成为根基深厚、枝叶茂盛的支柱产业。

市场化是旅游产业化的根本途径。旅游产业的发育和壮大，要求开拓资金市

场，吸纳社会资金进入旅游业；通过客源市场评估，筛选和开发旅游资源；优化产品市场，通过产品吸引和开发客源市场；创建人才市场，使从业人员在劳动力市场的竞争中上岗，优化管理和服务；培育信息市场，通过信息引导旅游消费者、服务者和管理者。总之，资源、产品、客源、资金、人才和信息各种产业要素都通过市场这只"无形的手"得到最佳配置和最优利用，旅游业才能壮大发展。

国际化是旅游产业发展的重要条件和标志。当代旅游活动早已突破国界的阻隔成为国际性的人群流动，因此，国际化是旅游业的一大特点。旅游业的法规体制、经营机制、服务规范、产品类型既要适合中国国情，又要逐步与国际标准和国际惯例接轨；游客的流动既有海外入境旅游，又有中国公民出境旅游；旅游企业既有外资进入中国，也有中资流向外国；旅游的国内市场与国际市场要完全对接。旅游业的国际化是产业化发展的必然结果，也是产业现代化的主要标志。

七、硬件建设与软件建设、设施建设与人力资源开发同步推进

交通、通讯、能源、供水、排污、绿化等基础设施，住宿、餐饮、景点、休闲度假地等服务设施，是发展旅游业的物质基础；人员素质、服务质量、企业经营、市场促销、行业管理和社会治安等，是发展旅游业的企业保障。旅游经济是服务贸易，是人对人、面对面的服务。旅游活动是一种高品位的文化消费。服务质量是旅游业的生命线。提高服务质量，关键在于设施建设与人力资源开发同步推进。因此，编制旅游规划，既要全面规划基础设施与服务设施建设，又要系统部署人力资源开发和社会主义精神文明建设的目标和措施，部署规划旅游产业管理体系、法规体系、政策体系、科技创新体系及资源与环境保护体系，以保障旅游业的可持续发展。

由此可见，旅游规划是硬件规划与软件规划的结合，两者相辅相成，缺一不可。

案例

旅游业发展的指导思想与应遵循的基本原则运用
——以广西容县旅游业发展总体规划为例

本案例揭示出如何针对旅游地实际情况，具体问题具体分析，灵活运用本书第四章第二节中阐明的旅游规划编制指导思想与基本原则。指导思想应高度概括、统揽全局、把握核心、引领方向，并且一定要避免空泛无实；基本原则应围绕指导思想，紧密结合实际，服务规划展开的主要或关键问题。广西容县旅游业

发展规划就是较好的范例，它将指导思想概括为"高举一面旗帜、认定一条道路、把握两重性质、贯彻三大战略、坚持一条方针、做好三项工作、实现一个目标"；并指出切合实际的十项基本原则，即"开发利用与保护相结合、旅游开发与地区总体开发相结合、开发旅游资源与开发相关产业相结合、景区景点建设与社会主义文化建设相结合、经济效益与社会效益相结合、开发建设与开发利用相结合、经济发展导向型模式与创汇创收导向型模式相结合、旅游六要素开发建设相结合、独特性与多样性相结合、自然美与人工美相结合"。

在当前的发展形势下，容县发展旅游业的指导思想应该是：高举邓小平理论及其旅游经济思想的伟大旗帜，走有中国特色的社会主义旅游业发展道路，既要把旅游业当作是一个产业，一个新的经济增长点，开发建设要按经济规律办事，以市场为导向，讲求效益，量力而行；又要把旅游开发看作是社会主义文化建设，努力挖掘旅游资源的文化内涵，不断提高旅游产品的文化品位，注重旅游地精神文明培育，一定要以健康的、具有本地特色的东西吸引游客。为此，容县发展旅游业必须从自身的基本情况出发，坚持以"三个代表"重要思想为指导，坚定不移地把旅游产业作为容县的重大支柱产业来培植的决策，以产品开发为中心，以市场需求为导向，坚持"政府主导，旅游主管，部门联动，社会参与"的发展模式，通过整合优势资源，推进区域联动，加快基础设施和旅游服务设施建设，加强景区建设，加大宣传促销，实施容县文化旅游、生态观光旅游精品名牌可持续发展战略，塑造和提升容县旅游产业形象，立足生态观光游，突出休闲度假游，全力打造文化旅游和生态旅游两大品牌，实现旅游产业升级进位，向旅游强县的目标迈进。

上述指导思想简要概括成几句话就是：

高举一面旗帜——高举邓小平理论伟大旗帜；

认定一条道路——走有中国特色社会主义旅游业发展道路；

把握两重性质——旅游业有两重性，它既是经济产业，又是社会主义文化建设事业；

贯彻三大战略——贯彻可持续发展战略、适度超前战略、政府主导型战略；

坚持一条方针——坚持对内抓建设，对外抓促销的方针；

做好三项工作——做好旅游产品、旅游市场、旅游管理三项工作；

实现一个目标——逐步实现旅游产业升级进位，为广西创建旅游强省作出贡献。

旅游资源开发建设牵涉方方面面，工作上应遵循的原则较多，结合容县实际，主要应注意以下几点：

1. 开发利用与保护相结合

开发旅游资源的目的是发展旅游业，使丰富独特的旅游资源更好地为人民服务，为旅游事业服务，并做到永续利用，长盛不衰。要知道旅游资源大多是不能再生的，破坏一处就少一处，破坏一件就少一件。因此，在开发建设过程中，必须坚持保护第一的原则，才能保证旅游资源的永续利用和旅游事业的持续发展。容县境内旅游资源丰富独特，优越的自然条件和人文条件，孕育着类型多样、特色鲜明的旅游资源，为容县旅游业的发展提供了坚实的基础。经考察后初步归纳，全县旅游资源按资源性质划分，包括8大主类，26个亚类，共90个基本类型。其中山岳风光、河湖风光、岩溶地貌景观和森林植被等，是大自然长期演化的产物，不是三年五载就可以形成的，而是经历漫长的地质年代，鬼斧神工地自然形成的，是祖国珍贵的自然遗产，是不可复制的宝贵财富，是容县发展旅游业的命脉。坚持保护第一，是义不容辞的责任。还有一些人文旅游资源，如古建筑、摩崖石刻、寺庙、古道、古遗址、名人故居等，也非一般人工所能造就，一经破坏，价值大减，难以恢复，甚至永远消失。因此，无论是自然资源还是人文资源，都应坚持保护第一的原则，在保护的前提下科学开发，在开发利用过程中严加保护。这就要求旅游资源的开发建设要有长远观点，不能采取"只用不护"的掠夺式开发方式，而应当将开发利用与保护结合起来。我们必须爱护保护自然文化遗产，维护生态环境。任何以发展旅游为名，乱拆乱建，破坏自然和人文景观的做法都必须禁止。

2. 旅游开发与地区总体开发相结合

旅游业作为容县国民经济的一个重要组成部分，其开发建设必须与所在地经济总体开发密切结合，即与本县国民经济发展计划和城乡建设规划相结合。这是因为它直接影响到旅游开发的外部环境和内部条件的改善。旅游开发受制于区域社会经济的发展和交通条件的改善，如果它能同区域社会经济建设发展结合起来，则许多基础设施就可共享，互为依托，这可大大减少旅游业的直接投资，从而取得与本地区社会经济比翼齐飞的效果。同时也说明地方经济建设，如公路建设、邮电通讯建设等，如能考虑旅游业发展的需要，在可能的条件下给予优先安排，更能促进旅游业的迅速启动与发展。

3. 开发旅游资源与开发相关产业相结合

开发旅游资源不仅是建设景区景点，还包括开发相关产业，开发相关产业就是开发容县的特色经济与优势产业，如开发著名的土特产生产，一方面使土特产品变成备受欢迎的旅游商品；另一方面还要使该产品的生产现场成为可供观光游览的旅游地。此举一旦成功，即可产生旅游业与相关产业的双重效益。这是发展旅游业非常关键的一条原则。

4. 景区景点建设与社会主义文化建设相结合

任何旅游资源，旅游产品都有其自身固有的文化内涵，甚至一个民族的每个习俗也都有其自身固有的文化内涵。旅游地的社会主义精神文明建设也特别重要。这不仅是因为旅游需要有一个文明的大环境，旅游环境搞得好，本身也能吸引游客。世界上有些地方，本身并没有什么著名景观，但文明程度相当高，市容整洁卫生，社会风气良好，居民热忱好客，凭此这些也能招徕大量游客。从这个意义上说，文明也是一种旅游资源，是值得认真去开发的。现在我国各大中城市已掀起了"讲文明、树新风"，建设文明城乡的活动，为了发展旅游业，容县也应在现有的基础上，在城乡精神文明的建设方面作出更大成绩，特别是县城和景区所在地的乡村集镇应该先走一步。

5. 经济效益与社会效益相结合

旅游业是个经济产业，讲求经济效益当然也是应遵循的主要原则之一。因此，容县旅游资源开发，必须以市场与资源相结合为导向，以客源为基础，力争用较少的投入获取最大的经济效益。这就必须按经济规律搞好旅游资源开发建设工作。旅游资源开发按经济规律办事，首先要求开发前要进行可行性研究。在对资源综合评价的基础上，区别经济地理位置和开发建设条件的优劣，并对今后一个时期国内外旅游市场的需求关系和本地区客源增长情况进行分析预测，对开发建设周期的经济效益进行评估，然后综合比较，择优开发；其次，在旅游资源开发建设中，认真贯彻勤俭节约的精神，精打细算，合理使用资金，并加强经济管理，节约开支，以发挥最大的经济效能；最后，还必须经常把握市场动态，及时了解消费者的需求变化，不断充实和创新旅游项目和内容，以提高旅游地的吸引力。

6. 开发建设与开发利用相结合

一个地区的旅游开发，包括开发建设与开发利用两部分。开发利用不仅指开发利用本地资源，还包括将周边各市、县有高品位的旅游产品纳入本地区旅游圈内加以利用。这是不需要本地投资建设就可组织游客去观光游览的。借景生财，何乐而不为？况且旅游是个网络工程，仅靠一地的旅游产品往往吸引力有限，必须组合周边的旅游产品才能更好地形成集成优势。容县周边各市、县还有不少知名度较高的旅游胜地，如世界最大的铜鼓出土地——北流铜石岭风景区、中国道教二十二洞天的北流勾漏洞景区、亚洲第一天然石桥——博白天仙桥、中国四大名庄之一——陆川谢鲁山庄等。这些地方距容县不远，都可纳入容县旅游圈之内，都可以根据来容县旅游的游客意愿组织他们出游，以增添游客情趣，延长滞留时间。这叫作借景生财，即借容县外之景，充实完善自身功能，从而达到提高经济效益之目的。

7. 经济发展导向型模式与创汇创收导向型模式相结合

这是旅游业发展战略模式的选择问题。旅游发展战略模式一般是指发展旅游业应该以什么为任务和追求目标。它通常有两种选择：一是经济发展导向型模式，这是指把促进本地国民经济总体发展，作为发展旅游业所追求的目标；二是创汇创收导向型模式，这是指以获取旅游业的直接收入作为发展旅游业的基本任务。显然，两种目标并不矛盾，而是相辅相成的。旅游业是综合效益高、带动相关产业能力强的产业，它创汇创收越多，对本地区国民经济的总体发展贡献就越大。但是，应当指出，不同发展模式的选择，对旅游业发展途径的思路是不同的。如创汇创收导向型模式就侧重就旅游论旅游，而忽视通过与发展其他产业相结合来考虑发展旅游业，这既不利于拓宽发展旅游的途径，也不利于通过发展旅游业来促进本地区国民经济的总体发展。更有甚者，单纯的创汇创收思想，容易导致旅游开发建设的短期行为，为了上项目、增效益，不惜破坏自然资源、破坏环境及其原有意境，其结果是得不偿失的。

8. 旅游六要素开发建设相结合

旅游业是行、食、住、游、购、娱六大要素共聚的系列化消费过程。在这个系列化消费过程中，包括基础吸引物系统、实现旅游目的的支持系统和完善旅游消费的高级化系统等。在旅游开发建设中，在明确了旅游主体吸引物后，必须注意旅游六要素建设要结合，也就是要使其有序化配套。只有这样，才能形成旅游综合生产力。

9. 独特性与多样性相结合

这是旅游资源开发建设中的一项重要原则。独特性也就是特性、特色。可以说，特色是旅游地赖以生存和发展的灵魂。任何自然、人文景观，只有突出它自身的特点和价值，使资源本身所具有的文化内涵充分显示出来，才能产生强大的吸引力和竞争力，才能对旅游者产生强烈的心理感应，从而留下深刻的印象。因此独特性越鲜明突出，旅游地的价值也就越大。

旅游产品的独特性取决于旅游资源特有的功能、性质和它的数量、存在状态、地理位置、历史沿革等，也取决于人们在开发建设中独具匠心的规划与设计。如在对都峤山西部旅游区的开发建设中，一方面应当充分利用都峤山的整体风貌，造就一个与当地风情相适应的独特的环境氛围；另一方面还要尽可能利用都峤山的地形、地貌、物产等方面的风格与优势，规划设计一批突出都峤山风情主题的观光游览项、宗教朝圣项目。

10. 自然美与人工美相结合

这是从美学角度提出来的景区景点开发建设的一条重要原则。景区景点开发建设涉及诸多因素。总的要求是通过人为加工，综合景观基础、环境空间和游览需求，把自然美和人工美有机结合在一起，形成源于自然高于自然的新的景观面貌，从而大大提高景观价值，增强旅游产品的吸引力。

案例分析

指导思想和规划原则在整个规划以及规划实施中起到总纲的作用，也是评价一个规划质量好坏的标准之一，所有的旅游规划内容必须在旅游开发的指导思想和旅游规划原则的前提和基础上进行，因此，明确旅游开发的指导思想和旅游规划原则是旅游规划的前提与基础，也是指导完成旅游规划编制的依据和关键。那么，如何制定旅游开发的指导思想和规划原则呢？一般来说，指导思想必须以国家的大政方针和法律法规政策为依据，依据旅游市场发展现状与态势以及规划区的实际情况具体的发展思路，并且要与其他规划比如土地规划、城市规划等衔接、对接，不能与相关法律和法规以及已经出台实施的各级政府颁布的政策相悖，在这个基础上提出旅游开发的目标、定位、性质、产业发展方向、布局等规划的核心内容。而旅游规划原则则是对指导思想进行具体的规范和要求，规划原则必须反映规划的指导思想，同时也要反映旅游发展的最新理论和社会经济发展态势。

本案例中，以"广西容县发展旅游业的指导思想与应遵循的基本原则"为例阐述了旅游规划的指导思想和原则的一般原理。案例的指导思想紧紧扣住时代发展旅游的大局，从旅游经济学的角度确立了容县发展旅游的目标是"把旅游业当作是一个产业，一个新的经济增长点。提升容县对桂东地区的经济增长推动力，进一步巩固容县作为桂东旅游龙头县的地位"进行规划，围绕这个目标重点提出了"贯彻三大战略——贯彻可持续发展战略、适度超前战略、政府主导型战略；坚持一条方针——坚持对内抓建设，对外抓促销的方针；做好三项工作——做好旅游产品、旅游市场、旅游管理三项工作"的具体发展思路，并且规定了容县发展旅游的性质定位是"既是经济产业，又是社会主义文化建设事业"。可以说这个指导思想定位是科学、合理的，具有前瞻性和可操作性，是符合容县旅游业发展的。从这几年容县旅游发展的业绩来看，由于容县政府措施得力，遵循该指导思想大力发展旅游产业，把旅游产业当作经济产业和文化产业来发展，取得了很好的业绩。因此，实践证明了该指导思想在容县旅游业发展中是正确的，是符合实际的。

旅游业既是一个具有很强的带动功能的综合性产业，也是一个能够产生综合效益经济文化事业，但旅游业发展的思路和原则以及开发的形式如运用不当就可能导致破坏，达不到发展经济、保护环境、促进社会发展的目的。因此，旅游开发的原则必须综合考虑，吸收最新的研究成果。在本案例中，我们立足现状、放眼未来，制定了符合社会发展开发利用与保护相结合、旅游开发与地区总体开发相结合、开发旅游资源与开发相关产业相结合、景区景点建设与社会主义文化建设相结合、经济效益与社会效益相结合、开发建设与开发利用相结合、经济发展导向型模式与创汇创收导向型模式相结合、旅游六要素开发建设相结合、独特性与多样性相结合、自然美与人工美相结合十大原则。针对当时旅游开发只注重经济利益不重视环境保护和资源保护的现状，为了解决开发与保护的矛盾，规划中制定了具体的开发与保护原则，目的是协调开发与保护，通过规划文本的法规形式强化对旅游资源和旅游环境的保护，不能以开发旅游赢得经济的发展同时破坏旅游资源和旅游环境。当然，最大化地发展旅游经济，促进当地社会发展是本规划的最终目的。在开发中如果处理不好旅游产业发展与其他产业联动发展、协调发展，那么旅游产业也无法实现，因此，本规划中也制定了一些具体的旅游开发与其他产业发展协调互动发展的原则，诸如旅游开发与地区总体开发相结合、开发旅游资源与开发相关产业相结合、景区景点建设与社会主义文化建设相结合、经济效益与社会效益相结合等原则。

总之，旅游开发指导思想与规划原则是旅游规划的总纲，在制定它们的时候必须充分吸收人类优秀成果和最新研究成果，统筹协调各方矛盾，努力制定出科学、合理的规则来。

第三节 战略定位规划

2009 年 12 月，国务院颁布了《国务院关于加快发展旅游业的意见》（以下简称《意见》），《意见》从全局的高度，鲜明地提出了把旅游业培育成国民经济的战略性支柱产业和人民群众更加满意的现代服务业，这为旅游业的发展确立了一个新方面，也是新时代旅游发展的重要战略定位。而从旅游规划内部而言，战略定位一般包括确定旅游业的地位、确定旅游系统的性质、确定旅游产品的定位以及明确旅游规划的目标体系四大方面的内容。

一、确定旅游业的地位

旅游，不仅可以直接获取大量外汇，而且该外来资金在旅游地多次周转后，间接地带动起当地其他产业部门的经济发展。旅游收入的乘数效应[①]（Lundberg，1985）：

$$TIM = \frac{I - TPI}{MPS + MPI}$$

① 张凌云. 旅游业乘数效应的几个问题 [J]. 南方经济研究，1988（3）：42.

式中，TIM = 旅游收入乘数，I = 旅游者花费；

TPI = 旅游者购买进口产品（或服务）的倾向；

MPS = 居民储蓄倾向；

MPI = 居民购买进口产品的倾向。

据有关研究资料显示，中国旅游收入的乘数为 2.4。加拿大、英国的旅游收入乘数为 2 左右。20 世纪 70 年代，美国学者（F. H，1967）对密苏里州的研究结果为 3 倍强①。

1981 年，中国政府开始提出要逐步走出一条适合国情、日益兴旺发达的中国式的旅游发展道路。1984 年，提出加快旅游基础设施的"五个一起上"的方针。1986 年，国务院确定将旅游业正式纳入国民经济和社会发展计划，成为正式的产业部门。1988 年，国务院又进一步明确了旅游的行业范围。作为我国的主要创汇支柱产业之一，我国旅游业积极贯彻"适度超前"的发展战略，取得了巨大的成就。我国旅游业外汇年收入，从 1980 年的 6.2 亿美元，猛增到 1997 年的 120.7 亿美元，位居世界第八位。

一个国家或地区生产力发展的一个重要标志，在于其产业结构，即各产业之间的关系、产业结构的进化（指产业结构高度和产业结构效益的发展），规定和支持着国民经济的发展水平。1994 年，我国城市的产业结构，就第三产业的产值结构而言，相当于欧美发达国家城市 20 世纪初的水平。尽管第三产业的产业结构并不是产业结构的唯一标志，但是这将近 90 年的差距不能不引起我们的重视。面对我国的产业结构水平与发达国家之间存在的巨大差距，1992 年，中共中央、国务院作出了《关于加快发展第三产业的决定》，1993 年，国家计委又提出了《全国第三产业发展规划基本思路》。这两个具有标志性的文件表明，国家正在日益重视第三产业的发展。而到了 2009 年，国务院出台了《国务院关于加快发展旅游业的意见》（国发〔2009〕41 号），首次为旅游业赋予了战略支柱性产业的高调定位，并明确了今后一段时间旅游业发展目标和主要任务。同时还进一步颁布了国发〔2009〕24 号、国发〔2009〕33 号、国发〔2009〕42 号、国发〔2009〕44 号等一系列重要文件。这都深刻表明，一方面，旅游业已经融入国家战略体系，在推进区域经济发展、促进民生改善等方面发挥着越来越重要的作用，全面旅游发展热潮暗流涌动；另一方面，旅游业深化改革的序幕再次开启，目前国家层面的旅游业改革纲要正在加紧起草当中，旅游业发展进入体制机制创新的高潮期。

产业结构高度化的标志在于：①第三产业朝着优势比重的方向演化；②从初

---

① 张凌云. 旅游业乘数效应的几个问题［J］. 南方经济研究，1988（3）：43.

级产品和中间产品向终极产品方向发展；③劳动密集型、资本密集型向信息（技术文化）密集型方向发展；④环境与资源消耗型向环境保护型（如能源低耗型）方向发展；⑤低附加值的产品向高附加值产品方向发展；⑥本地市场自给型向外向型方向发展。

旅游业，几乎全部符合上述现代产业的六大标志。加上中国具有丰富的旅游资源，发展前景十分广阔，我国旅游业在国民经济中的地位在快速地提高。截至1997年，我国已有22个省把旅游业作为"九五"期间的重点发展产业，一些城市把旅游业定位为"龙头产业"或"支柱产业"。而在当前全球性经济危机不良影响、区域经济增长减缓的国际背景下，党中央、国务院作出扩大内需、促进经济平稳较快增长的决策部署，又把旅游业作为我国应对全球性经济危机、扩大内需、增加就业、促进相关产业发展的重要产业，加强国家级重点旅游景区旅游服务体系建设和旅游资源开发中的自然生态环境保护；为我国旅游业的发展注入了新的活力。

在旅游规划之初，必须首先明确在规划目标内，旅游业在本地国民经济结构中的地位和作用。这是一项至关重要的规划依据。

二、确定旅游系统的性质

旅游系统的性质，系指各旅游系统在全国或地区风景旅游网络中的职能、特色，在经济和社会发展中所起的作用。

旅游系统的形成，是一个以旅游资源为基础，以旅游市场为依托的历史发展过程。旅游系统性质的确定，应反映其资源特征和市场特点。大型旅游系统是个复杂系统，其职能通常是综合性的，但性质的确定应该反映其主导因素、主要职能和特征。如同济大学承担的青岛石老人旅游度假区规划，内有度假、综合服务、高尔夫运动、海上游乐、啤酒文化、海洋公园等多种功能。若从大处着眼，其主要职能即性质则是"……滨海风光型国家级旅游度假区"。又如，上海市的旅游规划，从城市的历史、功能、区位及旅游资源条件出发，将上海旅游的整体形象定性为"都市旅游"。

不同的性质，决定了旅游系统发展的不同方向及相应的规划原则、设施标准、布局模式和经营管理模式。准确明了的定性，有利于在旅游规划过程及旅游规划实施过程中，将规划原则与旅游系统的发展实际条件结合起来，有利于不同部门、企业和个人对规划的理解、支持和积极参与。

三、旅游产品的定位

旅游产品定位的任务，是在旅游资源特色、旅游市场需求调查分析综合的基础上，确定主导性的优势旅游产品及其适销范围（主要目标市场）。

旅游产品的定位，是一项具体挑战性的、艰巨的但不容回避的工作。该项工作的目的，是在旅游市场条件下提高旅游资源的配置效率，增强旅游系统要素的有效组合所产生的吸引力，通过筹划、创造拳头产品来增强旅游经济的增长优势，提高开发启动的成功率。

例如，《海南旅游发展规划大纲》[①] 提出的"避寒"产品——"反季节瓜果品尝"，突出了海南的气候资源优势。又如，江西仙女湖国家重点风景名胜区（筹）的总体规划[②]，针对江西"旅游缺水"与"夏季高温"的市场契机，以一级市场为启动性目标市场，推出"群岛曲水"、"水下千年古城"这仙女湖"二绝"。同时，也为在中远期开拓三级市场（国际旅游市场）研究确定了后续性专项旅游产品"中华基因宝库"，并从近期开始对之采取有力的保护培育的规划措施，使区内现有全国最大的亚热带造林植物基因库和亚热带林业生态定位站，逐步从科研林场发展培育成为具有生态旅游功能的、瞄准国际专项旅游市场的又一拳头产品——形成能出口创汇的仙女湖之"第三绝"。

四、旅游规划的目标体系

规划指导思想，是规划决策的最高形式，是对旅游系统的基本趋势、价值取向和历史选择的高度概括。它往往包括理论（或政策）依据、基本方向和意愿强度三个部分。指导思想，贯穿于规划目标的制定和实施的全过程。指导思想的正确与否，直接关系到旅游规划是否合理、是否可达。

规划目标，是依据指导思想对旅游发展的未来可能性所作出的状态和位置选择。目标，是激发和吸引系统整体发展的标志点或里程碑。它既应该是符合目的的，也应该是通过主观努力可达到的。指导思想与规划目标，两者既有区别又有联系，思想是战略之魂，规划目标是战略之纲。规划目标，作为对旅游发展全局性要求的具体、集中、生动的反映，常被认为是旅游规划的科学性、合理性的标志。

规划指标，使规划目标所确定的方位进一步量化，形成一系列可度量的标准。规划目标，常根据外部环境和内部条件，借助综合性技术指标这一工具，来实现对预测和目标选择的精确度量。简言之，规划目标，是依据规划指导思想，为旅游系统的发展提供必要的具体方位。规划指标，使规划目标进一步形成可度量的标准。目标与指标，共同形成发展方向和规划评价的技术依据。

---

① 范家驹等．海南旅游发展规划大纲．海南旅游局，1992.

② 吴人伟等．江西仙女湖国家重点风景名胜区总体规划．同济大学城市规划设计研究院，2000.

1. 规划目标的制定

旅游规划的最根本依据，是旅游系统的运动、发展规律，即与旅游系统相关的各种事物的过程与现象的必然的、普遍的、稳定的、重复的联系。它在内容上、形式上是客观的。规划目标，则是在形式上主观、内容上客观的。旅游发展规律反映到人们头脑中，通过科学的思维加工并加以抽象的形式表达出来，才能用于指导旅游发展。规划目标，应不断趋同于旅游发展规律，但两者在性质上绝对不能混同。旅游发展规律客观存在，不管是否认识，都会自发地产生强制性作用，而规划目标则是人为的，既能产生也可消亡。规划目标，作为一种旅游发展的管理工作的参照，现实中只能以抽象的描述形式来反映事物的基本方面，不可能对具体事物进行完整的写真，这种遗漏必然地使规划目标的制定工作受到制约。另外，旅游发展规律，具有一定的阈值，即该规律借以发生的客观条件的最低和最高极限。旅游系统的发展规律，只能在这一阈值内发生作用。超出这一阈值，规律会失去原有的必然性。旅游规划，一旦超越了这种规律的作用阈值限，就会夸大旅游规划的作用而受到客观规律的惩罚。

要解决发展规律与规划目标之间的矛盾，至少有三种办法：第一，对旅游系统的全面把握，并尽可能在量上进行科学预测和识别，对规划目标的要求应不大于或低于现有手段所能达到的水平，即降低规划目标；第二，如果规划目标不能降低，则重点研究增强或增加手段直至与现实目标相匹配；第三，如果既不能降低规划目标，又无法立即增强手段，则可以保持目标，立足可能的手段，先完成较近、较低的目标，即通过目标分步，逐渐趋近该目标，通过时段效应在发展过程中实现矛盾的转化。

2. 规划目标的类型

规划目标的形式，按不同的标准可分为不同的类型。按规划目标的内容尺度，可分为总目标和分目标。总目标，是旅游规划的总参考点，它规定了旅游规划对象的发展总水平和总方向，必须抽象、明了。但是，对一个完整的旅游系统而言，通常具有全面性影响的因素不止一个，因此，往往可能是一个目标组。例如，1980 年夏威夷制定了《州旅游规划》，其规划目标为：

（1）以稳定增长、多样性、强大的、有活力的经济，确保满足当代及未来夏威夷人的需求和期望。

（2）以美丽、清洁、安静、独特及稳定的生态系统为特征的理想的自然环境，促进人们的身心健康。以这些经济环境和社会福利培养夏威夷人参与社区生活的社区责任感。

分目标，是指将整个规划时期分为若干阶段（通常为近、中、远三步），以总目标为方向，以基础条件和可能的手段为依据，预测和识别发展状态的有序性变化，分解为数个阶段的目标组。其中，远期目标常因时局可能变幻莫测难以科学把握，而被看作是一种对远景目标的展望。

按目标的内容性质，可分为经济目标、社会目标、环境目标三大类。

（1）经济目标，即以资源、投资等因素取得经济增值效应的程度。

（2）社会目标，即社会公平和社会发展的程度。

（3）环境目标，即生存环境、生态环境的优良程度。

按目标的组合模式，可分为总量型目标、速度型目标、结构型目标。

（1）总量型目标，即以旅游系统的数量规模的发展程度为主导的规划目标，如市场占有率等。

（2）速度型目标，即旅游系统相对时间而言的发展程度，如增长率等。

（3）结构型目标，即旅游系统因素之间关系的优化程度，如"资源导向型"、"效益型"、"集约型"、"第三代产品主导"等。

3. 制定规划目标的原则

规划目标，是对旅游规划过程中分析评价和综合决策的依据。作为一项严肃的工作，它反映人们对旅游发展的价值抉择，应脱胎于理性而上升为符合客观发展规律的谋划纲要。制定规划目标，至少要遵循以下原则：

（1）概括性原则：总揽全局，提炼概括目标内容，体现未来发展全局，指引发展方向。

（2）可达性原则：该目标必须符合发展规律、符合客观条件，使人们的意愿通过一定的努力可以实现，并成为下一阶段工作的激励因素。

（3）一致性原则：总目标与分目标、分目标与分目标之间，必须方向一致，互不对抗、互补互利。

（4）时效性原则：适当的阶段，是正确规划目标的必要条件。合理的规划目标，必须存在于恰当的时机与阶段之中。

案例

旅游业发展总体战略理论运用

——以广西田东县红色旅游开发建设规划为案例

通过案例可以看出，旅游业发展总体战略一般包含以下几方面内容（见第四章第三节、第四节）：旅游业发展战略的指导思想及产业发展定位，包括旅游业的产业定位、产品与形象定位及市场定位；旅游业发展的战略目标，分总体目标和具体目标两层次；旅游业发展的战略步骤，指出近期（5年内）和中远期

（5～10年）工作的重点与建设顺序；旅游业发展的战略措施，从整体与产业高度指出产业如何发展；旅游业发展总体布局，明确旅游区域的划分、其相对关系以及各区产品谱系与特色。值得注意的是，旅游业发展战略理论与思想（如科学发展观、五个统筹发展理论、旅游业可持续发展理论、旅游业文化经济两重性理论等）体现在总体战略上述内容的细微处，需要仔细揣摩才能领悟其精髓并加以自如运用。

一、旅游业发展战略的指导思想及产业定位

指导思想和产业定位是旅游规划中的"风向标"，在整个规划具有统筹协调的作用。具体而言，指导思想是一个规划中所提出的发展理念，而产业定位主要包括旅游产业定位、产品和形象定位以及市场定位等方面。

1. 指导思想

在党的十八大精神指引下，田东县发展红色旅游的指导思想应该是：高举中国特色社会主义伟大旗帜，以邓小平理论和"三个代表"重要思想为指导，深入贯彻落实科学发展观，以社会主义核心价值体系建设为根本，以爱国主义和革命传统教育为主题，以《2011～2015年全国红色旅游发展规划》、《广西红色旅游发展规划（2011～2015）》和《百色市红色旅游发展规划》（2012）为依据，以"百色红色旅游基地"、"左右江红色旅游区"、"邓小平足迹之旅"、"右江苏维埃政府旧址景区"等与田东红色旅游有关的上位规划布局为基础，以整合田东县城红色旅游点为重点，突出"桂西红色福地"之"第一红福之旅"品牌；通过政府组织引导、社会积极参与和市场有效运作，加强对革命历史文化遗产的有效保护和合理利用，深入挖掘红色旅游思想文化内涵，提高红色旅游资源保护与展示能力；进一步突出红色旅游的趣味性、知识性、教育性、参与性和体验性，加强与绿色旅游、古色旅游的整合，形成"第一红福"特色旅游线路，进一步整合红色旅游资源，培育品牌、建设精品、形成网络，继续加强红色旅游经典景区建设，丰富红色旅游产品和内容；完善红色旅游基础设施和红色旅游公共服务体系，全面提升服务质量，逐步完善产业体系，进一步增强红色旅游的时代感和现实感，增强吸引力和感染力；实现红色旅游持续、快速、健康发展，最大限度发挥其政治效益、社会效益和经济效益，成为田东县旅游产业和经济社会快速发展的重要途径，促进百色旅游强市、广西旅游强区建设。

2. 旅游业的定位

（1）旅游业产业定位。田东县旅游业起步较晚，但经过近几年国家政策的扶持，发展迅速。广西在大力打造继桂林国际旅游目的地之后，北部湾国际旅游目的地和红水河国际旅游目的地。田东正好处于北部湾国际旅游目的地和红水河

国际旅游目的地的接合部，同时，也是桂西红色福地板块的重要组成部分，依托田东丰富的红色旅游资源和生态农业资源、悠久的历史文化，田东必将成为桂西红色福地的核心板块和桂西国际乡村旅游目的地。

因此，田东发展旅游业的产业定位应该为：将旅游业作为带动文化产业、房地产业、高科技产业、农业、林业等相关产业发展的动力产业；是实现农业产业结构调整、传统农业向现代休闲农业产业转型的关键产业；是改善县域生态环境、协调生态环境保护与县域经济发展矛盾，实现生态环境保护与社会经济发展、产业富民三重发展目标的生态适应性产业。

（2）旅游业的产品与形象定位。旅游产品与旅游形象定位是指田东发展旅游业应以开发什么旅游产品、发展何种旅游为主，并找准自身的特点，形成鲜明的，富于个性的旅游形象，加以精心包装、大力宣传，使其能成为对国内外游客具有独特吸引力的旅游目的地。通过对旅游资源的调查与统计分析可以看出，田东县旅游资源以人文活动类和遗址遗迹类为主，分别占全国同类基本类型的100%和66.67%，是田东县旅游业发展重点挖掘的优势资源。其中，以"中国芒果之乡"为代表的节庆活动在区内外具有相对垄断性优势，其境内的森林生态旅游资源与周边旅游目的地相比也具有一定的不可替代优势，红色旅游资源和民族风情与周边地区雷同，易出现旅游屏蔽效应，应有针对性地进行差异化规划。

因此，立足田东县已取得的红色旅游业绩，通过加大红色旅游景区景点以及旅游产业要素规划实施，强化红色旅游与旅游地产、信息、农业、工业、交通物流等相关产业联动、融合发展，以标志性景区为载体，以打造"伟人足迹、红七军故里、百色起义策源地"为特色品牌，突出红色旅游的创新性，培育"壮乡红都"旅游形象，从而实现全国红色旅游名县的发展目的。

（3）旅游的市场定位。旅游业的市场定位即客源市场定位。根据田东县的客源市场状况，我们必须坚持"以国内客源市场为主，国际客源市场为辅"的方针实施两个市场有机结合和相互促进的客源市场定位战略；以继续开拓周边新老市场为突破口，实现南宁、柳州、百色、北钦防、玉林等地区的市场占有率持续增长；通过丰富的旅游产品，实行自主外联，变旅游过境地为旅游目的地；以北部湾旅游圈和广西黄金旅游线上的热点旅游城市为依托，分流每年到柳州、南宁、北海等城市的部分游客；以产品为龙头，争创名牌产品，积极开拓国内大西南市场及其他市场；以设施与服务逐步与国际接轨为手段，努力开拓越南、泰国等东南亚远距离国际市场。这就是田东县旅游客源市场定位和开拓的完整构想。随着田东县旅游开发（包括旅游吸引物、旅游设施和旅游交通等）逐步到位，这一构想肯定是可以实现的。

二、旅游业发展的战略目标

旅游业发展的战略目标主要分为总体目标和具体目标两大部分。总体目标一般是从宏观层面来提出的，而具体目标则是从旅游目的地这一微观层面来提出的，主要包括规划区域的经济指标、就业能力、生态保护目标等方面。

1. 总体目标

从 2013 年到 2025 年，经过十三年的努力，把田东县建设成为全国红色旅游名县、全国休闲农业与乡村旅游示范县，使旅游业发展为国民经济的新的增长点和先导产业。

2. 具体目标

（1）旅游整体形象。田东县整体旅游形象鲜明，在区内外享有较高的知名度。凭借田东作为承接南宁—田东—百色—云南，南宁—田东—河池的交通枢纽区位优势，田东县应立足已取得的红色旅游业绩，通过加大红色旅游景区景点以及旅游产业要素规划实施，强化红色旅游与旅游地产、信息、农业、工业、交通物流等相关产业联动、融合发展，以标志性景区为载体，以打造"伟人足迹、红七军故里、百色起义策源地"为特色品牌，突出红色旅游的创新性，培育"壮乡红都"旅游形象，从而实现全国红色旅游名县的发展目的。

（2）旅游经济指标。旅游经济快速、健康发展，对国民经济的拉动作用日益显著。

根据预测，2015 年旅游创造外汇 81.2 万美元，旅游综合总收入为 3.44 亿元。

2020 年旅游创造外汇 3120 万美元，旅游综合总收入为 12.05 亿元。

2025 年旅游创造外汇 20007 万美元，旅游综合总收入为 32.49 亿元。

（3）旅游牵动作用。旅游业在国民经济和社会发展中充分发挥带动功能，在全市脱贫致富工程中充分发挥促进作用。

据预测，到 2015 年田东旅游提供直接就业岗位 1372 人、间接就业岗位为 6860 人。

到 2020 年田东旅游提供直接就业岗位 2500 人、间接就业岗位为 12500 人。

到 2025 年田东旅游提供直接就业岗位 3281 人、间接就业岗位为 16404 人。

（4）旅游产品。全县重要旅游资源基本上得合理开发，旅游经济布局相对均衡，同时培育出一两个旅游经济发达的区域，培育出几个区内独有的名牌旅游精品。

（5）旅游服务和旅游基础设施。各类旅游服务设施基本完备，形成行、游、住、食、购、娱配套的综合产业体系和统一开放、有序竞争、兴旺发达的市场秩序。全县旅游业管理和服务水平总体上要达到区内一流和国内先进水平，并逐步做到与国际标准和惯例接轨。要组织一两个跨地区、跨所有制、跨行业的大型旅游骨干企业，使其成为自治区名牌企业。

（6）旅游资源和生态环境保护。各类旅游资源和生态环境得到有效保护，生态环境质量与旅游质量同步提高，形成良性循环，确保旅游业的可持续发展。

（7）旅游人才。形成一支数量适度、工种齐全、思想道德及文化科技素质高的旅游产业队伍。旅游从业人数占全县就业人员总数的比例达到国内平均水平。全县干部、职工和群众具有较强的旅游意识，旅游知识得到普及，营造出热情、礼貌、安全、有序的旅游社会环境。

三、旅游业发展的战略步骤

根据田东县红色旅游发展的实际情况，规划主要提出了三个开发步骤，即近期的配套设施和主题线路建设，中期的旅游项目开发，以及远斯的提升壮大阶段。

1. 近期定位（2013～2015 年）：完善县城各个红色旅游点配套建设和主题线路建设

制定全县旅游业发展规划，确定旅游发展的战略指导思想、目标和步骤，完善县城各个红色旅游点配套建设和主题线路建设。确定近期重点景区开发建设计划，初步形成"壮乡红都"的红色旅游形象。按照景区景点开发建设这个中心，在工作上抓好旅游产品、旅游市场和旅游管理三大体系的开发建设。在旅游产品上打好"壮乡红都"这块牌子，初步把田东县建成桂西旅游经济区的中心城市。旅游市场上先以本地及周边省市为主，大力扩展北部湾旅游客源市场，逐步开发区内外远程市场。在筹资渠道上，除坚持"国家、地方、部门、集体、个人一起上"的方针外，还应把目光投向直接融资场所，到资本市场去筹措资金构架建设旅游产业战略体系。

通过近期规划，旅游业成为田东县适度超前发展、对国民经济具有较强的关联带动、辐射牵引功能的产业，其产值占 GDP 的比例高于 1.2%。

2. 中期定位（2016～2020 年）：开发红色演艺以及"红绿、红古"相结合的旅游项目

在全县重要旅游资源基本上得到开发的基础上进一步完善。田东作为桂西旅游经济区的中心旅游城市已建成，"壮乡红都"的声誉得以扩展，并充分发挥出它作为泛北部湾旅游圈的延伸地和大桂林旅游圈分流地的作用。

县内外建成公路、水运、航空和铁路的立体交通网络，与县内外重要的中心客源市场建立起密切的联系，并建有自己的旅游车船公司。旅游产业的六大基本

要素（行、游、住、食、购、娱）得到全面协调发展，并富有田东特色。田东成为令人向往和流连忘返的绿色家园和红色福地。田东县属城镇成为卫生清洁、环境优美、风景宜人和服务功能齐全的旅游城镇。

按照规划目标，旅游业应成为田东县先导产业和富民产业。旅游业构成了该地国民经济重要基础的一组行业群，其产值在田东的国内生产总值中达到2.5%以上。

3. 远期定位（2021～2025年）：提升、壮大红色旅游项目建设规模

本期发展的重点是提升、壮大红色旅游项目建设规模，强化已有主题和形象建设，成功打造在全国具有高知名度的"红福之旅"品牌。旅游业在整个国民经济中起重要带动作用，其产值在GDP中占有较大的比重，达3.2%以上，其税收在总税额中占有一定份额，成为当地财政收入的来源之一，并为该地居民提供较多的就业岗位。

四、旅游业发展的战略措施

田东县红色旅游发展的战略措施主要有四条：

1. 以国家重大政策法律法规为指导，把握旅游业创新发展的机遇

在国际金融危机席卷全球的过程中，旅游业在"保促扩"中的重要性得以进一步凸显，国家有关领导人的讲话和表态，已就旅游业在保障国民经济又好又快发展中的突出地位给予了充分肯定。在2008年12月的中央经济工作会议上，胡锦涛强调，要"着力发展服务消费和旅游消费"；温家宝要求，要"积极开发与节假日调整相适应的旅游、文化、体育健身等热点消费"。在2009年初的政府工作报告中，温家宝再次强调：要"加快发展旅游休闲消费"，在2009年4月考察海南时明确指出："旅游业兼具经济功能和社会功能，集劳动密集型与资金、知识密集型于一体，是一个资源消耗低、带动系数大、就业机会多、综合效益好的战略性产业"。王岐山也对发展旅游业做出一系列重要指示和具体要求，他指出："旅游业是潜力很大的重要产业。要立足当前，着眼长远，充分发挥旅游业在扩内需、保增长、保就业等方面的作用，提高产业素质，努力开发满足不同层次需求的旅游产品，推动旅游业又好又快发展。"

此外，《中共中央国务院关于深入实施西部大开发战略的若干意见》、《国务院关于加快发展旅游业的意见》、《国务院关于进一步促进广西经济社会发展的若干意见》以及自治区出台的《关于加快建设旅游强省（区）的决定》等政策性文件为"十二五"期间广西旅游业发展营造了前所未有的良好环境。《中共中央关于制定国民经济和社会发展第十二个五年规划的建议》明确提出"把扩大消费需求作为扩大内需的战略重点"和"把推动服务业大发展作为产业结构优

化升级的战略重点"，将"积极发展旅游业"作为建设现代产业体系的重要内容。同时将深化改革开放，保障和改善民生，加快收入分配调整。这一系列政策也都将推动旅游业加快发展，推进广西旅游强省建设。

在广西大力打造北部湾国际旅游目的地和红水河国际旅游目的地的背景下，作为处于北部湾国际旅游目的地和红水河国际旅游目的地的结合部——田东县，更应该好好把握机会，抓住机遇，依托田东丰富的红色旅游资源和生态农业资源、悠久的历史文化，将田东县打造成为桂西红色福地的核心板块和桂西国际乡村旅游目的地。

2. 把旅游业作为一个经济产业来建设旅游区，发展旅游业

充分发挥政府主导作用。旅游工作者和政府各部门工作人员都应有明确的现代旅游产业意识，要像抓工业、农业那样来抓旅游业。政府主要领导要重视，要充分发挥政府主导作用，把旅游业纳入国民经济和社会发展计划，把它当作一个新的经济增长点和支柱产业来培育。有必要的财政投入，给予一定的政策支持，实行高效、协调的统一领导，用大旅游、大市场、大产业的全新观念，调动各部门、各行业办旅游的积极性，而不只是靠旅游部门一家来干。

旅游业作为经济产业，其发展不仅是要建设几个景区景点，还应该联动地开发相关产业，也就是开发本地区的特色经济和优势产业。如开发田东县著名的土特产和手工艺品，开发田东的观光农业和特种养殖业，通过精心设计与培育，一定要让田东县的某些土特产品和手工艺品变成创意新奇的旅游商品，另一方面还要使这些产品的生产现场成为可供游客观光的景点。此举一旦成功，意义非常重大，它不仅可以延长游客的滞留时间和提高其人均消费额，使旅游业与相关产业都获得效益，更重要的是它将促使农、林、工、商各行业都来办旅游，是开创大旅游、大市场、大产业新局面的有效途径。这是发展旅游业的一条非常值得重视的经验。

3. 把旅游业作为一项文化建设事业来建设旅游区，发展旅游业

要注意发挥旅游业的综合功能。旅游业是一个集多功能于一体的产业，除经济功能外，还有比较广泛的社会功能、环境功能和文化教育功能。田东在红色旅游开发建设的过程中，一方面要继续强化其经济功能，使其为创汇创收多作贡献，另一方面还要注意强化其社会公德、公益、环保和文化教育功能，在旅游开发建设中应特别注意发挥其在精神文明建设方面的作用。旅游景区景点不仅对促进经济发展具有重要作用，也是重要的宣传文化阵地，是对国内外游客展示祖国大好河山、介绍悠久历史文化，对外宣传我国良好形象的重要窗口。开发资源、介绍旅游景点，要增强思想性和健康的文化内涵，体现爱祖国、爱人民、爱家乡的美化感情。在宣传介绍优美的自然风光的同时，还应注意介绍中国悠久的历史

文化，介绍中国人民勤劳朴实、团结和睦的优良传统。对于爱国主义教育基地的建设，如像右江工农民主政府旧址这样的国家级文物保护单位，指导思想上必须明确突出教育功能，不能把它等同于一般旅游景点，不能办成休闲娱乐场所，更不能有低级庸俗的内容。田东许多地方的旅游景点还与历史遗迹、神话传说有联系，导游员、讲解员要注意正面引导，不能宣传封建迷信内容。当然，这并不是说导游员、讲解员开口就宣讲政治，而是要求通过对景点的介绍，用导游讲解语言，以润物细无声的方式，把传播先进文化、塑造美好心灵、弘扬社会正气、倡导科学精神的要求贯穿其中。此外，通过大力提高旅游产品的文化品位、加强旅游地的精神文明建设、精心策划和设计等方式把最好的精神食粮奉献给游人，把中国的良好形象展现给世界人民。

4. 围绕不断增强旅游业在国民经济中的支柱产业地位建设旅游区，发展旅游业

"发展才是硬道理"。过去三十多年，在邓小平旅游经济思想的指引下，我国旅游业一路高歌，实现了"从旅游资源大国"到"亚洲旅游大国"的历史性飞跃。在今后的发展中，我们还要进一步开拓奋进，实现从"亚洲旅游大国"向"世界旅游强国"的新飞跃。实现这个宏伟目标，要靠各地进一步加快旅游业发展。因此，围绕不断增强旅游业在国民经济中的支柱产业地位，应该是田东县实现自己目标的一个重要的战略措施。

五、旅游业发展总体布局

1. 旅游业发展总体布局的原则

（1）以资源为基础，以市场为导向，寻求需求（客源市场）与供给（以资源为依托的旅游产品）之间的最佳结合。

（2）在一个较大行政区域内进行旅游业发展总体布局，要考虑并服从原有行政经济区域的布局，以使旅游业能服务和促进该行政经济区域的发展，并有机地融入该行政经济区域。

（3）旅游可进入的交通条件与旅游资源分布的有机结合。"景"（旅游景区景点）沿路建，"路"为"景"开。

（4）分期分批建设，滚动发展。近期重点开发基础和服务设施条件好，已有一定市场、知名度高、市场潜力大的景区景点，在资金、物力、人力和客源有限的情况下，尤其要突出重点，尽快形成代表田东县旅游形象的名牌产品。不宜全面铺开，四处开花。

2. 旅游业发展总体布局

在总体布局原则的指导下，根据田东县旅游资源的特点和分布、旅游发展条

件并考虑行政区域的完整性、经济文化的统一性、旅游合作的紧密型以及线路安排的需要，通过市场调查研究表明，红色旅游需要增强其参与性、体验性、趣味性以及知识性、教育性，因此，以市场为导向，按照"1233"（即打造一个拳头产品，开发两大旅游精品，策划三条旅游线路，建设三大旅游景区）的旅游产品开发总体思路，全面、高起点、高标准、大手笔、大市场地开发田东红色旅游项目。

（1）打造一个拳头产品。打造"红福之旅"拳头产品，创新红色旅游游览方式，将红色旅游与大众市场对"福"文化的消费需求结合起来，从革命的目的是为了大众的幸福这个根本目标作为总的策划元素，策划一系列红色"福"文化旅游产品，形成在全国有较大知名度的红福旅游产品。

（2）开发两大旅游精品。两大旅游精品主要指水上休闲娱乐和文化体验两大旅游精品。重点开发右江水上红色休闲娱乐旅游项目，通过与那恒龙舟文化、革命情景再现等方式，开发具有较强参与性的水上休闲娱乐，将实现红古结合的目的。同时，通过高科技手段，创新文化展览方式，以5D影视、幻影成像、视频、影视等多种方式，全新展现红色旅游的魅力。

（3）策划三条旅游线路。策划那恒根据地广场——那恒英雄村——二芽红军码头这一水上休闲娱乐红色旅游线路、二芽红军码头——红军广场（规划）——红街（规划）——经正书院苏维埃政府旧址——百谷红军村原汁原味的红色旅游线路和巴麻革命根据地景区——经正书院苏维埃政府旧址——横山古寨红色培训基地（规划）旅游线路。

（4）建设三大旅游景区。即经正书院苏维埃政府旧址景区、巴麻革命根据地景区、横山古寨景区三个不同主题和内容的红色旅游景区，并将其打造成为经典旅游景区。

案例分析

旅游发展的总体战略规划是对旅游目的地旅游业发展的宏观尺度规划，是对旅游目的地的全局性规划，它的基本要素包括指导思想、产业定位、发展目标、战略措施、战略布局以及发展步骤等。一般来讲，制定旅游发展的总体战略不能将目光局限于规划的目的地，必须跳出旅游目的地来审视旅游目的地，从区域的整体来通盘考虑旅游目的地的旅游发展战略问题，在旅游产业发展上也必须从旅游目的地的局部区域乃至全国全省的高度来谋求和明确旅游目的地的产业发展定位以及发展目标，唯有如此，才能发展内力促进旅游目的地旅游发展，借助外力辐射带动旅游目的地的旅游发展。

本节以《广西田东县红色旅游开发建设规划》为案例，逐项分析和规划了田东县旅游业发展的总体战略。在战略指导思想上，规划从"大旅游、大市场、大产业"的区域视野以及党的大政方针、中国加入世界贸易组织和西部大开发等全国性的战略思想来通盘安排了田东县旅游业的产业定位、产品开发、建设资金筹措、旅游市场和旅游工作基本思路等战略内容。在旅游产业定位上，以调整全县的产业结构、优化产业结构为原则，有步骤地明确了田东县旅游业在国民经济中的地位和不同时期的产业战略目标，那就是"从2013年到2025年，经过十三年的努力，把田东县建设成为全国红色旅游名县、全国休闲农业与乡村旅游示范县，使旅游业发展为国民经济的新的增长点和先导产业"。而在旅游产品和旅游形象定位上，依据国内旅游呈现多样化发展以及休闲度假、生态观光旅游、红色文化旅游是中国近期和中期发展态势的判断，在充分挖掘田东县旅游资源的基础上，将田东县的旅游产品定位为观光、休闲度假、文化旅游以及专项特色旅游。这个定位是符合目前旅游发展态势和田东县的实际地情的，在旅游形象上，以田东县的文化底蕴和优越的地缘优势为依托，设计了主题突出、形象鲜明的旅游形象，这有利于田东在竞争激烈的旅游市场中迅速占领市场。在旅游市场的定位上，也体现出规划的战略意图和依托的理论价值，那就是旅游市场开拓与发育是有一定规律的，一般来讲，旅游市场近期主要依靠近程客源市场，中远期才有可能依靠中远市场，在市场发育上，一般是以周边市场起步，带动中程市场，吸纳远程市场。依据这一原理，规划组将田东客源市场"以南宁、柳州、北钦防地区、玉林、百色市及广东省、海南省、四川省、重庆市为田东县旅游的基础客源市场，以云南、贵州、湖南等周边省份市场，以及上海、浙江、江苏等长三角地区市场为增长市场，以大西南市场及其他市场为中远市场"以及通过旅游产品来吸引游客的策略就体现了旅游客源市场的基本原理特征，因而也是科学的。而在战略目标的设计上，最重要的是以国家层面的目标为规划战略目标，即是以国家制定颁布的各种旅游发展标准为最高战略目标，为了实现最高战略目标，可以依据最高战略目标规划各项微观目标，在规划田东县的战略目标中，将其规划为"全国红色旅游名县和全国休闲农业与乡村旅游示范县"为总的战略目标，在这个与国家制定颁布实施的各个发展目标相协调，制定了田东县的旅游形象、旅游经济、旅游产品、旅游开发与保护、设施以及人才等具体的微观目标，这样更有利于推进旅游规划的实施，增强规划的可操作性。由于旅游业是一个系统行业，提出的战略目标不可能在近期内完成，所以还必须对所制定的战略目标进行战略分期实施，制定具体的战略步骤，这些战略步骤一般要与国民经济发展同步，比如同地方的"十二五"规划年限相一致等，以便让规划得到更好的实施。在田东县旅游发展战略规划中，我们就是以每五年为一个年限作依据，配合田东县国民经济发展计划，划分为近期（2013～2015年）、中远期（2016～2020年）、远期（2021～2025年）为战略实施步骤，并对每一个战略步骤期内需要实施的项目和指标进行了具体的分解，体现了宏观与微观相结合、近期与中远期相吻合的科学规划意图。当然，为了执行制定好的战略定位，还必须对战略定位进行必要的战略布局和必要的战略保障措施。在本案例中，规划组依据上述的战略定位，也制定了具体的战略措施和战略布局。

第四节　战略布局与功能划分

旅游区的定义多种多样，归纳起来大致有三种。第一种，旅游区主体论定义：旅游区即旅游目的地的区域范围，具有边界不定性、易进入性、设施完善性、项目多样性等理想特点；第二种，本体论定义：旅游区是一个从自然状态到可运行状态的发展过程，上述"易进入性、设施完善性、项目多样性"的旅游目的地，只是"旅游区"发展后期的理想发展阶段；第三种，旅游管理论定义：旅游区是一个和旅游规划、旅游管理或分析有关而被规划者、管理者、经营者、研究者，人为划定的一个特殊地域范围，它侧重于体现一定的保护、建设、经营条件和发展意志，因此往往难以与旅游者心目中的理想地域范围完全吻合。

参照上述观点，"旅游区"一词的定义可概括为：旅游区是一种与旅游及其相关活动为主要功能或主要功能之一的空间或地域，它具有旅游活动适应性及其经营管理适宜性并具有一定规程的地域范围。

区划，系指地域划分。旅游区区划，是旅游发展战略向旅游规划方向具体化的必要技术步骤，其根本目的是，通过地域定位、定性、定量、定界等一系列手段，来协调旅游者、旅游地、旅游企事业三者对旅游地域范围的不同要求之间的矛盾，为旅游系统的健康运行划定一个合理的地域范围或地域系统。旅游区区划，是旅游规划与实施管理的具体操作单位。它通过土地（资源）配置与布局调整，使旅游发展战略、资源保护与开发、运行管理与容量控制等规划理念，形态具体化为空间框架，从而有利于提高土地利用的适宜性，实现各区之间的合作；提高经营管理的针对性，实现资源保护的可操作性；有利于集中塑造特色形象和改善市场营销。旅游区区划的具体技术，可概括为"三定"，即定位、定性、定量。

一、区划定位

旅游活动过程，包括"旅行"和"在旅游目的地游憩"两大部分。但是，要确定"此地"和"那地"却是一个复杂的、多样化的社会过程。旅游区区划，既要遵循这一社会过程的内在规律，又要符合地区资源分布的不平衡性和规划区域整体的发展利益。定位工作的基本依据是，旅游资源评价结论和市场分析成果，并在此基础上，遵循资源分异规律，运用区位理论和贯彻线路布局原则。

每一个旅游地域都有其自身的资源结构和客观的外部环境，其资源的特征及其分布的地域固定性，决定了旅游资源的地域性差异，具体表现为地域性、地方性和地点性三种规律。

地域性分异规律的主导因素是，水、热、土条件，它使本地区的植物生态、淡水（或海水）生态、动物种群、旅游气候条件及其建造技术乃至社会文化的形态，呈现一定的规律。由于现代社会经济的影响，上述情况也受到干扰和改变。人们在这种现代社会条件和压力下形成的旅游，往往优先保持上述原生性的地域范围，再找回自然、找回自我。因此，能代表上述地域性规律的资源典型、差异特例，对现代旅游市场具有特殊的价值，一般应归入定位的基本范畴。

地方性分异规律的主导因素是，该地方的地质、地貌格局、海拔、小气候、物种、文化习俗等，与周边地区的差异，鉴别其差别程度并尽量保存其原生状态，进一步使其典型化、风格化，是区划定位要重点考虑的因素。

地点性分异规律的主导因素是，地质地貌延边突变、历史事件集聚或现代旅游活动的特殊适宜性等，使这一地点与周边地区存在显著差异。这些地点往往较容易认知、识别。它的鉴别，一般可由资源评价工作阶段来承担和完成。区划工作，在其定位阶段的主要任务，是确定这些地点之间的内容相关性和空间联系的可能性。

区位理论，是定位工作的一个重要工具，它源于经济学家杜能的农业区位学说《孤立国同农业和国民经济的关系》，（Thunen，1826）①。后人又在运输成本法的基础上发展了工业区划理论（Weber，1909）②。此后，奥林（Ohlin，1935）、阿沙德（Isard，1953）等人的研究，使这一理论趋于成熟。

区位理论所提供的原则，对旅游区区划的定位主要有以下借鉴之处：

①运输成本（时间、花费）较低、市场适宜性大的旅游地，比运输成本高、市场适应性低的旅游地，有更大的成功机会；②某些旅游活动需要集中的旅游地，某些旅游活动的相关性低，旅游地可以分散，某些旅游活动相互排斥，必须通过区划定位而实施分离；③区划定位须考虑研究点的门槛入口，这一门槛取决于该点的旅游资源及其相关旅游活动的类型；④以旅游者的逗留时间和进入频率

---

① ［德］约翰·冯·杜能. 孤立国同农业和国民经济的关系［M］. 吴衡康译，谢钟准校，北京：商务印书馆，1986.

② 阿尔弗雷德·韦伯. 工业区位论［M］. 北京：商务印书馆，1997.

为基础，旅游中心地须形成不同的等级体系；⑤由于各种力的相互作用，中心地周围形成六边形腹地，中心地的等级与腹地的等级相关；⑥旅游区内部旅游者运输成本最低的地方，往往具有较大的发展潜力。因斯基普（Einskeep，1991）①，提出九条标准对区划定位也有较大的借鉴价值；⑦旅游吸引物具有特征性；⑧具有与旅游活动类型相适应的小气候；⑨自然环境有吸引力；⑩有足够满足旅游活动要求的空间（如滑雪区的坡度条件）；⑪有良好的交通关系；⑫基础设施具有开发可行性；⑬有足够的土地用于做缓冲带，同时无空气、水、噪声等污染；⑭居民对旅游发展持积极态度；⑮有合适的劳动力供给。

上述区划定位的依据、理论与原则，外化于一定的操作方法之中。与定位有关的方法，至少有认知绘图法、降解区划法两种。

认知绘图法，由弗里根等人（1983）② 提出，主要通过综合旅游者对地区中形象的认识，算出旅游区位分数来为区划定位。其基本步骤为：第一，选择一种抽样调查方法，以确保能获得一个具有代表性的随机样本；第二，向受访者提供一张画好的地图，要求他们在认为是旅游区"心脏"的地方填上"X"，并画出 3~5 个旅游区范围；第三，算出每个旅游位置的分数（TLS），$TLS = (A + B + C) \times (A + B) / (1 + C)$，其中 A 为一个区所得 X 的次数，B 为该区被规划为旅游区的次数。C 为一个地区部分被划入旅游区的次数；第四，将 TLS 分数汇总起来，标在新地图上，高积分处即为旅游区的位置中心，然后沿低谷处画线可得出各区之间的界线。

降解区划法，由史密斯（加拿大，L. J. Smith，1986）③ 提出。该方法是一种从大地域单位入手，逐渐按两分法分解成越来越小的区域的逻辑划分法。

聚类区划法（又称综合法或上升区划法），指从小的地域系统入手（旅游点或村镇），逐渐合并为数量较少的大区域的方法。其具体步骤是：第一，设定 N 个地域样本（即 N 类）；第二，计算样本之间的空间距离，并按相邻样本之间的共性形成 N－X 类；第三，进行同类、相邻样本的合并，如此往复；第四，最终形成 N－X－Y 个数量有限的几个大区域。如图 4－1 所示。

聚类区划法和降解划法，是两种正好相反的逻辑过程。较适应的区划方法，是将两种逻辑方法结合使用；实际操作，则宜以一种方法为主导，另一种方法用以校核修正。

————————

① 李小键等．经济地理学 [M]．北京：高等教育出版社，1999.

② Gunn Clare A. Tourism Planning：Concepts、Practices、Case（Third Edition）[M]．Taylor & Francis Press，1994.

③ Stephen Smith. 游憩地理学 [M]．吴必虎译，北京：高等教育出版社，1992.

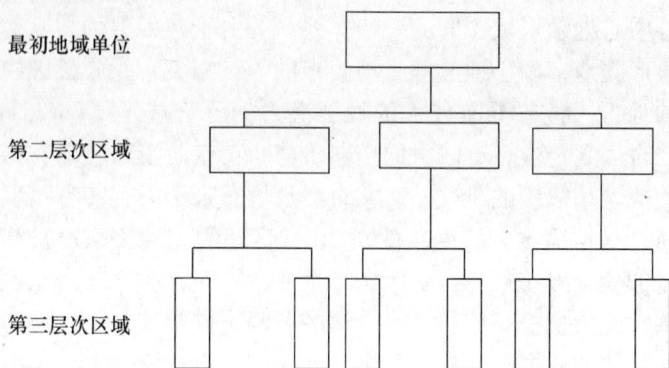

最初地域单位

第二层次区域

第三层次区域

图 4-1 降解区划法

二、区划定性

定性工作的主要任务是，对业已定位的各旅游集聚点（区、群）进行命名、分类、定功能、定级别，以区分各集聚点的差异，初步确定各区之间的分工，协作关系。

旅游区的命名，能使该区繁杂的信息浓缩为一个特有的便于识别的名称，这不仅有助于简化认知，便于规划、管理、交流，还有利于旅游区市场推销和知名度的加速形成。例如，我们曾承担的江西省"江口"风景区规划大纲，建议以地名"江口"命名的风景区改名为"仙女湖"，并被批准为江西省级风景名胜区。在该总体规划中，按聚类—降解法将其化为五大区，分别命名为：舞龙湖区、钟山峡区、铃阳湖区、大岗山森林区、九龙山革命史迹区。

命名，只是一种方法而非目的。如果给一个区域仅仅提供一个名称而不涉及其他内容，"定性"工作就没有多大的意义。"分类"是定性工作的开始。旅游区的分类方法很多，如按价值分类、按功能分类、按行政分类等。用于推广的方法，应符合可比性原则和稳定性原则。有学者为我国旅游区分类建模需要提出了"二级十二类"分类法。该分类方法，也可直接运用于较大旅游区的区划分类。由于较小范围的旅游区的内部区划分类往往需要更为细致具体的分类，可在"二级十二类"的框架基础上再细分为"三级 N 类"，如图 4-2 所示。

在江西省陡水湖风景名胜区总体规划中，采用的"五大区"区划命名，实际上用的是"名称+类型"法。这一方法突出名称与地理类型的衡定性和形象性，又使"旅游活动功能"这一流变性高且各有所好的不定性分类因素被排除在外。

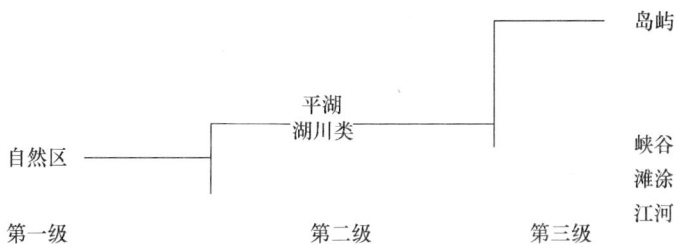

图 4-2 三级 N 类分类法示意

在命名分类工作之后，需要对各区的性质作进一步的功能阐述。这一过程主要遵循两大原则：第一，资源适宜性原则。旅游区区划，是反映区域的区位与资源差异。因此，必然以资源对旅游活动的适宜性用途和区位分布条件为基础，如适宜观光的资源划作水上运动区（如浴场、帆板、拖曳跳伞等）。第二，一致性原则。在区划定位过程中不论用哪种方法，均应注意差异性、一致性、相邻性原则，这样才能保证该区的资源类型具有某些程度的类似性和相邻性，为构成功能鲜明的旅游区创造一定的条件。但是，这只是对于资源和区位条件而言的；就旅游活动而言，情况却有所不同；同类旅游活动之间存在一致、无关、排斥三种关系，而不同类旅游活动之间也有互补关系，有些还十分密切。因此，在确定某区的功能时，必须注意各种功能的一致性；并特别注意避免排斥因素。如滑雪、雪橇、滑冰、冬泳、室内竞技、夜间娱乐，互为相关，而与冰上垂钓相排斥。

定性工作也可视具体条件设计辅助性量化方法。主导因素法是一类通过寻找有支配作用的主要成分帮助该区定性的量化方法。可以以行政区为单位，通过各单元的用地面积比例，由大到小进行编号，然后进行聚类合并，找到各区的范围和资源的主体性质；也可以通过各区床位数与该区人口之比例，来分析各区的旅游业对本区的重要程度（Ddfen，1967）[1]，公式为：

$$Tf = \frac{100N}{P}$$

式中，Tf 为旅游功能值，N 为样本区的旅游床位数，P 为样本区人口数。

定级别是区划定性的最后一步。旅游区级别，从外部环境看，由国际级、国家级、省级、市级、县级之分，如"世界自然遗产"、"国家级旅游度假区"、"省级风景名胜区"等；从内部关系看，有旅游区、景区、旅游点、景点等分级；旅游服务中心、景点，还可根据其规模、作用等标准分为一级、二级或三

---

[1] Stephen Smith. 游憩地理学 [M]. 吴必虎译，北京：高等教育出版社，1992.

级。旅游区区划工作，通过"分级"，使各区形成不同规模、不同等级、不同层次的多维网络，以利于平衡主次关系，选择建设时期，加强分工合作。

三、区划定量

区划定量，指确定地域面积和旅游目的地的边界，是人为创造的。就旅游活动而言，实际上有很宽的过渡地带。在多数情况下，只是出于研究、管理或绘图的原因，才用精确的线条将相邻的区域分开。尽管如此，对于一些特殊的旅游区，区划却必须精确地定量以便于定界打桩（如自然保护区、风景名胜区等），使有关保护条例、税收或法律等强制性管理手段得以实施。对于一些更小的区域，如旅游度假区、接待中心等，因涉及土地、所有权、森林权限、建设面积、审批等因素，更需确定精确的面积和边界。

定量主要有两类方法：第一类，主要围绕现状条件（资源、市场）的适宜性，确定区划范围；第二类，主要围绕容量要求或建设管理条件，对区划范围进行调整。具体有叠图法（资源适宜性）、吸力模型法（市场）、行政边界法（管理区）、容量法（供需匹配）等等，视不同条件和不同工作目的的具体情况而定。

叠图法，是精度较高的一种方法。具体步骤是：第一，确定研究地区，准备地形图；第二，鉴别并确定有效的评价因子；第三，确定每一因子的评价标准，通常分4～5级；第四，分别调查、绘制单因子评价图；第五，综合各张地图信息，草图阶段可运用透明图叠加，使图更为精确、有效且可用于下一步规划工作；第六，在叠合图的基础上，依据所确定的标准，确定区划范围。

四、区划布局的结构模式

布局，可分为宏观布局、中观布局、微观布局三个层次，宏观布局主要指旅游发展在空间上总体轮廓和部署。它取决于对全局发展起主导作用的关键性外部条件、关键性资源、关键市场、特殊优势、关键制约等因素。

中观布局，主要确定各旅游区在地域空间内部的配置与部署关系，通过集聚与均布、联结与疏离、优先与兼顾等等关系的战略抉择，形成内部结构布局。

微观布局，则在具体分析各点的潜力和制约的基础上，着重研究点与点、点与中观甚至整体的相关性，通过比较与调整，使全区各点形成性质分类、功能分区、成组布局、整体最优的多维网络结构。

布局结构的模式包括链式、核式、双核式、组合式、网络式、圈层式六种，如图4-3所示。

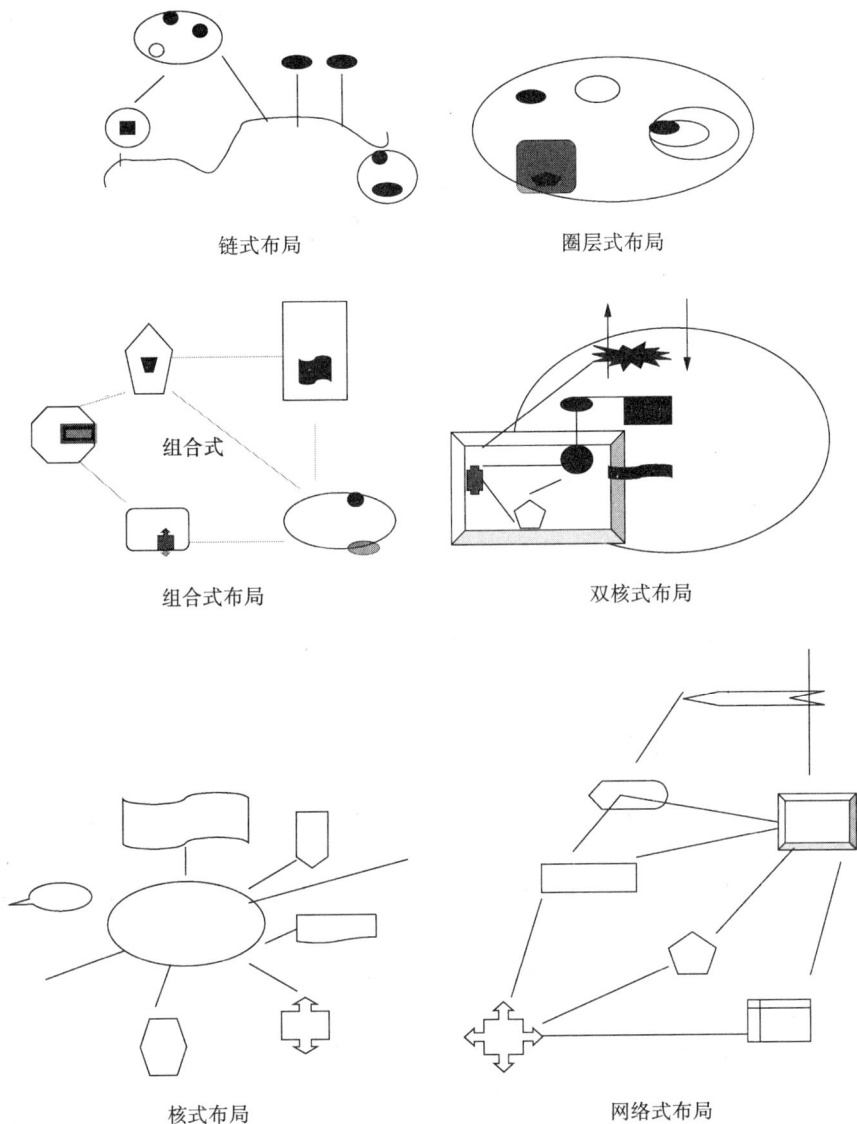

链式布局　　　　　　　　　圈层式布局

组合式布局　　　　　　　　　双核式布局

核式布局　　　　　　　　　网络式布局

图 4 - 3　布局结构模式

五、区划布局原则

总体布局过程，应遵循以下四项原则：

第一，主导性原则。综合决策与主导因素相结合，依据最优越的资源核区位条件，通过集聚布局效应（Balmer，1977）① 提高规模效益，突出整体优势，强

---

① Stephen Smith. 游憩地理学［M］. 吴必虎译，北京：高等教育出版社，1992.

化与其他旅游区（特别是竞争地）的差异，以利于塑造特色鲜明的市场形象。

第二，完整性原则。集聚效应有一定的阈值，集聚一旦超越其承载力，会出现一系列的负效应。适度分散、均衡发展，是结构布局的另一方面。布局结构，除了有中心基地、核心景区，还须包含入口区、次级中心、辅区、过渡区（或缓冲区）等，使各区之间分层次、连成片（或带），形成完整、具有多种适应性的功能整体。

第三，分工协作原则。按同一性或差异性所划定的各区，需按各自的特殊条件形成自己的优势，并以此分工为导向，形成本区的相关配套旅游项目，变单一功能为相关功能群。同时，专业化发展要服从于全局整体需要，形成各区之间扬长避短、优势互补、功能耦合的分工合作关系。

第四，发展性原则。旅游规划及总体布局，不仅要立足现状，解决实施问题，更要着眼发展，预见未来，为中、远期的布局变化创造有利条件。

六、统一规划、总体布局、近详远略、分期开发、突出重点、留有余地

旅游规划要对区域内旅游业发展的空间结构与开发时序进行总体筹划以统揽全局。

旅游规划还要从市场需求与资源特点结合上，对某一区域（省、市、县或跨地区）进行旅游业功能划分，并确定各个功能区的重点旅游项目和主导旅游产品，形成若干条各具特色的旅游区或旅游线，形成优势互补、互不雷同的旅游格局。

旅游发展规划分近期发展规划（3～5年）、中期发展规划（5～10年）、远期发展规划（10～20年）三个时期，其分期应与国民经济和社会发展规划相一致。在规划内容上，应近详远略，递次推进。近期力求具体翔实，中远期提出发展方向和趋势。在规划发展地区上，按照科学发展观的要求，应让条件成熟地区优先发展，对条件缺乏地区和影响国土安全的自然条件恶劣或生态敏感地区应暂不发展。

2011年，国家的"十二五"规划已经出台，全国各省、区、直辖市及重点旅游城市新一轮旅游发展规划应以"十二五"（2011～2015年）为重点，以2016～2020年为远期目标，并以2021～2025年为远景方向。

在全面布局的基础上，规划要突出重点地区、重点项目和重点线路；既要突出全区域的重点，又要突出各个景区、各个功能区的重点。旅游客源市场的需求在不断发展更新，旅游产品在不断升级换代。交通、通讯等基础设施不可能一步到位，因此在全面布局时必须在空间上留有充分余地，充分考虑后续发展的需

要。对于近期内不具备开发条件的旅游资源和区域，要提出严格的保护措施，留给后人去开发。

最后，规划要力求科学性、前瞻性和可操作性相结合；规划原则的严肃性与具体实施的灵活性统一。规划中确定的产业地位、发展目标、总体布局和主导产品等方面，具有指导性，必须贯彻执行；但在具体项目的实施和预期指标的测算等方面，不具有指令性。在市场经济条件下，规划为旅游行政管理部门的宏观调控和旅游企业的自主经营确定目标、建立法规、规范秩序。旅游业涉及面广、依托性强和敏感度高，而旅游发展规划的时空跨度大，其执行过程中不确定因素和不可抗拒的因素甚多，随着形势的变化按法定程序做必要的调整和修订是在所难免的。

本书第四章第四节详尽阐述了旅游区区划的具体技术，即定位（划分旅游集聚点/区/群）、定性（为集聚点命名、分类、定功能与级别）、定量（确定地域面积和边界）。案例展示了采用"三定"后产生的河池市旅游业发展总体布局与景区划分，即"一心两带四区"。此外，案例通过对三大品牌景区与四个核心旅游区的规划指明，旅游区开发建设必须在分析区位条件、资源特色、主要旅游资源基础上，明确其主题形象定位和开发建设方向。这种思路非常值得旅游规划人员借鉴。

案例

旅游业发展总体布局、旅游区划与开发建设

——以广西河池市旅游业发展总体规划为案例

一、旅游业发展的总体布局、旅游区划分

根据河池市旅游资源类型的分布与特色、旅游交通发展现状、自然地理条件和今后旅游市场的需求导向，河池市旅游业发展的总体布局和景区划分是：

1. 一个旅游接待中心

河池市国际旅游集散中心。

2. 两条旅游带

（1）红水河滨水旅游观光休闲养生带：包括天峨、南丹、凤山、东兰、巴马、大化、都安，重点发展游艇旅游、水上休闲度假、观光旅游。

（2）陆上交通观光旅游带：包括金城江、宜州、罗城、环江、天峨、南丹、大化、都安，重点发展黔桂铁路、国道323线、国道210线以及过境高速公路沿

途奇山秀水、少数民族田园风光旅游。

3. 三大品牌旅游区

（1）红水河滨水旅游观光休闲养生带；

（2）河池市国际旅游集散中心；

（3）民族工艺品产业园。

4. 四个核心景区

（1）南天荔生态休闲度假区；

（2）宜罗环民俗风情体验区；

（3）东巴凤国际长寿养生社区；

（4）大都南城郊旅游区。

二、旅游区的开发与建设

根据河池市旅游发展的战略部署，拟开发建设七大旅游区，即红水河滨水旅游观光休闲养生带、南天荔生态休闲度假区、宜罗环民俗风情体验区、东巴凤国际长寿养生社区、大都南城郊旅游区、河池市国际旅游集散中心以及民族工艺品产业园区。

1. 红水河滨水旅游观光休闲养生带

（1）策划范围：此项目策划范围包括河池市境内的红水河，重点规划区域为龙滩水电站——岩滩水电站两个水电站之间的河段及两岸，涉及的县域有天峨、南丹、东兰、大化、都安等。

（2）策划理念：整合区域内原生态自然环境资源和人文历史资源，重点突出"休闲、时尚、健康"主题，体现"高峡平湖、水电站、民俗、山地"等核心元素，打造"船说红水河"、"红水河游艇休闲旅游基地"、"穿越红水河探险特种旅游"及"红水河国际垂钓基地"四大项目品牌，既满足时尚、高端游客对户外运动的健康旅游需求，同时又形成红水河主体旅游形式和河池最佳的时尚生态营地聚集群。通过旅游项目建设，实现对河池市境内红水河旅游资源的整合和优化，打造"红水河国际旅游目的地"的品牌形象，增强旅游核心节点对周边区域的辐射带动功能，延长游客在河池的停留时间，使河池摆脱"通"而不"留"的尴尬局面，从而增强河池旅游活力，提高旅游经济效益。

（3）功能定位：生态体验、游艇休闲、观光、户外运动、营地度假、旅游商演、民俗体验。

2. 南天荔生态休闲度假区

（1）策划范围：本度假区区域范围包括南丹、天峨、贵州荔波，主要围绕河池境内的南丹、天峨进行项目布局和策划。

（2）策划理念：一要修炼内功，整合天峨的生态、水电以及南丹的温泉、白裤瑶、矿山的旅游资源，培育和发展生态旅游、滨水休闲度假旅游、温泉休闲度假、白裤瑶民俗风情游、矿山旅游等旅游产品，提升旅游竞争力。二要通过联合贵州荔波国家级茂兰喀斯特原始森林保护区、国家级荔波樟江风景名胜区等知名景区，建立黔桂旅游合作的示范区，整合同享游客资源、互享旅游信息，借荔波的优势地带动发展本地旅游市场，使天峨南丹成为大西南游河池的第一站。

（3）功能定位：滨水休闲度假、温泉休闲度假、民族风情体验、生态旅游、地质矿山旅游。

3. 宜罗环民俗风情体验区

（1）策划范围：包括一市两县，即宜州市和罗城仫佬族自治县、环江毛南族自治县。

（2）策划理念：围绕刘三姐文化品牌，依托于项目所在地的优质的自然山水景观和历史民族文化资源，悉心打造集刘三姐主题文化体验、民族民俗文化休闲、文化娱乐体验、山水休闲旅游为核心的民族民俗旅游产品，打造宜罗环的原生态、民俗风情、本土化风情与国际化山乡休闲旅游相融合的功能组团，并紧贴当代时尚消费需求，并使环保、节能、优质、低碳成为实操特色。

（3）功能定位：民族民俗风情体验、自然山水生态观光。

4. 东巴凤国际长寿养生社区

（1）策划范围：范围包括东兰县、巴马县、凤山县。

（2）策划理念：以盘阳河流域的长寿资源为核心，规范与整合盘阳河景区、赐福湖景区旅游基础设施及配套服务，重点提升、开发赐福湖区域旅游功能。依托赐福湖发展休闲养生、高端医疗保健、旅游度假等高端旅游项目。强化巴马世界长寿之乡品牌，打造以盘阳河—赐福湖为核心的休闲养生中心，建设成中国长寿养生度假基地。遵循主题化的发展思路，将长寿养生文化作为整个东巴凤的主导品牌，围绕这一主题进行项目设置、设施配套及景观塑造，营造在中国南方乃至更大范围内具有最大市场影响力的休闲养生度假旅游区。

（3）功能定位：以中高端消费群为目标群，推出的品牌和产品是：现代休闲养生、高端医疗保健、国际养老、山地运动休闲、水上运动休闲、养生购物。

5. 大都南城郊旅游区

（1）策划范围：本城郊旅游区区域范围包括大化、都安、南宁，项目策划主要涉及河池大化、都安两个县域。

（2）策划理念：本策划拟从实际出发，发挥大化、都安两县的地缘优势，依托便捷的交通网络，运用最新的文化产业开发技术和手段整合大化、都安两县的文化旅游资源，对大化、都安两县文化旅游品牌及产品方式重新进行整体创意、设计，打造有特色、有品位、有层次的南宁书房品牌。

（3）功能定位：城郊旅游、乡村旅游、地质观光游、农业生态旅游、周末休闲游。

6. 河池市国际旅游集散中心

（1）策划范围：金城江区。

（2）策划理念：金城江区作为河池市的旅游集散中心，目前还缺乏适合外来游客晚间娱乐的大型旅游演艺产品。本节将从解决旅游集散中心夜间旅游活动的问题出发，策划一台具有市场营运功能的大型演出《红水河奏鸣曲》，以此带动城区的城市旅游以及观光休闲旅游、城郊农家乐旅游的发展。

（3）功能定位：养生购物、观光休闲、旅游商演。

7. 民族工艺品产业园

（1）策划范围：河池市。

（2）策划理念：河池市的民俗工艺品较多，拥有"特色服饰"白衣壮、红衣瑶、青衣苗、苗族八卦帽、仫佬族袖背鳞状花纹、壮族绣球、侗布、瑶族织花、苗族花带、毛南族花竹帽、木面、刺绣、瑶族织花等；生产生活用具有仫佬族煤砂罐；"藏品"有壮族铜鼓、仫佬族手镯等。这些民俗工艺品是河池得天独厚的资源优势，是发展旅游商品的基础。

（3）功能定位：商品展示、观光购物。

案例分析

旅游区开发建设规划是对战略发展规划的具体落实，也是反映旅游规划战略意图的具体体现。一般来讲，在对旅游区进行开发规划时，须先要划分好各个功能布局与分区，在前面的理论内容中我们对如何进行功能布局与分区理论进行了剖析，这里就不再赘述。

一般来讲，进行旅游功能布局与划分旅游功能区是依据旅游资源、区位、客源市场为依据的，在遵循便于管理的前提下进行旅游开发规划，目的是避免主题重叠、重复建设、资源浪费，有效地整合旅游资源和旅游产品等。本案例以《广西河池旅游业发展的总体规划》的总体布局、旅游区划分与旅游区开发建设为案例，在通盘考察广西河池旅游业发展现状、旅游资源分布格局、客源市场部分、经济发展布局等因素的基础上，将其划分为"一心两带四区"的总体布局，并根据这个布局划分为不同的主题旅游功能区，比如红水河滨水旅游观光休闲养生带、河池市国际旅游集散中心、民族工艺品产业园、南天荔生态休闲度假区、宜罗环民俗风情体验区、东巴凤国际长寿养生社区、大都南城郊旅游区等功能区，在这些大功能区中即使是同属于同一性质的旅游区，但主题也不同，比如同属于风光旅游区，则有河谷、峡谷、地形地貌、农业等不同功能的主题旅游区，从而避免了同一旅游目的地内的项目重复建设和资源的浪费，有效地整合了河池市相对分散的旅游资源，提高了其旅游综合竞争力。最后，在确定主题旅游功能区后围绕主题进行具体旅游开发内容规划，从微观的角度全面开发与保护旅游资源，最终实现旅游开发。

当然，随着旅游市场的不断变化，在规划旅游开发内容的时候需要注意以下几点：一是规划的开发项目必须以市场为导向，具有弹性，能够随着旅游市场的变化而改变；二是开发规划的项目必须立足于旅游资源的基础上，本身优化旅游资源的原则进行项目策划；三是要充分增加项目的文化内容，不能凭空想象设计旅游项目；四是要注重旅游开发与生态环境保护的协调，不能不考虑生态效益去进行旅游项目的规划设计。

▶ 思考与练习

1. 旅游规划战略指导思想的理论内容包括哪些？如何确立旅游规划的基本原则？

2. 结合本章所给出的案例及案例评析，运用所学的内容，谈谈如何将本章知识与规划实践结合起来，创新性地编制旅游规划？

3. 请登录"旅游规划空间站"、"国家旅游局"、各旅游科研机构等网站，选择别人的旅游规划案例进一步学习旅游规划的相关内容。

第五章　旅游资源规划

▶▶ 内容导读

旅游资源是旅游发展和规划的基础，十分重要，在规划中需要在对旅游资源调查的基础上进行分析与评价，同时，对其数量、质量等方面进行表述。通过本章学习，要正确认识旅游资源在旅游规划中的重要性，在此基础上，熟练运用国家标准《旅游资源调查、分析与评价》对旅游资源进行调查分析与评价，掌握旅游资源的基本表达方式和现代技术——遥感技术在旅游资源调查中的应用。

第一节　正确认识旅游资源

旅游资源是旅游规划的重要载体，科学正确地认识旅游资源是旅游规划的前提。一般而言，认识旅游资源主要包括认识旅游资源在旅游发展中的重要性以及树立正确的旅游资源观两大方面。

一、旅游资源在旅游业发展中的重要性

旅游资源是自然界和人类社会中客观存在的，对旅游者具有吸引力并被认为可作为开展旅游活动的事物。由此可见，旅游资源是旅游业发展的凭借和基础，是旅游者观光游览的对象物。

旅游资源作为旅游业的凭借和基础具有以下几个基本特点：

（1）旅游资源是在自然界和人类社会中客观存在的，但它的出现是与人们的旅游活动紧密相连的。自然界原已存在的山、水、河、湖、森林等，以及社会中已存在的寺院、桥梁、宫殿、城墙等，在旅游活动开展之前，它们只是单纯的

山、水、河、湖、森林、寺院、桥梁、宫殿、城墙，但在旅游活动开展起来后，它们就具有了两重"身份"。它们既是山、水、河、湖、森林、寺院、桥梁、宫殿、城墙，又是旅游资源。由此可见，自然界和社会中客观存在的东西，并非天然或从来就是旅游资源，而是在一定的社会经济条件下，才具有旅游资源属性的。

（2）旅游资源对旅游者具有特殊的效用。如上所述，当自然界和社会中客观存在的事物成为众多游客观光游览的对象物和吸引物时，它就具有了旅游资源的属性而成为旅游资源了。而这个旅游资源之所以能够唤起人们的旅游动机，并诱发出人们进行旅游活动，是因为它具有特殊的使用价值和效用。旅游资源是多种多样的，不同的旅游资源效用也不相同。即使是同一旅游资源，也可能具有多种效用。海滩、森林、雪山、草地对旅游者来说就具有不同的吸引力，也就是不同的效用。同时，它们也有各自的效用，在不同的时空上，对不同的旅游者，其效用也是多种多样的。如雪山不仅可以被观赏，也可以作为滑雪场，还可以作为登山场地。对科学工作者来说，还可以作为科学考察的场所。因此，每一项旅游资源都对旅游者具有某些特定的旅游效用。

（3）旅游资源对旅游者具有的一系列效用一般都是经过开发才能被利用的，包括景区、景点、景物本身的修建、装饰、美化等以及为旅游者创造观光游览的必要条件，如修筑道路、解决游客的食宿设施等。应该说，没有这些基本开发，旅游资源就不能被游客观赏，甚至还不能让游客接触。

（4）旅游资源是发展变化的。从数量上来说，随着经济社会的发展和旅游业的发展，可被利用作为对象物的旅游资源的数量是不断增加的。这是因为，科学技术的进步，增强了人们认识自然和利用自然的能力，使原来不能成为旅游资源的事物和地方，如北方和南方人迹罕至的大片原始森林、雅鲁藏布江大峡谷、南极、北极乃至太空，都开始成为旅游者的目的地。在旅游资源数量变化的同时，旅游资源的质量和内涵也在不断变化。如博物馆、展览馆经常增加历史价值和艺术价值高的展品，这就是一种质量的提高。此外，提高博物馆、展览馆内的设施水平和讲解人员的水平，也可以使该项旅游资源质量得到提高。

（5）旅游资源在分布上具有明显的地域性。旅游资源分布极为广泛。一般来说，地域不同，会形成特色不同的旅游资源。海滩总是依偎着大海的，峻岭也总是在群山之中，猎场大多在森林和草原地区，各种各样的花草树木也总离不开它生长的特殊环境。在寒带见不到椰林，在热带看不到雪松等等。社会人文资源方面也有地域性，因为地域不同，人们的劳动方式、生活条件就不同，人们的生活习惯也不同。草原上的居民，擅长骑马、喜欢喝奶茶。海边的渔民，则擅长驾帆、爱吃鱼虾。云南西双版纳的居民住的是竹楼，而内蒙古草原的居民居住的则是蒙古包。这些民间习俗作为旅游资源，带有浓郁的地域性。许多地方的博物馆、展览馆看起来好像是相同的，但它们所陈列的展品，往往是带有地域性的。正是这些地域性，造就了各地旅游资源的特色或差异，才吸引了不同地域的旅游者跨地域的旅游活动，从而使不同地区的旅游业得以兴旺发达。

通过以上论述，我们看到，旅游资源是旅游业赖以发展的前提和基础。

二、正确认识以资源为基础，必须防止两种错误倾向

旅游规划必须要以旅游资源为基础，并且要实事求是地评价旅游资源，不可任意拔高或者贬低旅游资源的价值。但是在规划编制中，由于很多编制规划的工作者对旅游资源的认识不清，往往造成了以下两方面的错误倾向。

1. 第一种错误倾向是否认旅游资源在发展旅游业中所起的基础性作用

这种错误倾向的由来是这样的：在发展旅游业的实践中，人们发现，在有些已被定位为世界级、国家级风景名胜区的地方，开发建设多年，至今仍无多大吸引力，没有市场，更谈不上效益。如以广西宁明花山崖壁画为代表的左江两岸崖壁画，内容丰富，笔调粗犷，风格古朴，场面壮观，虽经世世代代烈日暴晒，风雨侵蚀，但笔画和赤红颜色至今依然清晰可见，具有极高的学术价值，现为全国重点文物保护单位。然而就是这样一个在全国乃至全世界都具有垄断性优势的景区景点，发展旅游以来，竟无多少游客。这一现象并不是个别的，与花山崖壁画齐名的，还有桂西和桂东南的铜鼓文化，此外世界长寿乡巴马，大化七百弄国家重点风景名胜区，乐业和凤山的天坑、天生桥群岩溶地貌奇观以及环江木论的喀斯特原始森林等多处，论资源都是一流的，但这几个地方的旅游业发展速度和效益都不理想，还不如龙胜一个温泉的吸引力大。相反，南宁市郊有个扬美镇，实际上早已破败不堪，也没什么古镇风貌，只是有一条江从那里流过，江岸有一段沙滩可供游人游泳、烧烤、歇息，但每到双休日，游人却相当火爆。于是有人提出，旅游资源对发展旅游业来说，似乎并不十分重要，重要的是市场、是客源，更何况旅游资源是可以人造的，没有自然景观，可用人造景观代替。如深圳锦绣中华、民族文化村和世界之窗，不就是一个成功的范例嘛！

旅游资源对发展旅游业起基础性作用这一点是正确的、毋庸置疑的。有的地方资源一流，而产业却长期得不到发展，并不能说明旅游资源对发展旅游业无足轻重。否则，就无法解释桂林为什么能成为广西旅游业的龙头，也无法解释中国最著名、发展最快的旅游区为什么都出现在拥有独特资源的地方？中国在发展旅游业过程中，前 20 年已实现了走向亚洲旅游大国的跨越，今后 20 年还要实现走向世界旅游强国的跨越，而这两个历史性跨越的基础正是因为我国拥有 960 万平方公里的山山水水，18000 公里的海岸滩涂，上下 5000 年的文明古迹和 56 个民族的独特风情。当然，也应该指出，旅游资源对发展旅游业起着基础性的作用，

但资源并不代表一切。正像工业原材料并不是工业产品一样，旅游资源也并不就是旅游产品，旅游产品也并不等于旅游产业。要将资源优势转化为产业的经济优势，还要经历两个过程：一是开发建设过程，二是市场营销过程。这两个过程搞不好，或者尚未具备搞好的条件，出现"一流资源，二流产品，三流产业"的现象就不足为怪了。

应该指出，否认旅游资源对发展旅游业所起的基础性作用，在实践上是十分有害的。因为它是导致没有资源的地方盲目发展旅游业，而有较好资源的地方却一再错过机遇不积极发展旅游业的根源。

2. 第二种错误倾向是评价旅游资源不是实事求是，任意拔高资源的品质品位的现象比较严重

这个问题主要出自规划方。当然，规划人员在旅游地对旅游资源进行调查后，充分肯定旅游地的资源特色和优势，借以激励旅游地发展旅游的积极性，这是必要的、可以理解的，但这种肯定也必须是实事求是的，否则容易给旅游业发展产生误导。

然而，一些规划人员每到一处，就任意地说该地旅游资源如何丰富，有多少个国家级的、多少个世界级的。这种随意拔高资源品质品位的现象，有时甚至在个别知名的专家学者中也会出现。如近年来的湘西和黔东北的一些县，在发展旅游中，掀起了修复"南方长城"的热潮。据说，北京有位古文物学家不久前到湘西、黔东北一带考察时，发现明清时代遗留下来的"土墙"遗迹，时断时续地绵延数百里，专家说这是"南方长城"，如把它修复起来，可与"北方长城"媲美，历史价值很高，还可以向联合国申报列入"世界历史文化遗产名录"。于是湖南凤凰县抢先修复了一段，双休日节假日周边地区也有不少人去看，因而邻近的贵州松桃县也急了，纷纷要求正在给该县编制规划的专家组把"南方长城"作为重要项目列入规划，甚至未等规划评审通过就开始动工修复。

这是一次严重的误导，事实上，这些明清时代的"土墙"遗迹，是当时统治阶级镇压苗民起义的驻军营盘和各处营盘相连构建起来的防御工事。据考察，这些工事开始可能是用以把"生苗"与"熟苗"分而治之的"界墙"，后来又把"界墙"与"界墙"连接起来，成了把苗族人民圈住在一个偏僻山区的"围墙"。现在，无论是"界墙"还是"围墙"，均已荡然无存，能看到的只是少数营盘残留的地基，这个在县志上叫做"苗疆边墙"的遗迹。怎么能一夜之间就身价百倍？一个历史遗迹的价值是有客观标准的，不是可以随意拔高的。一个镇压苗民起义的军事遗迹，把它叫做"南方长城"是否恰当已是疑问，再把它等同于中国北方长城的价值岂不是更离谱了？现在，"土墙"也好，"界墙"也好，均已荡然无存，把它修复起来去申报"世界历史文化遗产"更是不可能办到的，如此随意拔高它的价值，所带来的不良后果肯定是严重的，一个负责的规划人员绝

不应该这样做。

第二节　旅游资源调查与评价

旅游资源是构成旅游业发展的基础，我国旅游资源非常丰富，具有广阔的开发前景，在旅游业发展、旅游科学研究中越来越受到重视。

旅游界对旅游资源的含义、价值、应用等许多理论和实用问题进行了多方面的研究，从 20 世纪 80 年代起至 21 世纪初，这段时期内我国旅游规划编制从不同学科、采用不同的理论和方法对旅游资源进行调查和评价，由于没有统一的技术和评价标准，造成同一个旅游资源不同的编制单位进行评价时得出不同的结果，这对旅游规划事业的发展带来很大影响，基于这个问题，2002 年国家技术监督局颁布了我国旅游资源的调查与评价标准，这个标准是在 1992 年出版的《中国旅游资源普查规范（试行稿）》的学术研究和广泛实践的基础上，对旅游资源的类型划分、调查、评价的实用技术和方法进行了规范，目的是为了更加适用于旅游资源开发与保护、旅游规划与项目建设、旅游行业管理、旅游资源开发利用等方面的工作。

本书的旅游资源分类与表达方法采用国家技术监督局 2002 年颁布的旅游资源调查与分类规范标准，是一部应用性质的技术标准，主要适用于旅游界，对其他行业和部门的资源开发也有一定的参考意义。

一、旅游资源分类

旅游资源有多种分类方法，根据资源的成因和属性可以分为自然旅游资源和人文旅游资源两大类；根据旅游目的可以分为运动型旅游资源、疗养型旅游资源、娱乐型旅游资源和特种型旅游资源等。而本书中主要根据 2002 年中国科学地理科学与资源研究所和国家旅游局规划发展与财务司公布的"旅游资源分类"来划分旅游资源，可以看出，我国旅游资源主要有 8 大主类、31 个亚类和 155 个基本类型。

1. 范围

本标准规定了旅游资源类型体系以及旅游资源调查、等级评价的技术与方法。本标准适用于各类型旅游区（点）的旅游资源开发与保护、旅游规划与项目建设、旅游行业管理与旅游法规建设、旅游资源信息管理与开发利用等方面。

2. 规范性引用文件

下列文件中的条款通过本标准的引用而成为本标准的条款。凡是注明日期的引用文件，其随后所有的修改单（不包括勘误的内容）或修订版均不适用于本标准，然而，鼓励根据本标准达成协议的各方研究是否可使用这些文件的最新版本。凡是不注明日期的引用文件，其最新版本适用于本标准。

GB/T 2260 为中华人民共和国行政区代码。

3. 术语和定义

下列术语和定义适用于本标准：

（1）旅游资源（tourism resources），指自然界和人类社会凡能对旅游者产生吸引力，可以为旅游业开发利用，并可产生经济效益、社会效益和环境效益的各种事物和因素。

（2）旅游资源基本类型（fundamental type of tourism resources），按照旅游资源分类标准所划分出的基本单位。

（3）旅游资源单体（object of tourism resources），可作为独立观赏或利用的旅游资源基本类型的单独个体，包括"独立型旅游资源单体"和由同一类型的独立单体结合在一起的"集合型旅游资源单体"。

（4）旅游资源调查（investigation of tourism resources），按照旅游资源分类标准，对旅游资源单体进行的研究和记录。

（5）旅游资源共有因子评价（community factor evaluation of tourism resources），按照旅游资源基本类型所共同拥有的因子对旅游资源单体进行的价值和程度评价。

4. 旅游资源分类

（1）分类原则。依据旅游资源的性状，即现存状况、形态、特性、特征划分。

（2）分类对象。包括稳定的、客观存在的实体旅游资源和不稳定的、客观存在的事物和现象。

（3）分类结构。分为"主类"、"亚类"、"基本类型"三个层次。每个层次的旅游资源类型有相应的汉语拼音代号，见表5-1。

表5-1　旅游资源分类

主类	亚类	基本类型
A 地文景观	AA 综合自然旅游地	AAA 山丘型旅游地；AAB 谷地型旅游地；AAC 沙砾石地型旅游地；AAD 滩地型旅游地；AAE 奇异自然现象；AAF 自然标志地；AAG 垂直自然地带
	AB 沉积与构造	ABA 断层景观；ABB 褶曲景观；ABC 节理景观；ABD 地层剖面；ABE 钙华与泉华；ABF 矿点矿脉与矿石积聚地；ABG 生物化石点
	AC 地质地貌过程形迹	ACA 凸峰；ACB 独峰；ACC 峰丛；ACD 石（土）林；ACE 奇特与象形山石；ACF 岩壁与岩缝；ACG 峡谷段落；ACH 沟壑地；ACI 丹霞；ACJ 雅丹；ACK 堆石洞；ACL 岩石洞与岩穴；ACM 沙丘地；ACN 岸滩
	AD 自然变动遗迹	ADA 重力堆积体；ADB 泥石流堆积；ADC 地震遗迹；ADD 陷落地；ADE 火山与熔岩；ADF 冰川堆积体；ADG 冰川侵蚀遗迹
	AE 岛礁	AEA 岛区；AEB 岩礁

主类	亚类	基本类型
B 水域风光	BA 河段	BAA 观光游憩河段；BAB 暗河河段；BAC 古河道段落
	BB 天然湖泊与池沼	BBA 观光游憩湖区；BBB 沼泽与湿地；BBC 潭池
	BC 瀑布	BCA 悬瀑；BCB 跌水
	BD 泉	BDA 冷泉；BDB 地热与温泉
	BE 河口与海面	BEA 观光游憩海域；BEB 涌潮现象；BEC 击浪现象
	BF 冰雪地	BFA 冰川观光地；BFB 长年积雪地
C 生物景观	CA 树木	CAA 林地；CAB 丛树；CAC 独树
	CB 草原与草地	CBA 草地；CBB 疏林草地
	CC 花卉地	CCA 草场花卉地；CCB 林间花卉地
	CD 野生动物栖息地	CDA 水生动物栖息地；CDB 陆地动物栖息地；CDC 鸟类栖息地；CDE 蝶类栖息地
D 天象与气候景观	DA 光现象	DAA 日月星辰观察地；DAB 光环现象观察地；DAC 海市蜃楼现象多发地
	DB 天气与气候现象	DBA 云雾多发区；DBB 避暑气候地；DBC 避寒气候地；DBD 极端与特殊气候显示地；DBE 物候景观
E 遗址遗迹	EA 史前人类活动场所	EAA 人类活动遗址；EAB 文化层；EAC 文物散落地；EAD 原始聚落
	EB 社会经济文化活动遗址遗迹	EBA 历史事件发生地；EBB 军事遗址与古战场；EBC 废弃寺庙；EBD 废弃生产地；EBE 交通遗迹；EBF 废城与聚落遗迹；EBG 长城遗迹；EBH 烽燧
F 建筑与设施	FA 综合人文旅游地	FAA 教学科研实验场所；FAB 康体游乐休闲度假地；FAC 宗教与祭祀活动场所；FAD 园林游憩区域；FAE 文化活动场所；FAF 建设工程与生产地；FAG 社会与商贸活动场所；FAH 动物与植物展示地；FAI 军事观光地；FAJ 边境口岸；FAK 景物观赏点
	FB 单体活动场馆	FBA 聚会接待厅堂（室）；FBB 祭拜场馆；FBC 展示演示场馆；FBD 体育健身场馆；FBE 歌舞游乐场馆
	FC 景观建筑与附属型建筑	FCA 佛塔；FCB 塔形建筑物；FCC 楼阁；FCD 石窟；FCE 长城段落；FCF 城（堡）；FCG 摩崖字画；FCH 碑碣（林）；FCI 广场；FCJ 人工洞穴；FCK 建筑小品
	FD 居住地与社区	FDA 传统与乡土建筑；FDB 特色街巷；FDC 特色社区；FDD 名人故居与历史纪念建筑；FDE 书院；FDF 会馆；FDG 特色店铺；FDH 特色市场
	FE 归葬地	FEA 陵区陵园；FEB 墓（群）；FEC 悬棺
	FF 交通建筑	FFA 桥；FFB 车站；FFC 港口、渡口与码头；FFD 航空港；FFE 栈道
	FG 水工建筑	FGA 水库观光游憩区段；FGB 水井；FGC 运河与渠道段落；FGD 堤坝段落；FGE 灌区；FGF 提水设施

续表

主类	亚类	基本类型
G 旅游商品	GA 地方旅游商品	GAA 菜品饮食；GAB 农林畜产品与制品；GAC 水产品与制品；GAD 中草药材及制品；GAE 传统手工产品与工艺品；GAF 日用工业品；GAG 其他物品
H 人文活动	HA 人事记录	HAA 人物；HAB 事件
	HB 艺术	HBA 文艺团体；HBB 文学艺术作品
	HC 民间习俗	HCA 地方风俗与民间礼仪；HCB 民间节庆；HCC 民间演艺；HCD 民间健身活动与赛事；HCE 宗教活动；HCF 庙会与民间集会；HCG 饮食习俗；HGH 特色服饰
	HD 现代节庆	HDA 旅游节；HDB 文化节；HDC 商贸农事节；HDD 体育节
数 量 统 计		
8 主类	31 亚类	155 基本类型

［注］如果发现本分类没有包括的基本类型时，使用者可自行增加。增加的基本类型可归入相应亚类，置于最后，最多可增加 2 个。编号方式为：增加第 1 个基本类型时，该亚类 2 位汉语拼音字母 + Z；增加第 2 个基本类型时，该亚类 2 位汉语拼音字母 + Y。

资料来源：本标准起草单位：中国科学院地理科学与资源研究所、国家旅游局规划发展与财务司，2002。

二、旅游资源调查

在本节中，主要介绍了旅游资源调查的基本要求、旅游资源详查和旅游资源概查三部分的内容。

1. 基本要求

（1）按照本标准规定的内容和方法进行调查。

（2）保证成果质量，强调整个运作过程的科学性、客观性、准确性，并尽量做到内容简洁和量化。

（3）充分利用与旅游资源有关的各种资料和研究成果，完成统计、填表和编写调查文件等项工作。调查方式以收集、分析、转化、利用这些资料和研究成果为主，并逐个对旅游资源单体进行现场调查核实，包括访问、实地观察、测试、记录、绘图、摄影，必要时进行采样和室内分析。

（4）旅游资源调查分为"旅游资源详查"和"旅游资源概查"两个档次，其调查方式和精度要求不同。

2. 旅游资源详查

（1）适用范围和要求：适用于了解和掌握整个区域旅游资源全面情况的旅

游资源调查；完成全部旅游资源调查程序，包括调查准备、实地调查；要求对全部旅游资源单体进行调查，提交全部"旅游资源单体调查表"。

（2）调查准备。

①调查组。调查组成员应具备与该调查区旅游环境、旅游资源、旅游开发有关的专业知识，一般应吸收旅游、环境保护、地学、生物学、建筑园林、历史文化、旅游管理等方面的专业人员参与；根据本标准的要求，进行技术培训；准备实地调查所需的设备如定位仪器、简易测量仪器、影像设备等；准备多份"旅游资源单体调查表"。

②资料收集范围。与旅游资源单体及其赋存环境有关的各类文字描述资料，包括地方志书、乡土教材、旅游区与旅游点介绍、规划与专题报告等；与旅游资源调查区有关的各类图形资料，重点是反映旅游环境与旅游资源的专题地图；与旅游资源调查区和旅游资源单体有关的各种照片、影像资料。

（3）实地调查的程序与方法。

首先，确定调查区内的调查小区和调查线路。为便于运作和此后旅游资源评价、旅游资源统计、区域旅游资源开发的需要，将整个调查区分为"调查小区"。调查小区一般按行政区划分（如省级一级的调查区，可将地区一级的行政区划分为调查小区；地区一级的调查区，可将县级一级的行政区划分为调查小区；县级一级的调查区，可将乡镇一级的行政区划分为调查小区），也可按现有或规划中的旅游区域划分。调查线路按实际要求设置，一般要求贯穿调查区内所有调查小区和主要旅游资源单体所在的地点。

其次，选定调查对象。选定下述单体进行重点调查：具有旅游开发前景，有明显经济、社会、文化价值的旅游资源单体；集合型旅游资源单体中具有代表性的部分；代表调查区形象的旅游资源单体。

对下列旅游资源单体暂时不进行调查：明显品位较低，不具有开发利用价值的；与国家现行法律、法规相违背的；开发后有损于社会形象的或可能造成环境问题的；影响国计民生的；某些位于特定区域内的。

最后，填写《旅游资源单体调查表》。对每一调查单体分别填写一份"旅游资源单体调查表"。调查表各项内容填写要求如下：

1）单体序号。由调查组确定的旅游资源单体顺序号码。

2）单体名称。旅游资源单体的常用名称。

3）"代号"项。代号用汉语拼音字母和阿拉伯数字表示，即"表示单体所处位置的汉语拼音字母—表示单体所属类型的汉语拼音字母—表示单体在调查区内次序的阿拉伯数字"。

如果单体所处的调查区是县级和县级以上行政区，则单体代号按"国家标准行政代码（省代号 2 位－地区代号 3 位－县代号 3 位，参见 GB/T 2260—1999 中华人民共和国行政区代码）－旅游资源基本类型代号 3 位－旅游资源单体序号 2 位"的方式设置，共 5 组 13 位数，每组之间用短线"－"连接。

如果单体所处的调查区是县级以下的行政区，则旅游资源单体代号按"国家标准行政代码（省代号 2 位－地区代号 3 位－县代号 3 位，参见 GB/T 2260—1999 中华人民共和国行政区代码）－乡镇代号（由调查组自定 2 位）－旅游资源基本类型代号 3 位－旅游资源单体序号 2 位"的方式设置，共 6 组 15 位数，每组之间用短线"－"连接。

如果遇到同一单体可归入不同基本类型的情况，在确定其为某一类型的同时，可在"其他代号"后按另外的类型填写。操作时只需改动其中的"旅游资源基本类型代号"，其他代号项目不变。

填表时，一般可省略本行政区及本行政区以上的行政代码。

4）"行政位置"项：填写单体所在地的行政归属，从高到低填写政区单位名称。

5）"地理位置"项：填写旅游资源单体主体部分的经纬度（精确到秒）。

6）"性质与特征"项：填写旅游资源单体本身个性，包括单体性质、形态、结构、组成成分的外在表现和内在因素以及单体生成过程、演化历史、人事影响等主要环境因素，提示如下：

外观形态与结构类：旅游资源单体的整体状况、形态和突出（醒目）点；代表形象部分的细节变化；整体色彩和色彩变化、奇异华美现象，装饰艺术特色等；组成单体整体各部分的搭配关系和安排情况，构成单体主体部分的构造细节、构景要素等。

内在性质类：旅游资源单体的特质，如功能特性、历史文化内涵与格调、科学价值、艺术价值、经济背景、实际用途等。

组成成分类：构成旅游资源单体的组成物质、建筑材料、原料等。

成因机制与演化过程类：表现旅游资源单体发生、演化过程、演变的时序数值；生成和运行方式，如形成机制、形成年龄和初建时代、废弃时代、发现或制造时间、盛衰变化、历史演变、现代运动过程、生长情况、存在方式、展示演示及活动内容、开放时间等。

规模与体量类：表现旅游资源单体的空间数值如占地面积、建筑面积、体积、容积等；个性数值如长度、宽度、高度、深度、直径、周长、进深、面宽、海拔、高差、产值、数量、生长期等；比率关系数值如矿化度、曲度、比降、覆盖度、圆度等。

环境背景类：旅游资源单体周围的境况，包括所处具体位置及外部环境如目前与其共存并成为单体不可分离的自然要素和人文要素，如气候、水文、生物、文物、民族等；影响单体存在与发展的外在条件，如特殊功能、雪线高度、重要战事、主要矿物质等；单体的旅游价值和社会地位、级别、知名度等。

关联事物类：与旅游资源单体形成、演化、存在有密切关系的典型历史人物与事件等。

7）"旅游区域及进出条件"项：包括旅游资源单体所在地区的具体部位、进出交通、与周边旅游集散地和主要旅游区（点）之间的关系等。

8）"保护与开发现状"项：旅游资源单体保存现状、保护措施、开发情况等。

9）"共有因子评价问答"项：旅游资源单体的观赏游憩价值、历史文化科学艺术价值、珍稀或奇特程度、规模丰度与几率、完整性、知名度和影响力、适游期和使用范围、污染状况与环境安全。

3. 旅游资源概查

（1）适用范围和要求。适用于了解和掌握特定区域或专门类型的旅游资源调查。要求对涉及的旅游资源单体进行调查。

（2）调查技术要点。参照"旅游资源详查"中的各项技术要求。简化工作程序，如不需要成立调查组，调查人员由其参与的项目组织协调委派；资料收集限定在与专门目的所需要的范围；可以不填写或择要填写"旅游资源单体调查表"等。

三、旅游资源评价

在对旅游资源有了一个正确的认识和初步调查之后，就要对旅游资源进行评价。而对旅游资源进行评价时，首先要正确认识旅游资源评价的总体要求、评价体系和评价方法等，然后再撰写评价报告，最后提交相关的评价文件。

1. 旅游资源评价

（1）总体要求。按照本标准的旅游资源分类体系对旅游资源单体进行评价。本标准采用打分评价方法。评价主要由调查组完成。

（2）评价体系。本标准依据"旅游资源共有因子综合评价系统"赋分。本系统设"评价项目"和"评价因子"两个档次。评价项目为"资源要素价值"、"资源影响力"、"附加值"。其中："资源要素价值"项目中含"观赏游憩使用价值"、"历史文化科学艺术价值"、"珍稀奇特程度"、"规模、丰度与几率"、"完整性"5项评价因子；"资源影响力"项目中含"知名度和影响力"、"适游期或使用范围"2项评价因子；"附加值"含"环境保护与环境安全"1项评价因子。

（3）计分方法。基本分值：

评价项目和评价因子用量值表示。资源要素价值和资源影响力总分值为100

分，其中，"资源要素价值"为85分，分配如下："观赏游憩使用价值"30分，"历史文化科学艺术价值"25分，"珍稀奇特程度"15分，"规模、丰度与几率"10分，"完整性"5分。"资源影响力"为15分，其中，"知名度和影响力"10分，"适游期或使用范围"5分。

"附加值"中"环境保护与环境安全"，分正分和负分。

每一评价因子分为4个档次，其因子分值相应分为4档。

旅游资源评价赋分标准见表5－2。

表5－2　旅游资源评价赋分标准

评价项目	评价因子	评价依据	赋值
资源要素价值（85分）	观赏游憩使用价值（30分）	全部或其中一项具有极高的观赏价值、游憩价值、使用价值	30—22
		全部或其中一项具有很高的观赏价值、游憩价值、使用价值	21—13
		全部或其中一项具有较高的观赏价值、游憩价值、使用价值	12—6
		全部或其中一项有一般观赏价值、游憩价值、使用价值	5—1
	历史文化科学艺术价值（25分）	同时或其中一项有世界意义的历史价值、文化价值、科学价值、艺术价值	25—20
		同时或其中一项有全国意义的历史价值、文化价值、科学价值、艺术价值	19—13
		同时或其中一项有省级意义的历史价值、文化价值、科学价值、艺术价值	12—6
		历史价值，或文化价值，或科学价值，艺术价值具有地区意义	5—1
	珍稀奇特程度（15分）	有大量珍稀物种，或景观异常奇特，或此类现象在其他地区罕见	15—13
		有较多珍稀物种，或景观奇特，或此类现象在其他地区很少见	12—9
		有少量珍稀物种，或景观突出，或此类现象在其他地区少见	8—4
		有个别珍稀物种，或景观比较突出，或此类现象在其他地区较多见	3—1
	规模、丰度与几率（10分）	独立型旅游资源单体规模、体量巨大；集合型旅游资源单体结构完美、疏密度优良级；自然景象和人文活动周期性发生或频率极高	10—8
		独立型旅游资源单体规模、体量较大；集合型旅游资源单体结构很和谐、疏密度良好；自然景象和人文活动周期性发生或频率很高	7—5
		独立型旅游资源单体规模、体量中等；集合型旅游资源单体结构和谐、疏密度较好；自然景象和人文活动周期性发生或频率较高	4—3
		独立型旅游资源单体规模、体量较小；集合型旅游资源单体结构较和谐、疏密度一般；自然景象和人文活动周期性发生或频率较小	2—1

评价项目	评价因子	评价依据	赋值
资源 要素 价值 （85分）	完整性 （5分）	形态与结构保持完整	5—4
		形态与结构有少量变化，但不明显	3
		形态与结构有明显变化	2
		形态与结构有重大变化	1
资源 影响力 （15分）	知名度和 影响力 （10分）	在世界范围内知名，或构成世界承认的名牌	10—8
		在全国范围内知名，或构成全国性的名牌	7—5
		在本省范围内知名，或构成省内的名牌	4—3
		在本地区范围内知名，或构成本地区名牌	2—1
	适游期 或使用 范围 （5分）	适宜游览的日期每年超过300天，或适宜于所有游客使用和参与	5—4
		适宜游览的日期每年超过250天，或适宜于80%左右游客使用和参与	3
		适宜游览的日期超过150天，或适宜于60%左右游客使用和参与	2
		适宜游览的日期每年超过100天，或适宜于40%左右游客使用和参与	1
附加值	环境保护 与环境 安全	已受到严重污染，或存在严重安全隐患	−5
		已受到中度污染，或存在明显安全隐患	−4
		已受到轻度污染，或存在一定安全隐患	−3
		已有工程保护措施，环境安全得到保证	3

计分与等级划分：

根据对旅游资源单体的评价，得出该单体旅游资源共有综合因子评价赋分值。

依据旅游资源单体评价总分，将其分为五级，从高级到低级为：

五级旅游资源，得分值域≥90分；四级旅游资源，得分值域≥75～89分；三级旅游资源，得分值域≥60～74分；二级旅游资源，得分值域≥45～59分；一级旅游资源，得分值域≥30～44分。

此外还有：未获等级旅游资源，得分≤29分。其中：五级旅游资源称为"特品级旅游资源"；五级、四级、三级旅游资源被通称为"优良级旅游资源"；二级、一级旅游资源被通称为"普通级旅游资源"。

2. 提交文（图）件

（1）文（图）件内容和编写要求。

全部文（图）件包括《旅游资源调查区实际资料表》《旅游资源图》《旅游

资源调查报告》。

旅游资源详查和旅游资源概查的文（图）件类型和精度不同，旅游资源详查需要完成全部文（图）件，包括填写《旅游资源调查区实际资料表》，编绘《旅游资源地图》，编写《旅游资源调查报告》。旅游资源概查要求编绘《旅游资源地图》，其他文件可根据需要选择编写。

（2）文（图）件产生方式。

《旅游资源调查区实际资料表》的填写：调查区旅游资源调查、评价结束后，由调查组填写。按照本标准附录 C 规定的栏目填写，栏目内容包括：调查区基本资料、各层次旅游资源数量统计、各主类、亚类旅游资源基本类型数量统计、各级旅游资源单体数量统计、优良级旅游资源单体名录、调查组主要成员、主要技术存档材料。

本表同样适用于调查小区实际资料的填写。

《旅游资源图》的编绘："旅游资源图"，表现五级、四级、三级、二级、一级旅游资源单体。"优良级旅游资源图"，表现五级、四级、三级旅游资源单体。

编绘程序与方法包括两个步骤：第一，是准备工作底图。等高线地形图，比例尺视调查区的面积大小而定，较大面积的调查区为 1∶50000 ~ 1∶200000，较小面积的调查区为 1∶5000 ~ 1∶25000，特殊情况下为更大比例尺；调查区政区地图，在工作底图的实际位置上标注旅游资源单体（部分集合型单体可将范围绘出）。各级旅游资源使用下列图例如表 5 - 3 所示；单体符号一侧加注旅游资源单体代号或单体序号。

表 5 - 3　旅游资源图图例

旅游资源等级	图例	使用说明
五级旅游资源	■	1. 图例大小根据图面大小而定，形状不变。 2. 自然旅游资源（旅游资源分类表中主类 A、B、C、D）使用蓝色图例；人文旅游资源（旅游资源分类表中主类 E、F、G、H）使用红色图例。
四级旅游资源	●	
三级旅游资源	◆	
二级旅游资源	□	
一级旅游资源	○	

第二，《旅游资源调查报告》的编写。各调查区编写的旅游资源调查报告，基本篇目如下：

前言

第一章　调查区旅游环境

第二章　旅游资源开发历史和现状

第三章　旅游资源基本类型

第四章　旅游资源评价
第五章　旅游资源保护与开发建议
主要参考文献
附图:《旅游资源图》或《优良级旅游资源图》

四、旅游资源数量的表达

根据中华人民共和国国家标准 GB/T 18972—2003 中旅游资源的分类、调查与评价我们已经知道,旅游资源可分为 8 大主类、31 个亚类和 155 个基本类型。但是在具体的旅游规划工作中,并不是每一个地区的旅游资源都同时具备国家标准里面的这几种类型,因此,我们就要学会对旅游资源的数量进行统计和表达。首先,我们要明确一个旅游规划区里面旅游资源大类所属的基本类型数量及其类型实体数量;其次,我们要对各大类旅游资源基本类型数量和结构进行分析;再次,对旅游资源基本类型的数量进行总汇;最后,对人文旅游资源和自然旅游资源数量结构进行分析。

1. 旅游资源大类所属基本类型数量及其类型实体数量

由统计普查区各大类旅游资源中基本类型的数量及其基本类型实体数量占该基本类型的比例和全部基本类型实体数量的比例,以此表明旅游资源的基本性质与构成,如表 5 - 4 所示。

表 5 - 4　某普查区旅游资源类型实体构成（格式）

大类名称	基本类型		基本类型实体	
	数量	占全国基本类型百分比	数量	占普查区基本类型实体百分比
地文景观	—	—	—	—
水域风光	—	—	—	—
生物景观	—	—	—	—
建筑与设施	—	—	—	—
天象与气候景观	—	—	—	—
人文活动	—	—	—	—
遗址与遗迹	—	—	—	—
旅游商品	—	—	—	—
总计	—	—	—	100.00

2. 各大类旅游资源基本类型实体数目

在 8 大类旅游资源中,每一种旅游资源基本类型的实体数目也不完全一致。这些书面的多少表明了该普查区旅游资源的聚集状况,也可用表格反映出来,见表 5 - 5。

表 5 – 5 某普查区基本类型与实体数量统计（格式）

实体数量	基本类型名称与代码	基本类型数量
—	—	—
—	—	—
从少到多列出旅游资源基本类型实体的数量	列出旅游资源基本类型数目的基本类型名称及其代码	属于此表旅游资源基本类型数目的基本类型数量

3. 各大类旅游资源基本类型数量和结构分析

普查区内各旅游资源大类所拥有的基本类型数量，其占全国该基本类型数量的比例（百分数），该大类所拥有的实体数量，均可列表表示出来。这些数量还可按普查区内部的次一级区域（对于以省级普查区而言，次一级区域可以是地区级；对于以地区级普查区而言，次一级区域可以是县级；对于以县级普查区而言，次一级区域可以是乡镇级）标出并排序。此类分析可以表明普查区各旅游资源基本类型在不同地区内的分布状况及其前后地位。

4. 旅游资源基本类型数量总汇

普查区域内旅游资源基本类型是从旅游资源详细普查资料中直接获得的，其数量多少是体现该区旅游资源的宏观结构的主要标志。旅游资源数值评价，即所获取的基本类型实体总数与全国 66 种旅游资源基本类型的百分比，按省级、地区级、县级普查区，确定其为丰富级、中等级和普查级三级地区（见表 5 – 6）。

表 5 – 6 不同尺度区域内旅游资源的丰富程度
（占全国旅游资源基本类型数量的百分比）

数量级别	省级范围	地区级范围	县级范围
丰富级	大于80%	大于70%	大于60%
中等级	70% ~80%	60% ~70%	50% ~60%
普通级	小于70%	小于60%	小于50%

另外，还可以按普查区单位面积（如 $100km^2$）内基本类型实体数，直接计算出基本类型实体密度指标，以表示该区旅游资源的丰富程度。

依据基本类型数量、基本类型实体数量及各自总数的百分比和密度计算出的小区得分，来衡量各个普查小区的分布情况，据此可以得出基本类型实体数量排列和小区得分排列，见表 5 – 7。

表 5 - 7　基本类型及实体密度和百分比及小区（格式）

名称	面积（km²）	基本类型			基本类型实体			R_A	排序
		数量（种）	百分比（%）	密度（种/100km²）	数量（处）	百分比（%）	密度（种/100km²）		
—	—	—	—	—	—	—	—	—	—
—	—	—	—	—	—	—	—	—	—
合计			100			100			

按表 5 - 7 综合得分和实体数量可把普查区分为丰富级、中等级、一般级和贫乏级等如表 5 - 8 所示。

表 5 - 8　旅游资源实体数量区域分级（格式）

级别	实体数量	普查小区名称
丰富级	≥100	一、一、一、一、一
中等级	75 ~ 99	一、一、一、一、一、一、一、一、一
一般级	50 ~ 74	一、一、一
贫乏级	<50	一、一、一、一、一、一

有时由于普查区面积较大，相应的单个基本类型实体面积也较大，如树林、草原、沼泽、沙地等面积一般很大，实体数量较少，类型密度和实体密度值均偏少，小区综合得分相应的偏小。在分级区时要综合考虑这些因素，综合得分或实体数量只要有一个满足即可。

5. 人文旅游资源和自然旅游资源数量结构

一般认为，普查区自然旅游资源基本类型数量和人文旅游资源基本类型数量所占的比例，如果达到 1:2 时，即可认为该地区以自然旅游资源为主，小于 1:2 时，可认为该区以人文旅游资源为主。表 5 - 9 表示普查区人文旅游资源和自然旅游资源的构成情况。

表 5 - 9　人文旅游资源和自然旅游资源结构（格式）

名称	基本类型数量与百分比				基本类型实体数量与百分比			
	自然旅游资源		人文旅游资源		自然旅游资源		人文旅游资源	
	数量	百分比	数量	百分比	数量	百分比	数量	百分比
—	—	—	—	—	—	—	—	—
—	—	—	—	—	—	—	—	—
合计	—	—	—	—	—	—	—	—

五、旅游资源品质的表达

旅游资源的品质指的是旅游资源禀赋的优劣程度，按照相关标准，可以将旅游资源划分为五大等级，一级旅游资源是最好的，五级旅游资源是最差的。在每一级旅游资源中，又可以通过赋分来进一步判断旅游资源的优劣程度。通常情况下，在进行旅游资源品质的判断时，我们首先要明确旅游资源基本类型实体质量的分级构成；其次对自然旅游资源和人文旅游资源的分级质量等级构成再作一个判定；再次确定和普查规划区内旅游资源基本类型的等级分级结构；最后对旅游资源等级进行区域分析，从而综合判断旅游资源的品质。

1. 基本类型实体质量分级构成

一般在旅游资源各基本类型实体之间，质量差异较大。可将各类型从一级到五级的实体数量列出，然后分别计算其占该类型的百分比，还可表示出普查区各质量等级的实体数量及其所占的比例，以此表达旅游资源基本类型的优劣程度，如表5–10所示。

表5–10 旅游资源基本类型分级构成（格式）

基本类型	总数	一级		二级		三级		四级		五级	
(代码)	(处)	(处)	(%)	(处)	(%)	(处)	(%)	(处)	(%)	(处)	(%)
A、B、C、	—	—	—	—	—	—	—	—	—	—	—
D、E、F、	—	—	—	—	—	—	—	—	—	—	—
G、H	—	—	—	—	—	—	—	—	—	—	—
合计总数	—	—	—	—	—	—	—	—	—	—	—

2. 自然旅游资源和人文旅游资源的分级质量等级构成

各级旅游资源基本类型实体中，属于自然旅游资源和人文旅游资源的实体数量及其占其总数的比例，都可以用表格表示出来，如表5–11所示。这些数据反映了普查区两大类型旅游资源中，人文旅游资源品质基本上与自然旅游资源同等重要。

表5–11 自然旅游资源与人文旅游资源分级构成（格式）

类别	总数	各级数量（处）					各级比例（%）				
	(处)	一级	二级	三级	四级	五级	一级	二级	三级	四级	五级
自然旅游资源	—	—	—	—	—	—	—	—	—	—	—
人文旅游资源	—	—	—	—	—	—	—	—	—	—	—

还可以将各级旅游资源基本类型按其数量反映在曲线图上，从而可以看出自然旅游资源和人文旅游资源从一级向五级的上升或下降趋势，从而推测出普查区今后旅游资源开发中的侧重点。

在各类旅游资源中，其分级构成依据各级数量乘以 10（一般）、7（二级）、5（三级）、3（四级）、1（五级）将其总和（$\sum n_i m_i$）除以各级总数（$N_{总}$）确定为每一类型的分级品质总分（M）则：

$M = \sum n_i m_i / n$，其结果如表 5 – 12 所示。

表 5 – 12　各类旅游资源基本类型分级构成（格式）

性质	大类	基本类型代码	总数	一级	二级	三级	四级	五级	$\sum n_i m_i$	M
自然旅游资源	地文景观类	—	—	—	—	—	—	—	—	—
	水域风光类	—	—	—	—	—	—	—	—	—
	生物景观类	—	—	—	—	—	—	—	—	—
	天象与气候	—	—	—	—	—	—	—	—	—
人文旅游资源	遗址与遗迹	—	—	—	—	—	—	—	—	—
	建筑与设施	—	—	—	—	—	—	—	—	—
	人文活动	—	—	—	—	—	—	—	—	—
	旅游商品	—	—	—	—	—	—	—	—	—

从表 5 – 12 中可以分析出，在自然旅游资源和人文旅游资源方面的丰富程度、门类齐全程度。每一基本类型资源中各质量等级的实体数量及其所占比例。

3. 旅游资源基本类型等级分级结构

普查区内各质量等级旅游资源基本类型实体的数量。

根据表 5 – 13 看出普查区各级旅游资源基本类型品质差异，结构变化特点，资源品种齐全程度，搭配方式状况等。

表 5 – 13　一级（举例）旅游资源基本类型分级结构（格式）

基本类型（代码）	总数（N_i）	一级数量（N_{1i}）	$N_{1i}/N_i \times 100$	$N_{1i}/\sum N_{1i} \times 100$
A	—	—	—	—
B	—	—	—	—
C	—	—	—	—
D	—	—	—	—
E	—	—	—	—

基本类型（代码）	总数（N_i）	一级数量（N_{1i}）	$N_{1i}/N_i \times 100$	$N_{1i}/\sum N_{1i} \times 100$
F	—	—	—	
G	—	—	—	
H	—	—	—	

注：其中 N_i 为各类型实体总数；N_{1i} 为一级类型数量。

4. 普查区资源质量等级构成

普查区内部各普查小区旅游资源分级构成情况，见表 5 – 14。

表 5 – 14　各普查小区旅游资源分级构成（格式）

普查区名称	总数	一级		二级		三级		四级		五级	
	（处）	（处）	（%）	（处）	（%）	（处）	（%）	（处）	（%）	（处）	（%）
—	—	—	—	—	—	—	—	—	—	—	—
—	—	—	—	—	—	—	—	—	—	—	—
—	—	—	—	—	—	—	—	—	—	—	—
合计	—	—	—	—	—	—	—	—	—	—	—

若对各普查小区一级、二级、三级、四级、五级分别按 10、7、5、3、1 分别赋值，可概略反映普查区的区域综合评判总分，其公式如下：

$$R = \sum (10N_{1i} + 7N_{2i} + 5N_{3i} + 3N_{4i} + 1N_{5i})/5$$

式中 R 为各普查区各级综合得分，N_{1i}、N_{2i}、N_{3i}、N_{4i} 和 N_{5i} 分别为一、二、三、四、五级旅游资源基本类型实体总数。以此可以对全部普查小区的整体旅游资源的质量等级进行排列并按 R 值的大小划分各小区的质量级别，见表 5 – 15。

表 5 – 15　各普查小区分级分区综合排序（格式）

普查小区名称	—	—	—	—	—	—	—	—	—	—	—
综合得分（R）	—	—	—	—	—	—	—	—	—	—	—
排序	—	—	—	—	—	—	—	—	—	—	—
分级	—	—	—	—	—	—	—	—	—	—	—

综合得分（R）≥90 为 I 级（丰富级），90 ~ ≥40 为 II 级（中等级），40 ~ ≥20 为 III 级（一般丰富度），＜20 为 IV 级（一般级）。

5. 资源等级区域分析

各普查小区的旅游资源质量等级分析，包括所属基本类型的数量、基本类型实体的数量以及它们所拥有的一级到五级的基本类型和基本类型实体的数量（见表5－12）；还包括其中各普查小区旅游资源基本类型的数量以及它们所拥有的一级到五级的基本类型和级别类型实体的数量和占本类型的比例，见表5－16。

表5－16　普查区旅游资源基本类型品质与结构（格式）

普查区名称	总数（处）	一级		二级		三级		四级		五级	
		（处）	（%）	（处）	（%）	（处）	（%）	（处）	（%）	（处）	（%）
—	—	—	—	—	—	—	—	—	—	—	—
—	—	—	—	—	—	—	—	—	—	—	—
—	—	—	—	—	—	—	—	—	—	—	—
合计	—	—	—	—	—	—	—	—	—	—	—

在表5－16和表5－17中可以分析出该普查区各级旅游资源基本类型所占的比重和各普查小区各级旅游资源基本类型所占的比重。

表5－17　普查小区旅游资源基本类型分级分区构成（格式）

普查区名称	总数（处）	一级		二级		三级		四级		五级	
		（处）	（%）	（处）	（%）	（处）	（%）	（处）	（%）	（处）	（%）
—	—	—	—	—	—	—	—	—	—	—	—
—	—	—	—	—	—	—	—	—	—	—	—
—	—	—	—	—	—	—	—	—	—	—	—
合计	—	—	—	—	—	—	—	—	—	—	—

六、旅游资源组合关系的表达

一个地区的旅游资源是否具备开发价值取决于该地区的旅游资源数量、等级以及这些资源的组合情况，而后者往往是旅游开发的关键，因为旅游是卖线（整体旅游路线）不卖点（分散的旅游资源单体）的。一个地区的旅游资源就算等级高、单体多，但是如果没有形成一个聚集组合效益，其开发价值和效益就不大。因此，我们在规划的过程中，一定要学会决断一个区域的旅游资源组合情况。

1. 旅游资源基本类型——实体组合

旅游资源基本类型的数量和基本类型实体的数量及其质量等级是它所在区域的旅游资源组合关系的主要标志，依此原理，以下是某普查区域判定其旅游资源组合状况的经验公式：

$$S = J \times 14.70 \times 0.2 + \sum a_i \times (10 + \sum b_i \times 5 + \sum c_i \times 3 + \sum d_i 1) \times 2.63 \times 0.8$$

其中：

S 是旅游资源组合状况得分；J 是该区域旅游资源基本类型数量；14.70（1000/68）是按总分 1000 时旅游资源基本类型得分系数；0.2 是旅游资源基本类型所占分数的权重；a 是该区域一级旅游资源基本类型实体；b 是该区域二级旅游资源基本类型实体；c 是该区域三级旅游资源基本类型实体；d 是该区域四级旅游资源基本类型实体；2.63（3538/1223）是该区对全部等级旅游资源实体所获分数的系数；0.8 是旅游资源基本类型实体所占分数的权重。

根据本公式求出各普查区域表示组合关系状况的基础数值，按数值大小排列它们组合关系的优劣。

2. 集合区的表达

在区域旅游资源组合关系表达中，还可使用"集合区"（"旅游资源基本类型实体集合区"的简称）的概念。集合区可用"不规则边界线"和"圆周法"中的任何一种确定，这样把所有调查的类型实体标注在平面地图上，用不规则图形圈闭实体密集区，区内的旅游资源质量等级所属的各级旅游资源基本类型实体，按旅游资源大类进行统计，列出表格，见表 5 - 18。

表 5 - 18　集合区优良级旅游资源基本类型实体分类分级统计（格式）

大类	旅游资源基本类型实体名录				
	一级	二级	三级	四级	五级
地文景观类	—、—	—、—、—	—、—、—	—、—、—	—、—
水域风光类	—、—				
生物景观类	—、—				
天象与气候类	—、—				
遗址与遗迹类	—、—				
建筑与设施类	—、—				
旅游商品类	—、—				
人文活动类	—、—				
数量	—、—	—、—	—、—	—、—	—、—

集合区质量等级划分，是将区内的不同等级的单个实体，分别乘以权重值（一级到四级分别为 10、5、3、1）。得出该类型实体得分，然后各实体得分相加得出该集合区内资源质量总分。在区域性封闭式样评价时，各级的值域不同，根据集合区总分最高值和最低值的值域区间，加以简单的数学归纳后分 4 个质量等级（达不到最低分数的为等外）。执行的标准见表 5-19。

表 5-19　旅游资源基本类型集合区质量评价指标系列

质量等级	级（最优）	级（优）	级（良）	级（中）	等外
得分值域	≥40	≥30~39	≥20~29	≥10~19	<10

资料来源：尹泽生. 旅游资源详细调查实用指南：GB/T18972-2003《旅游资源分类、调查与评价》理解与实施［M］. 北京：中国标准出版社，2006.

第三节　遥感技术在旅游资源调查中的应用

遥感技术是 20 世纪 60 年代以来兴起的一种探测技术，它是根据电磁波的理论，应用各种传感仪器对远距离目标所辐射和反射的电磁波信息，进行收集、处理，并最后成像，从而对地面各种景物进行探测和识别的一种综合技术。目前遥感技术已经广泛运用到地理、勘探、旅游等多领域中。在旅游领域中，利用遥感技术可以准确地对区域内的旅游资源进行调查统计，并且获得规划区内森林、植被、水源等信息，极大地提高了规划的科学性及合理性。

一、遥感技术、遥感图像

遥感就是遥远感知。遥感技术是空间技术范畴中的一个组成部分，不需要与目标直接接触，运用卫星、飞机等现代化的运载工具和探测仪器，能在一定的距离以外，获得目标物的电磁辐射信息，并通过接收、传输、处理过程，从中提取有用信息。它是以计算机用磁带及遥感图像，显示目标物的状况的综合技术。

遥感图像是用户直接使用的遥感技术成果。遥感图像的种类有航天遥感图像与航空遥感图像两大类。航天遥感图像有陆地卫星遥感图像、国土资源普查卫星遥感图像、气象卫星遥感图像等。航空遥感图像有航空摄影可见光黑白图像、航空摄影可见光真彩色图像、航空摄影红外假彩色图像、航空红外扫描图像、航空侧视雷达遥感图像等。上述每种遥感图像，均有各自的电磁波波段的波谱特性，能为包括旅游资源在内的众多资源提供遥感信息。

遥感图像有多种比例尺，其中卫星遥感图像的比例尺有 1：1000000、1：500000、1：200000（或 1：250000）、1：100000、1：50000 等。航空遥感图像的比例尺有 1：50000（或 1：65000）、1：10000、1：5000、1：2000 等。上述各种比例尺的遥感图像能够与同比例尺的地形图、地理图、地貌图、地质图、资源分布图等图件匹配使用。

目前，在旅游资源调查、旅游规划工作中经常用的遥感图像是卫星假彩色合成遥感图像、航空真彩色遥感图像和航空红外线遥感图像。在实际工作中分别简称为卫片与航片。

在旅游业中，常按空间的大小从大到小分为旅游区、旅游景区、旅游景点三个层次，而在实际工作中又是互相结合进行调查研究和规划设计的。

二、遥感技术在旅游规划中的应用

1. 下面将通过两个实例加以论述说明遥感技术在旅游规划中的应用。

[例一] 遥感图像在北京地区长城现状调查及保护开发中的应用研究

这项研究主要是以原地矿部地质遥感中心为主进行的，只是配合工作，其中包括遥感图像的解译和怀柔县长城带的实地调查。

长城是人工建造的绵延万里的军事防御工程体系，长城的基本组成部分是城墙、楼台与城寨。长城是全国重点文物保护单位，1987 年被联合国教科文组织世界遗产委员会批准为世界文化遗产。

遥感图像在北京地区长城现状调查及保护开发中的应用研究，大致有两个阶段：第一阶段是全区工作，时间是 1983～1990 年；第二阶段是分区县工作，时间是 1991 年至今，并且还在继续中。

1. 第一阶段

整个北京地区长城现状调查应用了多种比例尺的卫星遥感图像与航空遥感图像。工作经过了室内解译——实地检验——提交图件与报告等阶段。综合图件是在卫星遥感图像基础上制作的万里长城北京段分布图（原图比例尺是 1：500000），图上长城的位置是按航空遥感图像和实地检验资料标出来的。这项应用成果第一次提出北京地区长城全长为 629 千米，第一次总结出长城的遥感主要解译标志，第一次提出全面规划、重点开发保护的可操作的具体建议，并成为开展"爱我中华，修我长城"活动的科学依据。1984 年邓小平同志"爱我中华，修我长城"的题词与该科学研究项目的实际应用密切相关。

（1）第一次提出北京地区长城全长为 629 千米。之前，北京地区长城全长多少，没有准确的数据，因为单靠地面实地调查是难以提供准确数据的。卫星遥感图像和航空遥感图像全面、真实地显示出北京长城的分布现状，经过图像量测、实地检验，确定北京地区长城全长 629 千米。629 千米长的长城现状，又被细分为保存最好的、保存好的、残破的三种情况，其中保存最好的 67 千米，保存好的有 56 千米，两者之和为 123 千米，占全长的 19.55%；其余 506 公里为残破长城，占全长的 80.45%。同时还统计出北京地区长城线上共有城台（墙台、敌台或战台）827 座。其中，好台为 391 座，占 47.3%，坏台共 436 座，占52.7%。北京长城城台基本上为方形和长方形，仅禾子涧及南石城等地发现五座圆台及一座坡顶城台，这类城台在北京长城线上比较少见，具有一定的科学研究价值。

北京地区长城由北西走向与东西走向的两个长城体系组成，二者在怀柔县旧水坑附近联结成一个整体，构成统一的纵深防御体系。工程所有的墙体、墙台、敌台、烽火台、营盘等遗迹在遥感图像上清晰可辨，城墙分布连贯完整，在实地基本上可以连续追踪到。通过实地调查与查阅历史文献资料相结合，认为北京地区长城可划分为明代及明前两个时期。明代长城是北京长城的主体，由北西、东西走向分布的两个体系构成，北西体系属明代宣府镇所辖，东西体系为明代昌镇——蓟镇所辖，二者以北京结为界。明前长城仅零星分布于东西走向蓟镇长城沿线南侧，其主体多被明朝重修长城时改造、利用。其走向分布在北京结以东。与明代长城一致，北京结以西与南线基本一致。

（2）第一次总结出长城的遥感主要解译标志。北京地区的长城，总的来说保存比较好，比较连续、完整，在遥感图像上的解译标志比较准确。长城在遥感图像上显示是由墙体与楼台、关城组成。

北京地区的长城墙体主要有砖包墙，石垛墙次之，其余比较少见。

砖包墙，以航空摄影彩色红外图像上普遍呈蓝灰——灰白色调，长方形带状。每隔一定距离有由城台构成的方形、长方形图案，条带一侧多伴有一条黑色阴影。顶部具有清晰的沟槽，其中也有一条很窄的阴影。损坏后的墙体，主要表现为上述标准图案中顶部沟槽残缺、消失或植物增多，原有的长方形条带残缺不全，变圆滑、变粗、变细或仅剩痕迹；两侧散落物质增多、减少或只剩痕迹。根据这些特征，可比较准确地判断城墙、垛口的保存程度，墙体的损坏程度或者仅残留痕迹等。

石垛墙，在航空摄影彩色红外图像上主要呈灰白色，条带状，墙体一侧阴影较窄。上部大部分见不到沟槽状影像，其上植物生长稀疏，墙体损坏后，主要表现为条带交集的阴影变窄。由于墙体物质与周围物质成分接近，光谱特征十分近似，其散落物不易与地表岩石区别。因此墙体坍塌后，很少形成较宽的散落物条带。

山险墙，在航空摄影彩色红外图像上主要表现为砖包墙突然中断在一座陡崖之两端。在反光立体镜下观察，陡崖的一侧或两侧呈悬崖绝壁状，通行十分困难或根本无法通行，其上罕见人工建筑物。这类墙体在图像上极易识别，这些地区往往坍塌严重，有的山脊呈刀刃状。

劈山墙，在航空摄影彩色红外图像上，地势较山险墙平缓得多，大多为外侧较陡，内侧较缓，它与山险墙最明显的区别是其上常筑有敌台。敌台间距较大，但仍能相互呼应。

土墙，在航空摄影彩色红外图像上呈黑绿色、灰绿色，像突出地表的垄岗，且一侧常有阴影相伴，其上植物生长较多。它与田、地埂的主要区别是土墙很长，在一个大地域中可连续追踪找到，其空间特征和光谱特征稳定不变，地埂不仅窄而短，且多与土墙垂直相连。

与墙体配套的建筑有墙台、敌台、烽火台及关城等，总称为台、关。这些建筑，由于具有独特的外形特征，在遥感图像上较易识别。

墙台，在航空摄影彩色红外图像上呈蓝灰色，方形或长方形，突出于墙体外侧，有时甚至离开主体城墙（有时与城墙连通）。在台的一侧，常有阴影相伴。在反光立体镜下观察，墙台台面平整，与墙上马道高度一致。边缘有垛口。墙台损坏后，主要表现为垛口消失、阴影缩短或完全消失，台形逐渐浑圆或呈圆形斑点，散落物增加或仅剩残迹。

敌台（或战台），在航空摄影彩色红外图像上主要表现为骑在墙体之上，呈正方形和长方形，个别也有圆形图案。在它的一侧伴有宽于墙体的阴影，它的顶部大部具有"回"字形图案。在反光立体镜下观察，它明显地高踞于墙体之上，其上有女儿墙、垛口，"回"字形中心有通道，四周有植物生长。敌台损坏后，其主要特征是女儿墙、垛口残缺或消失，中心通道口消失，高度与墙体趋近，阴影也变窄；若与墙体一道遭到强烈破坏后，在长城轴线上呈现出一较大的浑圆形斑点。

烽火台，在航空摄影彩色红外图像上有方形、长方形及圆形等多种形状，有较长的阴影相伴。损坏后，阴影缩短，形状逐渐变成浑圆形，严重损坏只残留土堆时，从相关判读方法中可以加以识别。因为烽火台在空间分布上主要是在长城两侧高阜处或沿河谷交通线上，台间通视良好，在遥感图像上显示比较明显。

关城，北京地区长城的关城残留极少，保存较好者寥寥无几，如八达岭关城，它分布在长城线上，关城图案十分明显，极易解译。关城损坏比较严重时，在遥感图像上的主要解译标志，是分布在交通孔道上的残留基座常与环形护城连接，基座形状因地而异，受地形制约。破坏更为严重者，仅仅在隘口处找到一些散落物。

北京地区长城，由于明代进行了大规模修葺，工程十分坚固。虽然年久未修并遭到各种原因的破坏，但是基本特征仍然保存较好，因此解译标志比较明显，卫星与航空遥感技术的应用发挥了特殊的作用。

（3）第一次提出全面规划、重点开发保护的可操作的具体建议。北京地区的长城保存比较完好，遗迹相对连续完整，墙体类型多样，加上所处的地质、自然地理环境比较复杂，具有较高科学研究价值。这次调查结果表明，对现有长城应采取积极保护措施。为了尽量把这个地区现存的连续完整的遗迹保存下来，应大力进行宣传教育、立法和监督管理。

造成北京地区长城不同程度损坏的主要原因：大自然的外力是造成长城区域性或局部性破坏的关键力量；人为破坏虽然强度较大，但作用范围有限，一般仅限于平原与河谷地带。长城的损坏程度与修建年代、修筑结构以及长城分布地段的地质、自然地理位置等诸多因素密切相关。北京地区的长城中，广坨山—黄楼洼—八达岭—居庸关，西水峪—黄花城—北京结点—莲花池和金山岭等几段为北京长城的精华。这些长城大部分是明代中期修建的，结构牢固，墙体坚实，自然地理环境多样，对这些段落进行重点维修，工程量不大。从现在开始应该统筹规划，逐步维修，尽最大努力使这些地段的长城亘古不朽，与世长存。

长城旅游，可以激发民族精神，意义重大，应该大力提倡。然而现阶段由于主要开放点仅八达岭、慕田峪、金山岭等地，地点狭窄，游人流量远远超过古建筑可承受的最大流量，加之交通拥挤，供应困难，这不仅仅大大影响了旅游效果，而且严重地影响了对长城的保护和维修。因此，应尽可能迅速开辟更多的旅游区，尽量疏散游人。根据这次调查，下列长城段略加修葺，即可对旅游者开放：镇边城以西，广坨山—笔架山一带；八达岭以西，青水顶—禾子涧—黄楼洼一带；十三岭以北，龙泉峪一带；黄花城附近，西水浴—黄花城一带；黄花城以东，铁矿峪—大榛峪一带；旧水坑西南的北京结长城枢纽段。

这些地段，墙体比较完好，气势巍峨壮观，山岭挺拔秀丽，植被茂密，环境优美，只要适当改善交通条件和配合必要的宣传，立即可以见到效果。

上述这些可操作的具体规划建议，已先后在1991～2000年得到不同程度的实现。

2. 第二阶段

大约从1991年到现在，北京分布有长城的平谷县、密云县、怀柔县、昌平区、延庆县、门头沟六个区县，都为长城旅游资源的调查、规划做了大量工作。因篇幅所限，本书仅举怀柔为例。怀柔县在编制怀柔县旅游发展规划过程中应用了遥感图像，取得较好的效果，比较准确地说明怀柔县的长城全长58.98千米，占北京地区长城总长度的9.4%。北京地区的明长城在全国明长城分布中有

"北京长城甲全国"之称。这次应用遥感图像结合实地调查，得到"怀柔长城甲北京"的认识。北京地区长城军事防御工程体系中有一个枢纽段，这个枢纽段位于怀柔县境内中部的八道河乡与沙峪乡的交界部位。该枢纽段长约4千米，由北点、中点与南点三个结合点连成一线，该枢纽总的呈北东10°方位展布。上述北点、中点与南点三点中以南点最为壮观，专称南点为北京长城结合点，简称"北京结"。

据历史资料显示，明代万里长城的管理体制是镇、路、关口。整个万里长城分若干镇，镇以下分若干关口。怀柔县境内的长城有宣府镇、昌镇、蓟镇3个镇管辖。宣府镇管辖西北支长城与西支长城。昌镇通过黄花路管辖17个关口，其西边2个关口在现今延庆县境内，15个关口在现今怀柔县境内，最东边是慕田峪关。蓟镇通过石塘路管辖十几个关口，其中西边的4个关口在怀柔。蓟镇——昌镇长城在现今怀柔县境内的关口共有19个。北京长城结合点的位置在昌镇黄花路田仙峪口与擦口之间。

现以北京长城结合点、北京长城枢纽为基准，分述怀柔县及邻县长城的分布情况。北京长城枢纽段北京点是海拔1534米的黑坨山山顶，其坐标是东经116°30′58″、北纬40°29′50.4″；中点是九眼楼（又称望京楼）所在山顶，其坐标是东经116°30′6.3″、北纬40°28′55″；南点即北京结，其坐标是东经116°29′38.9″、北纬40°27′45″。

以长城枢纽段为基准，附近长城可分为西北支、西支、西南支与东支四支：

（1）西北支长城。在黑坨山山顶附近，长城分为西北支与西支。西北支与西支长城在明代嘉靖时期均属宣府镇管辖。

西北支的分布是从黑坨山向西北经延庆县的北场沟——西海——暴雨顶，再向西北出北京市界到河北省。该线主要为砖包墙，次之为石垛墙，山险墙比较少见。墙体宽度较窄，大部分在3米左右，城台一般比较稀疏。沿线墙体、城台大多损坏，仅个别保存较好。在崎峰茶乡梁根村西与延庆县的交界处有一个明长城东北口隘的遗址，附近山梁有长城城墙，隘口在修筑琉璃庙——四海公路时全部被挖。1966年修筑琉璃庙——四海公路时，曾在此出土刀、矛、铜古炮等文物。

（2）西支长城。西支分布从黑坨山南侧的杨树台九眼楼开始，向西沿延庆县海字口——凤驼梁（海拔1530米）——东灰岭——小张家口——八达岭北口——青水顶。该线主要为砖包墙，仅局部夹少量出险墙。全县城墙大多严重损坏，其中保存最好者，仅在延庆西拨子附近有完整的墙体、女儿墙及垛口，砖石齐全，虽然残留无几，仍不失为北线的代表。九眼楼位于怀柔县与延庆县交界的火焰山顶部，城楼以每面有九个箭窗而命名，又因该点山势高峻，晴天可望到北京城，故亦称望京楼。现今楼内还有灶坑、居室遗迹，近处有马场遗址，楼北侧有明代官员徐中于万历乙酉年（1585）巡行到该地书写的大理石石碑一方，刻诗两首，其一为"天际丹梯拱帝王，高台插汉眺燕幽。风云北极凭栏动，星斗西垂倚剑流。龙啸层巅朝雨霁，双垂大汉夕阳收。幸簪白笔巡行瑕，暂向青山纪胜游"。其二为"晓霁扬兵紫气重，振衣一上最高峰。树从碣石晴霞绕，酒近华阳彩雾封。双蠡长风吹薜荔，九陵明月挂芙蓉。群公鸣佩山云起，仿佛相携尘外纵"。现今从望京楼到八道河乡的旧水坑村有人行道相通。

（3）西南支长城。从北京长城枢纽段的南点（北京长城结合点）向西南，该支线城属明代嘉靖时期的昌镇黄花路管辖，现今保存基本完好。从北京长城结合点向西南依次为擦口——磨石口——驴鞍岭口——大榛峪关——南冶口——大长峪口——小长峪口——黄花镇本镇口——鹞子峪口——撞道口——万湖峪口——西水峪口。西水峪口是怀柔县境西南支长城最西边的关口。再向西，长城进入昌平区的龙泉峪——延庆县的八达岭等地。西南支长城多为条石墙河砖包墙，有部分山险墙与石垛墙。西南支长城在怀柔县境内以黄花城长城修筑得最为严密、雄伟，保存得较好，而且这里现今的交通比较方便，有利于对外开放。

位于黄花城城北1公里处的黄花城关，是明长城最重要的关口之一，又名头道关。沿山谷向北2公里处，设有重关，名二道关。两道关均为黄花城的前哨。城系明嘉靖年间建，地当要冲，居古北口和居庸关之间，素称"京师北门"。头道关处现已筑坝建成水库。关外西侧山腰的巨石上，刻有2米见方的摩崖石刻，大书"金汤"二字，是颇有功力的颜鲁公字体，但镌刻时间及何人所书却是个谜。"二道关"又名撞道城的关门上筑起一道混凝土弧形坝，意想不到地造成了一幅"千丈悬崖削翠，一川落日洒金"的奇妙风光。因此，人们给它起了一个更好的名字——"金汤池"，成为北京长城游览的又一名胜风景。

（4）东支长城。从北京长城结合点向东为东支长城，依次为田仙峪口——贾儿岭口——慕田峪关。这三个关口在明代嘉靖时期属昌镇黄花路管辖。再向东依次为爿连口——神堂峪——河防口——大水峪关。这四个关口，在明代嘉靖时期属蓟镇石塘路管辖。大水峪关是怀柔县境内东支长城最东边的关口，再向东，长城进入密云县的水堡子——石塘等地。东支长城多为条石墙河砖包墙，间夹山险墙。东支长城以从北京长城结合点——慕田峪这一段修筑得最为严密、雄伟，而且保存得较好，其中慕田峪关是这段长城的精华。据历史资料记载：此段于大明洪武元年（1368），由朱元璋手下大将徐达在北齐长城遗址上督建而成。明永乐二年（1404）正式建关取名"慕田峪关"。明隆庆三年（1569），明穆宗特将爱国名将谭纶、戚继光由浙、闽调至此地重修边墙。慕田峪长城是这时期修复工程施工最精细、造型最别致的一段，也是古长城建筑中精华所在。这段长城长

2700 多米，有敌楼 22 座，多建在外侧陡峭崖边，依山就势，以险制厄。墙高 7～8 米，城顶宽 4～5 米，墙体建筑材料以花岗石为主，雄伟坚固，在靠近敌楼附近内侧的墙体上，均筑有券门，供戍卫将士上下通过。

居慕田峪长城中段的正关台，三座敌楼并矗，两侧楼室小且窄，正中楼室阔大且体高势伟，三座楼之上并排有三座望亭，构造雄奇新颖，在整个长城建筑中甚为罕见。站在正关台向东南方望去，有三道长城汇于一楼的奇特景观。

慕田峪长城在很早以前就已成为人们旅游的胜地。300 多年前，清代诗人孙学清曾对该地写有"若问谷中何所有，千树桃花万树柳"的诗句。自 1983 年修复、1996 年开放以来，慕田峪长城吸引了众多的国外、国内游客，成为北京新十六景之一，是怀柔县旅游业的拳头产品。

如上所述，总结成两点：第一，北京长城枢纽段，北京长城结合点位于今怀柔县。明代历史上蓟镇长城、昌镇长城与宣府镇长城交界于现今怀柔县。第二，以北京长城枢纽段、北京长城结合点为中心的西北支长城、西支长城、西南支长城和东支长城，这四支长城都汇于今怀柔县，气势浩大，建筑雄伟，又有慕田峪、黄花城、望京楼等独具特色的关口楼台。

怀柔县长城的价值，以北京长城枢纽段、北京长城结合点的特殊地位，以总体体系的优势，在北京地区长城分布中居于首位，即"怀柔长城甲北京"。但是，目前怀柔县长城旅游资源的开发利用程度，还落后于延庆县对八达岭长城旅游资源的开发利用，急需学习延庆县对八达岭长城资源开发利用的成功经验，做好怀柔县长城旅游资源的开发利用工作。

［例二］遥感技术在山西运城地区旅游资源调查中的应用研究

1991 年山西运城地区编制旅游区域发展规划，需要旅游资源分布的基础资料，有关单位在该地区旅游资源调查时应用了以卫星遥感为主的遥感图像。运城地区面积约 1.3 万平方公里，是山西省新兴的旅游区。卫星遥感图像直观、清楚地显示出该区的自然景观区的边界及内部分区：该区西界黄河的禹门口——风陵渡河段，隔岸与陕西省为邻；东部和东南部以中条山区的历山、云梦山、舜王坪等为界，与晋东南地区为邻；北部大致以火焰山山南侧为界，与晋中临汾地区为邻。自然景观分区往往就是区域地貌分区，区内按遥感图像特征、自然景观及区域地貌解译标志，分为五个一级自然景观区与九个二级自然景观区，见表 5－20。

与上述一级分区大致相对应的是下列地质构造单位：汾河平原对应汾河拗陷、稷王山——孤山低山区对应稷王山——孤山隆起、涑水河平原对应涑水鹤拗陷、中条山中山区对应中条山隆起等。

表 5-20　山西运城地区自然景观（区域地貌）分区

一级分区及编号	二级分区及编号
Ⅰ 汾河平原	Ⅰ₁ 新绛——河津汾河冲积平原 Ⅰ₂ 汾河河口三角洲平原
Ⅱ 稷王山——孤山低山区	Ⅱ 稷王山——孤山低山区
Ⅲ 涑水河冲积平原	Ⅲ₁ 涑水河冲积平原 Ⅲ₂ 运城湖区平原
Ⅳ 中条山中山区	Ⅳ₁ 中条山西南段中山区 Ⅳ₂ 中条山东北中山区
Ⅴ 黄河河谷平原	Ⅴ₁ 黄河禹门口——风陵渡河段河谷平原 Ⅴ₂ 黄河风陵渡——古城河段河谷平原

　　各一级分区与二级分区的详细情况本书不做介绍，只扼要说明运城地区自然景观一个区域性特点是相对高差大；中条山中山区是运城地区最高的一级自然景观分区，从西南到东北，有一系列山峰，如标高 1993.8 米的雪花山、1809.3 米的五老峰、1190 米的堆台山、1583 米的峨罗山、1571.4 米的唐王山以及最东边 2321.8 米的舜王坪；而中条山南麓山脚下的黄河谷地河床标高只有 200~300 米，在如此短的水平距离内，出现如此大的相对高差，显示出中条山峰有着拔地而起的陡峭山脊的自然景观。这可以与东岳泰山、南岳衡山、西岳华山、北岳恒山及中岳嵩山相媲美。并且运城湖区平原的运城盐湖，是山西省乃至中国东部少见的自然景观。在中条山区北戴山脚下，从西南向东北，排列着伍姓湖、硝池、盐池、鸭子池、苦池等咸水湖，湖泊附近均有盐渍化现象。

　　1. 山西运城的旅游资源

　　山西运城地区的旅游资源十分丰富，目前开发旅游地的只是很少的一部分。建议旅游区域发展规划中进一步开发下列三处旅游点：河津县西北角黄河龙门峡禹门口、中条山山峰及瀑布分布区与运城盐湖"银湖"景区等。

　　（1）河津县西北角黄河龙门禹门口。黄河是中华民族文化发祥地，位于山西、陕西交界的黄河河段，从北向南流经河津县西北角龙门峡禹门口时，河水突然由窄变宽，而且落差增大。禹门口是以传说中的夏代大禹治水而命名的。现今的龙门峡谷上建起了雄伟壮观的黄河大桥，这里是东西交通的重要通道，旅游者在此参观，都忘不了以黄河与黄河大桥为背景摄影留念。

　　（2）中条山山峰及瀑布分布区。中条山有众多的海拔大于 1000 米的陡峭山峰，目前因受交通等条件的限制，只有少数山峰，如中条山西南段永济县与芮城县分界线的标高1809.3米的五老峰可作为一日游的山峰。五老峰位于中条山复式向斜轴部西仰起端，山顶出露下古生界下寒武统地层，岩性为碎屑岩夹灰岩，总的向西倾斜。中条山东北段山区的地势为运城地区的最高处，那里的地形，均具幼年期的形态，有众多的"V"字形深谷、峡谷，如黄河支流毫清河从西北向东南穿过中条山东北段山区流入黄河，在毫清河上游的垣曲县县城以西6000～7000米处刘冶庄的大理石分布区，出现深切直立的谷壁，谷壁高出水面23米，是典型的嵌入深切河谷。在垣曲县县城北西方向6000～7000米的阎家池峡谷和瀑布，眉峰宽约50米，谷深70米，河水降落20米，出现颇为壮观的瀑布，实为幽谷胜境。

（3）运城盐湖"银湖"景区。运城盐湖位于运城市东南侧，交通十分方便。盐湖南依中条山，东接夏县，西临解州，东西长30公里，南北宽2.5～5公里，面积约130平方公里。盐湖中盛产咸盐与芒硝，咸盐与芒硝的结晶颗粒，雪白如银，故有"银湖"之美称。这里属北方季节风气候带，冬季西北风刮过，硫酸钠成分遇冷结晶，芒硝花集结，好似"卷起千堆雪"的一片茫茫雪原；夏季烈日暴晒，东南风吹拂，氯化钠成分结晶孕育出颗颗盐粒，犹如盘盘珍珠，水盐相映闪闪发光。运城盐湖资源丰富，易于采制，是运城盐化工业的聚宝盆。现今盐湖已经由过去的单一食盐产品，发展成为一个多种产品的无机盐化工原料基地，产品远销国内外。在运城盐湖旅游，欣赏"银湖"自然景观，是运城地区独特的旅游项目。

2. 在旅游资源调查、旅游规划工作中应用遥感技术的先进性综述

（1）提供宏观的区域信息，包括区域地貌、区域地质、自然景观分区等信息，前述的应用研究实例都说明了这一点。

（2）直接识别较大规模的人工工程，其中在北京地区及分区县的长城现状调查中的应用是比较有效的实例，它为长城的保护、开发、规划提供了许多新的信息。昌平区在利用航空遥感图像了解十三陵陵园分布方面也取得了不少新的信息。

（3）大比例尺航空遥感图像在旅游景点调查研究中有较好效果。1986年煤炭部遥感地质应用中心和有关单位合作，共同用航空遥感与地面调查相结合的方法，调查了西安临潼骊山旅游点的分布情况、地质背景、温泉资源、滑坡情况，取得了较好效果。这里摘要介绍对骊山华清池旅游构成潜在威胁的滑坡调查。调查区南起烽火台遗址，北至华清池北门前大街，东自老虎沟，西至牡丹沟，面积约2平方公里。该区位于渭河地堑的南缘，最高海拔914米。喜马拉雅期及新生代以来，渭河地堑的强烈下陷，骊山整体上升，形成为一个近于菱形的块断隆起，基底为前震旦纪的片麻岩与石英岩，其上为第三纪红色砾石及第四纪黄土沉

积。区内依山地貌单元可分为流水堆积区和低山区，以骊山山麓断裂为界，北为流水堆积区，南为低山区。渭河地堑仍在继续下降，部分活动断裂和滑坡仍继续进行。

该次调查所用的是1:7300比例尺的彩红外航片，系1985年11月8日上午11点成像，绝对航高为2000m。该次调查采用航片地质解译与实地调查相结合的方法，共圈定三个滑坡体，其具体影像标志及位置如下述：滑坡体在彩红外航片上总的影像标志特征是与周围正常地体相比色调较浅，反差较大，形状为特殊的圈椅状，其后缘和两侧以较为明显的线性体影像与滑坡影像相区分。具体地划分出老君殿、华清池、余家堡三个滑坡体。

老君殿滑坡体：位于老母殿北侧，其后缘为老母殿北侧断裂，东起寺沟沟口，经兵谏亭东，老君殿南侧，往西至牡丹沟沟口，呈南凸北凹的弧形。由于滑坡体后缘乃滑坡体本身显示出的暗红色色彩和阴影明暗的不同，故此弧形影像可清晰地显示出来。

华清池滑坡体：位于老君殿北侧，华清池温泉水源之上，其滑坡体后缘为老君殿北侧断裂，东界为晚照亭东的近南北向断裂，西界为老鸦沟断裂，亦是南凸北凹的圈椅状影像，滑坡体在彩红外图像上为麻点状暗红色色彩，黑白片上为麻点状灰白色，其形似非常特殊的馒头状，而后缘则为棕黑色阴影（彩红外片）和灰黑色阴影（黑白片）。

余家堡滑坡体：位于老君殿西侧，余家堡之南，与华清池滑坡体以老鸦沟为东界，呈一个近三角形的滑坡体。

实地检验：

华清池滑坡体以山前角砾混杂堆积物处在断裂面上，据实地观测，该断裂目前仍在活动，表现为南盘上升，北盘下降。在华清池内多处建筑物上有裂纹和裂缝，地面不均匀错动等现象。在华清池滑坡体上亦可见到"醉汉林"现象。这些现象都说明该断裂仍在活动，由于断裂的活动，可能导致滑坡体的滑动。

在华清池内，由于历代统治者大兴土木，滑坡体的前缘被不断挖掘，削坡为平台，破坏了边平坡的稳定系统，致使其处于不稳定状态。

滑坡体与其后缘之间的接触面为新生代角砾混杂堆积物与基岩的接触，静摩擦力本来相对较小，加之滑坡体与其后缘间已形成了一条弧形小谷，自然演变为相对汇水区。由于水的存在，大大降低了边坡移动所需要克服的静摩擦力，致使滑坡处于不稳定状态。

据以上分析，华清池滑坡体处于相对不稳定状态。老君殿滑坡体处 F_2 断裂南盘（上升盘）的断层山上，受骊山北缘大断裂活动的影响相对较小，且滑坡面表现为基岩中的破裂，加之受华清池滑坡体的保护，前缘未遭破坏，因而它处于相对稳定状态。余家堡滑坡体的坡度很小（15°左右），前缘未遭大的挖掘破坏，阻塞物较多，因而亦处在相对稳定状态之中。

根据前述实地调查分析可见，三个滑坡体的形成均与骊山北缘断裂活动及滑坡体边缘断裂活动有关，同时它们的稳定状态均受重力作用的控制，故以上三个滑坡体皆属于构造重力型滑坡。

该项调查提出以下四点建议：

①在目前的情况下，应加强华清池内的施工管理，不要人为地挖掘破坏滑坡体前缘地带，若有可能，对已挖掘之处采用加固措施；②在华清池滑坡体后缘自然汇入的小谷之上，修筑一条排水通道，使自然降水沿人工排水通道下泻不再渗入滑动面处；③华清池滑坡体及其边缘存在着大量的危石，应采取措施排除，以防击中游人；④组织多学科人员对华清池滑坡体进行综合定量研究，以便采取长远预防措施。

1. 遥感技术在旅游规划中的局限性

（1）旅游资源调查、旅游规划工作需要了解地表自然景观、人文景观的三度空间的信息，而遥感图像受平面投影的制约，难以显示剖面影像，这需要实地调查补充。

（2）遥感图像受比例尺的制约，难以显示细节情况。目前应用的航空遥感图像其最大比例尺为1∶2000，如北京天安门地区的航片，其虽然直观地显示了地面景物，但在天安门地区进行导游时，其细节就显示不出来，这也需要实地调查补充。

（3）购置卫星遥感图像、航空遥感图像的费用较贵。目前全国各地都已有卫星遥感图像，但比例尺在1∶1000000到1∶2000000的范围。航空遥感图像特别是真彩色航空相片，只有经过专门的航空遥感试验飞行的地区才有。全国有许多空白区，若在空白区应用航空遥感图像，还必须花费大量投资组织专门的航空遥感飞行，这是旅游行业难以承受的高额费用。

2. 应用研究结论

（1）在旅游资源调查、旅游规划工作中应用遥感技术，有助于提高工作质量、加快工作速度，并获得许多在地面实地调查时难以获得的新信息。从发展来看，旅游资源调查、旅游规划工作应该采用遥感技术；从事旅游资源调查、旅游规划工作的人员应该了解、掌握、应用遥感技术。

（2）遥感技术在旅游资源调查、旅游规划工作中的应用，在技术上有先进性也有局限性。在发挥其先进性的同时，要注意局限性。在实际工作中要综合应用遥感、实地调查、采样分析、系统编图等技术方法，各种技术方法之间取长补短，以取得综合效果。

（3）旅游业是国民经济新的增长点。朱镕基在 2001 年 1 月全国旅游发展工作会议上讲话时指出："我国是世界上旅游资源最丰富的国家之一。目前开发利用的还不到十分之一，已经开发的也远没有充分利用。应根据因地制宜、实事求是的原则，做好旅游发展规划。"搞好旅游资源调查和旅游规划工作，既要有新思路、新体系、新内容，也需要引用新方法。在当前情况下，地面实地调查方法仍是主要的必不可少的方法，若能引进遥感等技术方法，将有助于提供工作质量，加快工作速度，有助于旅游业这个国民经济新兴产业的发展。

案例一为撰写"旅游规划编制依据"中的"区域旅游资源分析评价"提供内容框架以及具体操作方法与步骤上的参考。规划在简要介绍田东县旅游资源分布概况之后，详尽归纳了该县旅游资源的类型，分别从两个不同角度进行：一是从旅游资源本身属性出发，依据国家标准《旅游资源分类、调查与评价》，列分类表展示资源大类、亚类及所包含的景区、景点（项目）；二是从旅游者的旅游动机和目的出发，将旅游资源分为红色、绿色、古色、金色旅游产品四大类。在明确分布与类型基础上，可以总结出田东县旅游资源的总体特征与优势。最后，规划亦对几类主要旅游资源逐项作了进一步评价，主要评述重要资源及代表性景区（点）的特点、优势、价值与开发方向等内容，为产品开发的必要性与可行性提供依据。

案例一

旅游资源分布、类型、特点与评价理论

——以广西田东县旅游业为案例

一、资源分布与类型

按照国家旅游局资源开发司和中国科学院地理研究所编制的《中国旅游资源普查规范》所规定的条款进行调查统计和分类，田东县的旅游资源共有 8 个主类资源，占全国标准数目的 100%；涉及 25 个亚类资源，占全部 31 种亚类的 80.65%；89 种基本类型，占全国标准数目 155 种的 57.42%。主类、亚类丰度较高，旅游资源类型比较丰富，广泛覆盖各主类、亚类类型；基本类型丰度较低，表现为资源类型多样但资源内容不够丰富，高品质旅游资源较少，具有一定局限性。如表 5 - 21 所示：

表 5－21 田东县旅游资源分类表

主类	亚类	基本类型	资源内容
A 地文景观	AA 综合自然旅游地	AAA 山丘型旅游地	摩天岭风景区、莲花山、敬坡山、五马归朝、睡美人、笔峰山、苍日岭、狮象山、老寿山、观音山、麒麟山、广养岩、江城八仙山、马鞍坡
		AAB 谷地型旅游地	寄情谷、右江河谷、龙须河峡谷
		AAD 滩地型旅游地	棋盘滩、龙须河、百谷滩、祥周滩
		AAE 奇异自然现象	棋盘滩、三角竹、四方竹、蛇沟、金鱼池、蚂蚁沟、立丰龙包天坑
	AC 地质地貌过程形迹	ACA 凸峰	五马归朝、麒麟山、莲花山、敬坡山等
		ACB 独峰	观音山、江城八仙山、笔峰山
		ACC 峰丛	狮象山、摩天岭、苍日岭等
		ACE 奇特与象形山石	五马归朝、睡美人、笔峰山、立丰龙包天坑、狮象山、观音山、麒麟山、水牛戏水、七仙女下凡
		ACG 峡谷段落	寄情谷、龙须河峡谷
		ACL 岩石洞与岩穴	立丰龙包天坑溶洞、伏衙岩洞、布兵姆娘洞、广养岩、义圩子荷岩、龙须河神龙洞、印茶马神洞
		ACN 岸滩	棋盘滩、龙须河沙滩
	AE 岛礁	AEA 岛区	桑洞大瀑布潭中岛
B 水域风光	BA 河段	BAA 观光游憩河段	清水河、巴良河、龙须河旅游区、响水河、江城古榕江、达寒江
		BAB 暗河河段	立丰龙包天坑暗河、印茶马神洞暗河
	BB 天然湖泊与池沼	BBA 观光游憩湖区	布兵历史文化旅游区、灵湖
		BBC 潭池	十里莲塘、龙潭灵湖、天然游泳场、鱼塘魔宝、广养岩深潭、桑洞大瀑布潭
	BC 瀑布	BCA 悬瀑	龙须河瀑布、翠崖飞瀑、桑洞大瀑布、果柳瀑布
		BCB 跌水	果柳瀑布、龙须河瀑布
	BD 泉	BDA 冷泉	九龙喷水、么西清泉、龙潭圣水泉
C 生物景观	CA 树木	CAA 林地	甘蔗林、竹林、山地森林
		CAB 丛树	莲花山丛树、思林桃花园
		CAC 独树	一树成林、千年古榕
	CC 花卉地	CCB 林间花卉	野生兰花、野生茶、四方竹、立丰龙包天坑花卉、兵耙

主类	亚类	基本类型	资源内容
C 生物景观	CD 野生动物栖息地	CDA 水生动物栖息地	十里莲塘风景区、布兵历史文化旅游区、江城古榕江
		CDB 陆地动物栖息地	摩天岭风景区、布兵历史文化旅游区、莲花山
		CDC 鸟类栖息地	摩天岭风景区、布兵历史文化旅游区、莲花山、苍日岭
D 天象与气候景观	DB 天气与气候现象	DBA 云雾多发区	摩天岭、布兵盆地
		DBB 避暑气候地	布兵盆地、莲花山
		DBC 避寒气候地	摩天岭、布兵盆地、莲花山
		DBE 物候景观	十里莲塘、桃花林
E 遗址遗迹	EA 史前人类活动场所	EAA 人类活动遗址	布兵盆地古人类化石遗址、檀河高岭坡旧石器遗址、义圩子荷岩
		EAC 文物散落地	横山寨古城
	EB 社会经济文化活动遗址遗迹	EBA 历史事件发生地	红军码头、百谷红军村、右江工农民主政府旧址、江城向阳关、鹧鸪坳、右江总工会旧址、广西田南道农民运动办事处旧址、朔良镇苏区、榕树坳、林逢革命根据地、恩隆县农民运动讲习所旧址、苍日岭
		EBB 军事遗址与古战场	江城向阳关、鹧鸪坳、林逢革命根据地、苍日岭、爱桑兵工厂、十里莲塘（外护城河）、那恒事件旧址、二都暴动旧址、马鞍山战役旧址、党政训练班旧址、"巴野"山战斗遗址
		EBC 废弃寺庙	莲山寺、平马文庙、关岳庙
		EBD 废弃生产地	红军被服厂旧址、爱桑兵工厂、铸银厂旧址
		EBE 交通遗迹	横山寨（茶马古道南路东端起点）、红军码头、江城向阳关、坡烟渡口
		EBF 废城与聚落遗迹	茶马大集、百谷红军村、林逢革命根据地、恩隆县农民运动讲习所旧址
F 建筑与设施	FA 综合人文旅游地	FAA 教学科研实验场所	右江工农民主政府旧址、江城向阳关、鹧鸪坳、右江总工会旧址、广西田南道农民运动办事处旧址、恩林县苏维埃政府旧址、朔良镇苏区、榕树坳、林逢革命根据地、恩隆县农民运动讲习所旧址、百谷红军村陈列馆
		FAB 康体游乐休闲度假地	横山寨、跑马场、赛车道

主类	亚类	基本类型	资源内容
F 建筑与设施	FA 综合人文旅游地	FAC 宗教与祭祀活动场所	平马关帝庙、南岳庙、布洛陀石像、姆娘洞、莲花山隆山寺
		FAD 园林游憩区域	田东文化中心公园
		FAE 文化活动场所	经正学堂、百谷红军村陈列馆、跑马场、赛车道
		FAF 建设工程与生产地	果柳瀑布水电站、桑洞水电站、田东港区洲景作业区等
		FAG 社会与商贸活动场所	田东县横山古寨汽车旅游营地、田东农贸市场
		FAH 动物与植物展示地	芒果、香蕉、蔬菜、油茶等特色农业基地，"田东香芒"获得国家地理标志产品
		FAI 军事观光地	江城向阳关、鹧鸪坳、马鞍山
		FAK 景物观赏点	十里莲塘、横山古寨、寄情谷等
	FB 单体活动场馆	FBB 祭拜场馆	八仙壁画、布兵姆娘洞、布洛陀石像
		FBC 展示演示馆	文化馆、田东的体育场馆
		FBD 体育健身场	田东的体育场馆、天然游泳场、跑马场、赛车道
		FBE 歌舞游乐馆	田东文化娱乐中心等
	FC 景观建筑与附属型建筑	FCE 长城段落	横山寨古城墙
		FCG 摩崖字画	八仙山摩崖造像、睡美人"鸾"字雕刻、布兵姆娘洞壁画、广养岩壁画
		FCH 碑碣（林）	印茶马堂岭纪念碑
		FCI 广场	田东广场
		FCK 建筑小品	田东广场大鼎等
	FD 居住地与社区	FDA 传统与乡土建筑	瑶乡传统木楼、横山寨
		FDB 特色街巷	田东锦源时尚美食街、百通水街、广场街等
		FDC 特色社区	百谷红军村等
		FDD 名人故居与历史纪念建筑	莲花寺、右江革命纪念馆、广西田南道农民运动办事处旧址、思林县苏维埃政府旧址、朔良镇苏区、红军被服厂旧址
		FDH 特色市场	田东芒果农贸市场、田东芒果节
	FE 归葬地	FEB 墓（群）	印茶马堂岭纪念碑、山岩洞葬、黄九宵墓、布兵古墓群、王受墓

主类	亚类	基本类型	资源内容
F 建筑与设施	FF 交通建筑	FFA 桥	江城古榕江 10 桥、桑洞锰矿桥、新屯石拱桥
		FFB 车站	田龙铁路、火车站田东站（三等站），思林站（四等站）、林逢站（四等站），那何站（四等站），仑圩站（四等站）
		FFC 港口渡口与码头	右江航道
	FG 水工建筑	FGA 水库观光游憩区段	龙须河电站大坝、大坝潮涌
		FGC 运河与渠道段落	鱼梁航运枢纽
		FGD 堤坝段落	龙须河
G 旅游商品	GA 地方旅游商品	GAA 菜品饮食	八香宝、十里荷香鸡、辣椒骨、玉米粥、猪血肠、五色糯米饭等
		GAB 农林畜产品与制品	全国"芒果之乡"、香猪、香米、香茶油、香蕉、香鸭、香酒、香料"八香"系列产品、甘蔗、竹等
		GAD 中草药材及制品	土制酒曲、壮族民间草药等
		GAE 传统手工产品与工艺品	壮族民间工艺品、绣球等
H 人文活动	HA 人事记录	HAA 人物	邓小平、雷经天、陈洪涛、刘颖、陆炳堂、黄九宵、朱鹤云、少数民族首领侬智高、右都督恢剿将军田州领事岑庭铎等
		HAB 事件	百色起义起点；红七军伏击滇军战役；陆炳堂于田南道农民运动办事处旧址为后来的百色起义进行政治准备和前期铺垫；民族领袖侬智高驻兵地；明朝廷命巡按御史刘颖等进剿田州土官岑猛；右都督恢剿将军田州领事岑庭铎，曾"设位于莲花寺，日三朝而三哭"吊唁崇祯皇帝，之后岑庭铎也便"解印致仕"，隐居于莲花山中等历史事件
	HB 艺术	HBA 文艺团体	田东县民族艺术团、百谷红军村老年合唱团、"喜乐百姓"社区业余文艺团、义圩恒乐社等
		HBB 文学艺术作品	《壮志破坚石，开渠引甘露》电视专题片、《壮族农民春耕图》、《右江观音图》、《养猪姑娘》等

续表

主类	亚类	基本类型	资源内容
H　人文活动	HC　民间习俗	HCA 地方风俗与民间礼仪	瑶族金锣舞、田东瑶族唢呐迎宾等壮族、瑶族风俗
		HCB 民间节庆	沐恩节、正月十五姆娘歌圩、壮族鬼节、义圩歌圩、广养岩歌圩、祥周歌圩、驮瓜歌圩
		HCC 民间演艺	瑶族金锣舞、嘹歌、唐皇调、姆娘歌圩、广养岩歌圩、演壮剧、师公戏、邕剧、粤剧、彩调及舞龙舞狮等、排歌、侬歌
		HCD 民间健身活动与赛事	古典水上拔河大赛
		HCE 宗教活动	姆娘歌圩、供奉观音等
		HCF 庙会与民间集会	姆娘歌圩、广养岩歌圩、义圩子荷岩拜观音、那拔歌圩、祥周歌圩、驮瓜歌圩、灵龙歌圩
		HCG 饮食习俗	裹蒸粽、壮族饮食习俗：马脚杆，鱼生，烤乳猪，花糯米饭、宁明壮粽，状元柴把，白切狗肉，壮家酥鸡，清炖破脸狗，龙泵三夹等
		HGH 特色服饰	壮族、苗族、瑶族服饰
	HD 现代节庆	HDA 旅游节	"情定棋盘滩"文化旅游节、田东芒果文化节
		HDB 文化节	田东芒果文化节、田东平马龙舟文化节、"情定棋盘滩"文化旅游节、横山文化论坛、田东首届"香芒杯"全国业余围棋公开赛、书画摄影展
		HDC 商贸农事节	田东县横山古寨汽车旅游营地
		HDD 体育节	古典水上拔河、田东平马龙舟文化节、田东首届"香芒杯"全国业余围棋公开赛

各层次旅游资源数量统计

主类	亚类	基本类型	占全国的比例（%）
8	25	89	主类100%；亚类80.65%；基本类型57.42%

资料来源：根据广西大学旅游科学研究院的广西田东县旅游业规划编制组的调查资料整理而得，2013年1月。

上述分类是从旅游资源本身的属性出发进行的分类。如从游人的旅游资源动机和目的的角度来划分，则可将田东县的旅游资源分为红色旅游产品、绿色旅游产品、古色旅游产品和金色旅游产品四大类，见表5－22。

当前国内外旅游业已经或正在逐渐由单纯观光型向观光度假型及至各种专业

（特种）旅游发展。从上面两个分类表可以看出，田东县丰富多彩的旅游资源，能够比较好地满足上述旅游发展趋势的要求，加上田东县在广西旅游发展格局中处的区位优势和便利的交通条件，发展旅游业是大有可为的。

表5-22 田东县旅游资源按旅游产品分类

旅游产品类型	景区、景点（或项目）
红色旅游产品	右江工农民主政府旧址、红军码头、百谷红军村
绿色旅游产品	十里莲塘、棋盘滩、响水河、莲花山、横山古寨、龙须河、摩天岭、布兵历史文化旅游区
古色旅游产品	布兵盆地洞穴遗址、高岭坡遗址、江城八仙山、江城向阳关、布兵古墓群
金色旅游产品	壮族山歌、嘹歌、排歌、依歌、田东歌圩瑶族金锣舞

资料来源：根据广西大学旅游科学研究院的广西田东县旅游业规划编制组的调查资料整理而得，2013年1月。

二、田东县旅游资源的特点和优势

1. 旅游资源多姿多彩，类型丰富，综合性强

如前表所列，田东县内旅游资源多姿多彩，按其本身属性可分为8个主类，25个亚类，89个基本类型。从旅游产品来说，既可开展观光旅游，又可满足休闲度假、康复疗养的需要，还可以组织会议、登山、野营、狩猎、文物考古、科学考察、观光农业、革命传统教育、商务、购物、工业和工艺品生产考察和烹饪等专项、特种旅游，因而是田东县发展旅游业的一大优势。

2. 旅游资源基本类型以人文活动类和遗址遗迹类为主

通过基本类型的统计，89种基本类型中，田东县旅游资源以人文活动类和遗址遗迹类为主，分别占全国同类基本类型的100.00%和66.67%，是田东县旅游业发展重点挖掘的优势资源。其中，以"中国芒果之乡"为代表的节庆活动在区内外具有相对垄断性优势，其境内的森林生态旅游资源与周边旅游目的地相比也具有一定不可替代优势，红色旅游资源和民族风情与周边地区雷同，易出现旅游屏蔽效应，应针对性地进行差异化规划。

3. 自然景观资源与人文景观资源互有特色，以人文景观资源为主

田东县属于自然景观型的地文景观、水域风光、生物景观和天象与气候景观的基本类型共30种，属于人文景观型的遗址、建筑与设施、旅游商品和人文活动的基本类型共59种，自然景观资源与人文景观资源分别占89种基本类型的比例为33.71%与66.29%，反映出田东县旅游资源以遗址遗迹、节庆活动、民俗风情为主的人文生态旅游资源为代表，以生态景观为主的自然旅游资源为补充的现状。

三、田东县旅游资源的评价

1. 红色旅游资源

田东是我国革命根据地之一，1929年，邓小平、张云逸等老一辈无产阶级革命家在田东打响了百色起义第一枪，建立起右江革命根据地和广西第一个红色政权——右江苏维埃政府（后改为右江工农民主政府），主要红色景点有右江工农民主政府旧址、红军码头、百谷红军村等。

2. 绿色旅游资源

历年来，田东县委、县政府重视挖掘本县丰富的文化资源，特别是"果"文化资源。几年来，已先后成功举办了"1996年百色芒果节"、"2006年田东县芒果品评会"、"2007年广西百色田东芒果文化节"、"2009年、2010年、2011年、2012年百色田东芒果文化节"等，真正体现了历史性、群众性、连续性和广泛性。

举办田东芒果文化节，目的是充分展示田东较好的经济基础、良好的投资环境和新农村建设取得的成就，展示田东丰富的历史文化底蕴和新形势下田东县打造中国西部强县、全面建设小康社会的时代风采。通过举办芒果文化节，以果为媒，以果招商，文化搭台，经济唱戏，为海内外客商构筑强大的互动交流平台，增进田东与海内外经济文化的交流与合作，吸引更多的客商认识田东、了解田东、关注田东、投资田东，为县域经济的发展注入新的活力，真正把资源优势整合转化为文化产业优势，充分释放文化所蕴含的巨大经济潜力，为田东的发展带来更多、更好的机遇。

得天独厚的气候资源，孕育了壮美的山水与和谐的生态，主要的绿色旅游资源有：十里莲塘、龙须河、棋盘滩、响水河、莲花山、一树成林等自然风光。

3. 古色旅游资源

田东县拥有深厚的历史文化底蕴，是东亚早期人类迁徙史上一个重要的驿站。田东县檀河高岭坡旧石器遗址是"广西百色旧石器"的主要发掘地，发掘出的旧石器经中美专家考证，确定为80万年前的旧石器，使存在于世界学术界长达50年之久的"莫维斯理论"不攻自破。该研究成果被评为"2000年中国基础科学研究十大新闻"。2001年，遗址被列为国家级文物保护区。此外，还有关帝庙、姆娘洞、广养岩、莲山寺、横山寨、八仙山以及桂西最早的陶瓷窑群遗址、世界级布兵古人类化石遗址（距今180万~200万年）、瓦氏夫人二次葬遗骨墓等独特的高品位的旅游资源。

4. 金色民族风情

田东民族风情独具神韵，文化内涵深厚，民间艺术丰富多彩，有芒果节、龙舟文化节、七夕情人节、瑶族金锣舞、金唢呐、威龙壮狮、壮族嘹歌、壮族歌圩、壮剧、师公戏、庙会等民间传统文艺和奇特多样的民俗风情。瑶族金锣舞、金唢呐声名在外，威龙壮狮的舞狮节目，继承和发展了唐、宋时期中国宫廷艺术的精华，其难度和技巧在世界上都是独一无二的，是壮族民间体育的瑰宝。

案例二是对本书中旅游资源类型与评价的理论与技术加以综合运用的典型。规划以中华人民共和国国家标准《旅游资源分类、调查与评价》为资源类型划分依据，明确陡水湖风景名胜区旅游资源所涵盖的主类、亚类、基本类型及其代表景点（项目）；同时，规划中建立旅游资源基本类型体系表以反映资源基本性质与构成，是对旅游资源量值表达方法（见第五章第二节）的具体应用。旅游资源评价结合定性与定量方法，定性方法应用于旅游资源的开发建设价值、旅游环境及旅游资源共有因子的评价，而定量方法体现于旅游资源的单体评价，即通过评分确定单体品质等级，并列表表示资源的分级质量等级构成，此处使用的是旅游资源品质表达方法。

案例二

旅游资源类型与评价理论

——以江西省赣州市陡水湖风景名胜区总体规划为案例

一、资源类型与空间分布

1. 旅游资源类型

陡水湖风景名胜区依山傍水，环境优美，气候宜人，融湖光山色、青山绿水、文物遗迹、人文建筑于一体，具有"天然、清幽、秀丽、静美、淳朴"等特色。在这些以"具有美感的自然景观为基础，渗透着人文景观的地域综合体"中，既有以湖光山色为典型代表的大自然美，又有珍贵的历史文化遗迹和民族文化风情，难怪港澳游客来此一游，便恋恋不舍，赞美陡水湖"风景独特，十分漂亮"，更有人盛赞陡水湖"可与日本的琵琶湖媲美"。

根据中华人民共和国国家标准最新《旅游资源分类、调查与评价》（2002 年11 月）的分类系统，对陡水湖旅游资源进行分类，本风景名胜区旅游资源主要有 8 个主类，13 个亚类，21 个基本类型（详见表 5 - 23）。

地文景观：全国地文景观类共有 36 种基本类型，本区内主要有两种；水域风光：全国水域风光类共有 17 种，本区内共有 3 种；生物景观：此类景观全国

共有13种, 本区共有5种; 天象气象与特殊景象: 全国共有15种, 本区共有1
种; 遗址: 全国共有11种, 本区共有1种; 建筑与设施: 全国共有59种, 本区
有4种; 旅游商品: 全国共有13种, 本区主要有4种; 人文活动: 全国共有17
种, 本区主要有1种。

表5-23 陡水湖风景名胜区旅游资源分类

主类	亚类	基本类型	景点或项目
地文景观	山石堆积与蚀余景观	岩壁与陡崖	铁扇关
		奇特与象形山石	狮象把水口
水域景观	河段	峡谷河段	渔翁峡
		观光游憩河段	三江口、九曲览胜
	天然湖泊与池沼	观光游憩湖区	陡水湖
生物景观	树木	树(森)木	赣南树木园
		独树	秃杉、银杏
	花卉地	林间花卉	杜鹃花、红花油
	动物栖息与动物活动	陆地哺乳动物栖息地	金钱豹栖息地
		爬行动物栖息地	穿山甲栖息地
天象气象与特殊景象	光现象	佛光观察地	弯岛
遗址	经济文化活动遗址	废弃交通水工设施	森林铁路窖下火车站
建筑与设施	综合观光游憩	宗教场所观光区	青庐寺
		林园观光游憩区	树种收集园、杜鹃园、红花油茶园、腊梅园、桂花林
	交通设施	桥	铁扇关大坝
	水工设施	堤坝段落	铁扇关大坝
旅游商品	地方旅游商品	海味山珍	
		名烟名茶	九曲毛尖茶
		名点饮品	糯米酒
		美术工艺制品	剪纸
人文活动	民间习俗	民间演艺	九狮拜象灯舞

资料来源: 根据广西大学旅游科学研究院的江西赣州市陡水湖风景名胜区总体规划编制组的调查资料
整理而得, 2001年5月。

2. 旅游资源的空间分布特征

(1) 陡水湖水秀如画。陡水湖, 高山峻, 湖水秀, 风景如画。"湖光山色望

无涯，九曲十湾处处叉"。湖中有427个水湾，42座大小岛屿。水网交错，岛湾相通，湖水清澈如镜，绿波粼粼、开阔处天水相接，狭窄地只容一叶轻舟。沿湖四周，中山逶迤，银湖黛峰，山花摇曳，一湾一景，景景迷人，绘成栩栩如生的诗画走廊。

（2）自演要素特色鲜明。该区旅游资源特色鲜明，景观突出，但要素种类单一，引人入胜的吸引力稍差。表5-24从景类种类上将该区与全国作了以下比较。

表5-24　陡水湖风景名胜区名胜旅游资源类型体系

景系	全国	陡水湖风景区	占全国百分比（％）
地文景观	36	2	5.6
水域风光	17	3	17.6
生物景观	13	5	38.5
天象气象与特殊景象	15	1	6.7
遗址	11	1	9.1
建筑与设施	59	4	6.8
旅游商品	13	4	30.8
人文活动	17	1	5.9

资料来源：根据广西大学旅游科学研究院的江西赣州市陡水湖风景名胜区总体规划编制组的调查资料整理而得，2001年5月。

但是，陡水湖的水色为本地增添了灵气与秀气，是景区的重要吸引物之一。景区中最丰富、最具特色、最有优势的资源就是湖水秀。如画的风景、清爽宜人的气候和清新的空气，这些因素决定了该区的主要旅游功能是生态旅游、度假疗养和休闲。

（3）资源组合条件及集中程度。景区资源组合条件好。自然资源景观与人文资源景观兼具。山、水、石、树、花、草、云、雾等景物恰到好处地绘成了一幅绚烂的风景画。

风景区的景点集约性好，相对比较集中，使游客在相对短的时间内饱览大量优美的风光，品尝大自然赐予的淡泊、宁静的意境，领略秀水的情怀、湖光的风采。

二、旅游资源总体特征

1. 自然旅游资源丰富多彩、引人入胜

（1）地貌景观美丽多姿、惹人喜爱。湖湾和岛屿是陡水湖独具特色的地貌景观。群山环抱的陡水湖，有曲折幽长、形态各异的湖湾427个，岛屿40多个，秀美多姿。

（2）水体景观美不胜收。陡水湖风景名胜区内水域面积达 4.65 万亩，蓄水量达 7 亿多立方米，比杭州西湖大 40 倍，堪称赣南之最。湖面开阔处可达 500 多米，视野开阔；而狭窄处不足 10 米，仅可容一舟通行。站立湖岸，只见一泓碧水，平静如镜。若有微风吹过，湖面波光粼粼，倒影随波闪动，美不胜收。

（3）植被景观四季各异、独具特色。森林植被是陡水湖风景名胜区各类景观资源的主体，是建设风景区的基础。陡水湖的森林植被，绝大部分是建成上犹江水电厂形成陡水湖水库后，经过几十年封山育林、人工促进天然更新而形成的次生林，还有部分人工林。这些植被形成了丰富多彩而又变化多端的森林植被景观。

（4）空气景观清新爽神，空气中负氧离子多。空气负氧离子被称为空气维生素和生长素，有预防疾病的功能，有利于身体健康。山林中的瀑布、溪流，由于喷筒电效应可以产生负氧离子。森林覆盖土壤，能使土壤中的放射性物质和土壤空气中所含的离子飘逸至大气。植物叶表在短波紫外线的作用下，发生光点效应，使空气负氧离子电荷增加，负氧离子数增加。陡水湖风景名胜区周边无工矿企业，无工业污染源，加之树林茂密，植被类型丰富，因而空气清新，环境优美，空气负氧离子浓度均超过了 3000 个/立方厘米。另外，陡水湖风景名胜区内大气中的二氧化碳、氮氧化合物、飘尘、总悬浮颗粒等有害物质的含量低于大气环境标准质量（GB 3095—2002）中的一级标准，旅游环境质量优。游客到了这里，会心旷神怡、精神焕发，加之特殊气候环境，森林中酚多精等其他因素的综合作用，使其成为森林健康、疗养、度假的场所。

表 5-25　国内外不同类型典型区空气负氧离子状况

测定地点	负氧离子个数	正离子个数	n^+/n^-
安徽黄山风景名胜区	1142	1772	1.55
四川峨眉山疗养区	1419～18373		
广西巴马平洞、溪谷、河畔	20000		
大连市付家庄疗养区	78800		
青岛太平角	7500		
庐山疗养区	1180		
福建南坑瀑布	50000		
日本汤子岛温泉	1700		1.19501
上犹陡水湖景区	3000		

资料来源：根据广西大学旅游科学研究院的江西赣州市陡水湖风景名胜区总体规划编制组的调查资料整理而得，2001 年 5 月。

（5）野生动物种类较多，庐山石鱼滋味鲜美。陡水湖森林繁茂，水域辽阔，气候温暖，适宜各种动物的生存和繁衍。据调查考证分析，现有国家一类保护动物7种，二类保护动物近10种。在众多的动物中，有兽类、鸟类、爬虫类、鱼类、虾贝类等100多种。其中，湖区盛产的"庐山石鱼"，体长寸许，色如白银，肉质肥嫩，滋味鲜美，深受中外游客称赞。这些妙趣横生的动物景观，无不成游客目光追寻的对象，使人感到浓郁的森林野趣。

（6）气象景观变化万千，多姿多彩。陡水湖风景名胜区在群山、森林、湖水、岛屿的共同作用下，形成了丰富多彩、变化万千的气象景观。无论是旭日东升、霞光万道的早晨，还是夕阳西下、晚霞满天的傍晚，陡水湖总是薄雾笼罩、迷茫神秘，似害羞的少女身披银纱，给游人一种烟雨缥缈的朦胧感。随着四季交替、晴雨变化，千变万化的湖光山色构成一幅幅美丽典雅的画卷。

（7）森林环境气候宜人、生机勃勃。陡水湖风景名胜区优良的森林生态环境，不仅保障了上犹江水力发电厂正常发电，而且其保持水土、涵养水源、改善环境的功效，使陡水湖具有特殊的宜人气候，冬无严寒、夏无酷暑。尤其炎热的夏季，赣州市区室外最高气温高达39℃，而这里却只有35℃，比赣州市区低4℃，是优良的避暑观光胜地。在炎热的酷暑盛夏，走进这生机勃勃、湖光山色的森林公园，顿感凉风习习，精神振奋，心胸豁然开朗。

2. 人文旅游资源特色鲜明

人文旅游资源是古今人类活动的艺术结晶和文化成就，是民族风貌和地方特色的集中表现，具有明显的历史痕迹和地域特点。陡水湖及其外围地区既有众多的文物古迹，还有独具特色的风土民情。

（1）文物古迹内涵丰富：陡水湖风景名胜区及周边地区、文物古迹种类和数量不算丰富，但有表现人类社会发展历史的古人遗迹、古城遗迹、名人故里、古墓葬等，还有一些表现古代人类科学技术和文化发展成就的古代文化遗址、古建筑碑、石窟、摩崖石刻、古代宗教遗迹和水利工程等。

（2）匠心独运的历史建筑：陡水湖区的历代建筑，不仅具有高超的建筑技术，而且有着珍贵的艺术价值，陡水发电厂大坝则是现代建筑技术的楷模。湖边窑下为我国南方仅有的一条森林铁路的起点，可直通赣州市，现仍在正常运行。

（3）风土民情气息浓厚、雅俗共赏：陡水湖区地灵人杰、物华天宝，有独具特色的工艺美术和丰富多彩的文化艺术。例如赏戏和剪纸。赏戏，最富有客家文化特色的是"九狮拜象"大型灯舞，气势磅礴，寓意深远；剪纸，是农村广大群众喜爱的民间艺术。新春佳节，农村喜用彩色纸剪成各种装饰花样，雅俗共赏，造型细腻，令人眼花缭乱，流连忘返。

三、旅游资源的评价

评定旅游资源的价值主要是评定其使用价值。在评价旅游资源的使用价值时，不仅要考虑旅游资源本身，还要注意它与其旅游资源的结合及其所处的环境。因此，评价陡水湖风景区的旅游资源时，主要从三方面进行：一是从旅游资源本身的定性来评价；二是从资源所处的环境来评价，即开发建设条件的评价；三是从旅游资源的定量来评价。

1. 旅游资源的定性评价

（1）开发建设价值评价。从现代旅游业发展必须具备的开发建设条件分析陡水湖旅游资源的优势比较突出，主要表现在以下几个方面：

特殊的地理优势。陡水湖地处上犹、崇义及湖南省桂档县的交界部位，又与广东省南雄市隔山相邻，距港澳不到 500 公里，有利于开拓广东、湖南、香港、澳门以及东南亚旅游市场。

便利的交通条件。陡水湖位于京广、京九两条铁路大动脉之间，东距京九铁路仅 70 余千米，西至京广铁路不足 100 千米，周围市、县均有直达班车至广东省深圳、珠海、东莞、佛山、南雄、韶关等地。

景区建设起点较高。陡水湖主要景区和景点目前都有一定程度的开发基础，不需要从零起步，整个旅游资源的开发前期投资可大大节省。如上犹江水电站大坝每年接待数千人来参观。"园中之园"的赣南树木园更是享誉海内外，每年来自海外、港澳及省内外的游客不少于 5000 人次。这些条件使陡水湖旅游业的进一步开发建设具有一定的起点，搞好总体规划之后，陡水湖尽快形成旅游规模是完全有希望的。

优越的森林生态环境。陡水湖湖光山色好，森林覆盖率高，人为活动较少，既为野生动物的繁衍生息提供了良好的栖息环境，又在涵养水源、净化空气、调节气候等方面发挥着巨大的作用。景区内空气含尘量、含菌量极少、负氧离子含量高，空气质量极佳。尤其在树木园，空气格外清新，令人心旷神怡，极有利于人体健康。水中不含对人体有害的矿物质，泉水久雨不深，久旱不涸，且异常清澈洁净，甘甜可口，掬手可饮。特殊的小气候条件，即使酷暑盛夏，景区里仍凉风习习，是避暑度假的胜地。

发展旅游业的基础比较可靠。自改革开放以来，湖区人民的生活水平迅速提高。地处陡水湖畔的赣州地区犹江林场场部，设有招待所，备有游艇，旅游车等旅游设施。湖区有电视卫星地面接收站 8 家，接通了闭路电视，并兼有一座能容纳 1000 多人的电影院。陡水镇邮电局，已于 1994 年开通了国际、国内长途直拨程控电话，可以直接用于国内外联系。

外围风景区古迹众多。陡水湖周围的旅游资源丰富，风景名胜区古迹众多，星罗棋布。有幽深莫测、千姿百态的聂都仙洞，汹涌翻滚、雨雾腾飞、惊奇壮观的龙潭瀑布；怪石嶙峋、似虎又似马、如象若牛、形式百异的聂都石林；山势巍峨、兀自耸立、云腾雾绕的齐云山；建于宋代的古祝寺；清朝的万寿宫、阳明书院、章源桥。同时，上犹、崇义还是革命老区，还保留有数处毛泽东、朱德、邓小平、彭德怀等老一辈革命家活动的遗址和旧居。众多的风景名胜区古迹，有利于形成以陡水湖为中心的旅游系统。

从大范围来看，陡水湖的开发建设，不仅可弥补江西旅游的弱点，而且这颗"赣南明珠"正处于赣南——井冈山这条黄金旅游线上，必定会对促进江西旅游业以及京九沿线旅游的发展产生良好的效应。

（2）旅游环境评价。陡水湖风景区环境优美，具备了开发的有利条件，具体而言主要表现在气候、空气以及水质三方面。

气候宜人，旅游舒适期长。陡水湖区地处中亚热带季风区，气候温和温湿，四季分明，雨量充沛。年平均气温 17.9℃，最热月（7 月）平均气温 25.6℃，最冷月（1 月）平均气温 6.7℃，年均降雨量 1680 毫米，多集中在 4～6 月，相对湿度大于 80%，年日照时数 1756 小时，无霜期大于 300 天。气候特征：盆地光热好，湖滨云雾多，冬无严寒，夏无酷暑，各月都适宜开展各种森林、水上旅游活动。

空气清新，令人心旷神怡。风景区属于上犹林场的范围，植被良好，保持了大片的地带性常绿阔叶林景观。游行湖中，举目远眺，江山毓秀、风景绮旎，碧水蓝天相接，茂林黛峰相伴，空气清新，负氧离子含量高，令人心旷神怡。

湖面宽阔，水质优良无污染。陡水湖 1995 年经江西省人民政府批准为省级风景名胜区。湖中 427 多座水湾，42 个大小岛屿，水网交错，岛湾相连，湖水清澈，湖面犹如一幅巨大的墨绿色的毯子，铺展在崇山峻岭之间，开阔处水天相接，狭窄地只容一叶轻舟，碧湖黛峰，群山环拥，林海波涌，曲流深涧，水秀瀑流。

陡水湖湖水清澈，能见度大于 1.5 米，呈现"分明看见青山顶，船在青山顶上行"的景象，水质优良，基本上没有受到污染，非常适于旅游。

（3）旅游资源共有因子综合评价。表 5 - 26 根据中华人民共和国国家标准《旅游资源分类、调查与评价》的评价体系，对陡水湖旅游资源进行共有因子综合评价赋分并根据旅游资源调查情况，对陡水湖旅游资源进行共有因子综合评价赋分。

表 5 - 26　陆水湖旅游资源评价赋分

评价项目	评价因子	评价依据	赋值
资源要素价值（85 分）	观赏游憩使用价值（30 分）	景区内有陆水湖和铁扇关大坝，风景优美、环境幽雅，气候宜人。具有很高的观光价值、游憩价值、使用价值	21
	历史文化科学 艺术价值（25 分）	景区内有古代文化科学教育遗址、古建筑碑、石窟、摩崖石刻、古代宗教遗迹、水利工程等，有一定历史价值、文化价值、科学价值、艺术价值	19
	珍稀奇特程度（15 分）	景区内景观较奇特，在其他地区少见	11
	规模、丰度与几率（10 分）	集合型旅游资源单体结构和谐、疏密度良好，自然景象和人文活动发生频率高	7
	完整性（5 分）	形态与结构保持完整	4
资源影响力（15 分）	知名度和影响力（10 分）	在本省内知名	4
	适游期或使用范围（5 分）	宜游览的日期每年超过 300 天，适宜所有游客使用和参与	4
附加值	环境保护与环境安全	有一定保护措施	1

从表 5 - 26 中综合评价赋分值的结果 71 分可以看出，陆水湖的旅游资源属于优良级旅游资源，有较高的观赏价值。游憩价值兼具历史价值、文化价值、生态环境优良，景观特色鲜明，面积较广，可供游览、观赏。利用的余地很大，适宜开展游览的日期长。通过开发，陆水湖的旅游事业前景广阔。

2. 旅游资源的单体定量评价

根据中华人民共和国国家标准《旅游资源分类、调查与评价》的评价体系，对陆水湖旅游资源单体因子调查评价赋分，总分在 75 ~ 89 为四级景点，60 ~ 74 分为三级景点，45 ~ 59 分为二级景点。评价结果为：在本风景名胜区的各个景点中，四级景点 2 个，三级景点 10 个，二级景点 6 个，详见表 5 - 27、表 5 - 28：

3. 评价结论

总体而言，陆水湖风景名胜区以水域风光类为主，旅游资源丰富，景色优美，特色非常鲜明。它集山势、林海、湾岛、奇树、秀湖五大自然风景奇观为一体，旅游气候宜人、适宜期长、空气清新、水质优良、自然生态环境好，是非常理想的游览观光、休闲度假、健身娱乐旅游胜地。

表5-27　陡水湖风景区景点单体评价分

评价因子 景点	观赏游憩使用价值	历史文化科学艺术价值	珍稀奇特程度	规模、丰度与概率	完整性	知名度和影响力	游憩期或使用范围	环境保护与环境安	总分	等级评定
综合评价	30	25	15	10	5	10	5	2	102	
铁扇关	15	13	9	7	5	4	4	2	59	2
三江口	18	16	9	6	4	4	4	2	63	3
九曲览胜	14	13	8	5	4	4	4	2	54	2
陡水湖	21	21	12	8	5	7	4	2	80	4
狮象把水口	14	17	6	6	5	4	4	2	58	2
渔翁峡	14	16	7	5	4	4	4	2	56	2
赣南树木园	16	19	9	5	5	4	4	2	64	3
秃杉	15	15	12	5	4	4	2	2	59	2
银杏	14	16	11	5	4	4	2	2	58	2
杜鹃园	16	14	13	7	4	4	2	2	62	3
红花油茶园	17	15	11	6	4	4	2	2	61	3
腊梅园	16	12	12	7	4	4	1	2	67	3
桂花林	18	17	11	6	3	3	1	2	62	3
窑下火车站	19	18	10	7	5	5	4	2	69	3
铁扇关大坝	21	22	10	8	5	4	4	2	76	4
青庐寺	19	17	11	5	4	4	4	2	65	3
铁扇关大桥	18	14	11	6	4	4	4	2	63	3
树种收集园	16	15	12	7	4	4	3	2	63	3

表5-28　陡水湖旅游资源单体数量统计

陡水湖各级旅游资源单体数量统计

等级	优良级旅游资源			普通级旅游资源		未获等级
	五级	四级	三级	二级	一级	
数量	0	2	9	7	—	—

陡水湖旅游资源单体名录

四级	陡水湖、铁扇关大坝
三级	三江口、赣南树木园、杜鹃园、红花油茶园、桂花林、窑下火车站、青庐寺、铁扇关大桥、树种收集园、腊梅园
二级	铁扇关、九曲览胜、狮象把水口、渔翁峡、秃杉、银杏

案例分析

旅游资源是旅游规划的基础，是旅游开发的立足点和出发点。我国地域辽阔，地形地貌复杂，历史悠久，民族众多，造就了我国丰厚的旅游资源。

旅游资源也是旅游业可持续发展的物质基础和旅游生产力增长的潜力所在。对旅游资源进行调查、分析与评价是制定科学、合理的旅游规划的关键，也是编制旅游发展规划的基础。由于旅游资源的多样性以及随时代的延展性，目前世界各国对旅游资源尚没有统一的分类标准和分类方法。有的按照旅游资源在时空中的存在方式划分为永久性旅游资源和可消耗性旅游资源；有的按照旅游资源的形式不同而划分为自然旅游资源和人文旅游资源；有的按照旅游者的旅游动机不同而划分为心理方面的旅游资源、精神方面的旅游资源、健身旅游资源和经济方面的旅游资源等。其中最有影响的是西班牙国家旅游资源普查与分类系统，它按属性将旅游资源分为 3 个一级类型（自然景观、建筑人文景观和传统习俗）。

随着我国旅游事业的蓬勃发展，由于没有统一的旅游资源调查、分析与评价体系，导致了盲目提高旅游资源评价而导致投资失误、项目重复建设，对资源评估不足而导致资源受到破坏，调查不全面或不深入而导致片面开发等浪费、破坏资源的现象。为了我国旅游产业的健康发展，也为了保护和有效开发我国丰厚的旅游资源，国家旅游局组织长期从事旅游实践的具有深厚理论及实践经验的专家，起草了相关的旅游资源调查、分析与评价标准。案例《广西田东县旅游资源分布、类型、特点与评价》就是根据《中国旅游资源普查规范》所进行的规划编制的，在编制过程中，我们按照该规范对田东县的旅游资源进行了全部的普查，并根据普查的结果多次召开专家讨论会，最后得出了田东县的旅游资源分布概况、旅游资源类型特点的基本结论，在这个基础上从定性方面对田东县旅游资源进行的评价。在编制《田东县旅游业总体规划》以及随后的旅游规划实践中，我们明显地感觉到《中国旅游资源普查规范》有较多的漏洞，严格按该规范来对旅游资源进行普查、分析与评价的话仍然难以到达基本的规划目标，尤其是《规范》在对旅游资源的评价体系中只有定性评价，没有定量评价，这就极大地限制了对旅游资源的科学评价，因此，在随后的旅游规划实践中我们不但对旅游资源进行了定性评价，也进行了定量评价。

正是由于《中国旅游资源普查规范》存在的一些不足，在实践的基础上，国家旅游局又组织了专家对其进行了大量的修改，于 2000 年出台了《旅游资源调查、分析与评价》（试行稿），经过两年的学术讨论和实践检验，并于 2003 年国家旅游局出台了国家标准《旅游资源调查、分析与评价》（修改稿）。修改稿对旅游资源划分为 8 个主类、31 亚类、155 基本类型，并对旅游资源的调查做出了许多相关的规范，在分析评价上，通过定性和定量进行分析评价，较大程度上避免了旅游资源乱拔高、乱评价的现象，有力地促进了我国旅游规划的发展。基于此，我们在《江西省赣州市陡水湖风景名胜区旅游资源类型与评价》中采用这个国际标准，对陡水湖风景名胜区的旅游资源进行了较为科学的分类与评价，得出了比较切合实际的结论，从旅游资源的分类、空间布局、特征的定性分析、价值的定量分析评价等方面综合分析评价了陡水湖风景名胜区的旅游资源，为《江西省赣州市陡水湖风景名胜区旅游规划》的编制奠定了良好的基础。

在这里，田东县和江西省赣州市的旅游资源调查这两个案例对我国旅游规划编制过程中对旅游资源的调查分析评价做一个比较，说明在不同的时期，对旅游资源的评价是不同的，也表明了旅游资源是不断变化着的，在我们学习旅游规划过程中，不能拘泥于一时，必须与时俱进，才能适应社会的发展需要。

▶▶ 思考与练习

1. 结合本章内容，思考旅游资源在旅游规划和旅游发展中的重要性。

2. 结合所给出的两个案例，谈谈如何运用国家标准《旅游资源调查、分析与评价》以及旅游资源表达方式对旅游资源进行有效的调查、正确的分析与评价以及公平的表述。

3. 请登录"中国期刊网"，键入"旅游资源"为篇名，搜索相关的旅游资源文献，然后针对本章所给出的两个案例，对其进行对比分析和评价。

第六章　旅游市场规划

▶▶ 内容导读

旅游市场是规划的重要内容，旅游规划必须以市场为导向，通过对客源市场的调查、分析，并依据旅游市场细分，确立旅游目的地的市场范围和目标，并对市场的战略部署和客源增长数量进行预测。通过本章学习，认识旅游规划以旅游市场为导向的重要性，了解旅游市场调查的一般方法和调查的基本内容，通过案例掌握旅游市场规划的市场定位、预测、开拓的基本方法和技巧。

第一节　旅游市场规划的立足点——以市场为导向

编制旅游规划必须以市场为导向，这是由我们国家从传统的计划经济向市场经济转变的大背景决定的，是由我国旅游业从过去的行政接待型转变为今天的市场营销型的历史性变革决定的，是由我国旅游开发建设投资从政府拨款为主向社会投资为主的转变决定的，是由我国旅游业总体上从卖方市场转入买方市场这一总趋势决定的，也是今后我国旅游业的发展根本是要靠市场需求的拉动这一特点决定的。

一、对"以市场为导向"的理解不能过于简单化

发展旅游业，以市场为导向，应该像一根红线贯穿于编制旅游规划的全过程，渗透到旅游规划的方方面面。旅游产业规划中需要解决的产业地位定位，发展目标定位，客源市场定位，旅游总体形象定位，资源和产品开发方向定位，旅游功能定位，旅游基础和服务设施的规模、特色、档次定位，旅游管理体制和职

能定位以及旅游从业人员数量的预测，都必须以市场导向为原则来统筹谋划。因此，对以市场为导向原则的理解，不能过于简单化，不能单纯理解为商品企业中的"市场需要什么，就生产什么"。

市场导向原则的含义应该包括：要根据市场现实的和潜在的需求去开发旅游资源，要根据市场现实的和潜在的需求去策划旅游产品，要根据市场的客源流量、流向、消费水平等因素去确定旅游基础和服务设施的建设类型、规模和档次，要根据市场的流量去筹措开发建设资金，要根据市场的客源规模去进行人力资源开发等。总之，以市场为导向是全方位的，不单是指产品策划与开发。其他如旅游基础和服务设施建设、旅游人力资源开发、旅游资金的筹措以及旅游管理体制和职能的确定，都要以市场状况为转移。

二、客源市场调研不能流于形式

客源市场是旅游市场的核心。通过客源市场调研与预测，摸准客源市场现实的和潜在的需求，找准旅游市场需求与供给的对接点，是旅游开发、建设、经营和管理的出发点和落脚点，也是编制旅游规划的基础性工作。

然而，在实践中我们经常可以看到，在关于客源市场调研的这个问题上有不少流于形式的做法。

形式主义表现之一：根据旅游主管部门提供的统计数据，结合对个别景区景点进行一些抽样调查，以此来预测未来的市场需求。这样做的弊端首先是景区景点市场代表不了区域市场，其次是旅游主管部门提供的资料又掩盖了不同旅游吸引物所对应的需求差别，它不能说明究竟是何种吸引物是该地区旅游发展的主要动力。经济发达的广东就是一个最典型的例子。据统计，广东绝大部分的旅游点，70%～80%是本省的游客，而在城市过夜的旅游者多是外省人，这些外省人绝大部分是为商务、公务、会议而来的，观光度假旅游对广东旅游经济的贡献率不足20%。如果仅仅根据个别景区景点抽样调查资料和旅游主管部门提供的数据来预测市场，其结果将与广东实际情况大相径庭，这样算出来的对旅游业各种类型的需求数据是不准确的，对产品战略和市场战略的制订和政府决策毫无意义。

形式主义表现之二：数学模型的滥用。进行客源市场调研，有时要运用数学模式进行预测。这就是所谓定量分析。而定量分析是必须在定性分析基础上进行的，否则就是数学模型的滥用。例如，《桂林芦笛岩景区客源市场分析与预测研究》这样一个市场调研课题，调研人员直接用近几年芦笛岩景区游客与营业收入数据，导入回归方程，推算出未来几年芦笛岩景区游客数与营业数。数学方法本是对的，但是缺乏定性分析，其结果只能是数字游戏。首先，运用任何数学模型进行预测之前，都应该先进行定性分析，研究客观事物的发展趋势，是否与拟采用的数学模型指向一致，只有客观事物的发展呈线性趋势时，才能导入相应的线性方程。然而我们所见到的这个预测，事先并未作任何说明，就直接导入线性方程，这是不科学的。其次，更重要的是，分析旅游客源市场，一般应以具有独立意义的旅游目的地为对象，而不能以其中个别景区景点为对象。在我们所举的例子中，分析客源市场具有独立意义的旅游目的地是桂林，而不是桂林的一个芦笛岩景区。这就不能用今天芦笛岩的资料直接推断未来的芦笛岩资料。因为芦笛岩景区客源大小及其变化，固然与它本身的软硬件完善程度有关，但更大程度上是以桂林这个总体形象变化为转移的。今天游芦笛岩的人们，是朝着桂林而来的。桂林山水除芦笛岩外，还有众多的旅游吸引物，特别是有漓江这样闻名遐迩的主体吸引物，它们构成一个整体，吸引海内外游客，使桂林成为他们的旅游目的地。而芦笛岩景区之所以有今天的营销业绩，也正因为它是桂林旅游区的一部分。因此，预测芦笛岩景区未来游客数及营业收入数，是不能撇开桂林这个总体而单独进行的。它并不是一个具有独立意义的旅游目的地，它的未来，在很大程度上要受桂林这个总体情况变化的影响。不考虑这些，就是缺乏定性分析，是市场调研流于形式的一种表现。

三、市场范围的界定

引力模型，是描述旅游地与客源地关系的一种常用数学模型。其基本原理是，引用"万有引力定律"，即两物体间的吸引力与物体的质量成正比，与物体之间的距离的平方成反比。1966 年，克朗普首次将万有引力定量用于旅游研究，提出公式（6 - 1）：

$$T_{ij} = \frac{(P_i \times A_i) \times G}{D_{ij}} \tag{6-1}$$

式中：T_{ij} 为旅游吸引力；G 为将要计算的重力系数；P_i 为客源地人口规模；A_i 为目的地资源与接待能力指数；D_{ij} 为 i 与 j 之间的空间距离。

以此，可分别得到以资源地为中心的周边地区各客源地的旅游吸引力值。通过比较"T"，可分析出各客源地的相对重要性，划分出一级市场、二级市场、三级市场的范围。市场范围的界定，将为市场调查抽样点的选择、市场研究、促销重点等一系列工作的展开提供依据。需要注意的是，该"三级市场"法所界定的范围，与有效人口时距图并不一样，前者更能真实反映市场范围，如无锡位于沪、宁城市带之间，沿线人口密集，城镇比邻，经济发达，交通便捷，但是客观上来自上海的游客却独占 60%，而在同一时距圈内的镇江、丹阳等地的游客却相对很少。显然，对于无锡旅游市场的研究，基于引力模型的"三级市场"法，比"时距圈"更为贴切。

第二节 旅游市场分析方法与技术

当今的经济社会中，市场导向型的产品是主流，因此，在进行旅游规划时，必须要对规划区域内的客源市场有一个准确的判断，这样规划设计出来的旅游产品才是符合市场需求的。一般而言，要对规划区的旅游市场进行分析，首先必须要了解其需求，在此基础上对规划区域内的旅游市场进行细分，接着利用多种科学方法对旅游市场进行预测，最后根据调查和预测的结果作出市场竞争的战略部署。

一、旅游市场需求调查

1. 旅游市场需求

市场（market），原意是指人们交换商品的环境，在市场学中专指供求集合关系中的买方。旅游市场，指旅游供需关系的总和，亦称旅游客源市场。旅游市场需求，是指旅游客源市场意愿付出一定的代价换取旅游商品的实际要求。其特点是，不仅愿意按一定价格购买，而且会付出闲暇时间，所购买的是一种异乡生活经历。

旅游市场需求，遵循价格影响律和价格影响律两大规律，如图6-1所示：

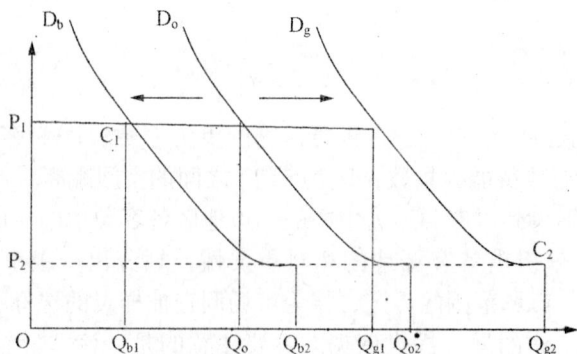

图6-1 旅游市场需求曲线

资料来源：［美］科特勒（Kotler, P.）等著. 旅游市场营销［M］. 谢彦主译，大连：东北财经大学出版社，2006.

其中，D_o 为理论需求曲线；D_g 为优质商品（满意经历）需求曲线；D_b 为劣质商品（不满意经历）需求曲线；P 为旅游商品价格；Q 为旅游市场需求量。

从图 6-1 中可以看出，价格上升需求量减少，价格下降需求量增加；优质商品（满意经历）的需求曲线右移，在同样价格条件下其市场需求量增大；低质商品需求曲线左移，在同样价格条件下需求量减少。

值得注意的是，图中的两个需求量极端——C_1（劣质高价）和 C_2（优质低价）。主题园，曾以其高效益在中国盛极一时，所谓"符合中国特色的需求规律"。但是，高强度的投资必然会引起"高价"，大量的张冠李戴和粗制滥造又引起"低质"。因此，国内大量"主题园"是一种典型的"高价低质"模式。除极少数地区外，主题园市场命运可想而知。

图中市场需求量的另一端 C_2，即"优质低价"。以自然生态环境和风俗民情、古迹为旅游对象，对大部分旅游资源地区而言可形成"优质低价"产品，其"高质"表现为优质的生态环境难以在城市用巨额资金创造出来。"优质低价"必然带来长盛不衰的旅游市场需求量，这一规律已被旅游发展实践所证明。一般而言，它所带来的旅游人数规模持续增长，大量的游客人数给当地的交通、食宿、娱乐、零售及相关产业带来巨额利润以及地方经济倍增效应。但是旅游能直接获得的经济效益却较低。可见，"优质低价"会涉及部门（环境保护、文化、旅游部门）经济利益的倾斜政策、社会财富的二次分配等问题，这正是旅游规划作用之所在。

2. 主要需求指标

旅游需求指标，是表征需求发展状况的度量工具。指标种类很多，可根据具体研究的设计选择、旅游规划所经常需要的指标主要有两大类：第一类是衡量来访旅游者实际状况的指标，如旅游人次、人均消费、人均停留天数等；第二类指标用于衡量客源市场需求潜力的指标，如出游率、重游率、开支率等。

旅游人次：指一定时期内到旅游目的地的旅游者人次总数；人均消费：为一定时期内旅游者消费总额与旅游人次之比，也即旅游者消费额的算术平均值；人均停留时间：即一时期内旅游者在旅游目的地停留时间的算术平均值；出游率：指一定时期内一个地区出游人次与其人口的比率；重游率：指来旅游地的旅游人次与旅游人数之比，亦即旅游者来目的地旅游次数的算术平均值；旅游开支率：即旅游开支与其年均收入之比率。

3. 旅游市场调查

市场调查的目的，是摆脱个人有限的经验和主观臆断，以正确的方法，主动收集、掌握与规划决策相关的旅游市场需求信息。具有针对性的客观需求信息，是旅游规划科学决策的最重要依据。

市场调查的内容极为广泛。其中，支持旅游规划决策的主要调查内容包括：客源地市场环境、市场需求、市场潜在需求、产品组合、顾客评价五种。

市场调查的类型，可按多种标准来划分。旅游规划所涉及的各种市场调查的分类标准及其特点、用途等，可由表6-1来表述。

表6-1 旅游市场调查的类型

组合因素	类型	现状分析	战略方案 A	战略方案 B	战略方案 C	决策组合	制约因素
竞争目标	击败目标						
	市场占有率						
	效益目标						
竞争性质	补充型竞争关系						
	产品替代性关系						
	对抗关系						
	联合关系						
市场条件	资源型旅游市场						
	客源型旅游市场						
	综合型旅游市场						
经营模式	资源导向型						
	需求导向型						
	并重型						
	侧重型						
	全面产品策略						
	新产品策略						
	总成本领先战略						
	目标集聚战略						
客源地区	基本市场						
	发展市场						
	机会市场						
目标市场模式	无差别模式						
	差别模式						
	专营化模式						
竞争阶段	近期						
	中期						
	远期						

二、旅游市场细分

根据不同的标准，旅游市场有不同的划分方法。从年龄上来分，可以将旅游市场划分为青少年市场、中年市场、老年市场等；从旅游方式来划分，可以分为团队旅游市场和自驾游市场；而从旅游目的来划分，又可以分为商务型旅游市场、观光型旅游市场和度假型旅游市场等。不同的消费市场又有不同的消费习惯和需求，因此，要根据规划区域的具体情况对旅游市场进行细分，选择消费力最大和效益最好的目标市场进行攻破。

1. 旅游市场细分的内涵

人口、购买力、旅游愿望、旅游权利（国际旅游），是构成旅游市场缺一不可的四大要素。其中，人口要素包括人口出游水平、地理分布、年龄构成、文化水平、职业等；购买力因素包括人均国民收入、自由支配性收入（收入中的非维生、非约束性部分）等；旅游愿望指自身需要、自身发展、外向开拓等；旅游权利包括监护关系、国际关系、货币政策等。可见，旅游市场内部异质度很高，因此，任何一个旅游地或旅游企业，均无足够的实力面向整个旅游市场，满足所有消费者的需求。市场细分"可在允许的费用之内使市场调查研究条理化"（市场细分的创立人 S. Smith，1956）①。其基本观点是，把消费者划分为若干组，每一组内部相对具有类似的消费行为。旅游市场细分不是根据旅游项目内容分类，而是从旅游者的市场需求角度来划分，即辨明动机、行为、购买特点相似和不相似的消费人群（如观光、度假、会议等）。

综上所述，旅游市场细分的概念是，按旅游者之间的同质性和异质性市场需求，把旅游市场划分为若干个分市场的过程。旅游市场细分，对旅游规划意义重大。它可以"了解旅游市场的位置、倾向、目标和能力"（Gunn，1993），可以简化市场调查，把握市场要义，重新认识自身的资源潜力与制约，发现新的市场机会，有助于市场的客观定位和调整产品组合，从而影响旅游规划。

2. 旅游市场细分的问题与对策

旅游市场可有多种分类方法。理论分类和实用目的分类差别很大，各种分类之间又存在交叉重叠。在旅游规划中很容易出现的第一个问题，是市场细分常处于两个极端之间：一个极端是轻视旅游者之间的差异，或屈从于工作条件，将市场细分过分简单化；另一个极端是片面强调旅游者的特性差异而放弃寻求他们的共性。两者的共同后果是，放弃市场细分及其相应的市场调查，代之以东抓西捡的所谓"市场类型"进行经验分析，使市场分析带有强烈的主观臆断性。解决

---

① ［美］科特勒（Kotler, P.）等著. 旅游市场营销［M］. 谢彦主译. 大连：东北财经大学出版社，2006.

这一问题的关键是找到较大人群的平均调整变量，而非每个人的特征因子，以简化调查工作；选择与实用目的直接相关的变量，以提高市场细分的实用价值和市场分析的效率。简言之，市场划分的方法要与调查、分析挂钩，需方便、有用。

第二个易发生的问题是：市场划分所选择的标准，在理论上合理明了，但在实践上无法衡量，表现为：游客对问卷无以选择、表达或统计结果无法用范围、容量、潜力来加以衡量，或得出的结论与本地自身条件无缘。这一问题的根源在于，缺乏对本地资源与相关条件的了解，缺乏对旅游活动的土地适宜性的把握。解决这一问题的一般方法是：先充分了解本身特点及可能的发展机会，再研究选择这些机会的"可衡量"因子，然后进行市场细分。这一策略的优点是针对性强（不足的是带有价值判断），其作用是，得出的"细分市场"可衡量、可比较、可占领。

3. 旅游市场细分的数理统计方法

上述旅游市场细分的方法，可概括为理论划分法、经验划分法两大类。在某些研究条件许可的条件下，还可选用第三类方法，即数理统计法（如因子—聚点法）。这是一种运用数理统计工具，在客观认识旅游市场的内子集群规律的基础上，产生市场划分群的分发。

因子—聚点法的基本原理，是依据变量相关律，用数理统计法，从数量上识别和度量因子间的隐藏结构。其基本过程是：第一，建立因子分析的相关性矩形（行代表样本旅游者，列代表所有变量）；第二，计算、检验模型权重，以一定的标准筛选、命名和概括新的变量权重组合；第三，计算每一个个体对新因子组的各因子。市场的理论细分法、经验细分法，均基于调查分析者主观的判断与变量选择，而形成细分市场；因子—聚点法，则是采用数理统计方法产生基本的细分类群，更为客观科学。但是，要保证样本的代表性、客观性，一般需要较多的调查统计数据，需要有运用数理统计方法的技术能力等条件，而且选择、采用不同的因子处理和聚类技术步骤，仍会影响分析结果。

三、旅游市场预测

旅游市场预测，是对旅游市场未来需求的展望与推测。它是依据对旅游市场发展规律的认识，从过去、现在来推测未来的过程。旅游市场预测的一般工作过程如下：

第一，明确预测目标，确定预测对象（如时间、地域、内容和需求指标）；

第二，收集第二手资料，分析掌握预测条件；

第三，选择预测方法或预测模型，并制定相应的调查方案；

第四，有针对性地开展市场调查，收集掌握第一手资料，进一步收集第二手资料；

第五，对宏观市场及规划区市场范围进行需求预测；

第六，按需要进行进一步的细分市场预测；

第七，分析预测结果，进行可靠性分析与成果校对修正。

旅游市场预测的类型，可按不同的划分标准分成多种类型：按预测时间，可分为短期预测、中期预测、长期预测；按预测范畴，可分为环境预测、行业市场预测、企业市场预测；按逻辑方法，可分为定性预测（如需求调查法）、推理预测（如成本率法）、定量预测（模型法）；按数学方法分，可分为时间数列法、相对分析法；按模型的抽象程度分，可分为趋势外推模型、结构模型、仿真模型、定性模型。下面将要描述的几种较常用的预测方法，按由简到繁的次序排列如下：①成长率预测法；②德尔菲法；③时间数列预测法；④相关预测法；⑤仿真模型预测法。

1. 成长率预测法

这是一种最简便、通常的预测方法，其基本立足点是，成长率已由其他条件确定。该方法公式如（6-2）：

$$Q = P_i \cdot T_i \cdot E_i \tag{6-2}$$

式中：Q = 市场需求总量；P_i = 预测年份的预测总人口；T_i = 预测年份的预计出游率；E_i = 预测年份的人均旅游消费额。

P_i、T_i、E_i 的数值，有的能直接从政府出版物中查找到，有的可以从相关资料中通过简单推算得到。成长率预测法，也可用于一些稍复杂的分析，如主要市场、发展市场、机会市场各自的未来市场总潜力以及与提高市场占有率相关的分析等。

2. 德尔菲法

德尔菲（Delphi）法，是专家意见法中的一种。1955年美国兰德公司提出一种专家比较、函询预测法，称之为 Delphi 法。在很多缺乏历史数据的情况下，或在偶尔发生性因素干扰较大、各种模型难以起作用时，德尔菲法常被作为预测方法。

德尔菲法的基本方法是：

第一步，把一群富有市场经验且可以相互补充的专家会集在一起，通常为30～50人，并设定控制条件（常用的方法是邮寄调查表以避免群体压力影响）；

第二步，设计、分发第一轮调查表，要求回答者确定中间日期和确定两个中间四分位数，以便减少过于乐观或过于保守的极端意见影响；

第三步，把统计整理的结论制成第二轮调查表寄予同一专家组的成员，要求回答是否同意四分位数范围，如仍是在四分位数之外，请专家们解释原因；

第四步，将第二轮调查表的结果及评论意见整理成表；

第五步，有没有必要再征询一、二轮，要看预测的差异是否过大，评论意见的寄发是否有助于形成专家组新的较一致意见；

第六步，总结预测结果，包括中间日期、中四分位数范围以及正确对待和消化处理哪些意见尚未统一的预测事项。

3. 时间数列预测法

时间数列预测法，是一大类常用的定量预测方法。由于该类预测法受一些因素的干扰影响，故又根据不同条件细分为长期趋势、循环变动、季节变动三类专门方法。其中，长期趋势预测法依据旅游市场在某些程度上的"一如既往"规律，将过去的市场数值，通过图解法、移动平均法或最小平方法，求得其未来图表区域或以直线、曲线所表示的长期预测趋势。其中"最小平均法"的精度最高。

最小平方法的基本原理是，假设长期趋势的方程为 $y = f(x)$，则各点至 $y = f(x)$ 的垂直距离总和应最小。这时的 $y = f(x)$ 方程，才最能代表该预测趋势。这种使偏差平方和变为最小的数学方法，简称为"最小平方法"。如果"最小平方法"所研究的对象其历史数值逐年增长量基本相同，则可选用直线方程：用"最小平方法"配合直线方程来求解参数，a、b 方程式如公式（6 – 3）、（6 – 4）所示：

$$\sum y = na + b \sum x \tag{6 – 3}$$

$$\sum xy = a \sum x + \sum x^2 \tag{6 – 4}$$

通过解二元二次方程，即可得到参数 a、b，从而建立 $Yt = a + bx$ 的直线方程预测模型。

事实上，市场并非完全直线发展（特别是在短期和中期），因此根据对象的变化发展特点之不同，还可以采用二次抛物线模型或简单指数曲线模型，分别如公式（6 –5）、（6 –6）所示：

$$Yt = a + bx + cx^2 \tag{6 – 5}$$

$$Yt = ab^x \tag{6 – 6}$$

旅游市场具有两大特点：一是受制于一些因素（如环境容量等），呈现一定的发展极限；二是受时尚影响较大，常呈高速发展——趋近于发展极限的历程。因此，在长期预测中，考虑发展极限较符合旅游市场的特点且有利于旅游"可持续发展"。如对象一致，则可采用"修正指数曲线"趋势模型，见公式（6 –7）：

$$Y = k - ab^x \tag{6 – 7}$$

其中，k 为上限，a、b 为参数，其解法与"简单指数曲线"相同。

上述各种方法的共同点是，利用时间数列的内在规则进行建模，以此找到外推趋势线，因此它们必须要有较多的历史数值（一般10~20个），而且，预测未来3年的数值，尽管精度很高，但预测的正确性却会大大降低。

4. 相关预测法

很多旅游规划的对象区域，因缺乏足够完整连贯的历史资料而难以选用时间数列预测法。即使这样的条件得到满足，还必须准确判断预测对象属长期趋势、循环变动，还是其他变动类型或变动亚型。一般而言，对之做出准确判断是困难的。前述时间数列预测法的局限性根源在于：它无法把握其他相关因素对未来的影响。

相关预测法，正是针对这一问题，按影响旅游市场发展的相关变量（如距离、游客收入、文化水平、年龄、游客人数）之间的关系，建立回归模型的一种预测方法，要使相关预测模型既有效，又相对简便，其关键在于相关因子的优选：第一，相关因子与预测因子间的相关度越高越好；第二，相关因子之间的相关度越低越好。

相关预测法的工作程序是：第一，用相关图判断因子间的相关模型，以确定采用一元回归模型还是多元回归模型；第二，计算相关系数，判定因子间的相关程序；第三，如果因子显著相关，则配合所选的回归线求解参数，建立回归模型；第四，按所得模型进行预测；第五，对预测结果进行标准差检验。

相关预测模型有一元回归模型和多元回归模型两类。一元回归模型见公式6-8：

$$Yt = a + bx \tag{6-8}$$

如果相关系数为：$Y = a + bx$

$$Y = \frac{\sum - \sum x \sum y}{\sqrt{n\sum x^2 - (\sum x)^2} \cdot n\sqrt{\sum y^2 - (\sum y)^2}} \geq 0.5$$

则可用"最小平方法"配合回归线，求解参数 a、b，从而得到一元回归预测模型。如用多元回归方程建模，方程为 $Y = a + b_1x_1 + b_2x_2 + \cdots + b_nX_n$。可见，因子的数量将显著影响调查与计算工作量，因此必须尽量删减因子数量。

5. 仿真模型预测法

仿真模型预测法，是一种将时间数列预测法与相关预测法结合所形成的各种综合模拟预测法的总称（如旅游发展约束引力模型组合）。该组方程许多变量间的关系（如抑制、协作、反馈），通过一群方程式进行模拟，有相关预测法的特点；方程式的建立需要历史数据，因而又有时间数列法的特点。由于该预测法所依据的市场原理和历史、现状数据较为全面，故预测结果可靠性较高。但是，它需要大量、完整、连贯的统计资料（一般的旅游规划组织者无此基础），而且需要熟练的统计师、专业人员、一定的计算机软件硬件以及较大的工作量。

6. 预测艺术

旅游市场预测科学性的基础，是假定促使过去市场变化的因素在未来还继续存在（相关预测法），或者是假定市场变化是沿过去的发展方向而渐变（时间数列法），即无论哪一种均"可预测"。但事实上，旅游发展存在着许多不可测因素（如自然或人为灾害、时尚、政策、信息局限等）。影响旅游发展的因素，有客观因素也有人为因素，有必然因素也有偶然因素。旅游市场，特别是局限范围的实际发展轨迹，具有非线性、随机性和动态性特征。因此，有理由相信，"成功预测的难度大大超过形成精确模型的技术难度"（加拿大，S. Smith，1985）[①]，旅游市场预测的艺术性表现为：预测者必须在尚未完全掌握资料条件之前，事先了解所可能掌握的资料；必须在尚未得出预测结果之前，把握准被预测对象的未来特征，有些预测对象的性质十分稳定，有些对象则年年都发生巨大变化，预测者必须预先熟知对象的性情和脉搏，并对其大气候、大环境具备几分"未卜先知"的悟性与洞察；必须能熟练地选择最能针对该对象特点的预测方法，特别是在资料条件、工作条件有限（绝对性）的情况下，创造最合适的预测方法组合，在有限的条件下得出可靠的预测结果。由此可见，预测者需要提出正确假设、选择巧妙方法、利用有限资料，在不完全的数据中、在不规则的发展动态中把握未来。不能不说，这是一种艺术。

四、市场竞争的战略部署

市场竞争，是商品经济价值规律的客观要求和必然结果。旅游市场，属异地消费市场，通常又供大于求，且消费替代性强，因此必然导致旅游地之间、旅游消费与其他消费市场之间的激烈竞争。

旅游市场竞争一般有四种类型：①完全竞争，即市场不存在任何阻碍干预和特权，如同大型"小商品市场"一样，各旅游点类型均质，能自由进出市场，市场信息畅通，这是一个较理想的竞争状态；②垄断竞争，且有自由竞争和垄断竞争两种特点，即可以进入市场，但扩大市场有阻力；③寡头垄断，即极少数几家占领市场大部分份额；④完全垄断，即独家垄断。

在大多数情况下，旅游市场是一个垄断竞争市场，既具有垄断性又具有自由竞争性。其垄断性，主要由自然与历史文化资源的地域分布不均匀性和不可移置性引起，有些因素几乎无法靠人为因素改变，如九寨沟、长城等独特的条件具有垄断性质；其自由竞争性表现为，旅游者具有自由多样性选择权、就近选择倾向、地方特色偏爱等旅游消费特点。因此，名山可能被胜水取代，观光可能逐步

---

① ［美］科特勒（Kotler, P.）等著. 旅游市场营销［M］. 谢彦主译，大连：东北财经大学出版社，2006.

被体育取代，旅游地在绝大多数情况下均有机会进入市场。

旅游市场的竞争分析，是战略部署的必要前提。旅游市场竞争，本质上是一种活力对抗，如图6-2所示。在现实中，这种对抗常表现为多边性和网络性，如图6-3所示。

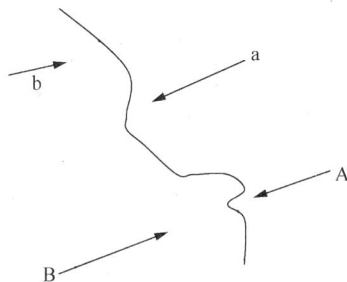

图6-2　旅游市场竞争对抗示意图

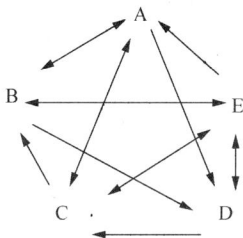

图6-3　旅游市场竞争的多边性和网络性示意图

战略部署，需优先进行市场竞争分析：①谁是竞争者？②威胁程度如何？③目前市场状况如何？市场份额是多少？④竞争者的发展战略是什么？市场潜力有多少？⑤如不进行市场调整，未来竞争势态如何？

竞争分析，必须知己知彼考虑多方因素。资源调查评价、区域区位分析、市场调查分析、相关竞争对象的资源与市场调查等工作的准确性、及时性，是竞争分析的必要前提，在此基础上进行综合分析。最著名的分析方法是"SWOT"分析法，指 Strengths—Weakness，Opportunity—Threats，意即强项—弱势，机会—风险分析，其分析的关键，一是把握自己比竞争者明显强的强项和明显弱的弱项，二是分析机会的性质、排序、制约以及风险的强度、作用和时间。

市场竞争部署，与产业结构、资源保护利用相比，往往处于中心地位。为便于全面把握，战略部署工作过程可以借助表格进行。

案例

旅游市场开发建设理论

——以江西省修水县旅游发展总体规划为案例

本案例主要展示旅游总体规划中如何进行旅游客源市场分析、市场需求分析、旅游市场影响因素的系统分析和旅游客源目标市场定位及预测。其工作步骤如下：首先调查分析客源市场现状与旅游者行为，包括国内外客源市场区域构成、旅游者性别、年龄、职业等人口统计因素构成以及旅游者经济水平、文化构成、行为结构等构成；然后结合市场需求、自身优势、市场影响因素，在旅游市场细分基础上进行市场定位与旅游形象塑造，确定目标市场、潜在市场与机会市场；最后是预测市场需求，需明确指出预测依据、方法与结果，本案例采用时间数列法预测游客数并解释了数据可信性。

一、客源市场现状分析及趋势变化

1. 修水县旅游市场现状分析

规划组于 2007 年 11 月 8 日~12 月 19 日在南昌、九江、长沙、武汉对游客进行市场调查，并对已有的关于修水县客源市场的数据（如浙江工商大学旅游学院、浙江省旅游科学研究所的《江西省修河旅游区总体规划》，2005 年 6 月）进行了详细调研分析，得出以下结论：

（1）游客市场结构分析。

旅游者性别比例：男性占 54.8%，女性占 45.2%，前者比后者高出 9.6，与全国的数据相比，女性市场还有一定潜力。

客源区域结构：本省居民是旅游区的主要客源，占总量近五成，这符合距离衰减理论，也与修水比较差的交通可进入性相关。地区分布表现为近距离游客，如修水、南昌、九江、武汉、长沙的游客数量大大高于其他地区，说明针对近距离地区如九江地区、南昌市、修水的湘鄂周边地区的客源市场营销开发的潜力较大。

年龄结构表现为 25~34 岁的游客最多，达 40.2%，其次是 35~44 岁的人群，占 31.6%。

文化结构：高中和大专学历两个层次人数最多，两类合计占调查样本的 60.5%，本科及以上学历占到 19.7%，可见大多数游客的文化程度较高。

职业分布：公务员最多，占样本的 28.2%，其次是企业人员、学生、教师，分别占 18.3%、10.1%、9.7%，共占样本总数的 38.1%。

收入水平：月薪3000元以下的人数占87.6%，其中月薪1001～2000元的占总样本的25%，而月薪3000～3999元的人数占17.8%。

（2）旅游者行为结构分析

旅游者行为结构表现如表6-2所示：

表6-2 修水县旅游者行为结构

信息来源	指标	电视电台媒体	报纸杂志	旅行社	亲戚朋友	各类旅游网站	其他
	比例	72.9%	65.5%	60.6%	63%	60.9%	51.3%
旅游方式	指标	自助	参加旅游团	出差	单位安排		
	比例	70.6%	39.7%	46.6%	65.9%		
同行旅游人员	指标	单独	和朋友结伴	与家人一起	单位同事	其他	
	比例	56.2%	50.5%	58.1%	60.9%	49.7%	

资料来源：根据广西大学旅游科学研究院江西省修永县旅游发展总体规划编制组调查资料整理而得，2009年12月。

另外，游客对于旅游时间的选择和安排上，选择"周末"和"法定节假日"的比例远远高于"利用出差机会"等。同时，旅游者出游的目的各不相同，其中"旅游观光"比例最高，占90.3%；其次是"探亲访友"、"公务出差"、"参加会议"。游客在旅行上安排的日程也各不相同，具体统计结果表明，行程安排在"一天"和"二天"这两者的比例远远高于"三天"以上。这也再次说明针对近距离地区如九江地区、南昌市、赣湘鄂周边地区的客源市场营销开发的潜力较大。

根据以上的分析，可以判断当前修水的旅游还处于刚刚起步阶段。

2. 九江市客源市场现状与变化趋势

修水的客源市场离不开周边区域旅游发展状况，通过分析周边区域的旅游市场状况，有利于修水县旅游客源市场目标定位及预测。

修水是九江的市辖县，因此，九江的客源市场状况是修水旅游接待的晴雨表。事实上，2006年，九江市"十一五"旅游规划中已经指出积极建设修河观光游览区，将修水的旅游发展提上了全市的一盘棋中。可以预见的是，修水将成为九江市旅游发展的重点建设县，九江市的旅游客源状况将直接影响修水的旅游客源结构。从客源地分析可以看出，九江市国内游客以本省游客为主，比例占到41.7%，其次是周边省份和传统客源输出省市。位于前十名的其他省市分别是广东、湖北、上海、山东、江苏、安徽、北京、浙江和湖南。从旅游者特征和行为分析可以看出，九江市游客以中青年为主，男游客比例高于女游客比例，学生和企事业管理人员占大多数。游客的平均逗留时间是 2.8 天，远低于全国的 6.2 天，但高于江西的 2.28 天。统计过程中发现，九江游客的逗留时间从 1 天到半个月不等，这与出游目标有一定相关性，观光旅游者多以 1~5 天不等，而探亲访友型的游客则逗留时间较长，而这两种游客在九江市旅游市场中占主体地位见表 6-3。

表 6-3　九江市游客行为结构

出行目的	项目	休闲度假	观光游览	探亲访友	商务	会议
	比例	18.9%	45.9%	28.6%	4.9%	1.6%
游客出游方式	项目	单位组织	家庭与亲朋结伴	旅行社组织	个人旅行	其他
	比例	11.7%	23.8%	18.0%	33.0%	13.6%
获取信息来源	项目	旅行社	亲友介绍	单位组织	媒体宣传	其他
	比例	13.0%	33.0%	11.0%	23.0%	20.0%

　　九江客源市场季节性明显，由于以自然旅游资源为主，观光游览的居多，因此集中于夏秋两季，这个季节正是观光、游览、避暑、度假的好时节。从出行方式上看，旅游旺季以单位组织、旅行社组织和个人出游方式为主，各占 1/3，淡季个人旅游、家庭和亲朋结伴则占较大比重；从出游目的看，在夏季，休闲度假的比例上升空间很大，春秋季节是修学旅游的集中时期而商务会议旅游也多颁布于淡季。从年龄构成上看，寒暑假青年比重上升很快，而老年游客比重在春秋季节有所提高。

　　3. 修水县周边县域国内客源市场现状与变化趋势

　　修水周边县份旅游发展得比较成功的县份主要是铜鼓县和武宁县。在修水旅游还处于空白状态时，铜鼓县和武宁县的旅游事业已是方兴未艾，取得了喜人的成绩。铜鼓县以天柱峰国家森林公园为龙头，整合旅游资源，走集约化经营的路子，把红色旅游资源开发与丰富的森林景观、秀丽的山水风光、独特的丹霞地貌和客家的风情文化结合起来，构筑了集"红色、绿色、客家文化"三位一体的旅游格局，推出了红色革命文化、绿色生态山水风光、避暑疗养度假、佛教禅宗文化、客家风情等精品旅游线路。目前，铜鼓县生态旅游渐入佳境，每年接待县内外游客达 10 万多人次，实现旅游综合收入 900 余万元。武宁县近三年来，累计投入旅游基础建设资金 3 亿多元，建成了武宁大桥，贯通了焦武二级油路，完善了城乡电网和通讯设施。对县域旅游资源进行了全面整合，投入 50 多万元聘请专业机构编制完成了武宁旅游开发总体规划。同时通过政府投入、招商引资、吸引民资等手段，千方百计筹措资金用于旅游景区景点开发。到目前为止，全县旅游开发签约项目 64 个，签约资金 33 亿元，其中签约亿元以上的项目 5 个。

4. 小结

修水处于江西、湖南、湖北三省交界，在区位上有不可替代的优势，这样三省的政治、文化和经济中心的省会城市就构成了修水旅游客源的第一目标市场。同时，由于属于九江市的市辖县，九江市旅游客源完全可能构成修水县旅游客源。应该指出的是，从地理范围上来分析，修水的国内客源市场随着九江旅游大环境的发展将朝着如下的趋势发展：首先发展江西、湖南、湖北；其次是广东、上海、安徽、江苏、浙江等省旅游市场；再次发展山东、辽宁、河南、陕西、重庆、四川、云南、贵州、广西、海南等省客源市场；最后扩展到全国其他地区。

二、旅游市场需求分析

在本规划的编制过程中，主要从中国旅游市场的需求和发展趋势、九江市国内旅游市场需求以及入境旅游市场需求三大方面来分析修水县的旅游市场需求。

1. 中国旅游市场需求和发展趋势

作为旅游业的两大主体之一的国内旅游，经过 20 多年的发展，需求条件、消费条件逐渐成熟，已具有一定规模，其产业地位和作用也在不断提升。随着我国国民经济的迅速发展和人民生活水平的不断提高，加上双休日作息制度的实行、带薪假期时间的增多以及旅游交通设施的完善，国内旅游已成为人们的一种生活时尚。国内旅游业的迅猛发展，已经成为许多地方新的经济增长点，在扩大内需、活跃市场方面起到了积极的推动作用，并带动了一大批相关产业的发展。基于旅游产业关联作用强、带动能力大的特征，各级政府层面已经充分意识到这种产业类型在扩大就业、增加人民收入等方面的重要作用，在制定产业发展战略时纷纷将旅游业作为主导产业类型进行优先发展，而人民收入的提高和出游能力的增强则从供给方面创造了旅游产业发展的条件。在中国国内旅游发展这样的供需关系背景下，修水县旅游的发展也将有稳健的发展速度，必将在主导产业类型当中占据越来越重要的位置。

2. 从九江市层面分析修水国内旅游市场需求

修水县作为九江市旅游开发的重要组成县域，随着旅游业的发展，修水县将受益于九江市已开发的旅游市场。因此，探讨九江市国内旅游市场需求有助于修水国内旅游市场需求的分析。

（1）一级市场

九江市的核心旅游市场为江西、湖北、湖南、广东、上海、江苏、浙江等省市。随着旅游产业在我国的快速发展，江西省的旅游业越来越受到地方政府的重视，被定位为江西省的支柱产业，投入力度大增。近年来，江西省旅游呈快速发展的态势，特别是"五一"、"十一"黄金周，江西旅游市场的火爆现象也证实了旅游发展的潜力。

（2）二级市场。

二级市场为京津唐地区、山东、辽宁、河南、陕西、重庆、四川、云南、贵州、广西、海南等。相比之下，这一地区距离九江市较远，但内部有我国北方经济重心和我国第一人口大省河南省等。近年来，北京、天津和山东的游客有很大程度的增加，所以这一地区的开发潜力也很大。

（3）三级市场。

三级市场为全国其他地区，如东北、西北、西南等机会客源市场。东北地区地区冬季气候寒冷，植被单一，虽距离修水较远，但南方的温暖阳光、山清水秀的自然风光对其有很强的吸引力。而且修水作为中国第一面军旗升起的地方，红色旅游资源丰富，还有修河的灵秀都将构成修水县对三级客源市场的强大吸引力。

综上所述，根据修水的区位条件、资源禀赋及旅游发展阶段，修水的临近区域和湘鄂赣三省省会是核心目标客源市场，是市场开拓的重点。

3. 入境旅游市场需求分析

通过对比江西省及九江市近两年的旅游接待情况可以发现，两者在入境旅游者的接待方面的基数较小。而修水处于旅游起步阶段，无论知名度，还是旅游产品开发建设方面还远远无法吸引大批量的海外游客。因此，规划组仅将入境市场作为修水旅游接待的机会市场。

港澳台一直是我国主要入境客源市场，修水有着良好的自然和人文资源，可将三地的同胞作为重要的入境目标群体。

由于修水的黄龙寺是黄龙宗的发祥地，深受"黄龙禅宗"影响的日本可以定位为重要的入境目标客源市场。

2007 年九江市接待韩国游客达到 13300 人次，作为同属东方文化圈，韩国可定位为重要的入境目标客源市场。

三、修水县旅游市场影响因素的系统分析

影响旅游市场的因素一般有经济、政治、自身条件以及行业趋势等。

1. 经济与政治因素

（1）多区域合作。

随着泛珠三角区域合作的深入以及中部崛起战略的实施（包括正在编制的《中部旅游总体规划》）都给修水县旅游业的发展带来机遇。

江西省在《江西省旅游业发展"十一五"规划纲要》提出构建七大旅游圈，

其中修水可凭借自身的区位及资源禀赋融入南昌旅游圈（南昌—樟树—靖安旅游圈）、庐山旅游圈（庐山—鄱阳湖—柘林湖旅游圈）、大井冈旅游圈（井冈山—吉安—万安旅游圈）和武功山旅游圈（仙女湖—武功山—安源旅游圈），以介入全省旅游区位合作。而九江市《九江市旅游"十一五"发展规划》中，修河流域观光度假旅游区的功能区划，为修水与武宁、永修旅游的区域提供了方向和条件。

（2）国内趋势。

对修水影响最大的是国家中部崛起战略和可持续发展战略的实施。实施国家中部崛起战略，是修水重要的历史机遇。正在编制的《中部地区旅游发展规划》是国家旅游局配合国家中部崛起战略而确定的重要大区域规划之一，不仅是中部旅游开发的总体部署和行动纲领，也是落实中部崛起的重要措施。按照国家旅游局的要求，它强调立足中部崛起战略和旅游强国战略需求，从国家宏观层面，按照世界旅游目的地建设目标，统筹谋划中部六省旅游的战略目标、战略布局，选择重点旅游项目，进行重点核心旅游城市建设。

江西旅游发展趋势：在已经开始的"十一五"规划期，通过五年努力，实现江西省品牌旅游目的地和精品名牌旅游产品建设的重大突破；全面提升江西旅游产业素质和旅游对外整体形象；实现旅游经济增长方式的重大转变，推动旅游发展走上质量效益型增长之路；实现旅游业在中部地区的逐步崛起，旅游业成为江西省国民经济的重要支柱产业，江西成为"沿海经济发达地区居民旅游休闲的后花园"和全国红色旅游强省、旅游经济大省。

九江旅游发展趋势：《九江市旅游"十一五"发展规划（2006～2010）》明确提出，经过五年的努力，把九江建设成为长江中下游地区具有强大辐射力和吸引力的旅游休闲中心城市，成为全国乃至全球知名的旅游名城。构建具有较大规模和较强实力的旅游产业体系，旅游业总收入占全市国内生产总值（GDP）的15%以上，成为九江市现代服务业的主导产业和国民经济的支柱产业。预计五年共接待海外旅游者103万人次，旅游外汇收入36729万美元，均超过前27年的总和，分别比"十五"期间增长278.82%、419.73%；预计接待国内旅游者6352万人次，国内旅游收入470亿元人民币，同比增长84.56%、116.74%，其中国内旅游收入超过前24年的总和；预计实现旅游总收入504.62亿元，比"十五"增长139.45%，旅游业在促进全市经济发展和社会进步中发挥出更为重要的作用。

2. 修水自身条件变化

（1）政策走势。

修水县十五次党代会提出了"12345"的工作思路：坚持以科学发展观统领经济社会发展全局；发挥人才优势、自然资源优势；推进思想观念转变、工作作风改进、体制机制创新；着力发展矿业、能源业、生态农业、商贸旅游业；加快经济外向化、工业新型化、城镇特色化、农业产业化、社会和谐化进程，为建设美丽富裕、和谐文明的社会主义新修水而努力奋斗。还提出了"四个一点"的执政理念（山上树更多一点、河中水更清一点、百姓钱更多一点、社会更和谐一点）以及"四不"的作风要求（政治上不作秀、经济上不掺假、作风上不飘浮、步伐上不减速），将发展矿业、能源业、生态农业、商贸旅游业作为今后几年的工作重点，这一思路既适应发展形势，也符合修水县情。

（2）对外交通变化。

修水县一直"养在深闺人不识"，主要原因是交通的可进入性未得到完全解决。除地理位置远离大中城市而处于湘鄂赣边界这一落后地区的"中心"外，修水县的发展条件和其他因素恰恰是处在"边缘"。随着武吉高速公路即将开通，修水的"边缘"将转变为"中心"。同时，随着修水内部县乡公路网络的改造完善，周边核心目标市场进入修水的交通成本将大大降低，旅游的吸引力将进一步增强。

3. 旅游市场走势

（1）旅游产品需求走势。

从现状规模分析，国内外最流行的四大旅游产品分别是观光旅游、度假旅游、文化旅游和生态旅游。但从趋势来看，将在全世界普及的四种新兴旅游活动形式中，生态旅游居首位，其次是文化旅游、体验旅游和休养保健旅游。

（2）红色旅游的强劲发展趋势。

红色旅游是我国旅游产品的重要组成部分。红色旅游具有可持续发展的必然性，这是由我国旅游业强劲的发展势头决定的。凭借"秋收起义在修水"、中国工农革命军第一面军旗升起的地方等红色旅游资源，深化认识，进一步加强对红色旅游工作的组织领导；突出特色，进一步增强红色旅游的内在魅力；融合发展，积极适应旅游市场规律；市场运作，提高红色旅游市场竞争力；提升质量，综合发挥红色旅游的效益；注意红色旅游产品的升级换代，推动红色旅游产品向集约化转变，向质量效益型转变，向提供高质量服务转变，向更好发挥综合功能转变，实现红色旅游又好又快的发展。

（3）旅游活动将朝着大众化方向发展。

对于修水县而言，旅游大众化的重要表现之一是国民旅游计划，即指在市场机制的运作基础上，各级政府通过各种政策措施和操作手段，最大限度地适应人民群众日益增长的旅游需求，使旅游真正成为人民的普遍消费行为，成为生活要素之一[1]。目前，广东、江苏等省份已经率先开始执行这一计划，实现公民的旅

---

[1] 魏小安，王大悟. 新编旅游经济学［M］. 上海：上海人民出版社，2000.

游福利。国民旅游是人本主义在旅游规划中的体现，制定修水县旅游规划，不但需要考虑满足外来旅游者的需求，充分满足县域内居民的旅游需求同样也是修水县旅游规划的应有之义，为区域内的居民提供旅游休闲的机会，对于提升居民素养、创建和谐社会，具有重要的现实意义。

（4）以自驾车旅游为主的自助游将成为流行趋势。

自助旅游是一种时尚的旅游方式，可以表述为：以"张扬个性、亲近自然、放松身心"为目标，完全自主选择和安排旅游活动，且没有全程导游陪同的一种旅游方式。目前中国自助旅游市场的规模仍很难用量化指标来描述，但可以肯定的是自助旅游正在快速增长。在自助旅游市场中，家庭休闲游占了相当的份额，而且多为去往周边地区的短程旅游，双休日和公休假日是自驾车短途旅行的出游高峰。一项对北京、上海、广州三城市749个家庭所做的调查显示：过去半年曾经旅游的被访者表示，最近的一次旅游大多是到所在城市的周边进行短途旅游。而且，随着交通的进一步改善，修水从湘鄂赣三省省际的"边缘"变成"中心"，良好的区位条件构成修水开展自驾车等自助游的绝好条件。

四、旅游客源市场目标定位及预测

旅游客源市场目标定位及预测是旅游市场分析的最终目的。通过定位和预测选择目标市场，进而根据目标市场规划设计适销对路的产品是旅游规划的重要工作。在对客源市场进行目标定位时，一般包括区域定位和层次定位两方面；而对客源市场进行预测则主要包括预测依据、方法和结果三大部分。

1. 客源市场目标定位

（1）区域定位。

入境旅游市场。由于区位及资源禀赋等因素，修水县的入境旅游市场基本上依附于九江市的入境旅游市场，故修水入境旅游市场定位为我国港澳台、日、韩、东南亚及其他受东方文化（儒学、宗教，中国书法、诗词）影响的海外游客。同时，由于修水是旅游开发的后来者，所以，入境旅游市场基本上只定位为机会目标客源市场。

国内旅游市场。核心目标客源市场：昌九工业走廊；基本目标客源市场：修水周边临近区域；机会目标客源市场：大庆—广州高速公路沿线城市带、京津都市圈及其他国内区域。

（2）客源层次定位。

旅游客源市场类型定位：观光游览客源市场、休闲度假客源市场、自然生态旅游客源市场、红色旅游客源市场、宗教旅游客源市场和修学旅游客源市场。

消费层次定位：以中高档为主。其中，低档消费以本地市场为主，中档消费以观光游览为主，高档消费以休闲度假游客为主。

旅游方式定位：以团体为主，散客为辅，随着市场的逐步扩大，团体旅游份额将逐渐下降，家庭和好友自助式旅游、自驾车旅游份额将逐渐上升。

旅游者职业定位：观光游览、宗教旅游和自然生态旅游指向大众游客，休闲度假指向收入较高的私营企业家、白领阶层和公务员，红色旅游指向公务员等事业单位职员，修学旅游指向在校师生和专业人士。

2. 游客规模及主要旅游经济指标预测

(1) 市场预测的依据。

全国及江西、九江和其他周边县域旅游发展的形势和旅游消费趋势；九江市旅游业发展"十五"计划和到 2020 年长远规划设想；九江市旅游"十一五"发展规划（2006～2010）；九江市旅游发展总体规划；江西省旅游业发展"十一五"规划纲要；主要客源地的人口、经济发展情况。

(2) 预测方法。

制约游客规模的因素很多，既有国内外政治因素、社会经济和自然环境因素，也有旅游者主体的社会人口学特征等综合因素。因此，在预测游客规模时，主要考虑如下几种因素：国家、江西省、九江政府发展旅游业的方针政策及修水县在国内外旅游市场销售中的竞争力；修水县旅游景区（点）的开发建设速度和接待能力；旅游景区（点）旅游资源质量、优势及开发旅游的制约性因素；国内外游客需求发展趋势、休假制度及旅游地生命周期规律；客源地的社会经济状况及相关旅游景区（点）现有年游客流量及开发建设管理经验等。

(3) 市场预测。

表 6-4　2007～2020 年修水县旅游人数及主要旅游经济指标预测

年份 指标	入境旅游		国内旅游		合计
	旅游人数（万人次）	年增长率（%）	旅游人数（万人次）	年增长率（%）	旅游人数（万人次）
2007			15.0		15
2008	0.10		20.0	33	21.1
2009	0.12	20	26.0	30	26.12
2010	0.14	20	33.8	30	33.94
2011	0.16	15	40.6	20	40.76
2015	0.28	15	84.2	20	84.48
2016	0.31	10	96.8	15	97.11
2020	0.45	10	169.3	15	169.75

年份 指标	入境旅游		国内旅游		合计
	旅游人数 （万人次）	年增长率 （%）	旅游人数 （万人次）	年增长率 （%）	旅游人数 （万人次）
2007			1.07		
2008	100		1.5	33	
2009	120	20	1.95	30	
2010	144	20	2.54	30	
2011	165.6	15	3.05	20	
2015	289.6	15	6.32	20	
2016	318.6	10	7.27	15	
2020	466.5	10	12.72	15	

案例分析

在旅游规划中，旅游资源是基础，旅游产品是内容，而旅游市场则是出路，最好的旅游资源和旅游产品，如果没有市场，这样的旅游开发终归要失败。其实，在很大程度上来讲，编制旅游规划就是围绕旅游市场来进行，市场需要什么，我们就规划什么，从而保障产品的适销对路。那么，要清楚如何对旅游市场进行规划，就得知道旅游市场主要包括什么内容。一般来说，旅游市场包括旅游客源市场、旅游产品市场、旅游销售市场（也叫旅游营销市场）、旅游资本市场等，其中旅游客源市场为核心市场，没有客源市场一切旅游开发都是徒劳的。

在旅游市场的规划过程中最重要的工作就是对客源市场进行调查分析，调查的形式有两种：一是对旅游目的地历年的客源进行文案分析，二是对假设的目标客源市场进行问卷调查分析。文案分析主要是对历年的游客记载的旅游行为、旅游消费、旅游动机、旅游目的地客源市场特征等进行分析研究，目的是寻找出旅游目的地客源市场的一般规律。而问卷调查分析则是通过设计特定的问题，了解客源的分布规律、出游特征、消费特征、旅游动机、休闲频度等旅游行为和旅游消费特征与规律进行分析研究。在这个基础上对客源进行细分，划定旅游细分市场，然后制定相应的市场营销措施有的放矢地进行营销。

在本案例中，我们以《江西省修水县旅游发展总体规划》为例对客源市场分析及定位进行剖析，目的是让读者掌握旅游市场规划的一般手段和技术方法。在这个规划中我们只对该度假区的历年客源市场进行了文案分析，没有对其进行假设目标市场的问卷调查，这是一个缺陷。在规划中我们对游客的基本特征：身份识别（性别、职业、区域构成、年龄等）、消费行为（消费水平、消费能力、出游动机等）、游客的市场特征等基本内容进行了分析，总结了江西省旅游客源市场的一般特征。在这个基础上确定了客源市场的目标细分，即是将客源划分为国内市场和入境市场，依据客源分布的衰减定律和调查分析结论，又将这两个市场细分为核心目标客源市场、基本目标客源市场和机会目标客源市场，这种细分的目的是为了更好地对客源目标市场进行营销。当然，旅游市场的营销策略和手段不能千篇一律，必须依据不同的客源目标市场的不同消费特征和旅游行为特征采取不同的策略和手段。

▶▶ 思考与练习

1. 结合本章内容和查找旅游市场方面的学习资料，谈谈旅游规划如何以"市场为导向"进行编写，并对"市场为导向"是不是旅游规划导向这一问题进行讨论。

2. 请登录"中国期刊网"，键入"旅游市场"为篇名，搜索相关的旅游市场文献，然后针对本章所给出的两个案例，设计一份旅游市场问卷调查并进行调查，然后撰写一份旅游市场调查分析报告。

第七章　旅游产品规划

▶▶ 内容导读

　　旅游产品是旅游规划的具体化，旅游产品规划首先需要对旅游资源进行产品化策划，然后再根据旅游市场发展需求现状与发展态势和旅游资源禀赋进行旅游产品规划，并要处理好几种常见旅游产品的规划。通过本章学习，认识旅游资源产品化策划的基本途径和方法，了解以旅游产品为中心的规划原理，懂得几种常见旅游产品规划的基本思路和内容，掌握旅游文化产品等专项旅游产品规划的理论和技术方法。

第一节　旅游资源产品化策划

　　旅游资源产品化也是旅游规划基本理论体系中技术层次的重要理论课题之一。我们认为，旅游规划在理论框架上要突出"一个中心，两个基本点"，即要突出产品开发规划这个中心，重点抓好旅游资源分析评价和客源市场分析与预测这两个基本方面。旅游产品开发规划是旅游规划的重中之重。未来的旅游规划应该是以旅游品牌为中心的规划，品牌竞争思想将在旅游规划中占据越来越重要的位置。旅游规划实质上就是把旅游资源转化为旅游产品的工作，其工作过程就是旅游资源产品化的过程。这就是旅游规划的核心或中心，要编制出一个好的旅游规划，一定要狠狠抓住这个中心环节。

一、旅游资源产品化中出现的新情况

　　旅游资源本身是发展变化的，同时，旅游者对旅游产品的需求也呈多样化发

展趋势，这就使得旅游资源产品化过程中出现了一些新的情况。这里主要有两点是值得规划工作者特别注意的：

1. 人们对旅游资源的认识正在不断深入，不断有新的突破

随着旅游业的发展，人们对发展旅游业的基础——旅游资源的认识不断有新的突破。比如过去我们只知道山水风光、河湖风光、宗教寺庙、文物古迹是旅游资源。不知道水涨潮落、黄土白沙也是旅游资源。滔滔的钱塘江潮水日复一日地存在了千万年，到了20世纪90年代才被人们认识到这是一笔可观的旅游资源。从1994年开始，"国际观潮节"年年办，观潮者年年增。2000年浙江舟山举办"国际沙雕节"又再次告诉人们，那海滨滩涂随处可见的黄沙，也会成为旅游资源。只因有人出了个"沙雕"的点子，就有那么多的中外艺术家自己掏钱赶到舟山，同时也吸引了很多的游客赶来海岛看"沙雕"。潮水和黄沙都被视为旅游资源，并被有组织地开发旅游产品，这让我们体会到，随着社会的发展，人们的需求、兴趣都在发生着变化，这就使得旅游资源产品化的思路被大大拓宽了。

2. 旅游者对旅游产品的需求呈多样化发展趋势

随着经济的发展和社会的进步，人类对旅游的需求越来越多样化了。如有的旅游者仍然热衷于四处观光，有的旅游者却去寻找一种原始体验；有的旅游者希望领略都市文明，有的旅游者却喜欢去南北极探险；有的旅游者希望参加修学旅游，有的旅游者却被经济景观所吸引；有的旅游者为体育活动、文化活动所吸引，有的旅游者却为游乐设施而来，为节日庆典而至。为此，在旅游资源产品化过程中，必须了解旅游资源与旅游产品的关系。

大家知道，旅游资源不是旅游产品，两者的关系从数量上说，旅游资源往往是大量存在的，而旅游产品相对于旅游资源来说数量要少得多。从存在状态来说，旅游资源处于原始状态，是潜在的旅游产品，而旅游产品则是已经过人们有意识地开发了的，是现实存在的旅游对象。由此可见，旅游资源只是旅游产品的"毛坯"，旅游资源变成旅游产品，还必须经过开发建设，而在开发建设过程中，既要坚持市场导向原则，还要坚持可持续发展原则。这就是说，发展旅游业要依托本地旅游资源优势，并在此基础上找到资源和市场的最佳结合点——从国际、国内旅游客源市场出发，针对目标客源市场游客的爱好，合理利用旅游资源，设计旅游产品，开发建设各类旅游项目，完善旅游服务。充分发挥市场对资源要素的基础性配置作用，也就是资源与市场的结合过程。搞好这个结合，并在经营过程中加强管理，就能避免出现"一流资源，二流产品，三流产业"的现象。

二、旅游资源产品化思考

怎么进行资源产品化？归纳为四句话，即"摸清资源，瞄准市场，突出特

色，做足文章"。这就是说，旅游规划工作应围绕这四句话去进行旅游产品的策划。

1. 摸清资源

摸清资源就是要认真细致地把该地区旅游资源的分布、类型、特点调查了解清楚。并实事求是地对其中主要资源的品位进行定性定量评价。这就要像打鱼撒网一样，既要撒得开，又要收得拢。网撒得开，就是要了解所有的资源，至少也要把握住主要资源。如在贵州松桃苗族自治县编制旅游规划中资源调查得出的结果是：该县拥有三大景系、六大景观类、50 个景型和 193 个旅游资源单体。以《中国旅游资源普查规程》分类分级系统衡量，该县旅游资源三大景系（自然景观资源系、人文景观资源系、服务资源系）齐全，六大景类（地文景观类、水文景观类、生物及气象景观类、历史遗产景观类、现代人文吸引物景观类、抽象人文吸引物景观类）也都有，全部 90 个旅游资源景型（基本类型）中它拥有 50 个，基本类型覆盖率达 54.3%。这就是松桃县旅游资源构成体系，在这个体系中，包括 193 个旅游资源单体（景点）。

全部资源摸清楚了，算是网撒开了，但网撒开了如果收不拢，也打不到鱼。收网就是归纳所有 193 处景点的总体特征，以便确定开发方向。经过研究，该县旅游资源总体特征归纳为四点：自然景观类型较齐全，并且有鲜明的特色（指山、水、洞、林、生物、气象景观一应俱全，特别是国家级自然保护区梵净山景色独具特色）；苗族风情浓郁，苗文化独树一帜（指该县为苗族自治县，有浓郁的苗族风情，形成了以"傩文化"为核心的苗文化体系，其中苗族特技全国闻名）；历史遗产丰富，有深厚的文化内涵（指梵净山佛教寺庙、寨英古镇、云落屯悬棺葬、新石器文化遗址、红军长征时的旧址、标语等）；旅游资源地域分布具有一定规律性（指地理地质环境对人文旅游资源分布呈高、中、低三个层次）等。这就给我们提供了资源产品化和开发建设的方向。

2. 瞄准市场

旅游资源产品化，必须研究市场，面向市场，为不同需求、不同层次的旅游者开发适销对路的旅游产品。

旅游市场对旅游地来说，一般有国际旅游市场、国内旅游市场、本地旅游市场。不同的市场有不同的需求，也就有不同的产品开发。比如上海，国际游客以商务会展旅游为主，国内游客以观光游览购物为主，本地游客以休闲娱乐为主。而对桂林来说，国际游客则以观光游览为主，国内游客以观光游览兼休闲度假为主，本地游客以休闲娱乐为主。这就要针对不同的需求开发不同的产品，当然这也不是一成不变的。

3. 突出特色

旅游是基于人们在休闲中求新、求异、求奇、求知、求乐的心理而产生的行为，所以突出旅游地和旅游产品的新、异、奇、乐等特色是旅游业的灵魂。特色是旅游目的地吸引力、竞争力和生命力的源泉。抓准品位高、特色浓甚至是垄断性的旅游资源，开发标志性、支撑性的旅游主导产品，并辅之以其他配套产品和高质量的服务设施，使之成为旅游精品乃至极品，并通过精心策划宣传，构建起鲜明而独特的旅游目的地总体形象，在国内外群雄并起的旅游市场上独树一帜，从而对远近旅游者形成巨大的吸引力，这是资源产品化过程中需要着力探究和解决的中心课题。

然而，在旅游资源产品化过程中究竟如何突出特色？这是要下一番功夫的。在有些地区，只要资源调查到位，情况都了解了，一般通过简单的归纳法，就可以把该地区资源特色找出来。但是在另一些地区，资源特色是要靠深入发掘才能发现的。比如广西桂平有不少山，单从山来讲，除了桂平西山是国家级风景名胜区外，其他的多无特色。但通过考察，人们就会发现，桂平的那些山，如果分开来看，的确很平常。但如果将它们整体组合成一个旅游产品，就会发现它有一个很大的特色：通常一个地方的山都是由一种岩类形成的，比如桂林的山就是由石灰岩形成，由两种岩类形成的就很少，而桂平的山，竟是由四种岩类形成——西山是花岗岩地貌，罗丛岩是石灰岩地貌，白石山是丹霞地貌，而大平山及大藤峡沿岸诸山是沙页岩地貌。这种现象在广西乃至全国都是少见的。如果把这四种岩类形成的山岳风光组成一个旅游产品，并从地质学和美学的角度写好解说词，向游客介绍不同岩类形成的景观，各不相同的特点和规律，使人在观赏游览之中，宛如进入了地质博物馆，感到增添了不少知识，很有收获。这样，桂平的山岳风光的特色就突出来了。

4. 做足文章

旅游资源产品化过程，就是根据资源做文章的过程。有山就要做足山的文章，有水就要做足水的文章，还要做足"人"的文章（革命烈士、名人、先进典型人物），做足"节"的文章（山水旅游节、三月三民歌节、荔枝节、茶文化节等），做足"商"的文章（商务旅游、购物旅游等）。如何做足这些文章呢？这就需要规划工作者具备一定的基础知识。

（1）不同类型的旅游资源可开发的旅游产品。

海洋、海滨、海岛。这类旅游资源，主要利用大自然特有的阳光、沙滩、海水及其他伴生的资源以及景观、气候、康体、娱乐等方面诱人的魅力，可开发出以下基本形式的旅游产品：海洋、海滨、海岛观光游览——度假避暑避寒——休闲疗养；海上体育活动——航海旅游——海洋探险；海洋科考旅游——海岛渔岛民俗旅游——垂钓与海鲜品赏旅游——海底考察观光旅游等。

荒漠、草原。这类旅游资源，主要是利用荒漠和草原博大辽阔、神秘原始、古朴自然的奇特景观以及所在地粗犷浓郁的民族风情、文物古迹，发展观光览胜和各种特殊专题旅游活动。如观光游览——节庆度假——民俗风情；沙漠探险——野生动植物考察——考古——狩猎品尝野味佳肴——汽车越野拉力赛；滑草、赛马体育运动——野营篝火——民族历史文化采风等。

山地、森林、名山。这是一类分布广泛、内容丰富的综合性旅游资源。它主要利用山地多变的地貌景观、森林植被、特殊气候以及伴生的人文古迹，可开发下列基本形式的旅游产品；观光游览——度假避暑——休闲疗养；徒步登山——体育登山——冬季滑雪——高山滑翔——攀岩运动；野生珍稀植物考察——科学探险探奇——地质旅游——森林狩猎——采集和品尝山珍野味及购物旅游等等。

河川、湖泊。主要利用河川、湖泊富于变化的水文形态、生动的自然景色和舒适的环境，可开发以下类型的旅游产品：泛舟观光——度假避暑——休闲疗养；水上体育娱乐——垂钓、鱼鲜品尝——水产养殖捕捞特色旅游——民族风情（龙舟赛等）；漂流探险——水文、水生物科学考察等。

泉、瀑、溶洞。这是一类广泛分布于山地、丘陵、高原和平地的自然旅游资源。它以形态生动、视域空间相对较少为特点，主要利用其景观形态和特殊效用，开发以下基本形式的旅游产品：观光游览——度假避暑——温泉疗养——矿泉茶道茗饮——名泉、名瀑文化历史旅游；洞穴观光——地下河探险——地质科学生物考察——康复医疗——洞穴考古与洞穴文化旅游等等。

平原、水乡。平原水乡一般属农业开发地区，其中田野广阔，阡陌纵横，河网密布，自然景色秀丽，耕作精细，田园风光与安逸舒适的居民生活相映成趣。加之乡间特有的传统文化，淳朴的民风民俗，尤为城市旅游者所喜爱，成为近年来各国竞相开发推出的旅游产品。如田园观光——度假休养——古代农作旅游——乡村民俗节庆文化旅游——民居、故居考察；水乡、运河观光——捕捞采摘体验旅游——民间传统体育比赛——垂钓旅游——水产尝试、土特产购物等等。

自然保护区。自然保护区以自然景观地域、原始珍稀植物、重要天然风景区、特殊意义的天然地质剖面、化石产地和自然历史遗产所在地著称，具有重大的保护价值和科学研究价值。除了以保护自然资源、历史遗产和生态环境为主要目的外，它还负有一定的科研、科普教育、教学、旅游和生产相结合的任务。因此，世界各国均把它作为一项重要的旅游资源，加以合理的开发和利用。一般来说，在自然保护区划定的一定范围的可旅游地中，可开发以下类型的旅游产品：观光游览——森林探险旅游——科普修学旅游——度假避暑旅游；登山滑雪——狩猎等。

文物古迹。文物古迹是一个国家和地区历史文化丰厚程度的重要标志，其类型众多，主要有古人类遗址、古墓群、古工程、古建筑、古石窟艺术、古石刻、古园林、古寺庙以及其他古文物遗存等等。文物古迹既具有历史、艺术和科学价值，又是进行爱国主义教育、增强民族自豪感和自信心的重要教材，还是旅游观光的好去处。世界各国都极重视开发文物古迹游。这类旅游资源可开发以下类型的旅游产品：古人类遗址观光游览——文化修学与考察——科学考古；皇宫、皇陵、皇家建筑观光游览——历史文化考察——皇家习俗与御食品尝旅游；石窟、寺庙、教堂、塔院等观光游览——宗教朝觐——历史文化和科学考察——宗教节庆与祭祀典礼旅游；园林建筑观光游览——园林建筑艺术考察——文化历史专题旅游；古代工程观光游览——建筑工程考察；古墓葬与出土文物观光——文化考古——博物馆旅游。

近现代史迹纪念地。这是一类重要的人文旅游资源。它主要反映近现代历史时期内的重大革命斗争史迹与历史事件，包括各种纪念地、革命遗址、战争遗迹、墓葬、名人故居、纪念性建筑等。这些史迹纪念地和文物古迹一样，是一个国家和民族历史的重要组成部分，具有巨大的历史价值和教育意义。它是我们开展红色旅游，进行国际主义和爱国主义教育，增强民族凝聚力和历史责任感的重要课堂，也是"寓教于乐"的观光游览胜地。这类旅游资源可开发以下类型的旅游产品：观光游览——革命斗争与传统教育——历史文化考察与研究；节庆纪念活动——史迹博物馆旅游——访史体验旅游——其他特殊专题旅游等。

现代建筑成就。随着经济发展与科学技术进步，各国都建成了一批新的人文景观。它们种类众多，内容广泛，成为人类现代文明进步的重要结晶与标志，也是现代旅游业经营开发的新领域。现代建筑成就包括工业、农业、交通、城乡建设、科学技术、文教体卫等经济社会领域的全部建设成果。它们以形式多样、时代气息浓郁、贴近生活、知识性强等特点，成为当地大众了解社会进步、探求知识、接受爱国主义教育的重要场所，也是旅游者乐于光顾的新去处。这里的旅游资源，可开发以下类型的旅游产品：观光游览——经济社会、科技进步专题考察——商务会展旅游；科技博览——现代游玩娱乐等。

民俗、民族文化传统。这是一类非商品性的文化旅游资源。它以其丰富的文化内涵吸引异域旅游者，成为旅游开发的重要内容。这类旅游资源主要包括传统的民俗风情、生活习惯、生产方式、建筑形式、节庆典礼、宗教信仰、服饰装束、民间艺术、烹饪技艺、工艺特产、音乐歌舞等，内容十分丰富多彩。这类旅游资源，可开发以下类型的旅游产品：观光游览——民族文化考察——民俗旅游；民族文化艺术采风——学术旅游——宗教旅游；民族节日——民间节庆——戏剧（曲）、民间烹调与饮食——购物商贸。

城市。众所周知，城市是社会经济发展到一定阶段的产物，是人类文明时代的勤劳、开拓与智慧的结晶。同时，城市又是国家形成的重要标志，是历史与文化的纪念碑。千百年来，城市作为人类文明的集聚点和创造中心，形成了难以计数的风景名胜和各种人文景观，而且又是现代旅游活动的接待服务基地，因此开发城市旅游具有极大的优势。鉴于城市旅游具有多样性的特点，它可以开发以下类型的旅游产品：历史文化名城名胜观光游览——文化历史考察——园林建筑艺术专题旅游——博物馆旅游——民俗文化旅游——艺术节庆旅游；现代城市观光游览——现代文化娱乐体育活动——科技博览——特区、开发区考察——购物旅游；城市观光游览——商务会议旅游——艺术节庆旅游——体育文娱竞赛——购物美食。

饮食、物产。具有民族特色的美味佳肴、风味小吃以及优质廉价的地方土特产，也是一项不可忽视的地方旅游资源。这类资源通过开发，不但为旅游者提供旅游活动中所必需的生活消费，丰富旅游生活，而且还可以为专题旅游项目进行组织开发，以发挥资源的最大潜力与优势。

以上我们介绍了在旅游资源产品化过程中，各类旅游资源可以开发哪些旅游产品的有关知识，在这里，我们还要补充说明两点：

第一，有关各类旅游资源可以开发哪些旅游产品的知识，所讲的只是该类资源"可以"、"可能"开发哪些旅游产品，并不是说一定要开发哪种旅游产品，究竟能不能开发，值不值得开发，还要靠资源本身的品质决定。比如广西石灰岩地区到处都有溶洞或洞穴，是不是凡是"洞穴"都应开发"洞穴观光"产品呢？那还应该研究有无特色和值不值得开发。特别是看过桂林山水的人们，谁还愿意再看没有更多特色的溶洞？在一个地区内避免在同一水平上的重复建设，乃是规划人员必须遵守的准则。

第二，在旅游资源产品化过程中，规划人员还应该知道，旅游产品与工业产品不同，工业中通常一种产品只有一种用途，蛋糕是食品，冰箱是用作冷藏食物的，一种产品通常只满足一种消费需求。旅游产品则不同，一种产品通过多层次开发，可以满足多种消费需求。如世界长寿之乡巴马，是广西的十大旅游精品之一，但专家组在作规划时，就提出了以长寿之乡生态环境为主题，可以有序地开发观光游览、休闲度假、科学考察三个层次的旅游活动，即开发"盘阳河长寿村寨生态环境游、巴马长寿之乡休闲度假村、国际长寿科学考察及学术会议中心"三个相对独立、互不干扰的项目。这种能有效地扩大客源的开发方式，是值得规划工作者借鉴的。

（2）不同类型的旅游产品可策划的旅游项目。

前面我们介绍了不同类型的旅游资源可以开发哪些旅游产品，如果能进一步了解不同类型的旅游产品一般可策划哪些旅游项目，那么，人们在旅游资源产品化过程中的思路就更开阔了。

观光型旅游产品，是以游览观光自然风光、文物古迹、民族风情和都市风貌为主要内容的旅游活动所凭借的产品。随着社会经济的发展和科学技术的进步，传统的观光产品已难以满足社会的需求。20世纪后半叶，人造景观、主题公园、人工建立的野生动物园、海洋馆、水族馆、工业、农业、科技、军事、学校观光以及依托高科技手段开展的海底观光和21世纪将出现的太空旅游、南北极旅游、雅鲁藏布江大峡谷旅游等，都将列入观光型旅游产品。总之，凡能给游人，特别是外来游人以愉悦感、新奇感和教益的景观项目，都可以策划成观光型旅游产品。

度假型旅游产品，在假期里以放松身心的休憩消遣为主要内容的旅游活动所依托的产品。度假旅游的特点是：一次度假活动，范围相对固定，并在该地逗留时间较长，游乐活动丰富，注重身心放松。传统的度假活动，以享受3S（阳光、海洋、沙滩）的海滨为主。20世纪后半叶，度假旅游从海滨向山地、森林、湖泊、草原和乡村扩展，并出现了规模大、类型多、项目丰富、设施完备、消费较高的专营度假旅游的度假区、度假村和度假中心，同时还涌现出众多大众化的野营度假地、青少年之家、夏令营、冬令营等。现在蜜月旅游、豪华游船旅游、美食旅游，也可归入度假型旅游。

商务会展型旅游产品，以商务交流、会议展览为主要目的和内容的旅行游览活动所凭借的产品。历史上很早就出现过客栈、旅店，向外出经商人员提供的主要的食宿。现代商业活动频繁，已出现了集住宿、办公、餐饮、会务、展览、通讯、购物、交通、健身、娱乐、汇兑、翻译文秘服务于一体的商务宾馆。世界经济一体化进一步推动商务活动频繁化、多样化、专门化，商务旅游产品也得到了空前的发展。据世界权威的国际会议组织"国际大会和会议协会"统计，每年全世界举办的参加国4个以上、外宾超过50人的国际会议有40万个以上，会议总开销超过2800亿美元。操办会议展览已经成为一个产业。围绕会议战略服务的成套项目都属商务会展型旅游产品。会议旅游也将成为21世纪的旅游趋势之一。

文化型旅游产品，以了解旅游目的地的文化并进行交流为主要内容的旅游活动所依托的产品。文化旅游也是21世纪世界旅游的一大潮流，它可策划学术考察旅游、科技交流旅游、修学旅游、工业旅游、农业旅游、军事旅游、院校旅游、艺术欣赏旅游、博物馆旅游、民俗旅游、宗教旅游、寻根旅游、探古旅游等旅游项目。

绿色生态型旅游产品，是以欣赏、享受、了解、宣传和保护自然生态环境为主要目的和内容的旅游活动所依托的旅游产品。人类源于自然，对自然有天然的亲和感。随着世界范围内城市化水平的提高和环境问题的突出，人们返璞归真、回归自然的要求越发普遍强烈，于是自然旅游就成了永恒的旅游主题。生态旅游将是 21 世纪主导性旅游潮流，它可策划自然旅游、绿色旅游、环保旅游、观鸟旅游、森林旅游、海洋旅游、野生动物园旅游等旅游项目。

健身康复型旅游产品，是以强身健体、养生疗养为主要内容的旅游活动所依托的旅游产品。健康长寿是人天生的要求。现代信息社会，随着工作节奏快速化和智力化、独生子女的增多、老龄化趋势的发展，体育健身康复型旅游受到普遍欢迎。可策划水上运动游、高尔夫球旅游、温泉康复旅游、体育赛事旅游、武术旅游、医疗保健旅游等旅游项目。

猎奇刺激型旅游产品，是以寻求刺激、探奇历险为主要内容的旅游活动所依托的旅游产品。标新立异、猎奇探险是中青年人的本性。猎奇刺激型旅游产品满足了人们磨炼意志、锻炼毅力、自我挑战、炫耀自我的心理要求。在一部分游客，特别是青少年群体中具有相当大的市场，被国际旅游界预测为 21 世纪时兴的旅游形式。可策划探险旅游、太空旅游、极限运动旅游、狩猎旅游等旅游项目。

第二节 以产品为中心的旅游规划理念与方法

以产品为中心的旅游规划的思路：以资源为依托，以效益为导向，以产品为中心，合理配套设施，提升服务质量，规范市场秩序，推动旅游发展。

第一，要对区内的旅游资源的结构类型进行评价，概括出主体资源类型及其空间富集特征，根据其空间富集程度圈出旅游资源区（与旅游区划的分区不同，旅游区划的区块覆盖了整个区域），这种旅游资源区即潜在的旅游地。

第二，旅游资源区中的主要特色资源与该区主要旅游功能相对应，其他资源与辅助功能及辅助产品相对应。

第三，根据各个旅游资源区自然和人文因子的构成与旅游活动类型的对应关系，初步拟订各自可能开发的产品系列。

第四，根据各个产品的细分市场和周边旅游地的空间竞争形势，遴选出各个旅游资源区对应的开发方向与潜在的系列产品。

第五，根据旅游业的综合背景及待规划旅游产品的潜在市场规模，确定旅游业的发展规模。

第六，根据旅游业发展的规模，配套规划相关方面的服务设施。

发掘资源可能开发的所有方向，充分利用当地特色和优势，选择效益最佳的开发方向，规划产品和设施，这是该方法的根本宗旨。旅游产品一头连接资源，一头连接市场，脱离哪一方都会存在问题和危机。

产品如果没有特色资源和条件的支撑必然是没有个性和地方特色的大路货，这种产品在其他地方也可以开发。同时，没有资源支撑的产品几乎多是人造景点或活动设施，多数为周边市场服务。

产品如果没有市场前景，就没有经济效益，不仅其自身的生存和发展存在问题，而且也失去了对旅游产业的经济贡献。因此，尽管旅游产品对旅游业的贡献表现在多个方面（经济效益、社会效益等），但是经济效益是第一位的。

定准产品的开发方向，按其可能带来的市场规模，规划一系列的设施，配套相关的政策和管理方案，从而激发出更大的旅游效益。所以，称这种规划的思想方法为面向产品的旅游规划或以产品为中心的规划，见图7-1。

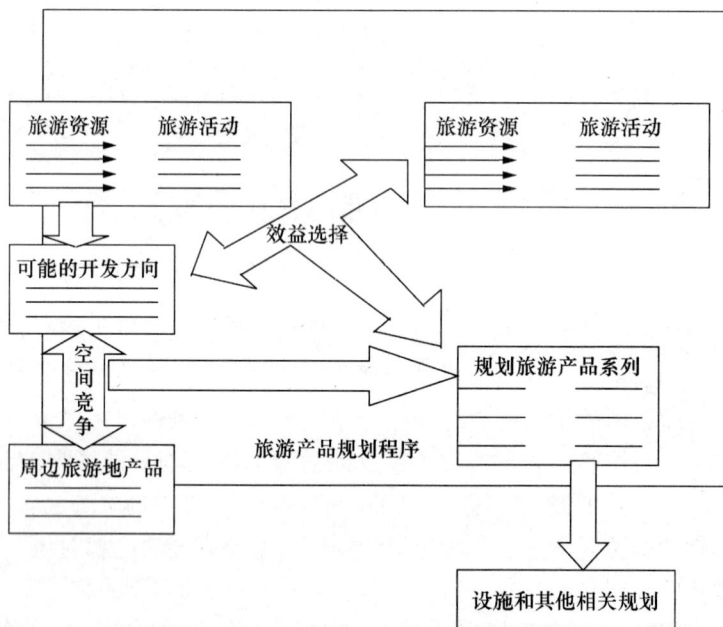

图7-1　以产品为中心的旅游规划过程

旅游活动类型划分从不同的角度有不同的划分法，旅游活动根据不同的旅游密度可分为观光—休闲—娱乐—度假活动、探亲访友活动、商务和专业旅游活动、健康医疗、宗教朝拜等活动。其中的商务、专业、探亲访友、宗教朝拜活动过程中会刺激和诱发旅行者产生附带的观光娱乐等活动及有关消费，可称之为广义的旅游活动，因为这些活动能间接地激发观光、娱乐及休闲疗养等狭义的旅游活动。

旅游类型的划分，我们国家基本上借鉴了世界旅游组织的访问目的的分类法，把旅游分为休闲、观光、游览、度假、探亲访友、健康疗养、会议、商务、交流专业访问、宗教朝拜、其他等几大类。UNWTO 把旅游按目的划分为：休闲—娱乐—度假、探亲访友、商务和专业、健康医疗、宗教朝拜、其他六大类（如表 7-1 所示）。这两种分类把很多具体的目的和动机隐含掉了。应该说，这是旅行的目的，把这几项作为旅游活动的分类则是欠妥的。如商务工作及专业活动本身并不应构成旅游的一部分，因此应该说因商务或专业访问带来了参观、观光、消闲、娱乐活动等旅游机会并产生了具体旅游活动。因此，笼统地以旅游目的来给旅游活动分类，具有很大的模糊性，如 UNWTO 在表 7-1 中所列的夏令营、度蜜月活动不能决定具体活动项目的概念。

表 7-1　根据访问目的分类

类型	活动
休闲、娱乐和度假	观光、购物、参加体育和文化活动、非专用性的体育运动、娱乐和文化活动、徒步活动和登山、海滩和山地的假期活动、乘游艇、赌博、夏令营、度蜜月等
探亲访友	访问亲戚朋友、探亲假参加社交活动
商务和专业	按照设备、视察、采购、替外国公司销售、参加会议或代表大会、交易会或展览会、雇员奖励旅游、举办演讲或音乐会、安排旅游者的旅游计划、与饭店交通行业签订协议、导游和其他旅游专业工作、参加专业体育活动、政府使团、带薪的学习、教育、研究等
健康医疗	温泉疗养、健身、海洋疗法、疗养地和其他医疗及治疗
宗教/朝拜	参加宗教活动、朝拜
其他	在公共运输航线的飞机和轮船的乘务人员、中转和其他活动

资料来源：世界旅游组织技术手册。

夏令营可以包括科考、游览山水、参观名胜古迹等活动，度蜜月也一样有类似的模糊性。因此，在做吸引物规划时，吸引物对应着很具体的活动，必须把旅游活动做进一步细分。

UNWTO《旅游统计数字的收集和编纂》（技术手册之一，中国国家旅游局译印）中还给出了一系列有明确区别的活动类型分类（见表 7-2）。

表7-2　根据具体旅游活动类型分类

分类	活动内容
参与体育活动	高尔夫、网球、滑雪、赛艇、游泳、远足、狩猎、钓鱼、野营、夜餐等
观看性体育活动	足球、橄榄球、垒球、篮球、马球、曲棍球、奥林匹克运动会、赛马等
文化活动	去剧场、博物馆、动物园、植物园、游乐场、马戏团、游戏厅、集市、参加节庆活动等
会议	参加会议、年会、集会、展览会、讲课、指导性课程等
宗教活动	朝圣、参加宗教活动等
观光	有导游的旅行、独立旅行
疗养活动	温泉、医院、诊所、疗养区、体育馆、锻炼课程等
购物	在商场、商店等选购商品
其他活动	去餐馆、夜总会、酒吧、赌场以及其他形式的赌博等（未在其他地方分类的）

资料来源：世界旅游组织技术手册。

结合具体的旅游活动特征及旅游者的感受，可以把旅游活动分为观赏型、运动型、休闲度假型、疗养型、美食型、修学科考型、购物型、宗教纪念型、节庆活动参与型、不定型十个种类。

观赏型：其内涵比较丰富，指在一系列的观赏活动中获得艺术、美学及技巧益智和动感的享受和体验，又可分为风景观赏、求知观赏、艺术观赏、科技观赏、天文地象观奇、竞技观看（有些作为运动会的技巧项目。但其中技巧性、艺术性、观赏性突出的应把它列入艺术观赏类中）。

运动型：指户外一系列运动的旅游，按照运动的强度和目的细分为：游乐运动（感受）、强体运动（强力）、探险运动（冒险）。

休闲度假型：指轻松自在的休闲娱乐和放松活动。

疗养型：指一系列直接有利于身体健康和有治疗作用的活动。

美食型：指满足人食欲的特别享受。

修学科考型：指主要为了获得知识和达到一定的科学考察目的而进行的旅游活动。

购物型：指旅游者在当地购买旅游商品活动。

宗教与纪念型：指一系列的宗教活动和仪式及纪念性活动。

节庆型：指时节、庆典活动的参与。

不定型：指各类主题公园活动（有的是观赏型，有的则是其他型的活动或综合型的）。

所有的旅游活动都是在一定的环境之中进行的，对环境和设施有着各自不同的要求。在规划和开发吸引物及相关活动中时，应视不同地域的特征而定。而旅游地的地域环境特征又是由自然环境因子和社会人文环境因子来决定和反映的。

第三节　旅游产品体系规划

旅游产品体系规划是以产品为核心，围绕产业发展目标进行的要素布局与配套安排。首先，通过对资源市场的整合，形成关于产品及产品体系项目策划创意，然后建立旅游项目库，从而形成区域规划定位与目标。

1. 旅游项目的策划创意

旅游项目的策划创意，指对旅游项目的构思、畅想和创造性谋划。它是旅游产品创新的源泉，其工作成果主要成形于旅游产品规划阶段之初，然后需要进行不断的适应性检验、项目调整、多因素整合，直至完善。但是，旅游项目策划创意，作为一种思想方法，应贯穿旅游规划过程的始终。

旅游者之所以愿花费经济和时间代价，为的是来旅游目的地获得满意的旅游经历。从经济学的角度看，这种旅游经历即产品。

该旅游产品（经历）的品质，与获得该旅游经历所需花费的经济与时间代价所形成的性能/价格比之优劣，是旅游经济的关键性因素。显然，旅游产品（经历）体系规划，是旅游规划的重中之重。

旅游产品体系规划的任务，是在富有创造性的策划创意的基础上，通过游览观光体系规划、娱乐体系规划、旅游线路组织规划、接待体系规划、形象与营销策划，使策划创意最后整合成为一个景观品质——活动内容——空间条件——时间序列——信息引导的有机整体，为旅游者提供舒适、优质、代价合理的旅游经历。

2. 建立旅游项目库

策划者的经验与发展中的旅游项目相比总是有限的。项目分类，使策划创意的思维单元。旅游项目分类的任务，不仅要罗列旅游项目单元，而且还要厘清主体与客体之间的各种内在联系，正确建构分类框架，使不断变化发展的旅游形式，在相对稳定的框架中不断地扩充成为可能，从而为旅游策划持续地提供基础信息。

按研究目的和观察方法的不同，旅游项目可作为多种分类，其中较常见的分类主要有主体分类法（见表7-3）、环境分类法（见表7-4）两大类。

表7-3　旅游项目按主体分类

分类	旅游类型
主导性质	观光旅游、度假旅游、生态旅游、专项旅游
主体职业	学生、无职业者、领导者、脑力劳动者、退休人员
主体年龄	儿童、青少年、成人、老人
主体组织	单身旅游、情侣旅游、居家旅游、群体旅游、自主旅游
消费方式	高消费、低消费、包价旅游、奖励旅游
时间	一日游、周末旅游、短期度假、工作旅游
旅行距离	近郊旅游、远郊旅游、中程旅游、远程旅游、国际旅游

资料来源：本表根据笔者多年规划经验及资料整理而成。

表7-4　旅游项目按环境分类

分类	旅游类型	细分
地球圈层	大气圈	宇宙、天象
	水圈	海水、淡水
	岩石圈	山岳、平原、岩洞
	生物圈	植物、动物
	智力圈	文化、科技、历史、生活
自然环境	自然地区	自然保护区、海岸旅游区、荒漠旅游区、山岳旅游区、湖川旅游区、溶洞泉瀑旅游区
人聚环境	过渡地区	平原水乡旅游区、风情民俗旅游区、旅游度假区
人类环境	人类聚居地	历史遗迹区、旅游城镇旅游区、现代城镇旅游区

资料来源：本表根据笔者多年规划经验及资料整理而成。

　　除此之外，还有各种分类方法，如按旅游空间可分为室内旅游、城区旅游、乡郊旅游、区域旅游、国内旅游、国际旅游、洲际旅游、星际旅游；按旅游活动状态，可分为被动（消极）旅游、主动（积极）；按信息获取的方式，可分为动游、静游或"行游"、"座游"、"卧游"、"神游"；按社会内容，可分为自然（生态）旅游、历史旅游、文化旅游、科技旅游、协作旅游等；按组织目的，可分为科学（教育）旅游、商务旅游（或会议旅游）、考察旅游、修养旅游、体育旅游（健身旅游）、宗教旅游、集会旅游、纪念旅游等。

　　以上各种分类方法的共同点是抽象程度较高，常适用于各种目的的旅游环境研究或市场调查分析。从项目策划的要求看，它们可从各个角度帮助市场分析、资源分析和项目开发的定位定向研究。但是，旅游不仅是一种值得研究的宏观现象，更是一种真实积极的生活经历，并且有赖于生动的社会交流方式和联结人与自然的旅游设施。旅游策划创意，要将抽象的规划目标具体化为生动的交流和满意的经历。为旅游项目策划所建立的分类系统，必须有利于这种生动性的体现。按旅游者的真实经历划分类型，将有利于实现这一目的。

我国常把行、食、住、游、娱、购称为"旅游六要素"。从分类方法看，这是一种以旅游者为中心的时间活动分类法。若以此为分类起点，将有助于体现旅游经历的生动性，且有利于国内学术界与管理者的认同，符合建立项目库的要求。以此为基础，按旅游经历的客观性质和认知方式，可进行第二级的细分。再按活动——设施——环境融合形态的主导内容，命名第三级类型。由此，可形成符合实用要求的"旅游项目库"（见表7-5）。

表7-5 旅游项目库

1000	旅行	1400	动力旅行
1100	人力旅行	1401	飞艇
1101	步行	1402	热气球
1102	越野步行	1403	飞机
1103	自行车	1404	直升机
1104	划船	1405	水上飞机
1105	竹筏、木筏、皮艇	1406	蒸汽机船
1106	水底观光走廊	1407	游艇
1107	坑道	1408	游轮
1108	栈道	1409	飞翔船
1109	人力桥	1410	太阳能船
1200	兽力旅行	1411	气垫船
1201	大象	1412	潜水艇
1202	骆驼	1413	水下观光船
1203	马、驴、骡	1415	汽车
1204	牛、马、车	1416	电车喷气汽车
1205	其他兽力车	1417	太阳能车
1206	兽力雪橇	1418	摩托
1300	自然力旅行	1419	火车
1301	滑翔跳伞	1421	小火车
1303	帆船	1422	其他动力旅行器
1304	漂流	1423	索道缆车
1305	溜索、荡索	1424	自行车、爬山车
		1425	升降梯

资料来源：本表在旅游六大要素的基础上进行细分整理而成。

第四节　常见旅游产品策划

2002 年 11 月 12 ~ 19 日，由中国国家旅游局、博鳌亚洲论坛和亚洲对外合作组织在中国桂林共同举办了博鳌亚洲旅游论坛，会后发表了"博鳌亚洲旅游论坛（中国桂林）"宣言，对于旅游产品的开发与创新，宣言指出："旅游产品的独特性、新颖性、适销性和丰富程度是吸引旅游者的主要因素。亚洲各国（地区）将根据自己的情况，依据自己的优势资源，努力加大各种传统的和新兴的旅游产品的开发。"又指出："旅游产品开发要以市场为导向，努力开发适应市场需求的大众化旅游产品和特色旅游产品。同时，旅游产品开发要与社会发展更加紧密地结合起来。在有条件的地方，应该鼓励发展生态旅游、农业旅游、工业旅游、科技旅游和都市旅游，进一步开拓旅游业发展的新空间。"实际上，以上所说的几种旅游产品，在编制旅游规划过程中是会经常碰到的。

几年来，人们在编制旅游规划过程中，经常碰到一些旅游资源是需要开发成旅游产品的。其中，有些对发展旅游和发展经济都是至关重要的，如农业旅游资源和工业旅游资源等，有些是在发展旅游业中经常碰到急需我们正确处理的，如宗教文化旅游资源及旅游城镇建设等；有些是重复雷同、到处可见、没有新意和特色、不宜盲目开发的旅游资源，如民族风情旅游资源等。以上几类常见的旅游资源的产品化，通常占了旅游规划中相当大的一部分内容。因此，重视并策划好上述几类常见的旅游产品，是编制出一个好的旅游规划的重要保证。

一、重视策划农业旅游产品，发展农业旅游

编制旅游规划，我们一向主张重视策划农业旅游。

农业是我国基础产业，我国包括广西在内的许多省（区）又都是农业大省（区），农业旅游资源丰厚，发展农业旅游大有可为。发展农业旅游无疑对农业发展有促进作用，对农村发展有促进作用，对培养农民的开放意识、市场意识、竞争意识有促进作用，从而推动整个国民经济的发展、促进整个社会主义市场经济体制的成熟和完善。

从大旅游、大产业、大市场的全新理念出发，把旅游办成综合性行业，旅游业与农业结合，也是个最佳的突破口，因为到处都可以找到结合点，便于择优选择，投资少、成本低。

发展农业旅游，就是走调整农业产业结构，发展生态农业、高效农业、无公

害农业和创汇农业，提高农产品的附加值，实现农业现代化和产业化的新路子，它符合中央关于"十一五"规划《建议》中建设社会主义新农村，千方百计增加农民收入的精神。

旅游与农业结合，东方不亮西方亮，它是发展旅游业减少风险的重要举措。总之，重视发展农业旅游，既为旅游业发展拓宽了道路，又为农业发展开辟了新的途径，从而巩固和加强了国民经济基础，其意义重大而深远。

1. 建立旅游餐饮原料及土特产品生产基地

要使这种生产基地既为旅游市场提供餐饮原料和土特产品，又为旅游者提供观光休闲场所，现代化高科技农业园区是一项较好的举措。

2. 因地制宜搞好农业观光休闲的基本建设

我国农村旅游业还处于起步阶段，应统筹规划，因地制宜地重点开发有特色的旅游项目，建设风格独特的农业观光休闲地。特别是在旅游资源质量高、交通条件好，经济基础较发达的大中城市附近的农村应加速旅游业的发展。暂时不具备开发条件的地区，应积极准备创造条件，待时机成熟后再开发。

3. 突出特色，精心设计旅游项目

我国地域辽阔，山区海边、平原水乡、南国春色、北国风光各具特色。广西壮族自治区的桂北、桂南、桂东、桂西也各有不同的特色资源。旅游项目的策划，要因地制宜。特种养殖、特种种植和土法经营等，也要根据条件和市场而定。但有一点是共同的，就是必须突出自我特色，这是旅游活动能否吸引游客的关键，也是创造经济效益的保证。因此，要科学规划，深层次策划农村旅游资源的开发。

4. 开发农业观光休闲旅游要注意环境保护

广泛宣传旅游资源的保护在发展国民经济中的重要作用，重视和加强生态意识和环保意识的教育，切实强化全民法制观念和公众自律的道德观念，使依法治旅与以德治旅结合起来。

5. 提高农业旅游产品文化内涵，增加现代农业科技含量

农业观光休闲基地，既是游客娱乐与消遣的场所，又是推广现代农业的示范场，是一个将高科技农业知识与娱乐融为一体的高品位观光点。因此，采用电视、多媒体和其他高科技手段向游客展示农村的过去、现在和未来，展示各种农作物的生长环境和生长过程，寓教于游，增知识，开眼界，传播农业科技知识。

6. 下大力气搞好旅游地的物质文明、精神文明、政治文明、社会主义和谐社会"四位一体"的文明建设

如前所述，旅游活动，按其本质看，乃是一种较高层次的文化活动。因此，开发农业旅游，要重视农村的社会主义文明建设，这一点特别重要，而这一点在

农村又特别欠缺。一般是道路极差，村容村貌和卫生状况极差，连一个像样的公厕也没有，这是绝对不行的。十六届五中全会已明确提出，要按照"生产发展、生活富裕、乡风文明、村容整洁、管理民主"的要求来建设社会主义新农村。各地应该借这个"东风"把城乡精神文明建设抓起来，特别要下大力气搞好旅游地四个文明的建设。

二、认真对待宗教文化旅游

在旅游规划实践中，人们不难发现，各个地方或多或少都有一些宗教文化遗存，而且各个地方都对开发宗教旅游表现出浓厚的兴趣。但不少地方发展旅游业，未等全面规划，就已经开始大兴土木修建寺庙了。

宗教是个客观存在，只要这个"存在"的社会基础不消失，宗教这个社会现象就不会自动消亡。中国历史上不少朝代对宗教采取过扼杀政策，但最终还是禁而不止。现在我国政府对宗教采取"信教自由，不信教也自由"的政策，因此开展宗教文化旅游，一切要以我国政策为依据。

旅游规划工作者对策划宗教文化旅游应把握以下几点基本认识：

首先，宗教与旅游之间有其内在联系，开发宗教圣地，发展宗教旅游是很自然的事。因为宗教从其教义出发，必须据山建庙，修道成佛，于是"天下名山僧占多"就成了一句俗语。和尚道士占据了名山，因其宗教活动而遗存下来不少实物的和精神的东西，不仅是千百年来信徒们朝觐的对象，也一直是游人观光游览的对象，这就构成旅游资源的重要组成部分。现在发展旅游，人们首先想到的就是开发利用这部分资源，这是很自然的。

其次，从人们观光游览因宗教活动而遗存下来的山水、文物来看，宗教旅游实际上就是宗教文化旅游。观赏宗教文化、学习吸取其中有益的东西，不是提倡信教，也不是反对信教，而是从旅游的角度出发，让旅游者从各方面增添知识，丰富经历。

再次，既然是宗教文化旅游，那么旅游的主体吸引物是什么，其目的又是什么？宗教文化旅游的主体吸引物是宗教建筑、宗教艺术作品、宗教活动仪式、宗教音乐、宗教传说、宗教经典胜迹及宗教圣地的自然风光等。应该指出，宗教建筑是特定历史时期的科学结晶，是必须作为时代性的丰碑来认识的。如山西恒山的悬空寺，大部分悬空的楼体，给人以山风一吹就会坠下来的错觉。其实，悬空寺是科学地利用了力学原理，整个楼阁借助了巧插进悬崖里的挑梁的托力而建造的。宗教艺术作品，有的也有不同凡响的艺术魅力，从而称为一种不可企及的范本。其中一些杰作，已处于前无古人、后无来者的地位，自然会像磁石一样，吸引着无数游人前往观光游览。马克思说过："关于艺术，大家知道，它的一定繁盛时期绝不是同社会的一般发展成正比例的，因而也绝不是同仿佛是社会组织的骨骼的物质基础的一般发展成比例的。"（《马克思选集》第2卷，第112页）组织好宗教文化旅游，让旅游者领略到祖国历史文化奇迹，显然对旅游者增加知识、丰富经历是有好处的。

最后，应该怎样组织策划宗教旅游？这首先要了解，任何文化都有精华与糟粕，都在不断革新。宗教文化也不例外。开展宗教旅游，除了观光现有的宗教遗存与活动外，一般还应开辟一个宗教文物经典展览厅堂，用以给旅游者营造一种气氛，引导旅游者了解宗教文化中有益的精华。如佛教文物经典展览厅堂，可以多宣传中国佛教协会提出的"人间佛教"思想，提倡爱国爱教、自利利他、去恶从善的精神。

总之，一次宗教之旅，不应只看烧香拜佛、求签、算命，而应多一点人生净化，多一点思辨常识，增强识别邪教歪理邪说的能力，这才是一次有益的旅游。

三、深层次发掘民族风情文化内涵，积极开展民俗风情旅游

民俗风情旅游是一类利用各地特有的民族风情、地方习俗和节庆采风而开发的专项旅游活动。所谓民俗是指创造于民间而又传承于民间的世代相传的行为和思想意识。它浓缩了一个地区民族文化的历史传统，真实活泼，有浓郁的民间生活气息，是了解不同国家和地区人们生活方式、文化差异的最好形式。人们常说旅游者出游最主要的动机之一就是对异域的好奇，这种好奇正是由民间不同的生活方式、文化差异及地方不同的习俗引起的，这也是民族风情旅游吸引海内外旅游者的原因，搞得好是很有市场的。

广西是多民族自治区，除汉族外，境内还居住着壮、苗、瑶、侗、仫佬、毛南、回、京、彝、水、仡佬11个少数民族，发展民族风情旅游有着极为有利的条件。但是长期以来，广西的民族风情游项目单一，内容雷同，文化品位不高，没有得到很好的发展。要充分利用广西的资源优势，很好地开发民俗风情旅游，应该从以下两方面入手：

第一，民俗的内容包含很广：心理民俗——对自然的崇拜、对祖先的崇拜等；行为民俗——各种仪式、祭祀、婚仪、祈祷、岁时节日、纪念、游艺等；语言民俗——指传说、故事、神话、史诗、民歌、戏曲等；物质民俗——各类艺术品、建筑、工具、手工艺品、耕作模式、服饰、食物、药物等。发展民俗风情旅游，要从多方面去开发和创新，不能只限于唱歌、跳舞、背新娘等一两项，也只有多方面去开发，才能真正地了解到不同地域、不同民族的文化差异，达到旅游的目的。

第二，要深入发掘各种民俗的文化内涵，才能恰到好处地进行生动活泼的旅

游项目的策划。民俗旅游开发必须根植于民族、民间传统习俗的基础上。要使这项特殊的旅游项目办得具有特色和生命力，关键在于深入发掘和提高其项目自身的文化内涵，也就是说要找出该项民俗所反映的文化历史背景与精神。此外，还必须根据各地具体条件、特点和旅游消费需求，因地制宜地进行开发。或还原于自然状态，任旅游者自行体察；或提炼加工，让旅游者集中观览、领略。总之，民俗旅游要不拘一格，形式多样。只有这样，民俗专题旅游才能更广泛多样地开展起来。

四、大力倡导与发展生态旅游

大家知道，发展生态旅游是实现旅游业可持续发展的重要途径。正因为这样，20 世纪 80 年代以来世界各国掀起了生态旅游的热潮。

中国幅员辽阔，有丰富多样的生态旅游资源，但生态旅游近几年才出现在旅游市场上。国家旅游局和国家环保局联合推出"99 中国生态旅游年"，标志着这一新颖的旅游方式在世纪之交开始登上中国旅游业的舞台，预示着 21 世纪，中国将成为世界生态旅游的新兴目的地。此后中国旅游规划工作者也将经常碰到这类课题。

策划生态旅游项目，搞好生态旅游产品规划，应该注意以下几个方面：

1. 把倡导发展生态旅游提高到发展旅游业的战略高度来认识

发展生态旅游的战略意义在于：适应现代人休闲追求回归大自然的特殊需求；是旅游业可持续发展的一条有效途径；为我国丰富的绿色资源找到了一条与环境保护并行不悖的利用之路；为生态资源丰富却贫穷落后的地区的扶贫富民开辟道路；通过"寓教于游"，激发人们的环保意识与文明情操；能以最少的投入去开创旅游业大发展的新局面。因此，要用新的理念来规划生态旅游，不能简单地把它与传统的游山玩水来对待。

2. 走出对生态旅游认识上的误区

生态旅游不等于到大自然中旅游，传统的到大自然中去游山玩水不是生态旅游。生态旅游不仅是绿色之旅，而且还是环保之旅、知识之旅和责任之旅，是一种高层次的旅游方式。它对旅游的开发者、经营者、服务者、旅游者及旅游地的管理者和居民都有相应的要求，并要通过培训和各种不同形式的宣传教育，使各方面都达到相应的要求。生态旅游不只局限于自然生态一隅。国际旅游学界对生态旅游的定义，既强调旅游对自然生态环境的保护，又重视对旅游目的地文化的了解和保护以及对当地经济文化的促进，重视旅游要使当地居民受益。显然，这种认识更全面些。因此，生态旅游规划必须防止"见物不见人"的误区，不能只强调人与自然的和谐，而忽视人与人、旅游者与目的地居民的和谐。只强调保护自然生态环境，而忽视保护人文生态环境是不对的。

3. 生态旅游规划的措施

由于生态旅游重视自然与人文生态环境的保护，生态旅游规划应该专设"旅游业发展对环境影响的评估"内容，对旅游开发给自然环境和社会环境造成的正反两方面的影响，要作详细分析与评估，并提出减轻负面影响的措施。其中最主要的措施应包括旅游垃圾管理、野生动物保护、减轻对植物的影响、减轻对水体水源的影响、减轻对自然景观的影响、减轻对自然与人文历史遗迹的影响、减轻对社会经济制度和生活方式的影响、减轻对当地民族文化的影响等。

4. 开发生态旅游要根据当地综合条件考虑其可行性

旅游业是个经济产业，旅游开发首先要考虑的是产品有没有市场，有没有持续不断的游客到这里来消费，然后才能确定开发战略和投资计划。主要考虑以下几点：根据区位和交通条件分析市场开拓的可行性；根据资源特色分析旅游产品销售的可行性；其他条件的综合分析，如旅游地的社会状况、文化背景和人才条件是否允许大规模开发等。

开发生态旅游，不能盲目攀比。人们常以张家界森林公园的成功去推而广之，主张大力开发森林生态旅游。但必须看到，张家界同时又是国家重点风景名胜区和世界自然遗产地，最近又被国家宣布为国家级地质公园。它的主体景观是画一般的山石造型及整体自然风光的意境美，因此它能打开市场。而其他众多森林，由于历史原因，原生生态系统多已被破坏，或是在生产性林场基础上建立起来的，单调的人工林和周期性砍伐，已使森林公园的观赏价值大打折扣，如果没有其他更好的旅游资源作补充，打开市场是非常困难的。因此，不能盲目攀比、效法别人，而是要根据自己的实际确定开发战略。比如，一处自然保护区或森林公园，如果有保存完好的天然林，同时具有多样的地貌形态、奇特的山石造型、遍地的流泉飞瀑和世外桃源般的村舍田园、淳朴的民俗风情等构成的良好的资源结构，是可以优先考虑开发的。但如果只有单调的人工纯林，并且其他景观内容也单调，则暂不宜作旅游开发。

5. 确定好自然保护区的范围

值得开发的自然保护区，在编制旅游规划之前，应会同林业部门划分旅游区范围，生态旅游规划在旅游区范围内做文章。不属旅游区范围内的核心保护区或特别保护区是不准进入的。

6. 生态旅游开发的项目

生态旅游具有观光、度假、疗养、休闲、科考探险和科普教育等多种功能。目前国内旅游者由于出游时间的限制和对生态旅游了解不够，在自然旅游地的活动仍然是走马观花式的观光旅游，还有些地方正在推动考察探险式的特种旅游和面对青少年学生的科普旅游。而在西方发达国家，人们更多的是回归自然的休闲度假疗养旅游，一家人到一个环境幽静的地方住几天，去感受大自然。如森林度假、农业庄园度假、高山帐篷旅游、野生动物园考察探险、海滨和海岛度假等。从经济效益和旅游需求趋势看，度假功能应该是生态旅游的主导功能，而科技功能是寓教于游，则可融于其他各种活动之中。

但是生态旅游究竟主要应上什么项目，最终还是应该根据自身的资源特色，开发自己的特色产品，尽可能地组织与众不同的旅游活动，才能获得市场竞争力和持续发展能力的关键。如果大家都钻森林、过吊桥、蹚小溪、看田园，都搞成一个模式，看了一个就不想看第二个了。

不过这里也有几条原则是相通的，规划人员不妨从以下四个方面去考虑：

（1）围绕生态、做足文章。生态旅游的主导功能是回归大自然的休闲度假、科技观光游览，因此旅游项目策划和建设不能离开"绿色"和"生态环境"这个主题，要尽量发掘有自己特色的"生态文化"，制作生态系统的图示说明标牌，编写内容生动的解说词，但不要拘泥于枯燥的科普说教，而是要包装成旅游者喜闻乐见的活动项目。除了各种自然的和人文的景点观赏外，应该围绕主题，营造良好的休闲度假环境，策划一些适应于不同年龄段的、野趣十足、内容丰富的参与性旅游活动项目。

（2）立足当地，转化资源。生态旅游开发应该是以转化和利用当地资源为基点的"节约型"开发模式，而不一定要花很多钱建设景区景点。旅游开发的含义在这里可理解为：为适应旅游活动的需要，改造、点缀、包装、转化现有资源，使之成为旅游产品。如乡村生态旅游，就是发掘利用保存较好的、质朴自然的农舍景观和田园风光，做必要的整治美化，形成富有当地特色的乡村园林；发掘提炼民俗文化和农耕文化，并组织包装成观赏与参与性并存的民俗活动场所，如传统农机具有的观赏与使用、农事活动的表演与参与、参观生态农业与"三高农业"等，了解农村生态系统的结构与优化途径；组织农副产品的旅游商品包装，帮助农民学会保护环境、庭院美化和接待旅游等。

如广西旅游规划设计院给桂林阳朔做的旅游发展规划就是根据上述精神规划的。规划初稿指出，桂林是广西旅游业的龙头，阳朔在大桂林旅游圈中处于中心地位，是桂北地区"一江两路"黄金旅游带上主体吸引物所在地。它自身的旅游景点分布在以阳朔城关为中心，并向东南西北辐射的椭圆形地区范围内，呈"一环、两带、五景区"的分布格局。"一环"就是指阳朔旅游资源处于由桂阳公路延伸至福利、兴坪和由桂大公路延伸至草坪、兴坪所形成的环线之内。在这个环线内，包括有漓江、遇龙河两个风景带和城关（含大榕树）、月亮山、兴坪、福利、葡萄五个风景区，总共是七大旅游景区。这七大景区都是广西十大旅游精品之一的"桂林山水"的重要组成部分，是要申请列入联合国世界自然遗产名录的地方（漓江部分），所以其开发建设重在保护自然，转化当地资源，开展各种生态旅游（漓江生态旅游、阳朔乡村生态旅游、遇龙河田园风光旅游等），而不是大兴土木、重新建设景区景点。

（3）因陋就简，少投快产。由于生态旅游重在返璞归真，回归自然，因此它的开发必须根据当地实际。特别是在经济欠发达的山区乡村，更应该简易上马，先期以完善最必要的旅游设施为准。服务设施尽可能利用现有富余的设施改造，只求卫生安全，而不是动辄大兴土木，以大量的前期投入去换取未知的旅游效益。

因此，生态旅游区的起步，不一定非得要大规模投资，不一定同时在旅游区全部配套。一般来说，依托于自然的生态旅游区所最必要的建设内容主要是"区内道路系统（公路、停车场、步行道、小桥等）；环卫系统（公厕、垃圾箱和垃圾处理场）；标志系统（路标、景区景点牌、说明牌、保护资源与环境的宣传牌）；观景设施（观景亭台）；安全设施（险道护栏、安全岗）；简易服务点等。

接待服务区建设及乡村改造应坚持乡土化、林区化和民俗化，应该是一种"仿自然园林化"工程，没有必要做城市里都有的项目，防止城市化和商场化倾向。要避免城市机械游乐项目和城市装饰进入生态旅游区。

（4）从简到繁，逐步推进。生态旅游区的开发建设，应根据当地旅游资源的特点，可建成自然保护型的，也可建成观光游览型的，还可建成度假疗养型的或娱乐消遣型的。但不管建成何种类型，建设原则都应始终把把握以自然保护为第一准则，突出自然景观的质朴与完整性，重点是搞好生态资源和文化内涵的发掘，配套完善服务体系。在景点安排上，要协调好景点与自然环境的关系，真正做到以自然为主，环境第一。

广西旅游规划设计院在给广西环江毛南族自治县做规划并策划该县木论喀斯特原始森林的生态旅游项目时，首先建议旅游部门会同林业部门专门组织一次实地勘察，划定可旅游范围和路线，并以此范围内的林区为依托。利用区域内动植物资源丰富，自然景观保存完好，还有一条全长24公里、呈南北走向、路面皆以石块铺砌的千年古道穿越森林，并在其周围附近拥有一定的人文资源等优越条件，在搞好资源与环境保护的前提下，可酝酿全面开发古道——喀斯特森林——民族风格一体化的旅游经济带。开发初期，在林区可先开展野营、野餐、徒步越野、登山、科普考察等一系列较为古朴原始的游览观光型活动；进一步还可积极完善以圈定自然植物园、树木园、种子园等核心的教育、教学、文化基地，设置富有科学内涵的宣传牌和导游词，让游人在从事森林生态考察的活动中得到教益；再进一步还可以在林区选择风光秀丽、气候宜人、山水相依的地方建设度假村、疗养院、避暑山庄、森林浴场等，最后还可以根据需要与可能，积极发展骑马、射箭等娱乐活动，让游人享受度假疗养和娱乐消遣型的森林生态之旅的多种乐趣。总之，从简到繁，先搞观光游览型的，后搞度假疗养型的，最后再发展娱乐消遣型的项目。采取分步开发，逐步推进，这也不失为一种稳健的开发建设思路，当然，这也不是绝对的。

五、加大推出工业旅游产品的力度

旅游规划工作者所到之处都有工业，有的甚至是著名的工业基地，但是却很少见到认真策划工业旅游产品的。

1. 我国工业旅游的现状

应该指出，工业不仅是旅游业赖以生存发展的物质设施和旅游用品及旅游商品的供应基地，也是旅游者观光游览、学习考察的理想场所，在大力发展循环经济建设资源节约型、环境友好型社会的今天更是如此。在国外，许多著名的大企业、现代科研基地早就向公众开放，成为受游人瞩目的旅游景点。法国的雷诺、标致、雪铁龙三大汽车公司，德国的西门子公司，美国的福特公司、波音飞机制造公司及航天基地等，都是旅游者乐意光顾的地方。相比之下，我国旅游的规划工作在这方面重视得很不够。

1998年，广西旅游规划设计院，在给河池地区制订旅游发展规划时，针对南丹县的开发，提出了"中国锡都游"的主题策划。本来，南丹旅游资源的开发可以从山水风光、瑶族风情、温泉、中国有色金属之都、地学专项旅游等多方面去进行。其中，温泉、锡都和地学考察三项在河池地区，乃至整个广西都堪称特色。规划特定"中国锡都游"为主题，打破历来不重视工业旅游之惯性，敢于标新立异，使人有新鲜感。而且也考虑到在大厂矿田，按采、选、冶三个环节，选择几个厂区比较优美的地方，配备几个专业讲解员，让游客看看标志着现代文明的大型工矿企业的现代化生产流程，了解人类生产生活所需要的金属是怎样从深藏的地下取出，又怎样变成金属块锭的，这对旅游者来说肯定是一次难得的经历。而对工矿企业来说，无异于做了一次又一次的免费广告。近年来，一些国内旅行社相继推出"走企业，看经济"的工业旅游线路。上海也制定了"工业旅游战略"，仅2000年就推出了十条工业旅游线路，其中既有宝山钢铁公司这样著名的特大型国有企业，也有跨国集团设在上海的企业。接着南京也推出了"钢铁是怎么样炼成的"旅游线路，组织旅游者参观南京钢铁公司引进的意大利生产流程，展示从矿石粉碎、炼铁、炼钢到制成钢材的全过程。四川推出了"长虹之旅"，参观著名的长虹电视机厂。青岛1999年推出了"海尔工业游"，当年中外游客就达24万人次。还有青岛啤酒厂的"玉液琼浆——青岛啤酒欢迎您"，参观品饮相结合。武汉高科技园区向旅游者开放红桃 K 百亿生物产业园、BT 微生农药基地、长飞光纤光缆园等。2000 年 5 月，北京推出"中关村之旅"游线，将四通集团、北方方正、联想集团和北大、清华校园均串联在内，共有科教之旅、神奇植物之旅、生物科学之旅、科学健身之旅、宇宙探秘之旅、体验高科技之旅和影视探秘之旅等十条综合旅游线路。广西柳州的五菱汽车厂、美术陶瓷厂、中板钢铁厂和两面针股份有限公司也被市旅游局列为首批工业旅游点。现在，龙滩水电站已经全面开工建设，未来的红水河 10 级电站游线又将是广西现代文明与自然风光交相辉映的一条黄金游线。

由此可见，工业旅游是大有潜力与前途的，旅游规划工作者应该重视策划这方面的旅游产品。

2. 开发工业旅游

（1）提高对工业旅游规划的重视程度。首先，要认识工业旅游具有观光游览、科技普及和宣传促销三重功能，它是一种既受旅游者欢迎，又会被旅行商看重，也容易为工矿企业所接受的旅游方式。它对旅游者来说是了解现代文明、学习科学知识的窗口，对工矿企业来说是企业办三产、延伸产业面、提高企业知名度和树立企业形象的一种新方式，对旅行商来说又是丰富旅游产品的一个新途径。其次，要认识开发工业旅游，工业企业无须再投资，只要对厂容、厂貌和参观游览线路进行恰当安排整治，并利用企业中已有的厂房、机器、汽车和少数职工就能开发成特种旅游产品，就可以让游客目睹产品的生产、组装全过程，从而获得满意的经历。最后，还要认识到，通过工业旅游，把企业引向开放式经营，就意味着与顾客沟通，了解消费需求，培养潜在的消费者。

（2）慎重选择开发目标。一般来说，无论是卫星发射或汽车制造等现代高科技企业，还是传统的民族手工艺作坊，甚至是更为老式的造纸作坊、百年酒厂，凡是具有一定观赏价值，能引起游客兴趣的，都可开辟为工业旅游景点。但是，在策划时，一定要考虑优先选择具有较高知名度和生产名牌产品的厂家；优先选择具有较大观赏性、趣味性，参观游览环境又比较整洁、美观、安全的厂家；优先选择区位适宜、交通便捷、具有良好的可进入性的厂家。

（3）精心策划设计。工业观光线路应依据生产流程精心设计，并印制精美的宣传促销品，编制内容生动的导游词，配备训练有素的导游员和讲解员。有条件的企业最好能开辟出企业历史和产品展示厅或者音像资料放映厅。如果这个企业的产品适合游客购买或订购，还可以设置兼有休息功能的销售厅。如有可能，还可以把某一车间中某一段生产流程或某一道工序让游客动手操作一下，以增添游客兴趣。工业观光点既然是一个旅游景点，它的设施和服务在一定程度上也要为游客着想，让游客乘兴而来，满意而去，给其留下一个美好的回忆。

（4）实施政府主导战略。开展工业旅游，要走政府主导、社会参与和企业运作相结合的路子。政府倡导、牵头协调、旅游、工业等有关部门配合、旅行社与厂矿企业、科技单位合作、媒体宣传，共同设计和推出工业旅游产品，组织特定的客源市场，招徕游客。这类旅游产品应实行低价策略，薄利多销。工矿企业从谋取社会效益和间接的经济效益考虑，不宜以门票收益为主。在初创阶段，应慎重选点，注重特色，宜少不宜多，宜精不宜滥，等取得经验后再逐步推广。

（5）结合当地其他自然与人文旅游景点作为整体一并推出。红花要有绿叶衬，开展工业旅游，可以是单纯的"走企业，看经济"，也可以结合游览当地一两处特色景点，这就更能提高旅游者的游兴，丰富他们的见闻。如在广西南丹推出"中国锡都游"时，规划就建议南丹建设"中国锡都综合旅游区"，不仅是"走企业，了解现代文明"，还策划设计游山玩水，泡温泉，与当地白裤瑶同胞同欢乐，这又是单纯的"工业之旅"望尘莫及的了。

第五节　旅游文化产品的开发

旅游开发建设首先要涉及一个文化取向问题。所谓文化取向问题也就是旅游开发建设中的文化主体及风格的选择问题。这里包括中西文化的选择、文化主体的选择以及文化的历史性与现代性的选择三方面的问题。首先，我们知道，经济全球化使所有国家都进入了一个大的市场机制的循环中，它给世界经济带来了新局面，也给各个国家文化环境带来了深刻影响，不同文化的国家和人民相互间的交流日益频繁，随之而来的是文化一体化的趋向。当然，文化交流的扩展，无疑对各国文化现代化是有益的，因为它们通过互相学习、互相融合，有利于产生出一种以本民族特色为基础的新文化体系。但也应该看到，在文化一体化趋势下，今天东西方不同国家的文化交流并没有形成一种平等的相互影响的关系，而是以西欧和美国为代表的西方文化借助它们强大的科技与经济实力，通过卫星电视、国际互联网以及日益增多的国际贸易和旅游，通过可口可乐、麦当劳、肯德基、好莱坞影片、迪斯尼式的游乐园、流行音乐与动画形象，使西方文化风靡东方各发展中国家（包括中国在内），从而使西方文化在交流中处于强势地位，进而加强了文化一体化趋向，也就是加强了西方强势文化渗透。特别是有些人由于既对文化现象缺乏认识，又对自己民族的文化缺乏自信心，或出于一时的商业利益，或是对想象中的西方旅游者审美需求的迎合，盲目追风。于是在一些有着悠久历史的旅游地，出现了欧陆风情的饭店、别墅和住宅小区。甚至西方桥梁、教堂建筑的幼稚仿制品，也出现在曾经具有自身文化特色的环境之中。某些旅游城市的改造、翻新也打出了"欧化工程"的口号，给街道建筑换上了欧式房屋顶和外墙，这就给旅游主管部门提出了一个极为严肃的问题，即中西文化取向问题。旅游开发建设是保持中国特色，弘扬中华文化，还是模仿欧美，走西化道路？

我们认为，对于上述问题的答案是非常明确的。经济全球化，国际贸易、国际旅游业的发展，促进了各国人民之间相互交流与了解，使各民族文化有了更多的共同语言和协同因素，这些共同语言和协同因素的增长，将有利于各国民族间经济文化的发展。但是，它绝不应使我们的地球丧失往日的多姿多彩。不同民族、地域和国家在漫长的历史长河中形成的文化特色，构成了人类历史和社会的丰富性，它不仅是世界多样性的需要，也是世界旅游业赖以发展的基础。没有各民族的特色，就没有世界的多样性，也就没有旅游业可言。作为旅游主管部门，在主持一个地区、一个城市制定旅游发展规划、方案时，应当深入了解这一地区、城市文化生态上的特色性，并努力在为保持其特色性上做出明确的文化选择。

其次，旅游开发建设的文化取向要解决一个文化主体的选择问题，是以当地居民作为文化主体进行开发规划，还是以国外旅游者作为文化主体进行开发规划？

旅游区、旅游城市是旅游者的接待地，更是当地居民的家园。旅游区的居民世代生活于此，是这一区域文化特色的创造者，也是这一区域文化在现实生活中的载体，而旅游者则是经常变化的，是旅游区匆匆来去的过客。因此，制定开发规划时，必须坚持居民第一的原则，坚持按当地居民的文化习俗风格开发建设的思想。综观世界各国的旅游区、旅游城市，任何一个具有特色的、对旅游者具有巨大吸引力的旅游文化对象，无一不是当地居民在历史进程中为着自身的需要和发展而创造的。中国的长城、埃及的金字塔、布拉格的桥梁、泰国的佛寺、巴黎的铁塔……有哪一个作为国家旅游区的著名的吸引物是按照外来旅游者的文化需求而建造的？即便是出于旅游商业目的而建造的迪斯尼乐园，也充满着建造者自身强烈的美国文化意识。

但是，坚持自我，保持特色，绝不是文化封闭，而正是为了文化交流与开放。著名学者余秋雨说得好："在新世纪发展的文化选择中，不是让西方选择中方，也不是让东方选择西方，而是在东西平等的文化交流中共同选择未来，未来的世界文化应该是既有着人类在新世纪的共同意识，又有着各民族地域的多样性，丰富着人类生活。"美国著名的未来学家约翰·奈斯比特在《大趋势》一书中也说："在世界经济互相依存性越来越强时，我认为，在日常生活文化的和语言的自主之风即将到来。简言之，瑞典人将更加瑞典化。中国人更加中国化，而法国人更加法国化。"让我们眼睛向内,深入发掘,用更加中国化的文化精华来开发我们的旅游资源,用同样的眼光来评价一个旅游区的开发建设成果吧。

最后,在民族旅游业的文化取向中,如何对旅游区、旅游城市开发建设中文化的历史性与现代性做出正确的选择,也是一个重要问题。

我国许多旅游区和旅游城市都拥有悠久的历史文化,但由于长期经济落后,这些地方又远离现代化。于是在旅游开发初期,被西方的旅游者称为"美丽的××,破烂的城市"。而这些城市在消除"破烂"的进程中,在文化的历史性与现代性的选择中就出现了矛盾和冲突。由于急于要以现代化的面貌面向游客,又要追求城市的整体完美,结果在建设模式上,常常采用"大拆大建"的方式,而大拆大建的除了比例很小的受国家法律保护的文物外,难以顾及在漫长历史中逐渐形成的、有着与当地居民世代生活和情感紧密联系、充满着地域文化特色的街区和其他遗存。最后是城市新了,现代化了,然而那牵动着当地居民世世代代情感的历史韵味淡漠了,没有了。这不仅使当地居民如同搬到一个陌生的城市,而游客见到的也是似曾相识、缺乏特色与魅力的地方。

下面是一则英国报纸的报道:中国可看的东西越来越少。英国《独立报》2004年4月2日报道:"中国人烧毁连接过去的桥梁"(记者:白克尔)随着中国争取成为第一旅游目的地,这里可看的东西越来越少。迅速的城市化正将1949年以前数十年的战争和入侵以及后来"文化大革命"幸存下来的一点古迹一扫而空。在730处世界文化遗产中,有28处在中国。但是联合国科教文组织的官员正阻止更多的中国文化遗产上榜,因为这往往导致这些文化遗产的状况恶化、房地产投机热以及当地贫困百姓的外迁或者边缘化。即使在北京,联合国教科文组织在劝说市政府官员保护首都的建筑遗产和遵守历史遗迹保存的根本原则上也碰到了麻烦。联合国教科文组织驻北京办事处副主任热那维耶夫·多梅纳克说:"传统的社区被破坏,普通百姓的利益和权利受到侵犯。"(《参考消息》2004年4月7日)

上述报道,从另一个侧面也说明,发达国家在这方面是不主张采取"大拆大建"模式的。无论是欧洲历史悠久的伦敦、巴塞罗那、威尼斯,还是建城不过200年的美国城市,几乎都保存有展现过去历史进程的街区,这些历史遗存并没有因"现代化"而消失,如今反而成为当地旅游的亮点资源。

案例

旅游文化开发理论

——以贵州省松桃苗族自治县旅游发展总体规划为案例

本案例反映如何深层次发掘民族文化,将独特的地域、民族文化转化为现实旅游资源。规划对贵州省松桃苗族自治县的文化资源及其特征进行了深入分析，准确概括出生态文化、佛教文化、苗族文化、饮食文化、傩文化等资源类型，并阐述了当地文化资源为旅游业所用的现状。在此基础上，确定松桃旅游文化开发思路为准确定位主题与形象、加快开发佛教文化、系统开发苗族文化、重视旅游介体文化开发。最后，对应资源特征，规划提出开发具体内容并指出开发要点是开展大众性旅游文体娱乐活动、兴办地方和民族特色的旅游节庆活动和建设现代化的娱乐设施和机构。从案例中可以看出文化旅游开发规划路径总的来说应是认识现状、明确思路、针对性开发；规划需注意广度与深度，要多方位开发，并真正挖掘出深层文化内涵。因此，本案例的规划方法与规划内容本身均可为读者提供有益启发。

一、旅游文化开发现状

1. 旅游文化在旅游业发展中的地位与作用

旅游主要是一种文化活动和文化现象，旅游者外出的目的之一就是了解异地的风土民情、文化习俗，在增加知识的过程中满足自己生理和心理的需求。旅游景区开发的任务即是努力提高文化品位、塑造良好的旅游形象，通过各种途径使旅游者对这种文化产生认同感并深深受到吸引。因此，旅游文化在旅游景点开发中起着支撑和定向的作用，即有增强旅游景点知名度、延长其生命周期，带动其他文化产业发展的作用。它是旅游景观吸引力的源泉，是旅游业的核心与灵魂，是旅游业新的增长点，没有文化特色的旅游业不可能成为现代化的产业。

2. 松桃县旅游文化资源及其特征

松桃苗族自治县历史悠久，民族众多，自然资源丰富，人文景观呈多元性文化特征。全县共有景点 193 处，其中人文景点 143 处，自然景点 50 处，加上风景优美的梵净山和独具特色的苗族文化风情，以县城为中心构成了东北、东南、西北、西南四条旅游线路，展示了丰富多彩、魅力无穷的旅游文化内容及其特征。

3. 松桃县旅游文化开发现状

松桃历史悠久，旅游文化底蕴丰厚，以县城为中心的"松桃八景"名扬四城，留下了众多文人墨客的感叹。松桃县保存完好的苗族文化，吸引了德国、日本等不少民俗学家前来研究考察。从苗族风情、傩文化中抽出精华来组成的苗族神功表演团，派驻到中国许多重要风景名胜区中并名扬海外，为松桃旅游业的发展起到了良好的宣传作用，使其知名度不断提高。

但从整体看来，仍有如下值得注意之处：

主题不完整，品牌效应差。松桃旅游文化的主题本来有以梵净山为中心的生态文化、佛教文化和苗族文化。而今生态文化和佛教文化尚未开发，苗族文化只开发了其中体现特技的部分，内容单一，缺乏独特性和持续性，无法长久地吸引游客而形成自己的旅游品牌。

旅游文化项目零碎，特色不鲜明。松桃的区域性文化已初步形成，寨英滚龙、孟溪花灯、瓦窑花鼓都各具特色，但它们没有被纳入主题文化系统内，显得零碎、孤立，有各自为政之感。同时，苗族的民居、婚俗、服饰、饮食等多方面尚未得到开发，苗族文化的特点并未凸显。

旅游文化品位低，内涵欠丰富。由于区域优势独特、影响力强的生态文化和佛教文化尚未开发，已开发的苗族文化体系不完善又缺乏高素质的管理人员和宣传促销手段，也没有专业的导游人员和导游词，其中蕴含的文化内涵未能很好地展现出来，文化品位处于一个自然、自发的原始阶段，观光者在惊险、刺激之余，无法得到知识的收获和思辨能力的提高，很难产生"回头"效应。

二、松桃的旅游文化开发思路

1. 准确定位文化主题，设计特色鲜明的文化形象

旅游文化主题是每个旅游区开发的依据，也是景区建设活动的灵魂。没有文化的景区是死景区。因此，旅游文化开发的关键是景区主题的提炼、定位和形象设计。松桃有四条旅游线路：西南线以生态文化和佛教文化为主题，东南线以苗族文化为主题，西北线以历史文化为主题，东北线以山水文化为主题。在这一定位的指导下，每条游线中的各个景点有鲜明的文化特色，如西南线的承恩寺突出弥勒佛道场的庄严雄伟，白云寺一带突出冷杉的奇异、杜鹃的艳媚，岩高坪突出黔金丝猴的珍稀，冷家坝突出环境的幽静，寨英突出悠久的历史等。各游线的文化主题融会在一起，就是松桃县旅游业的文化主题——以梵净山为中心的生态文化、佛教文化和苗族文化融合一体的综合性文化，即梵净山文化。文化主题确定之后，景点开发、旅游产品设计、旅游形象宣传乃至旅游标识的制作、旅游文化导向都要围绕旅游文化主题来展开工作，加上旅游产品具体内容丰富多彩的拓展，使旅游者在游程中始终沉浸在梵净山文化氛围中，在浓厚的兴趣中获得多方面的知识，从而留下深刻的印象，产生滞留或再来的欲望。

2. 加快佛教文化开发的步伐

宗教是一种长期存在的特殊社会意识，自唐宋时期三教合一以来，苗族的宗教中便糅合了一些佛教的内容。梵净山是佛教净土宗的发祥地之一，千余年前湘、黔、川人民已形成了到梵净山礼佛朝圣的习惯，并延续至今，这为旅游业的发展奠定良好的基础。要充分利用这一有利条件，发展好宗教朝圣旅游，首先要修复好梵净山东线的寺庙，遵照"复旧如旧"的原则，使天马寺到承恩寺恢复

等阶式的寺庙原样，为佛教文化的开发奠定物质基础。其次，严格按佛教要求塑好像，尤其是金顶承恩寺的大弥勒佛像，恢复承恩寺主殿、弥勒佛主神的地位，营造良好的宗教氛围。最后，加强宗教知识的宣传，分析宗教与迷信的区别，让人们认识宗教文化的价值，变求神拜佛的朝圣活动为了解中国传统文化、探索自然与社会奥秘的旅游活动。

3. 系统开发苗族文化

苗族文化是体现苗族人民民族精神、思想意识和社会观念的特色文化。是中国文化不可分割的组成部分。苗族"神功"虽然是苗族文化的精粹，但并不是苗族文化的全部，只有将苗族文化系统地展示出来，才能揭示松桃苗族文化的特色，使人们认识到不同民族的文化差异，取长补短，达到各民族之间相互尊重、相互理解、相互学习、和睦相处、共同进步的目的，否则，就会使人感到苗族文化缺乏内涵，乃至以偏概全，造成民族偏见。

系统地开发苗族文化，深化其内涵，展示其特色，认识其本质，并以文化为依托形成独特的旅游产品和商品，这是吸引游客的关键。苗族文化中的傩文化，是各民族中自今保留最完整的古文化，对中国戏剧研究、民族学研究、历史学研究、宗教学研究有着重要的学术价值，对进行学术考察的旅游者具有极大的吸引力，切莫小视。

4. 重视旅游介体文化的开发

所谓旅游介体文化是指包括餐饮、服务、商品、管理、导游、政策法规在内的对旅游主体和旅游客体起中介作用的活动与行为。旅游区高品位的文化塑造是旅游客体文化与旅游介体文化的综合体现。没有介体文化的支撑，旅游资源的优势难以得到充分发挥，就会造成旅游区回头客少或游客停留时间短、消费水平低等不利于旅游业发展的现象产生。松桃县的旅游介体文化开发目前要抓好三点：一是旅游法规政策的制定，提出优惠政策，鼓励多渠道引进资金，在统一规划的前提下多层次发展旅游业。二是建立旅游管理队伍，包括充实县旅游局人员、设立松桃县旅游实业公司、培训导游员、编写高质量的导游词和旅游宣传资料等。三是建立餐饮服务体系，建立旅游接待基地、培训高质量的接待人员和服务员、推广特色餐饮、开发旅游商品等。

三、松桃旅游文化开发与规划

1. 民居观光

苗族的民居分正屋、偏房和厢房。正屋中堂是婚嫁、节庆家宴的活动场所。中堂之左是举行祭祀活动的地方，房间中轴线下筑火塘，安放铁三角，留一只鼎罐作温水、煮饭用。左方的顶梁柱下放的数块砖、瓦和铁三角被认为是"祖先神位"或神灵依附之处。中堂之右为粮仓，可存放农具与杂物。偏房是牛栏、猪圈、碓磨、灰棚之类。厢房就是苗族著名的吊脚木楼，结构比正房略小，木板为壁，雕刻精巧的图案花纹，工艺精湛，蕴意深刻。旅游者通过民居的观光，可以认识苗族文化外表粗犷、内在秀美的特征。

2. 服饰欣赏

苗族的服饰色彩鲜艳。男装：黑色头巾呈人字形，悬帕一端至耳，衣服袖长口小，袖口衣领滚边绣花，裤子短大疏松；青布裹脚套麻鞋，给人一种精悍、神秘、粗犷的美感。女装：花格头帕呈倒锥形，高达40~50厘米，上口极大，可放梳子、绣包之类物品，衣服袖短无领，裤短腰大，均滚边绣花，脚穿艳丽绣花鞋，系花带围腰，银披肩，佩戴银项圈、银手镯、银指环、银耳环及各种银挂饰，给人崔巍、艳丽、华贵之感。苗族的服装、绣花鞋、银饰品、围腰、挎包都是很有特色的旅游纪念品。其中苗族妇女的花带尤其引人注目，它图案简单、线条明快、色彩鲜艳，是苗家馈赠亲友、少女赠送情人的纪念品，有一定旅游商品价值。

3. 婚俗游戏

苗族的婚姻中有舅权婚俗，即舅家儿男与外甥女是俗成婚约，因而经常发生"奔回本家"去找自己心爱人的事情，以反抗这种旧式婚姻习俗。苗家男女从见面到结婚都是用歌声表达自己的情感，有初会歌、赞美歌、求爱歌、送别歌、思念歌、盟誓歌、私奔歌、恩爱歌等。每当夜幕降临，成对男女在林中树丛坦率地纵情歌唱，以示恩爱。若得一睹或参与其中，无不令人心花怒放。

4. 宗教探奇

"颇果"是苗族的一种祭祖活动，又称"打棒棒猪"。设山洞状祭祀棚，安放始祖像，舅父舅母祭台陪坐，巫师敲东信，祭师念祭词。"交性"后，舅父跪地持棒将猪打死，族中老者分猪肉：带尾后腿留给舅家，无尾后腿留给巫师，其余煮熟，陈于祭台。巫师唱《迁徙歌》，追述祖先开拓疆土的艰辛。祭毕，邀客与众人"陪神"吃饭，说吉利话。舅父背有尾猪腿，持火把，向主人祝福，反手关大门，将火把扔回主家，谓之"送香火"。舅父回家后召族人将猪腿全部吃尽。巫师安家先，祭祀活动完成。此系带有母系氏族风俗活动，可改用汉语进行，吸引更多的游客参与。

"傩"按民间祭祀形式供傩公傩母二神位，有巫师、铁匠、师母等演员，以还平安愿为主题，选取"请水"、"开坛"、"发攻曹"、"铺傩下盖"、"会兵架桥"、"开光点像"、"立五营"、"撒红花"、"讨卦"、"游愿"、"找八弟兄"、"送神"等程序进行表演，时间控制在一小时，尽可能把面具、道具全部展现出来。选词语简明、音调优美的唱段和舞蹈，以引起游客的共鸣。

5. 美食品尝

"椎牛"即"吃牛",去掉祭祀的内容,把它演化为娱乐饮食活动,供大型考察团、高档旅游消费。置黑牛,供四官神,设巫师、刀师、酒师等,选取"闹吃牛鼓"、"迎亲朋"、"跳吃牛鼓舞"、"椎牛"、"吃牛"、"欢送亲朋"等程序。时间控制在两个小时之内,重点突出欢快喜悦的场面,使游客在吃的过程中心情舒畅,并领悟到苗族文化深刻的内涵。

还可根据客人的喜好开发苗家酸鱼、苗家酸汤、蓼皋卤鸭、烂糊桥米豆腐、蒿菜粑、社饭、锅巴粉、神功保健茶等,使其形成苗家系列菜肴,供客人选择。

6. 茶道访幽

松桃是中国高级绿茶的生产基地之一,唐朝时进贡的芽茶被誉为"武陵之冠"。松桃现有茶树万亩,年产 500 余吨,已开发了"松桃翠芽"、"松桃春毫"、"五瀑牌茉莉花茶"等系列产品,曾获得过中国名茶证书,1994 年在全国茶叶评比会上又获一等奖。松桃绿茶含有丰富的氨基酸、茶多酚及硒、锌等多种微量元素,营养丰富,色泽青翠,香味持久,具有杀菌解毒、降脂抗栓、减肥防癌及抗辐射等功效。

由于盛产茶叶,加上苗族有悠久的饮茶历史,苗族的茶道亦别具风味。它和原始宗教结合起来,形成了一整套仪式独特并由巫师主持的苗族茶道,实际上是对植物神和水神媾生茶水的一种崇敬的祭祀活动,内容包括叙述茶史、膜拜茶神、与宾共饮。举行茶道时,在古典乐器信东的伴奏下,苗族姑娘翩翩起舞,歌声与银铃声交织一起,表现出苗家人民祥和友善和热爱大自然的生活画面,情深意浓,让观众流连忘返。苗家茶道内涵丰富,方法简单,舞蹈优美,音乐典雅,既有苗族的特色又有古茶情趣,可与日本茶道媲美,具有极高的旅游观光和学术考察价值。游客参与其中,可以受到宗教、艺术、文化等多方面知识的熏陶。

四、在松桃旅游区开展各种旅游活动

1. 开展大众性旅游文体娱乐活动

旅游业发展的目的之一就是要创造经济效益和社会效益,改善和提高当地居民的生活水平。积极组织和推出适合一般旅游者和当地群众需要的大型文化娱乐活动,对经营者来说,投资少,见效快;对旅游者来说,花费小,参与性强,可以丰富旅游生活。

(1) 山地和水上游乐活动。利用梵净山和松江的地理条件,开展登山、攀岩、滑草和滑水、赛龙舟、划船、游泳、钓鱼以及中小学生的科学考察、生态保护、生存能力锻炼、夏令营等活动。这些活动有惊无险,参与人员多,收益也相对高。

（2）苗族歌会。根据苗族人能歌善舞的特点，约定一个农闲时间，以各村为单位组织代表队，进行对歌活动。将苗族人民反映劳动、生活、爱情、历史的歌曲展现给观众，既能让人民大众参与，又能突出民族特色，提高松桃的旅游地位，对吸引知识型旅游者起着很大作用。

（3）展示活动。有计划地组织一些音乐会、特技表演、宗教知识竞赛、书画展、花卉展、食品展、梵净山生态展、梵净山佛教文化研讨会、国际傩文化研讨会等，有的可在景区内巡回演展，可提高松桃的声誉和影响，从而使松桃地区的整体文化艺术品位上一个层次。

（4）夜生活活动。随着旅游业的发展，松桃的夜生活活动也应提到议事日程。一方面，在县城和旅游重点区域组织土特产开设夜市。旅游者白天旅游后，夜间往往喜欢逛夜市，通过夜市来了解当地风情。在这之中，风味小食品对他们有着巨大的吸引力。另一方面，要根据旅游团队的不同特点，有针对性地组织融娱乐、购物、消夜、演出、交际、健身为一体，又偏重不同项目组合的夜生活，使旅游者在观赏夜景的同时进一步了解当地的社会生活。

2. 兴办地方和民族特色的旅游节庆活动

苗族的节日繁多，尤其是引人注目的苗族传统节日四月八。这些节日是松桃旅游文化的精华，它集中展示了苗族的服饰、歌舞、体育、宗教信仰和民俗风情，场面十分壮观，且具有垄断性。这一人文旅游资源是松桃的一笔财富，应经过统一策划后，根据各旅游区的现有节庆资源，把节庆的主会场和节庆的时间固定下来，突出特点，形成规模，坚持不懈，使之成为对外促销、招徕客源的拳头项目。

另外，还可以适时地组织如登山节、六月六、佛教文化节、傩文化节等，扩大松桃县在我国旅游界的影响，使人们从不同角度认识松桃旅游资源的优势和价值。

3. 建设现代化的娱乐设施和机构

娱乐是旅游的六大要素之一，缺乏娱乐内容的旅游就缺乏朝气和吸引力，也不可能长久，而现代化的娱乐设施和管理机构又是娱乐业发展的基础。

以松桃县城为基础，建设好旅游剧场、艺术馆、博物馆、体育场及中心广场和城市雕塑，组建相应的管理机构，丰富松桃人民的文体娱乐生活，完善和美化旅游城市的整体形象，提高旅游城市的文化艺术品位。

在充分利用好三个接待基地的娱乐设施的前提下，在寨英古镇建立梵净山生态博物馆，展示梵净山丰富多彩的动植物和特殊的佛教文化及其古镇历史。在县城建立苗族风情园，展示苗族的历史、分布、服饰、傩戏、特产及风情，使娱乐和科学知识紧密结合起来，满足知识型的旅游者，达到寓教于乐的目的。

坚持高标准、多样化、民族特色突出的原则，根据各旅游区客源市场的特点和构成，做到高、中、低不同档次的文体设施协调发展，做到既与国际标准统一又有独特的风格。

案例分析

任何一个旅游资源，优美的自然风光首先是基础，然而，只有优美的自然风光而没有人文景观与之交相辉映，就会缺乏文化底蕴，自然景观就会显得单调、平板。这就如同一个人一样，如果只有虚华的外表，而缺乏深厚的文化涵养，最终会使人感到浅薄无味，没有持续魅力。环顾华夏大地上的著名旅游景区，它们之所以著名，成为游客向往的胜地，就在于这些旅游资源都依托于文化而体现出无穷的魅力和价值：泰山既是道家文化的圣地，更是与中国历史和传统文化密切相联的圣山；庐山既有历代名人游历、隐居时留下的笔墨，也有现代历史留下的丰富的文化遗产；西湖如果没有历代文人墨客的笔墨渲染和滋润，它的湖光山色也将大打折扣……所以，从这个程度上讲，文化是旅游开发的灵魂，也是旅游业最具有持久竞争力的核心要素。

由于民族文化旅游资源的民族性、原始神秘性以及互动性等特点，符合世界旅游求新、求异、求知、求乐的需求和趋势，对生活节奏较快的都市居民们有强烈的吸引力，同时，文化对旅游资源的价值具有无可替代的烘托和提升作用，其作用主要表现在文化能够提高旅游资源的知名度、提高旅游资源的附加值、提高旅游资源的可持续发展能力等，因此能够成为现代旅游的热点。

虽然如此，但文化是无形的，要把无形的东西变成有形的产品难度很大，因此，文化旅游的开发难度也就比其他观光型旅游产品大得多，故而在规划过程中需要对规划的目的地文化进行深入的普查，在此基础上进行横向和纵向对比研究，寻求最能反映本地民族精神的文化精髓和主题进行开发。《贵州省松桃苗族自治县旅游发展总体规划之文化开发规划》就是规划组在该县进行了深入调查的基础上进行规划的。案例首先分析了文化在旅游中的地位和作用，对文化开发的现状进行了评析，目的是引起决策者重视旅游文化的开发并作为旅游文化规划的依据，接着通过运用文化学、民族学、经济学等多学科理论和依据、技术方法与手段对松桃县的文化资源进行了挖掘与筛选，总结出了松桃县文化的主题是生态、佛教、苗族、饮食、傩文化等文化，在这个基础上确立了松桃县文化开发的基本思路和具体项目策划。在开发中，案例提出了"准确定位文化主题，设计特色鲜明的文化形象、加快佛教文化开发的步伐、系统开发苗族文化、重视旅游介体文化的开发"的文化开发思路是正确的、科学的，原因是一个县域文化是多元的，也有可能是分散的，如果没有一个鲜明的主题很难引起市场的注意，从而营销市场获得开发成功的，因此，开发文化的步骤之一就是准确地定位文化开发的主题，同时，文化开发需要进行营销，最有利、最有效实现营销的途径就是迅速树立起一个地方的文脉形象，然后根据主题和形象有重点地开发文化旅游资源，从这个层面上来讲，规划中将设计特色鲜明的文化形象和重点开发佛教文化、苗族文化以及饮食等介体文化的基本思路是正确的，也是具有可行性和科学性的。正是基于这样的开发思路，规划中专门设计了服饰观光、饮食、娱乐等专项文化旅游项目。

从案例中，我们需要学习如何调查、挖掘与筛选一个旅游目的地的文化主题，如何结合主题设计文化旅游开发的思路，从而指导具体的文化旅游项目的开发，这是我们本案例希望达到的目的。

案例

旅游商品开发规划理论

——以江西省瑞金市旅游发展总体规划为案例

旅游商品开发规划一般需包含以下内容：开发现状与存在问题、商品开发设计规划和营销规划。具体来说，首先是根据国家标准《旅游资源分类、调查与评价》对当地旅游商品资源进行列表与分类，明确其构成体系；同时通过资源、市场对比分析出优势和问题，作为商品开发设计与营销依据。其次是旅游商品开发设计，它是商品开发规划的核心内容，包括组织系统调研、明确产品创新方向与途径、规定旅游商品开发设计原则、依据市场需求与现有资源设计主题商品系列等，以瑞金市规划为例，其旅游商品就被有机组织为"红色商品"、药用保健品、生态旅游商品、旅游日用品、恢复型商品等系列。最后是要进行旅游商品营销规划，明确营销目标、战略、方式。案例中值得关注的营销方式有整体促销、联合促销、专项促销和特色促销。

一、瑞金旅游商品开发现状及存在问题

1. 旅游商品开发现状

旅游商品是旅游业的一个重要组成部分，它与旅游吸引物、旅游服务设施，旅游交通共同构成了旅游业的四大支柱。旅游商品具有纪念、馈赠、收藏、实用以及体现地方或民族特色等功能的特性。

瑞金在其悠久的历史演绎中，培养了灿烂的商品文化和精湛的手工艺术，全

市的商品开发已有一定的规模，目前已有一批具有较高知名度的商品。根据中华人民共和国国家标准《旅游资源分类、调查与评价》的分类系统，对瑞金的旅游商品资源进行分类，具体可分为以下十二个系列，见表7-6：

表7-6 瑞金旅游商品分类表

代码	基本类型	产品名称
GAA	名优百货	庐山牌缝纫机、封严编织绳、华栓（药）、穿心莲糖衣片
GAB	菜系肴馔	肉丸、鱼丸
GAC	名点饮品	黄元米果、麻糍、酱油豆干、卤肉、牛肉巴、粉干、牛杂烩、油炸糕
GAD	海味山珍	香菇、黑木耳、茶油、桂花板栗、早花生、瑞金小黄豆、生姜、荸荠、淮山、瑞金三花猪及三黄鸡
GAE	干鲜果品	西瓜、果蔗、奈李、猕猴桃、青梅、甜橙、金橘、水蜜桃、枇杷、丁香李、柿子干、红脚板薯、倒蒸番薯干等
GAF	名烟名茶	瑞金晒烟、观音崠茶
GAG	药材补品	金银花、乌韭、黄连、桔梗、杜仲、黄柏、山茱萸、菊花、枳壳、香附、白花蛇、麦冬、海金沙等
GAH	雕塑制品	壁画屏风、室内装饰雕刻
GAI	陶瓷漆器	瑞金陶、瓷器、漆器、紫砂制品
GAJ	编织品	藤椅、藤床、藤篮、藤箱、蓑衣、棕绳、草帽、棕心扇
GAK	文房四宝	瑞墨、狼毫毛笔、绵纸、大裱纸、油纸伞
GAL	纪念品	苎布、皮枕头、剪纸、宫灯、纪念章

资料来源：中华人民共和国国家标准《旅游资源分类、调查与评价》。

2. 旅游商品开发中存在的问题

由于瑞金的旅游开发起步相对全国较晚，使得本地的旅游商品仅作为普通商品来开发，主要考虑外销和出口销售，而忽视旅游购物这一块重要内容。因此从旅游商品开发的角度和其丰富的商品资源现状来看，瑞金的旅游商品开发深度和广度是远远不够的，具体表现在以下几个方面：

（1）旅游商品意识淡化，商品经营意识较弱。瑞金拥有丰富的具有本地特色的商品资源，然而，鉴于对旅游商品意识的淡化，许多潜在的收益都未被实现。比如在罗汉岩景区，一碗清热降暑的龟苓膏售价仅仅为五角钱，而在大城市的超市中，易拉罐形式的龟苓膏价位则在五元左右，身价猛增10倍。此外，对于一些已经开发的当地土特产，当地缺乏应有的商品经营意识，很少配备专门的场所及专人用于向旅游者推销商品，大有"养在深闺人未识"的感觉。

(2) 旅游商品开发处于起步阶段，生产和经营的规模化程度不高。除去少数具有一定生产能力的企业已经开始着手开发部分旅游商品外，当地绝大多数的商品资源都没有得到系统而有效的开发，旅游商品开发还处于起步阶段。与此同时，虽然现有的一些旅游商品开发已初步见成效，但尚未形成应有的规模，还有很大的开发空间，应进一步向广度和深度挖掘发展。

(3) 旅游商品开发设计水平低，商品形式单一。在已有的旅游商品中，目前开发的旅游商品缺乏鲜明的特色，很多景区在出售其他景区甚至全国其他旅游地开发的旅游商品。存在的较为突出的问题是：不太注重旅游商品的开发设计，一些商品加工粗糙，包装档次低劣，缺乏个性，对旅游者吸引力不强。令人惋惜的是，单一的商品形式还削弱了旅游商品应该给予旅游者的美感。如在瑞金叶坪旅游纪念品商店内，其出售的绣有五星标志的红军军帽在尺寸上只有一个尺码，使得不少旅游者的购买热情大打折扣。

(4) 旅游商品开发缺乏系统的组织和管理。在旅游商品的开发中，不仅缺乏系统的规划和实施方案，而且没有专门机构或部门负责旅游商品的生产销售、信息收集、市场调研和生产指导，旅游商品生产属于一种顺其自然的生产模式，处于自发发展阶段，尚未真正形成旅游商品体现。甚至有为数不少的旅游商品产自粗放型的家庭手工作坊，生产具有很大的不确定性和盲目性。

(5) 旅游商品科技含量不高，缺乏内涵。目前瑞金的旅游商品普遍科技含量较低，缺乏应有的文化内涵，旅游商品式样简单，商品的附加值不高。先进的科学技术对新兴旅游商品的开发具有重要意义，随着人们生活水平的提高，人们要求旅游商品具有更高的品位、更强的艺术性及时代感，现代科技是实现这一要求的重要手段。

(6) 旅游商品销售服务方式简单，促销力度不够。瑞金有不少的名特优产品，但由于特色产品的开发缺乏精品意识和品牌意识，宣传力度不够，销售服务方式简单，销售渠道单一，导致商品知名度不高，销售量不大。例如瑞金生产的紫砂制品，其质地上乘，造型优美，但在旅游者的心目中却没有一席之地，更无法与驰名中外的宜兴看齐。究其原因，就在于促销力度不到位，如果瑞金所有的旅游景点和旅游饭店都能陈列反映红都精神的紫砂制品系列，那么无形之中就起到了很好的促销作用。

(7) 旅游商品包装简陋，等级档次缺乏严格区分。许多旅游商品未得到深层次开发，还保留在原来的发展水平上，而且新的旅游商品的开发生产与旅游者的需求相脱节，旅游商品的生产存在着质量低，设计水平低、包装水平低等问题，再加上一些工艺品、纪念品没有一个专门的质量检验部门和统一的质量标准，出现价格混乱的现象，因此，多数可供旅游者挑选的旅游商品难以强烈吸引旅游者和勾起旅游者的购物欲望。比如：在沙洲坝景区出售的中华苏维埃共和国纪念章，售价五元，从它外在的一层透明的塑料袋包装来看，给人的感觉仿佛是粗制滥造的纪念品，很难令旅游者感觉"物有所值"。与此同时，纪念章的数量远远超过其他旅游商品，这种情况在很大程度上限制了旅游商品向多元化发展的速度。

（8）旅游商品缺乏拳头产品，没有充分重视品牌建设。瑞金绝大多数的地方旅游商品资源没有得到充分的开发，特色明显、品位高的旅游商品少。已开发的旅游商品形象和包装水平也不高，缺乏更新、优化、改造，对游客的吸引力不强，缺乏如新加坡的鱼尾狮、丹麦美人鱼、比利时小尿童等以配饰形式出现的家喻户晓的旅游商品。尤为严峻的是优质名牌旅游商品太少，到过国外旅游的游客都知道，去巴黎要买香水，去日本买电器，去美国买牛仔裤，去意大利买皮衣等，原因在于这些商品均有品牌效应。而在瑞金，类似"红都"、"红井水"等系列红色品牌，不仅没有被及时抢注商标，而且也没有很好地树立起应有的品牌形象。

二、旅游商品开发设计

1. 组织系统调研

既然加强设计和创新是振兴瑞金旅游商品的关键措施，那么，怎样进行创新或者从哪些方向或途径进行创新？对此，建议相关部门从整体目标及具体环境出发，组织力量对旅游商品的创新可行性进行系统的调查研究，从多方位、多角度挖掘出有瑞金特色的旅游商品发展方向，从而提出创新瑞金旅游商品的设计开发途径。创新瑞金旅游商品方向及途径的研究，可在几个方面进行：以历史及民俗文化为内容来创新旅游商品的研究；以客家特色的餐饮文化为内容来创新旅游商品的研究；以传统工艺为内容来创新旅游商品的研究；以地方物产为内容来创新旅游商品的研究；以地方景点及标志为内容来创新旅游商品的研究；以品牌日用品为内容为创新旅游商品的研究；以高新科技创新旅游商品的研究。

目前，旅游业在瑞金的经济中已占有极其重要的地位，而且呈现出大幅增长和持续发展的良好势头。相比而言，瑞金旅游商品生产水平则比较低，未形成应有的行业规模，营业额远未达到占旅游总收入的应有份额。因而，在调研成果基础上，发挥瑞金的有利条件，落实各项具体的开发工作，创新瑞金旅游商品，在短时间内，改变瑞金旅游商品的落后局面是可能的，意义也是十分巨大的。

2. 旅游商品的开发设计原则

（1）纪念性和艺术性原则。旅游商品不同于其他商品的一个重要之处就在于其有特殊的纪念意义，旅游者购买旅游商品无非是作为纪念品、收藏品或作为礼品赠送亲朋好友，这就要求旅游商品一定要区别于普通商品，设计应有的艺术品位，具有特殊的欣赏价值和收藏价值，这样才能激发起游客的购买欲望。旅游者在游览完瑞金红色旅游线路后，当然希望临行前选购一些具有崇高而又神圣纪念意义的红色旅游商品，以飨来日回味。

（2）挖掘文化内涵原则。现代旅游是一种以文化为主的综合性的社会活动，文化动机是一种最基本、最广泛的旅游动机，旅游商品之所以有生命力，是因为它体现出了民族文化的精髓。深刻挖掘文化内涵是使旅游纪念品具有区域性和纪念性的根本手段。一方水土滋养了一份特有的地方文化，瑞金的红色旅游商品开发同样也离不开向纵深挖掘文化内涵。朴实无华的客家文化在瑞金的深远影响足以彰显其在红色旅游商品开发中的分量，因此，在反映革命纪念意义的同时，还应充分挖掘本地深厚的客家文化底蕴及其他具有地方特色的文化内涵。

（3）方便性和实用性原则。旅游商品开发切忌粗糙、笨重，要便于客人购买，方便客人携带。一要重量轻，体积小，包装精美，便于携带，并且在内涵、功能等方面要显示出其"实而不华、惠而不贵"；二要在外形上独树一帜，具有强烈的时代感和地方性；三要符合旅游者的消费水平和消费心理，力争让旅游者感觉物有所值。红色旅游商品既然以"红色"为开发核心，就应该体现老区人民世代相传的淳朴民风，绝不能在旅游商品中存在"金玉其外，败絮其中"的情况。

（4）高起点、逐层开发原则。旅游商品生产的规划应是起点高、创意新、特色浓的精品，否则就没有市场竞争力和吸引力，缺乏排他性。旅游商品要实行多层次开发，合理制定高、中、低档旅游商品的比例，以生产中、低档实用性商品为主，照顾多数旅游者的需求。在旅游商品开发的时序安排上，基础好的拳头商品应优先安排，以确保重点突出；投资小、回收期短、效益好的亦可先安排；其他的可分阶段、有计划、有步骤地开发。当前最主要的工作是以旅游养旅游，即用先期的旅游商品创收投入随后的更多层次的旅游商品开发当中，切不可好高骛远，漫无目的。

（5）适销对路原则。对于不同的游客群体，应有不同档次的旅游商品，以适应不同旅游者的审美习惯和不同层次的消费需求。因此旅游商品的设计应是多种类型、多种档次和多层次开发齐头并进，在外观形式、包装材料等方面均要符合旅游者的审美需要和欣赏习惯，以丰富多彩的形式、风格各异的造型去获取广大旅游者的青睐。

（6）树立品牌意识原则。质量和品牌对于旅游商品的信誉和市场开拓十分重要。对已在世界上享有一定声誉的旅游商品要依照《商标法》、《保护工业产权巴黎条约》等法律条文来保护其商标专利权和市场占有率。对正在开发的商品，要牢固树立品牌意识和商标战略，凡开发、设计成功的旅游商品应及时向国内和国际有关部门申请商标注册。

（7）处理好保护与开发关系的原则。旅游商品得以持续开发的前提是合理的保护，保护的最终目的是更加高效、高质量地开发。在旅游商品的开发过程中，取得经济效益的同时还要取得良好的生态效益和社会效益，由此，才能真正实现旅游商品开发自身的可持续发展。

（8）特色化原则。旅游商品的设计要体现出旅游景区的特色，不可粗制滥造，盲目照搬别人成功的商品设计。唯有立足于本地区特有的旅游商品资源，独具匠心、精心设计的旅游商品才会显出独特性和纪念性，才会持续增加商品销量。

（9）内引外连原则。任何单一区域旅游商品的种类与数量都会受到当地许多条件的制约，如受当地社会文化背景、经济发展水平、旅游商品的开发水平和资源的优势状况等条件限制，从而影响旅游区旅游商品的种类与数量。

从整体上看，将来瑞金旅游的客源除了江西省，还会扩展到湖南、福建、安徽、浙江等省份和港澳台地区甚至全国各地，这就要求在旅游商品的供应方面，不仅需要具有瑞金当地特色的旅游商品，而且还需要江西特色乃至中国特色的旅游商品、在搞活经济、保护当地旅游资源和保持当地特色的基础上，我们不仅可以适当引进部分具有江西特色的旅游商品，而且还可以引进其他省市的名优旅游商品，以丰富本地的旅游商品种类，保护旅游区的生态环境和满足各类旅游消费者的需要。

3. 建设和培育大规模有瑞金特色的旅游商品市场

旅游商品不单要有好的设计和创新，还要有良好的流通环境。改革开放以来的经验证明：大规模的有专业特色的商品市场建设是发展该商品产业的重要环节。对旅游商品而言，由于旅游购物在时间上的限制，专业特色商品市场的建设显得更为重要。

建设大规模专业特色商品市场，一方面可以节约旅游者的购物时间，还可以使供应商通过良性竞争，向旅游者提供质优价廉的旅游商品。同时，供应点的相对集中，又便于主管部门的规范管理。反过来，一个有特色的商品市场又可以成为新的旅游景点。

在省市各级政府的支持下，在各个主管部门的组织领导下，发挥本省的科技、人才优势，利用瑞金发展旅游商品的各种有利条件，落实各项具体的调研和开发工作，创新瑞金的旅游商品。我们相信，在短时间内，在原有的基础上建立起高营业额的旅游商品企业群是完全可能的。这样，对瑞金旅游业的持续发展乃至促进瑞金的经济发展都有巨大的意义。

三、旅游商品生产

将设计转化为生产是旅游商品开发的核心工作，旅游商品的开发、设计和生产都要以旅游者的消费心理、消费层次和时尚潮流为依据，以满足旅游市场需求为指南，充分利用现有资源，以创造出构思精巧、个性鲜明、独树一帜的旅游商品为目标。

结合瑞金红色旅游的主题，着重从老区深厚的革命历史入手，结合客家文化的大背景，将当地各种丰富的商品资源进行有机的重组，使其和谐共生于红色旅游商品的开发氛围中，向世人展示瑞金的独特魅力。

1. 红色旅游商品系列

瑞金的旅游发展，核心内容是围绕"红色旅游"做文章，然而，现实表明：不仅旅游文化商品和纪念品数量品种较少，而且尤其在体现红色旅游内涵方面的商品更显匮乏和单一，不能满足未来红色旅游发展的需要。瑞金市旅游文化商品的开发重点应是借助地方文化的特色和风格来再现红色历史，通过充分挖掘本地浓郁的客家文化，充分发挥民间手工艺的特长，精心设计，统一安排，分类包干，从而丰富红色旅游商品的表现形式。可设计图文和音像制品、纪念服饰、纪念徽章、木刻工艺品、竹雕工艺品、藤编工艺品、纸扎工艺品、石刻工艺品、扇面工艺品等主要产品。

2. 其他旅游商品

（1）药用保健系列。采用杜仲、银杏、金银花、绞股蓝、土茯苓、黄栀子、黄连、生地、草珊瑚、乌梅、白菊、野菊花、野茶树等生产白毛茶、野苦茶、甜菊茶、金银花茶、绞股蓝茶等药用保健茶和各种药用剂品。

（2）生态旅游商品系列。根据资源特点和市场需求，可以设计鲜花、花卉标本、开发以花卉为原料的日用品等生态旅游产品。

（3）旅游日用品系列。旅游日用品与旅游活动紧密相关，大多数实用、美观，又起到点缀和装饰作用。开发旅游日用品要将实用性和地方特色相结合起来，充分利用瑞金的各种资源生产出售各种日常用品，重点提高其科技附加值。可供开发的产品有草木制品、竹编日用品、化妆品等。

3. 恢复型旅游商品

瑞金的名优特产，种类繁多，有的历史悠久，颇具盛名，至今不衰；有的却遭淘汰、衰亡或失传。对于前者，我们可以开展有序的、系列的旅游商品开发工作，并转入良性生产运转；对于后者，尤其是那些在历史上占有举足轻重地位的或影响深远的商品，我们有必要也有责任对其进行恢复性的生产，以期在旅游商品开发过程中，既保证经济效益，又追求社会效益。

绿色服饰：苎布取材于天然的纤维，对人体健康有益。开发生产以苎布为原材料、结合客家服饰特色的夏季服饰，相信会成为旅游商品中的新秀。

文房四宝：瑞金历史上拥有极高盛誉的上等书写用纸，仅次于"徽墨"的"瑞墨"和狼毫毛笔，加之瑞金境内多山石，极有可能开采出品质优良的石砚，至此，笔、墨、纸、砚便构成了具有瑞金特色的文房四宝。

四、旅游商品营销规划

大力宣传，提高旅游商品的知名度，多渠道、多形式进行促销。旅游商品的宣传须融合到瑞金各主要旅游区和地区旅游整体形象宣传之中，进行总体策划、科学促销，促销时可采用多种方式。

1. 整体促销

一是旅游部门要与林业、外事、宣传、文化、外贸、经济等部门合作，全方位、多层次地宣传瑞金的旅游；二是要搞好促销组合，将人员促销、业务推广、广告宣传和公共关系等促销手段组合运用，以加大和增强旅游促销效果。

2. 联合促销

与省内南昌、九江等地和外省如福建、浙江等旅游大省共同进行宣传促销，形成跨区域的联合宣传促销网络。山水相连的赣、湘、闽、粤，都是当年在大革命时期开展轰轰烈烈的工农革命运动的老苏区，老一辈无产阶级革命家和无数英烈，在这片广袤的大地上留下了无数的革命胜迹。联合促销，可以充分利用极为宝贵的"红色旅游"资源，携手促进"红色旅游"的持续发展，树立大旅游、大市场的开发意识，以达到资源共享、客源互流、优势互补、共求发展的目的，使"红色旅游"成为革命老区经济发展的新增长点。

3. 专项促销

以外出举办展览会，派相关部门参加旅游博览会或研讨会等形式对瑞金的旅游商品进行专项促销。

瑞金这片孕育了中国伟大革命业绩的沃土，离不开客家文化的滋养和浸润。将客家特色风情与红色旅游资源相结合，则使红色旅游更显得相得益彰、水乳交融、刚柔相济。比如：客家山歌悦耳动听，就不妨将身着客家服饰、会唱悠扬山歌的阿妹形象引到景区的导游过程中来，不仅丰富了导游形式，而且带动了诸如客家歌谣碟片、客家传统服饰、客家民间工艺品等旅游商品的销售。

4. 加快更新促销手段

将公共媒体和计算机网络作为宣传促销的重要手段加以利用。充分利用现代计算机网络系统，在网络上设立主页，将生态旅游区的宣传材料用中英文两种语言在网上长期宣传。

5. 增加旅游促销投入

加大对旅游促销的经费投入，保证必要的促销经费投入，尤其是对重点旅游区要加大促销经费的投入力度。

总之，瑞金的旅游商品开发极具潜力，应指定专人负责旅游促销工作，主动占领旅游促销的制高点，同时也应充分利用窗口促销、影视促销、媒体促销等其他促销手段和方法。从瑞金上述十二大系列百种产品中筛选出若干适销对路的产品，先期开发，滚动发展。

案例分析

旅游商品开发是旅游规划的重要内容，也是旅游产业经济的一个重要组成部分，在成熟的旅游目的地，旅游商品销售额至少要占地旅游总收入的35%以上才能算是成熟的旅游目的地，在国外，一般的旅游商品开发销售额占旅游总收入的60%以上。要了解为什么旅游区要重视旅游商品开发，首先需要知道开发旅游商品有什么价值。

旅游商品开发的文化价值。旅游商品是一个国家的文化艺术、工艺技巧和物质资源相结合的产物是体现旅游地历史文化、民俗风情、自然景观及社会经济发展的重要载体。旅游商品反映一地的文化水平，直接影响一个地区的形象和影响力。旅游商品的包装反映创意水平的高低造型体现工艺水平的高低，而材料反映环保意识的强弱。旅游商品有利于传播传统的优秀文化艺术，加强国际文化交流，加深旅游者对一个国家或地区文化传统、艺术造诣、民族风格和喜好的了解从而达到思想感情的融通。

旅游商品开发的经济价值。在旅游六要素中购物消费富于弹性，最有潜力可挖。因此在客源稳定的情况下开发旅游商品是提高旅游业整体经济效益的重要途径。旅游商品生产以其关联性强的特点能够直接拉动工业、农业、商业、运输业、物流业等相关产业发展促进传统产业改造和优化升级。旅游商品的生产和销售属于劳动密集型产业开发旅游商品能为社会提供大量的就业机会。开发旅游商品对内销售可以回笼货币，对外销售可以赚取外汇。

旅游商品开发的心理价值。制作精美、质量优良的旅游商品对旅游者有着很强的吸引力，可以激发潜在旅游者的旅游动机。购买旅游商品的过程丰富了旅游的活动内容，从而使旅游活动的节奏和旅游者的情绪得到积极的调整，有利于提高旅游效果和增加旅游者对整个旅游活动过程的满意度。旅游者在旅游地购买具有特色的商品无论是自用观赏，还是向亲朋好友展示、馈赠，实际上就是对旅游地的一种很好的宣传，对于提高旅游地的知名度和吸引力有积极的作用。

正是旅游商品具有如此重要之价值，故而许多旅游目的地都要花大力气去规划设计。在规划设计过程中首先需要对旅游商品的资源进行调查分析，并对旅游商品开发的竞争合作市场进行调研与分析判断，立足于这两个基础，遵循一定的开发设计原则进行旅游商品的具体策划。规划出来的旅游商品是否能够销售出去，还需要针对不同的客源市场和游客层次制定相应的旅游市场营销策略，这才是一个比较完整的旅游商品专项规划。

在本案例中，我们依据国家标准和弹性原则对瑞金的旅游商品开发现状和存在的问题进行了诊断，目的是寻找出阻碍瑞金旅游商品发展的因素所在，同时遵循因地制宜的原则设计了相应的开发规划原则，并依据旅游者消费心理特征以及自身的资源和市场优势设计了相应的旅游商品。旅游商品的市场开发有其特殊性，需要从不同的层面制定相应的营销策划，因此，在本案例中我们也有的放矢地策划了一些操作性较强的旅游商品营销方案。

当然，旅游商品规划设计是一个系统工程。旅游市场总是变化着的，随着旅游者的消费特征和消费行为的不断变化，旅游商品也需要做出相应的调整与改变。在进行旅游规划时不能故步自封，停留在已有的理论水平上，需要根据旅游市场的变化而不断变化，甚至要适当地引领市场消费潮流，从而使得旅游目的地能够在激烈的市场竞争中立于不败之地。

但不论如何，在我们规划旅游商品时，只要弄懂旅游商品的重要性以及旅游商品的突出特点在于民族性、地方性和纪念性、艺术性。民族性、艺术性是旅游商品的生命力所在。失去民族性、地方性，对旅游者来说，其纪念意义和艺术品位就会大大降低。旅游者正是为了探寻这些异族文化的奥秘而踏上了旅程。这种吸引力在旅游过程中体现在游客的体验中，而在旅游结束后就需要由旅游商品来追忆。我国旅游行业要想最大限度地满足游客的需求，就不得不在最有发展潜力的旅游商品方面大做文章，而这又决定了开发旅游商品的方向与内容。懂得这些原理后，旅游商品规划也就不难了。当今社会进入了新的世纪，我们应以新的视觉、新的理念、新的精神，积极探寻新的发展之路，为人类创造出新的财富。旅游商品的发展也要适应这一潮流，方能凸显旅游朝阳产业的优势。

▶▶ 思考与练习

1. 如何对旅游项目进行创意策划？

2. 以"产品为中心"规划的内涵是什么？进行"产品为中心"规划的方法和技术又是什么？

3. 以你所认识的文化景区或旅游目的地进行调查，然后根据自己所学知识和本章给出的案例，为旅游部门撰写一份旅游文化产品或旅游商品策划方案。

第八章　旅游环境保护规划

▶ 内容导读

旅游环境保护的基本理论和旅游环境保护的最佳方法——旅游环境容量的测算与管理。通过本章学习，了解旅游环境保护规划的一般理论，懂得运用相关理论测算旅游环境承载量，并学会旅游环境保护管理的一些基本手段与措施。

旅游业作为一项环境资源产业似乎是可持续发展关于环境与发展命题的原型和实例。人们已逐渐认识到旅游规划不仅需要过去的产业思想、景观美学思想，更需要环境保护思想、文化完整性思想。但旅游规划本身在国际、国内尚属一新兴领域，缺乏权威的技术规范，旅游环境保护规划目前更处在积极探索阶段，有必要通过不断实践，尽快建立和完善其理论体系，提高其科学性、系统性、可操作性。

第一节　旅游环境保护规划的理论

对于旅游环境的概念学术界至今还有争议，其含义大致可概括为两个方面：①自然环境：包括大气、水体、土壤、动植物等自然生态环境和水资源、土地资源、自然景观资源、自然能源等自然资源状况；②社会人文环境：包括城市结构与构筑物、文化习俗、历史古迹等人文景观和当地生产生活水准、就业等经济环境以及旅客与旅游目的地居民的审美情趣、文化素养等。旅游环境保护规划作为生态旅游思想的体现和实现手段，实际上主要关注于旅游地（有时又称风景旅游区）的资源保护、自然生态环境建设与恢复、文化保护等，具有微观尺度研究性质。具体地说，旅游环境保护规划是以旅游开发行为、旅游活动与自然生态环境、社会经济文化环境之间的相互影响作用机理为切入点，以环境影响评价为科学依据对旅游区的功能区划分、旅游规模与旅游形式、旅游地工程建设、生态环境保护、环境治理、环境美学保护等提出对策或建议。

旅游环境包括社会政治环境、自然生态环境、旅游气氛环境和旅游资源本身。旅游环境的好坏与旅游业的发展关系十分密切。社会政治环境是指政治局势、社会治安、居民对旅游业的认识以及生活服务供应等。政治局势稳定、社会治安良好，可以给游人以交全感；当地居民对旅游业的正确认识可以使旅客心情愉快，不受欺骗和侮辱；充足的物质供应量和优质的服务可使游客得到应有的享受。旅游区的自然生态环境是由那里的地貌、空气、水和动、植物等组成的综合体，对自接旅游对象来说也可以将其看成一种外环境、大环境。虽然它没有被看作直接的旅游资源而常常不被旅游开发部门所重视，但实际上它却直接关系到旅游业的成败。在当前生产不断发展，城市规模不断扩大和人口骤增的情况下，人们的居住生活环境日益恶化，环境的污染和破坏给人类的身心健康带来了损害。因此，"回归大自然"就成了人们的共同愿望。人们外出旅游可能出于不同目的，但追求在一种良好的自然环境中获得身心愉快和享受是大多数人的共同愿望。从这个意义上说，清新的空气、洁净的水、幽静的空间、茂密的植被等，其本身就是一项旅游资源。

旅游气氛环境是指在洁净、优美、较少污染的自然环境基础上，开发出的反映历史、地方或民族气息的环境，特别包括那些和谐的建筑、娱乐设施和活动场所。对旅游者来说，一个观赏景观或游乐对象脱离开具有历史、地方或民族特色的气氛环境就会降低或失去其旅游价值，旅游者外出离开他的常驻地，从根本上说，是对异国、异地情调的追求，也就是对异地旅游气氛环境的追求，因此，在旅游开发中注意气氛环境的保护也是至关重要的。

当今，西部大开发、旅游唱重头戏，做好旅游环境保护规划对于生态环境脆弱、社会经济发展相对落后、少数民族聚居的西部省区来说意义重大，否则，所谓的"生态旅游"只是一句空话。然而，必须认识到：第一，旅游环境保护规划毕竟是建立在对现有旅游环境尚未完全认识的基础上，建立在对未来的不确定性基础上；第二，现实条件是大部分旅游资源为公共所有，国家旅游环境管理的行政设置、法制建设等远未跟上来；第三，旅游环境内容丰富，其中不少指标（如社会人文环境）难以量化评价。这些都严重导致规划的实际功效受到制约。从某种意义上说，其最好结果是基本实现"未来不会发生什么"。目前，我们的理智选择就是从不同区域入手，如自然保护区、风景名胜区、旅游区、旅游城市等，根据其承载旅游活动的不同、环境要求的不同，有的放矢地将旅游环境保护规划的技术力量与管理力量集中于关键的、可控制的、靠市场行为无法自动调节的规划内容中。

　　根据上述造成旅游资源和旅游环境质量下降因素的分析，加强旅游保护已势在必行。目前应采取以下几个方面的对策：首先，加强旅游环境保护的理论研究和普及教育。包括旅游业对旅游环境的依赖关系，环境容量；对旅游业发展制约程度，旅游业发展对旅游环境的破坏作用等，旅游环境保护方法论研究、旅游环境保护研究、旅游环境保护政策研究。其次，在旅游区规划建设中应重视环境影响的预评价。包括旅游区环境容量评价，地区经济水平承受能力评价，开发旅游区人工规模的影响以及可能的客源市场规模类型预测等，在可行性分析中，环境影响评价已成为不可缺少的内容，在今后的旅游区开发中应给予高度重视，以减少不必要的损失。再次，加强现有旅游区保护范围和环境容量的评定工作，确定旅游区环境容量限定旅游业发展的合理规模，处理好国内旅游和国际旅游的关系，这不仅是旅游环境保护的需要，也是保证旅游业顺利发展的需要。最后，健全旅游环境立法。立法是对旅游者和旅游经营者制定行为规范，对破坏行为者实行强制干涉和惩罚，同时也对多数人进行教育和宣传。立法内容应包括旅游区建设项目和审批办法和权限、旅游区保护范围和保护内容的规定、对违反保护条款者的处罚办法等。只有这样，旅游环境和旅游资源保护才会出现一个新局面，为旅游业健康发展提供坚实的基础。

　　总之，旅游业是建立在吸引游客、造成旅游流动基础上的行业，旅游环境的好坏，直接关系到一个地区旅游业的成败。目前工业污染带来的影响已开始被人们所重视，而旅游污染和旅游环境破坏带来的损失却往往不被重视，所以，提高旅游环境质量和加强旅游环境保护就显得特别重要和紧迫。

第二节　旅游环境承载量的测算与管理

　　旅游承载量（又称旅游容量）原是一个生态学中发展起来的概念，是生态学者常用的名词，是用以说明一处环境在维持一定品质与特性情况下，可容纳某种生物族群数量的一个概念。后来这个概念最早被动物养殖业借用，用以说明固定面积的草地可供多少牛或羊食用，且草地不会受到严重伤害，日后照样可提供放牧使用。再后来一些环境科学工作者将"环境容量"的概念借用到环境科学中，环境容量是指在人类生存和自然状态下不受危害的前提下，某一环境所能容纳的某种污染物总量控制的重要概念。而且，随着社会的发展，这一概念的内涵和外延也在不断发展和深化，在一百多年的时间里，人们已经将它从单一的生态学领域借用到很多相关领域，如环境保护、人口问题、土地问题、旅游管理等。

一、旅游承载量的概念

关于旅游承载量或旅游容量，目前旅游学界有多种不同的表述。我们认为这个词是指某一旅游地容纳旅游者的能力，也就是指对某一旅游地而言无害于其可持续发展的旅游活动量。

旅游承载量是可持续发展旅游的重要数据之一，也是一个旅游目的地可持续发展的核心问题。在承载量范围内开展旅游活动，具有如下功能：保证不会对自然环境造成伤害；保证不会降低游客对旅游体验和参加者的满意度；保证不会对原生物和当地居民造成伤害。

二、旅游承载量类型

旅游业的综合性决定了旅游承载量（旅游容量）的多维化特征。虽然目前学术界对旅游承载量种类的表述很多，但我们认为最重要的有以下三种：环境承载量、社会承载量和设施承载量，如图 8-1 所示。

图 8-1　承载量类型示意图

1. 环境承载量

环境承载量又称生态环境承载量或自然环境容量。如前所述，当人们在进行旅游活动时，极有可能对生态环境各组成因素造成影响，因此通过分析旅游对旅游目的地周围的植物、动物、土壤、水、空气等的品质所产生的影响程度，进而决定旅游承载量，人们把它称为环境承载量。即将环境视为一种资源，分析上述各项环境，综合研究确定所能容纳人类旅游活动的干扰程度，而不至于使其组成或功能造成永久性或长期性的变化。因此，也有学者用自然资源承载量、生物承载量、土地承载量等名词来分别描述他们所关心的特定方面。一般来说，后面这几个名词涵盖面较为局限，而环境承载量所代表的含义范围较广。

环境承载量是指在一定时间内旅游区自然生态环境不致退化的前提下，所能容纳的旅游活动量。环境承载量立足于当地原有的生态环境质量，考察自然环境对于旅游场所产生的旅游污染物能够完全吸收与净化。因此生态容量的计算取决于一定时间内每个游客所产生的污染物数量及自然生态环境净化与吸收污染物的能力。

应该指出，一般生态环境系统都有一定的纳污自净能力，即通过稀释、扩散、挥发、沉降等物理作用，氧化和还原、化合和分解、吸附、凝聚等化学作用以及吸收和降解等生物作用来消除污染物，使生态环境系统达到自然净化，以保持生态系统的平衡和稳定。但是，如果生态环境长期超量接纳外部因素尤其是人为的强制输入，这种稳定性就会被破坏，平衡关系就会被打乱，生态系统将陷入自危状态，开始出现自动调节能力下降，最终可能导致整个生态系统崩溃。所以，生态环境系统的自动调节能力和代偿功能是有一定限度的，当干预因素的影响超过其生态系统的阈值时，就意味着生态系统面临失衡或崩溃的危机。旅游环境容量这个指标就是从这个角度来约束旅游活动量的。

2. 社会承载量

承载量的概念最先从自然生态层面开始，后来逐渐发展到社会心理层面。旅游业的发展决定了旅游经营者越来越关心旅游者的感受和体验，同时旅游目的地社会文化由于发展旅游而产生的负面效应也越来越明显，所以关注社会承载量的研究也就越来越多。

社会承载量又称社会环境容量，它是一种建立在社会价值观、道德习俗、宗教信仰、文化传统和生活方式等社会规范基础上的量值，所以它包含的内容是很广的。由于旅游是多种文化背景的人的接触与交流，于是就出现彼此间能否相互接纳的问题。旅游社会承载量主要就是衡量旅游者与旅游目的地居民彼此在社会价值方面能够达成谅解或者说能够互相接受的极限值。所以，研究社会承载量时，需从两个角度下手：一是游客，二是当地居民。因此，我们把社会承载量分为两种：一是旅游感知承载量，二是社会文化承载量。

旅游感知承载量就是游客心理和生理容量。根据环境心理学原理，旅游者在旅游时对环境周围的空间有一定要求，环境空间狭小、拥挤，便会导致情绪不安和精神不愉快。感知承载量是指环境空间不致使游客产生拥挤感所能容纳的最大旅游活动量。它受旅游者各种心理因素的影响，是对旅游者各种心理因素的测度，是通过对旅游者进行调查，获得统计数据后分析确定的。

社会承载量中另一个重要内容是从当地居民角度考虑的社会文化承载量。众所周知，旅游往往会给目的地居民带来外来文化，这就很可能导致与当地传统文化的冲突和影响，这种冲突和影响既有积极的，也有消极的。积极效应有：生活水平提高，对外联系增强等；消极效应有：崇洋思想泛滥，犯罪率、离婚率升高，环境污染，交通拥挤，物价上涨，宾主敌对与妒忌等社会冲突增多。此外，游客带来的性爱、食宿、服饰方面的新生活方式也会引起许多社会冲突。有人曾对东道主与客人的关系产生裂痕这一现象进行过研究，认为不外乎两个原因：一是旅游者数量；二是旅游者的态度。并认为一般情况下这种关系的变化与旅游的发展是呈阶段性变化的，于是提出了"伊里戴克斯"模式，见表 8 - 1。

表 8 - 1　关于社会紧张与旅游发展关系的"伊里戴克斯"模式

阶段	特征	状态
第一阶段	欢欣鼓舞	访问者受到欢迎，尚未正式开发
第二阶段	冷淡	对访问者习以为常，交往趋向商业化
第三阶段	恼火	当地人对旅游感到忧虑，努力改善基础设施
第四阶段	敌意	当地人公开表现出敌意，试图减少旅游潮带来的损害

资料来源：[英] C. J. 霍洛韦. 论旅游业 [M]. 北京：中国大百科全书出版社，1997.

如 8 - 1 所示，在旅游发展的早期阶段，当地人欢欣鼓舞，因为他们对投资的就业机会得到改善感到高兴。这时旅游者数量较少，且大多属于"探险者"，能够接受东道主的标准和价值观。这就意味着旅游者将受到欢迎，甚至被视为朋友。此后，当地人对旅游给他们带来的利益逐渐习以为常，而他们对旅游带来的问题开始有所了解，于是他们与旅游者的交往变得较为平常，带有更多的商业色彩。随着旅游进一步发展，当地人认识到旅游正以某种方式改变着他们的社会和文化标准。他们普遍感到，旅游者给他们带来的既有好处，也有烦恼。最后，当地人对旅游者潮水般的拥入开始表现出忧虑和敌意。

由此可见，在对旅游业进行规划管理时，旅游的社会文化承载量是绝对不能忽视的。它主要是指旅游地所能承受的因游人的大量到来而产生的对当地社会的文化形态的冲击之最大极限，或者说，当地居民对外来文化的接受和容忍程度，在某单位时间内能容纳多少游客，才不会引起当地居民的反感，才不会对当地社会环境带来破坏。

总之，社会承载量（包括游客感知承载量和当地居民的社会文化承载量）都是非常重要的。只有旅游目的地的居民与游客双方共同接受和满意的人流量，才是旅游地合理的社会环境容量。在这个容量范围内，旅游目的地的居民的生活质量不会降低，对外来游客的旅游质量得到保证，主客双方都感到满意。

3. 设施承载量

设施承载量也是一个重要的旅游容量指标。它是以发展因素作为评估参数，利用如停车场、露营区等人为设施的供给量，来求得旅游承载量的。若将空间视为一种资源，下列两个方面极易测量：一方面是每个空间单位如每一百平方米土地可提供多少游客使用；另一方面则是以设施单位作为衡量，如有几座露营场，而每座露营场可供多少游客使用。根据学界人士的看法，一般说来设施承载量和人为设施的规模直接相关，其中包含对许多基础设施的考虑。如该地区水资源可供多少人使用，供电状况可供多少户人家使用，还有交通运输容量、住宿设施、床位数等。一般来说，设施承载量容易决定，就是看设施的提供能力，可为多少游客服务。所以说设施承载量可视为最表面的，其测量方式也是简易的。当旅游地点越靠近城市，旅游方式越超人工化，游乐器材的设施承载量越容易进行估算；反过来看，越自由的活动方式，不需使用娱乐器材或人工建筑的设施承载量就较难估算。此外，同一环境设施承载量并非是个固定值，不同季节、不同事情可能产生变化。如高山地区的步道在冬季时可能结冰，这时的承载量就不同于夏季，况且生态环境对人类活动干扰的敏感性也会随不同季节而改变。综合来说，设施承载量多在经营管理方面使用，而很少将它用于作为制定旅游承载量的依据。

三、旅游承载量的确定

1. 确定旅游承载量的障碍

旅游承载量一词含义简明，但在不同的情况下却有不同的解释，不同的人也有不同的理解。因此很难得到准确的测定方法，这里存在的障碍主要来自以下几方面：

（1）背景值的设定。对于旅游承载量的测定，首先必须确定测量所依据的背景值。我们必须找到完全未经人为干扰的环境来当作背景值，才能比较现状被改变了多少。但是这种原始环境是很难找到的，某些地区或许表面看似无人为干扰存在，但实际上该生态系统已遭到人为污染了，如空气污染会越区传播，地下水污染物质也会在地下层里流动。要找原始环境，取得背景值，大概仅能回到远古年代。

（2）自然是动态的，自然不断产生变化。如何解释测量的结果呢？是人类旅游活动干扰的结果吗？或是自然作用而产生的变化？通常所得结果都混杂着自然与人为因素，要区分出自然变动和人为干扰确是件难事。

（3）怎样的程度是可接受的？人类的行为或多或少都会对环境造成干扰与影响，即使站在户外的草皮上，什么活动也没有做，你也正对脚底下的植物和土壤带来压力。所以，标准的制定常会因人而异。若交给保育人士来制定可能会严格些，若交给开发单位来定就可能会宽松许多，孰是孰非很难有定论。

（4）不同群体对拥挤的感知存在着差异。如果必须在较高度的拥挤和放弃旅游之间做出选择，人们会在多大程度、哪些情况下选择前者呢？这取决于旅游者的地域分布及其社会文化背景。从地域上看，南欧人比北欧人、北美人，亚洲人比欧美人似乎更能容忍高度的拥挤和近距离的个人空间。以美国和日本游客对海滩利用的典型调查为例，在日本，平均利用密度处于 5 平方米/人以上时，海滩上的游客的满足程度已超出 60%；而在美国，平均利用密度达到 15 平方米/人以下的，游人的满足程度一直小于 60%。当平均利用密度达到 10 平方米/人时，日本海滩游人的满足程度已接近 100%，而此时美国海滩游人只有不到 50% 的人感觉满意。

这种感知拥挤的差异性还体现在当地居民和旅游者之间。同当地居民相比，旅游者或许能接受更高密度的拥挤。对环境问题的感知也类似于此，实际造成的破坏程度可能远大于当地居民和旅游者所感知的。因此，从某种意义上讲，旅游容量，尤其是心理容量实际上是关于什么可以接受、什么不能接受的主观判断。

（5）管理水平和技巧能影响旅游容量，特别是物质容量和环境容量。旅游容量不是一个绝对的界限，它只是预示事物质变的"关节点"，目的是引起人们重视，以排除管理中的障碍或加以重新规划。其实许多人类社会的现象与状态的本质是一种特性，只能由定性的描述来一窥其风貌，很难加以定量化、数值化，在社会承载量的分析上就面临此种基本问题。社会承载量中属于或仅能以定性角度观察的因素不少，如涉及游客价值观、态度、心理意向等。

明白了这一点，人们就不难理解，旅游承载量其实并不是一个定数，即使能够量化也只是作为参考，通过科学的规划工作和管理措施，旅游容量在不同情况下是不一样的，是可以提高的。同样是一块馅饼（旅游地），因其营养构成改善（科学规划或管理），每个人所得的份额尽管不变甚至减少，而获得的效应却在增加，故不必减少（旅游）人数。

2. 旅游承载量的测量依据

旅游承载量的测量必须有一个同旅游地随旅游活动相对应的适当的基本空间标准，即单位利益者（一般是人或人群，也可以是旅游者使用的载体，如车、船等）占用的空间规模或设施量，如人均占有的面积。基本空间标准的获得，大都是长期的经验积累或通过对旅游者的多次调查以及专项研究的结果。在旅游规划管理中，基本空间标准是规划时直接应用的一项重要指标。下面供几种旅游承载量的参考标准，需要指出的是，各国各地区不同的旅游活动方式会有不同的基本空间标准，往往差异还比较大。在地中海地区同荷兰海滩的使用标准密度是 1.7 平方米/人，西班牙为 3 平方米/人，而地中海热带地区旅游度假区的标准密度低于 30 平方米/人；世界上比较常用的海滩承载力标准是 10 平方米/人或人均海滩长度标准 1 米/人。同样对于游泳池的标准也差别悬殊。在美国，天然游泳池水体的大肠杆菌标准为 500～1000 个/升；在苏联娱乐水体为 2000 个/升。欧洲共同体规定泳场的透明度应大于 2 米；澳大利亚规定的透明度为 1.2 米。各国旅游场所的具体承载标准见表 8-2、表 8-3、表 8-4。

表 8 - 2 旅游场所旅游承载量的空间标准（日本）

场所		基本空间标准	备考
动物园		25m²/人	上野动物园
植物园		300m²/人	神代植物园
高尔夫球场		0.2~0.3ha/人	9~18 洞，日利用者 228 人（18 洞）
滑雪场		200m²/人	滑坡斜面的最大日高峰率为 75%~80%
溜冰场		5m²/人	都市型的室内溜冰场
码头	小型游艇	2.5~3.0ha/只	25m²/艘
	汽艇	8ha/只	系留水域 100m²/艘
海水浴场		20m²/人	沙滩
划艇池		250m²/只	上野公园划船场 2ha，80 艘
野外比赛场		25m²/人	
射箭场		230m²/人	富士自然修养林
骑自行车		30m²/人	
钓鱼场		80m²/只	
狩猎场		3.2ha/人	
旅游牧场、果园		100m²/人	以葡萄园为例
徒步旅行		400/团	
郊游乐园		40~50m²/人	
游乐园		10m²/人	
露营场所	650m²/辆	150m²/人	容纳 250~500 人
	汽车露营	650m²/辆	容纳 250~500 人

资料来源：保继刚等. 旅游地理学 [M]. 北京：高等教育出版社，1993.

表 8 - 3 旅游设施基本空间标准（欧美）

旅游活动	场地	基本空间标准
住宿	旅馆	10~35m²/人
	海滨假日旅馆	15m²/人
	山区旅馆	19m²/人
饮食	超过 500 床位，旅馆外餐饮用地	24m²/人
娱乐	海滨胜地	10m²/人
	山区滑雪旅游地	25m²/人
	室外电影院	最多 1000 人/场
	夜间俱乐部	最多 1000 人/处
开敞空间（户外娱乐和赏景用）行政和中心服务	海滨或乡村旅游地	20~40m²/床
	滑雪旅游地	5~15m²/床
	集中服务（洗衣和食物处理等）	最少 0.3m²/床
	行政、健康与卫生服务	0.2m²/床

资料来源：黄羊山，王建萍. 旅游规划 [M]. 福州：福建人民出版社，1999：157.

表 8 - 4　淡水湖泊浴场设施建议指标（中国）

项目 ＼ 数量	公共浴场（m²/千人）	专用浴场（m²/千人）
更衣室		150 ~ 200
保存室	20 ~ 40	包括在更衣室内
净身室	10 ~ 20	50 ~ 100
管理室	15 ~ 30	30 ~ 50
仓库	5 ~ 10	30 ~ 50
厕所	10 ~ 15	包括在净身室内
停车场	100 ~ 150	500 ~ 1000

资料来源：马勇，舒伯阳. 区域旅游规划——理论·方法·案例 [M]. 天津：南开大学出版社，1999：50.

下面介绍 OMT 的一些娱乐活动的承载量标准，以每公顷接纳游客人数作为计量单位。

森林公园：15

郊区自然公园：15 ~ 17

高密度野餐地：300 ~ 600

低密度野餐地：60 ~ 200

体育比赛：100 ~ 200

高尔夫球场：10 ~ 15

水上活动

垂钓/帆船：5 ~ 30

速度划船：5 ~ 10

滑水：5 ~ 15

自然追踪：（以人/天/千米为单位）

徒步旅行：40

骑马：25 ~ 80

对于滑雪度假区参考性指标为每公顷滑道 100 个滑雪者。

生态旅游是一种可持续发展旅游，所以，在确定其承载量时必须对各种因素进行综合考虑。既要保证游客的满意度，又要创造最佳的经济效益，维护生态环境，促进社区社会文化的发展，要在其积极影响与消极后果之间作合理的平衡。但是，不同的旅游区，甚至是同类旅游区其旅游承载量也并非完全相同。影响承载量的因素有很多，包括旅游区开发目标和用途的不同，旅游区管理政策与水平、旅游者本身的文化素质的不同以及当地居民的态度等。所以，涉及对具体的生态旅游区的承载量的测定，还要视具体情况进行具体分析。

3. 生态环境承载量的确定

生态环境承载量的确定立足于维护当地原有的自然生态质量。维持旅游地的自然生态质量，包括两个基本的方面：第一，自然环境对于因旅游活动造成的对生态的直接消极影响（例如游人对植物的践踏）能够承受，即自然环境本身的再生能力能很快消除这些消极影响。例如，在旅游旺季时，自然风景区的植物遭受旅游者的直接践踏，这些植物最迟能在一个旅游旺季到来时恢复到原有的生长状况。第二，自然环境对于旅游者所产生的污染物能够完全吸收与净化。

实际上，不同的生态旅游区，其生态承载量会随着生态体系的不同而有差异。某些生态区极为脆弱，如高山湖泊；某些生态区缓冲能力较大，对旅游冲击的容受能力也较大。所以在实际应用中，必须通过调查研究去了解一个大区域中哪部分生态是易受人为干扰影响的，将这部分圈进保护区进行严格的保护，而将容受能力相对较高的地区开放为可供游客观光使用的旅游区。

在具体确定旅游容量时还需了解以下一些内容：

在宏观方面，旅游环境容量是指一个较大的区域，如一个城市或区域性旅游地所能接纳的游客量。决定该容量的主要因素有：交通客运能力、住宿供给能力、供水能力、供电能力等基础设施条件。这可采用国家建设部发布的《城市规划编制方法》中的有关规定，结合当地旅游住宿设施状况进行测算。

在微观方面，旅游环境容量是指一个旅游区、旅游点所能承载的最大容量。决定该容量的主要因素有：可游住面积、可进入的线路及旅游区（点）的卡口（瓶颈）容量。当然也还要考虑该区的水、电、住宿等供给能力。一般估算环境容量采用面积法、线路法、卡口法三种方法，即

合理容量(人)=（游览面积÷单位规模指标）×周转率

高峰日容量(人次/日)=合理容量×周转率

年容量(人次/年)=全年游览天数×平均日容量

其中，单位规模指标为一个人应占有的面积数，周转率为每日可游时间（小时）除以游人平均逗留时间（小时）。

线路法改用游览线路长度计算。

卡口法主要考虑用旅游区（点的）卡口（瓶颈）因素计算。如桂林荔浦丰鱼岩田园旅游度假区，去旅游者都必须进洞游暗河。那么，计算丰鱼岩地下的最大容量即为本旅游区的最大容量。

此外，实际观察和调查也是测算容量的可靠办法。在不同季节、不同日子、不同时段分别统计游客人数、游览宽松、拥挤状况，也可大体测算出旅游区

（点）的合理容量、最大容量、最佳容量。

4. 社会承载量的调查

虽然社会承载量较生态承载量更不具体，但是考虑众多旅游区的管理决策将发现，在许多实际情况下最终的旅游承载量是由社会承载量所得结果制定的。研究者大多希望通过社会承载量分析，事前设计该旅游区所能容纳的游客人数。社会承载量分析大多围绕着拥挤问题，因为可具体算出能容纳的人数，当然某些研究也会进行其他因素的分析和探讨，如游客行为和当地居民的态度等。游客行为也会影响社会承载量，如乱丢垃圾、制造噪声、故意损坏等皆会降低某旅游区的社会承载量；而当地居民要是对游客不友善甚至恶言相待，则该地区的社会承载量也会大幅度降低。某些旅游活动本身所需空间并不大，但是旅游者所需要的心理空间必须大一些，否则就会感到不舒服，但是到底游客需要多大的旅游空间呢？到目前为止并没有具体的标准，研究者一般所采用的探索途径为调查游客对拥挤程度的知觉，目的在于建立游客满意降低的门槛值，超过这一点时，当游客人数增加和有效空间降低时，游客的旅游体验和满意度就会明显减少。

最后，应该指出，时至今日，几乎在所有的旅游规划开发中都包含有旅游承载量的内容，在旅游经营与管理中也应引入这一概念。特别是对生态旅游而言，它是一种行之有效的兼顾经济发展与环境保护的科学管理手段。这一手段在旅游经营管理应用中既能规范、约束旅游者，又可在必要时分散疏导客流，控制游客量。旅游区一旦出现超过承载量极限的旅游人数，出现"人满为患"的情况时，便应采取断然措施，包括事先预定、提高价格、限制售票或设法疏导游客分散前往其他旅游点，以加强对旅游区的管理和保护。总之，旅游的发展离不开科学管理。旅游会不会对环境产生负面影响，是弊大还是利大，这并不取决于是否开发旅游，而是取决于是否在这一过程中实现了科学的管理。

案例

旅游环境保护理论

——以广西上思县祥龙国际生态城旅游度假总体规划为案例

本案例包含分级保护规划、保护目标、生态环境保护规划和旅游资源保护规划四部分。分区保护规划分为三级，并且从保护范围、保护对象到建设控制要求都做出了具体说明。环保规划的制定要依据国家环境保护法规、明确保护对象范围与等级、确定保护战略及策略。生态环境保护规划从大气、水、噪声、固体废弃物以及生态环境宣教方面做了详细说明。旅游资源保护规划从生态景观的保护、游客规模的控制、旅游服务设施与环境保护、游览道路沿线的景观保护与建设四个方面提出了建设性建议。

一、分级保护规划

1. 一级保护区

（1）保护范围：凤竹生态牧场、凤竹生态农场及水域（绿色生态区）。

（2）保护对象：地表水资源、土壤、植被及耕地、白鹭栖息地。

（3）建设控制要求：不改变耕地土地性质，不污染土壤，除了本规划项目外，不宜兴建污染性工业项目，加强绿化，建立生态能源循环利用系统及排污系统。

2. 二级保护区

（1）保护范围：养生体验区、生态休闲度假区、总统酒店度假区。

（2）保护对象：水资源、特色景观、土壤及白鹭栖息地。

（3）建设控制要求：严禁建设与旅游无关或不符合环保要求的项目。在开发建设及经营过程中，可开发本规划中设计的相关旅游项目。同时，要与环保相适应，以保证生态城的旅游业实现可持续发展。

3. 三级保护区

（1）保护范围：游客休闲娱乐区和部分生态休闲度假区。

（2）保护对象：水资源、土壤、生态景观、白鹭栖息地。

（3）建设控制要求：应有序控制各项建设与设施，保持与风景环境相协调。大力植树种草，绿化美化环境，建立有效的排污系统，控制建筑密度以及高度，避免造成视觉污染。

二、保护目标

1. 空气质量

空气环境质量保持《环境空气质量标准》（GB 3095—1996）中的一级标准。汽车尾气排放执行《汽车大气污染物排放标准》（GB 14761.1—14761.7—93），餐饮业执行《饮食业油烟排放标准（试行）》（GB 18483—2001）。

2. 水环境质量

水环境质量符合《地表水环境质量标准》（GB 3838—2002）中的Ⅱ类标准。生活污水必须经过处理达到《污水综合排放标准》（GB 8978—1996）二级标准后方可排放，污水处理率达100%。

3. 土壤环境

土壤环境质量保持《土壤环境质量标准》（GB 15618—1995）一级标准。

4. 环境噪声

环境噪声限量符合《声环境质量标准》（GB 3096—2008）的Ⅰ类标准。建筑施工应遵照执行《建筑施工场界噪声限值》（GB 12523—90），机动车辆行驶应遵照执行《机动车辆允许噪声标准》（GB 1495—79）。

5. 环境卫生质量指标

公共场所环境卫生执行《公共场所卫生标准》（GB 9663—9673 和 GB 16153）的要求。生活垃圾和旅游垃圾分类处理，实现市场化、无害化处理，提高综合利用率，不妨碍景观和环境质量。

6. 环境感应指标

整体环境感应指标按游人密度控制不得小于 $100m^2/$人·d，场地感应指标按游人密度控制不得小于 $5m^2/$人·h。

三、生态环境保护规划

1. 大气保护

（1）生态能源建设。生态城推行沼气、电能、太阳能、空气能、风能等清洁能源。

（2）建设项目施工期间，通过洒水压尘、硬化工地、及时清运建筑垃圾等措施，减少扬尘污染；运营期间，加强环境卫生管理，加大绿化力度，净化空气，防止大气污染。

（3）生态城内部全部采用电瓶车、电瓶船、竹排、木船、自行车、畜力车等作为交通工具，减少大气污染。

（4）加强生态城大气环境的定期监测。

2. 水环境保护

（1）加强湖四周的清理。

（2）建立和完善主要景点和旅游服务设施的污水处理设施。

（3）在生态城内所有水域，要严格控制污染物的排放，以保持其原生态性。

（4）聘请环保部门或机构不定期进行水质监测系统，并采取相应措施进行整治；禁止在规划区内挖沙。

3. 噪声控制

（1）施工期，要合理安排施工时间，噪声大的工序尽量安排白天进行，避免或禁止夜间施工。

（2）沿公路和道路游道两侧或房屋建筑四周植树种草，设置隔音林带，减少噪声污染；对声源功率大，进行时间长的固定声源，如机电房、混料搅拌等，应远离敏感区设置，必要时修建隔音墙或音墙带。

（3）生态城区内项目、游乐设施要合理布局，不同功能区要有一定的距离间隔或利用林木景观带相隔，以免相互干扰。

4. 固体废弃物治理措施

生活垃圾、固体废弃物要集中收集，在主要游览步道沿线、公共场所等设置仿生态型垃圾桶，垃圾桶需要与周边的环境相协调，并在合适的地方设计垃圾回收处理站。经分拣，进行预处理，对那些不能回收利用而又难降解部分，统一运到具有处理能力的上思县垃圾处理厂进行无害化综合处理。严禁将建筑垃圾、旅游垃圾随意堆放。

5. 生态环境宣教

加强对游客生态环境保护的宣传教育，规划在功能区各主要入口，在不影响景观的前提下设置环保宣传牌85块，宣传牌可以用鹅卵石或竹木材料制作，以凸显其生态性。制作环境保护宣传小册子若干份，结合专人发放给游客，让游客直观了解环保政策和保护措施，提高游人的环保意识。

四、旅游资源保护规划

1. 生态景观的保护

生态城内外重要的生态景观景点，自然环境（百香湖可视范围内林相景观），必须切实加以保护，尽量保持其原真性，不得在重要的生态景点周围进行挖土取沙和毁林开荒等有损自然景观完整性的破坏性生产经营活动。如建设确实需要取土的，经主管部门批准，在指定范围内进行方可，事后必须及时加以绿化修整。

2. 游客规模的控制

根据环境容量确定合理的游览接待规模，有计划地组织游览活动，不得无限制地超量接纳游览者。特别是生态型旅游项目要严格限制游客接待量，以免造成生态的破坏和水域的污染。

3. 旅游服务设施与环境保护

旅游服务设施的建设，需要结合自然环境，不宜对主要景观进行大面积开挖，破坏自然景观。各类建筑物、构筑物均应有绿化加以屏挡，使其与环境融为一体，不得过于突出。各类建筑物应以景观建筑的要求进行设计，限制其建筑高度，加强内部的环卫治理。

4. 游览道路沿线的景观保护与建设

生态城内各级道路的选线及建设应结合景观环境，不因强调交通功能而破坏自然景观。道路沿线绿化应因地制宜，结合景区环境，自然配置，不宜采用城市通路的绿化方法。对道路沿线的景观应采用"借佳景，屏劣景"的原则，合理组织沿线的景观，突出景区道路的特点。游道路面采用当地块石或鹅卵石铺筑。

案例评析

旅游规划最大的功能就是协调经济、社会与环境的和谐发展，规划的目的绝不仅仅是以促进地方旅游经济为己任，而是在统筹协调各方良性发展的前提下发展旅游产业，因此，旅游资源的保护与生态环境的保护以及提升旅游环境质量的技术方法规划就成了旅游规划的一项重要内容。

长期以来，由于人们不重视经济行为对环境的负面影响的处理，以致出现了当今世界上最为头痛的环境恶化问题。因此，不容置疑，旅游也是经济行为实体，它的开发多多少少都会对旅游目的地造成环境影响，如果协调不好开发与保护问题，会极大地影响旅游发展，同时，技术方法的运用不当也会造成环境的恶化，也会影响旅游的发展，在做旅游规划的过程中，我们必须对此有十分清晰的认识。

过去流行的一个口号是"绝不能牺牲环境代价来换取一时的经济利益"，那么如何做到不能牺牲环境代价又能促进经济发展呢，如何解决环境保护与经济社会协调发展是许多专家学者共同关心的问题。有一段时间，社会上有一股反对旅游开发的保守派，曾经以旅游对环境造成很大破坏为借口，对旅游开发进行了攻击，这种流毒至今还存在某些人们心中。我们也不能不承认这一事实，我国在旅游开发的初期尤其是 20 世纪八九十年代，为了最大限度地追求经济利益，曾经一度忽略了旅游环境的保护，造成了旅游开发对当地环境的破坏甚至是严重破坏的现象，这种现象在现阶段仍然存在，存在这些现象的真正原因是因为没有对旅游资源保护与提升旅游生态环境质量进行专项规划，甚至在很多规划中没有这项内容而造成了一系列旅游环境问题。

随着旅游规划理论的逐渐形成以及旅游实践的逐渐成熟，旅游环境问题引起了旅游规划界、政界、社会以及旅游开发的经济实体等的注意，在这种背景下我们组织相应的专家在《广西上思县祥龙国际生态城旅游度假总体规划》中对旅游环境问题进行了专项的规划，时至今日，上思县的旅游发展表明，该规划是成功的，在促进当地旅游经济发展的同时，也极大地保护了上思丰富的旅游资源，造就了上思良好的生态环境，确保了旅游的可持续发展。

随着旅游规划理论体系的逐步完善，针对旅游环境问题的理论诸如旅游环境生态学理论、旅游环境容量承载力、旅游可持续发展等理论也就应运而生了，这些理论为旅游资源保护奠定了良好的基础。一般来说，环境保护规划的制定要依据国家环境保护法规、明确保护对象范围与等级、确定保护战略及策略。它的体系内容主要包括对旅游区的动植物资源、水体资源、空气质量、生物资源、土壤等生态环境资源以及建筑、风情等人文景观资源的现状进行调查，在此基础上运用相关学科的理论和国家标准对旅游环境的保护目标、保护类型与对象、保护的功能分区、保护措施与技术、保护方法、保护等级、测算旅游环境容量与环境承载力等进行专项保护规划，从而确保旅游开发与旅游环境协调发展。

在本案例当中，我们选取了上思县祥龙生态国际旅游城旅游环境的生态资源保护和通过绿化这一方法简单地介绍了旅游环境保护规划的基本方法与内容，案例规划提出了生态环境保护规划要从大气、水、噪声、固体废弃物以及生态环境宣教方面入手。旅游资源保护规划中也从生态景观的保护、游客规模的控制、旅游服务设施与环境保护、游览道路沿线的景观保护与建设四个方面提出了建设性建议。目的是让读者们领会旅游环境保护规划的一般方法与理论，起到举一反三、触类旁通之功效。

当然，旅游开发与保护是一对矛盾体，我们在以后的规划当中必须充分吸收先进的保护技术，根据不同的保护实体与对象采用不同的技术方法，不断提高旅游环境的质量，尽可能降低旅游开发对生态环境的负面影响。

▶▶ 思考与练习

1. 旅游环境保护的理论内容包括哪些？

2. 旅游环境承载量测算包括哪些基本类型？各个类型测算的依据是什么？

3. 结合所给出的案例，通过查询旅游环境保护的相关资料，思考如何才能更有效地避免旅游开发对环境的负面影响？

第九章 旅游规划实施与管理

▶ 内容导读

旅游规划制定以后，下一步便是规划的实施。规划实施过程中要随时将实施结果与规划进行对照比较，避免偏离规划，并对规划进行必要的调整和完善。本章的核心内容主要是旅游规划实施的基础工作以及实施管理流程，旅游规划机制运行与方法以及旅游规划实施管理的法制条例。通过学习本章内容，比较系统地了解旅游规划实施与管理的各项各种流程与法规以及旅游规划实施与管理的运行机制。掌握旅游规划实施与管理体制和机制，掌握旅游规划的修编程序以及旅游规划管理的相关法规。

第一节 旅游规划实施的现状与基础工作

旅游要发展，规划需先行。我国各级政府越来越重视规划编制工作，甚至把规划的编制纳入绩效考核中。但是，规划编制完成后是否能实施，除了规划本身的质量和可操作性外，也与当地实施水平相关，因此，很有必要对旅游规划运行机制进行研究，以便更好地实施与管理。

一、现行旅游规划运行机制分析

旅游规划在中国已经有 20 多年的发展历程，20 世纪末至今一直延续着"旅游规划热"，但是由于旅游规划的稚嫩与多元跨度及社会经济因素的影响，导致规划运行机制紊乱，进而使得规划的实践指导功能受到限制，规划编制原本所寄托的高度主观理性价值取向在一定程度上却导致低层次的客观价值实现。因而必须从本源上进行探究与分析，透视这一现象的内在机理，进行合理的因势利导，增强旅游规划的实践效能。

现行旅游规划运行机制主要在六个层面具体表现，它决定了旅游规划实践指导操作价值的有限性和功能的有效性。

1. 认知层面

在对旅游规划的认知上许多人存在着误区，主要表现在以下四个方面。

（1）规划层次的紊乱。委托方既然已经花了钱，就希望毕其功于一役，一部规划解决当地旅游发展的所有问题，没有考虑规划专家的分工、规划的层次性与分层逐级展开的特性，忽视了战略规划与战术规划的匹配与衔接，使得区域旅游总体规划带有控制性详细规划的功能，控制性详细规划带有修建性规划的功能，结果角色错位，战略家做战术家的工作，战术家做战略家的工作。

（2）规划对象的误解。许多地方比较强调有形建设，漠视无形旅游环境提升，把规划的主要工作理解为策划旅游项目，多要求策划叫得响、见效快、效益高的旅游项目，旅游开发建设变成旅游项目建设，以求立竿见影地迅速发展旅游业。对项目仅仅理解为圈个大院子，建设很多游览设施。

（3）规划目的的盲目。既然大家都在编制规划发展旅游，本地也不能落伍，没有考虑自身的实际情况，不具备发展旅游条件的地方也紧锣密鼓地请专家编制规划，更不知道需要编制什么性质的旅游规划。

（4）规划地位的轻视。旅游规划目前在国民经济规划体系中尚不具有全局影响力，比其他行业规划低一级，在多数地方内容要服从其他行业规划的安排，没有相应的部门地位和社会地位。

2. 组织程序层面

"没有规矩，不成方圆。"旅游规划从签订规划合同到编制完成同样需要遵守国家法律法规和制定规划程序。

（1）规划编制队伍。旅游规划的综合性要求多学科组合，参与旅游规划编制的有地理、旅游、文史、经济、管理、城市规划、园林等专业，但由于一定程度的学科壁垒存在，人员搭配由规划主持人决定，有些规划变成了一揽子工程，通常由某个学科专家领衔统揽负责，某一类专家包打天下。

（2）规划编制时间。地方上一以选定专家就要求其在极短的时间拿出成果。时间紧迫，专家真正静下心来研究规划的时间较短，这样在经济利益的驱动下导致模仿风气蔓延、"克隆"作品层出不穷，克隆异地规划成果成为经常性现象。大专家揽的活多，忙不过来，使得转包现象大量出现。

（3）规划地考察。多数考察只局限在景区，对旅游产业的其他要素部分考察很少。没有调查就没有发言权，没有充分的考察，规划的基础工作没有做好，也就产生不了为地方所用的高质量规划。

（4）规划协议履行。目前对规划师的法律责任约束力较小，规划成果系知识性商品和后发验收性商品，执行规划影响了投资收益，地方上也无意通过法律途径来解决，规划市场中很多是一次性博弈，规划师做完一地的规划就去别处，这大大降低了规划师的社会责任感。

3. 技术方法层面

目前旅游规划编制缺乏科学理论指导，没有一套公允的旅游规划理论与方法，产生多种技术方法支撑但缺乏科学的变异性规划。

（1）解说规划。缺乏对规划地充分的研究，只对规划地的资源、产业发展和市场状况进行一般性概述，把相关内容往常规的规划框架体系内塞，提出一些一般性原则与建议。突出特征是规划的概念多，措施少；原则多，创新少；学究味浓，就事论事少。

（2）学术规划。规划师多来自高校科研机构，不知不觉地把旅游规划演变成学术研究，不少规划文本呈现出严重的"神秘主义"与"文牍主义"，规划变成了纯粹的学术研究报告，大量的学术用语和数字测算使得地方无法从中获取有用的信息。有的规划仅仅停留在理念层面，以至于地方上拿到规划文本不知如何着手，具体实施起来就觉得其脱离实际，难见成效。

（3）"缺钙"规划。对爱德华·因斯克普（Edward Inskeep）全面的、整合性的规划思想的片面理解，只是掌握了规划的形式，没有领会其精髓，将旅游系统规划理解为对整个区域社会的规划，规划对旅游地社会经济文化无所不及，规划发展初期犯了就旅游谈旅游的毛病，现在框架体系过于完备，面面俱到，却矫枉过正，事项轻重不分，忽略了旅游规划的核心内容，没有形成自己的特征与风格，难以呈现出规划的刚性力度。

（4）模式规划。直接套用诸如城市规划、园林规划、土地规划、区域规划等技术方法，或照搬了这些规划的通用概念使得许多旅游规划打上了其他规划深刻的烙印。并且这些规划师都从本位主义角度出发，孤芳自赏地认为其遵循的技术方法和编制的规划才是科学的方法与真正高水平的规划，这加剧了旅游规划技术方法莫衷一是、难以统一的格局。

（5）单向静止规划。规划师的思路没有与地方各个部门形成反复的撞击与共鸣，也没有参考公众的意见，基本上是规划师翻着理论书籍闭门造车；有的规划编制是一次性行为，不考虑实施一段时间后的修改和增补新的内容，没有一个动态的逐步演进过程，以臻相对完善。旅游规划在实践运行过程中成为一种单向度的、孤立的、静止的规划。

4. 评价层面

在评审这个环节缺乏足够的严肃性和科学性，主要问题是没有一套健全的评价系统，旅游规划难以得到公允正确的评判。

（1）时间限制。多数评审专家不能充分考察规划地，规划文本也没有时间细细阅读和研究，倘若又非熟知地方实情的本地专家，评审会上就谈不出有助于提升规划的建设性意见，影响评审的效率。

（2）结果性评审。结果重于过程，规划评审通过意味着规划完成了历史使命，规划方对评审专家提出的修改意见置之不理，评审修改变得可有可无，仍然按照原先的文本交付印刷，予以实施。而评审委员会评审完后自行解散，缺乏进一步监督的措施。

（3）评价体系缺位。许多行业规划，如城市规划建立了严密的资质和成果认定机构，有一套严密的评审组织程序。而旅游规划的这套机构与程序尚未建立起来，规划成果没有相应的权威部门以审核承认，一直是作为一种纯粹应用性成果，有时为了取得社会认同不得不借助于城建或园林部门的审核体系来承认。旅游规划在社会规划体系中处于非主流地位，难以产生较大的社会影响力和认同感，也就使得来自高校科研机构的规划师们，通常只将其当作获取经济利益的手段、深入研究的兴趣和社会责任感大大降低。

5. 实施层面

在操作过程中，往往只有旅游相关部门在实施规划中的具体内容，并且偏重于项目建设而忽略了软环境的改造。

（1）旅游部门的独角戏。虽然成立规划编制领导小组，成员来自各个相关部门，但一般来说旅游规划编制的具体组织与领导机构是旅游局或旅管委，因而旅游规划的编制与实施很容易被看作旅游部门的事务。但旅游部门位轻权小，没有更高一级的职能部门领衔组织实施，想单一地依托于旅游部门自己通过组织编制旅游规划与实施来组织旅游这种公共产品的生产流程和削弱旅游产业外部性的不良因素，难度非常大。加之各部门之间又存在一定的壁垒和利益纠葛，规划实施分解落到相关部门头上的任务很难予以考虑实行，达不到规划应有的效能。

（2）硬性项目的局限。许多时候，规划的实施常常被错误地理解成旅游项目建设，其他内容被置于一边，实施旅游项目建设的误区又表现在侧重可见性的项目建设，这使得硬性开发建设易于实行，而软性的环境改造难以实行，导致规划性质的部分偏离，使地方过多重视项目规划，而将总体规划和其他专项规划置之一边。

6. 体制层面

现行体制的某些弊端在一定程度上对规划产生了负面影响。现在旅游产业发展形势良好，抓旅游树立区域形象成为地方长官树政绩的捷径，"长官意志、长官模式"不可避免地影响了规划的实施。

（1）演绎规划。地方领导雄心勃勃地要大搞旅游建设，导致"乱点旅游谱"的现象出现，他们认为自己眼界最广，水平最高，请旅游专家只是寻找代言人，让其演绎自己的意图，使自己的意图名正言顺，专家却落成了"御用文人"，规划成为演绎规划。

（2）政绩规划。许多地方的规划编制评审完后被当作地方官政绩记录下来后，就束之高阁，根本不考虑实施。

（3）夭折规划。地方长官任职的短期性与旅游规划执行的长期性也存在矛盾。主管领导一旦离任，整个规划的运作流程就脱节，不是流产就是无疾而终，下一任长官要发展旅游、彰显政绩，第一步就是重新编制规划，实质是对上一部规划的彻底否定。

（4）工作计划。由于划拨地方直接用于发展旅游的资金较少，地方急于通过编制规划来申报项目申请资金，对规划文本形式非常重视对内容未加深刻研讨规划成为一种计划，规划申报完后就成为历史档案，而不是用来实实在在地指导旅游产业发展。

（5）部门规划。条块分割的机构现状和部门利益的存在大大影响规划的编制与运作。旅游局地位偏低和相关部门对其的轻视导致一系列问题出现。如旅游规划领导小组多数人员皆是挂名，没有实事；监控委员会来自各个相关部门，但对规划组的监控空有虚名；许多部门将编制旅游规划理解成旅游局抢地盘、扩张权力，拼命抵制旅游规划；相关部门重视发展旅游却阻止旅游部门介入，自行编制规划，导致旅游外行指导旅游发展、内行无法参与的尴尬局面出现。

二、旅游规划实施的基础工作

在规划编制工作开始前，首先要做好以下几个方面工作，为今后的规划编制提供坚实保障。

1. 理顺旅游行业管理体制

旅游行业管理体制不协调或不完善，都会在规划实施过程影响到各种因素的作用，从而使规划不能按照原规划思想落实。因此，理顺旅游行业管理体制就成为实施旅游规划的关键。

2. 制定详细实施计划

把规划的行动纲领转化为翔实具体的行动计划，是旅游规划实施最基本的行动。

3. 创建良好的旅游环境

营造友好、开放、礼貌、安全与和谐的旅游环境，是旅游规划的必要条件。

4. 制定实施规划的优惠政策和保障措施

为使旅游规划得以顺利实施，一般应采取一些切实可行的措施，并给予一定政策扶持。其中主要有：建设旅游地旅游开发基金；当地政府每年给旅游业安排一定的基础设施投资计划；当地各类金融部门对符合贷款要求的旅游项目，应给予一定的贷款指标，扶持旅游业的起步和发展；为调动社会各方和外来客商投资的积极性，在项目开发和经营初期，应采取"低门槛"做法，给投资者一定的优惠倾斜政策。

5. 加强人才培养

人才培训是提高旅游从业人员素质的根本途径，旅游规划的正确有效实施，要依赖高素质的旅游管理和服务人才。

6. 提高旅游业科技含量，促进旅游科技进步

引进国际、国内先进的旅游管理经验和管理技术，才能有效地提高旅游业的服务质量，与国际旅游市场接轨，促进旅游规划的实施。

第二节 旅游规划的实施

编制旅游规划是要用来指导旅游开发建设和发展旅游业的，但也有一些地方编制旅游规划，开始时大张旗鼓，轰轰烈烈，但当历尽千辛万苦，投入大量人力物力编制出规划文本后，似乎旅游规划工作就结束了，规划实施劲头锐减。有的规划文本只是案头摆设，成为应付上级的手段；有的规划只起到"纸上画画，墙上挂挂"的作用，在实施过程中实行的还是长官意志项目或投资商主观决策项目，并没有让规划发挥真正的指导作用，这是极不正常的。

旅游规划的实施是个系统工程，要解决的问题很多，需要逐步逐项去落实，但必须首先抓好的是以下两个问题：

一、实施规划的组织工作问题

当旅游规划文本定下来后，紧接着就是不失时机地抓紧时间，科学地组织人员把规划付诸实施。这里又有两个问题：一是抓紧，二是要科学地组织人去干。

"一万年太久，只争朝夕"。抓紧时间，加快发展，应该看做是实现旅游业发展战略的一个最重要的召唤。中央领导同志在世纪之交总结千年往事的经验教训时，有一段非常精辟的论述说："正确认识时间，有效利用时间，对于我们的国家、我们的民族、我们的事业、我们的同志，具有特殊重要意义。"我们应该对发展旅游业有一个清醒的紧迫感，应该以"只争朝夕"的精神来对待旅游规划的实施。

旅游规划编制完成并获得评审通过，这只是一个过程的结束，同时也是一个新过程的开始，这时旅游主管部门应该将关注的重点，放在规划的实施工作上。

旅游规划的实施工作，包括以下几个方面：

1. 规划的落实工作

首先是规划的法律化：或通过地方"人大"批准，使规划上升到一个法规的层次；或通过政府批准，使规划具有相应的法规性质。这可以使规划的权威性进一步提高，有利于规划的实施。其次就是加强对规划的宣传，使规划能够达到一个有关部门和地方以及各类企业家喻户晓的程度，这也是保证规划的实施所必需的。最后就是组织直接负责实施规划的人员的培训。通过培训，使有关人员真正了解规划的要求，能够认真地去实施规划。这样，规划的作用才能实实在在地发挥出来。

2. 需要调整一个认识

一个地方的旅游发展规划，绝不是一个地区旅游局的部门规划，它是这个地区五年、十年乃至今后长远的经济、社会、文化总体发展规划的一个组成部分，应该在一级政府这个层面来定位它，否则实施起来会非常困难。旅游业是综合性非常强的，客观上必须涉及各个行业、各个部门和各个地方，把它理解窄了就难以调动各方面的积极性。

3. 关注的转移

规划制定出来并通过评审和批准后，主要关注自然而然就转移到规划的实施上，这里就会涉及一个开发建设问题。规划很重要的一个作用就是给建设提供依据，但是作为一个发展规划，对于具体项目的建设，还不能作为直接的依据。这里面还需要一个中间环节，也就是还需要根据规划搞出个具体设计来才能进行建设。规划不等于设计，不能把规划当作设计去开展施工建设。旅游业作为经济和文化产业，要发挥它的综合功能，要提高旅游产品的文化品位。景区开展建设要保证自然美与人工美的和谐统一，最后还要落实在独具匠心的开发设计上。具有独特性的设计是构建旅游精品的关键，旅游开发建设的组织领导者在规划的实施过程中，必须把关注点转移到这方面来，高度重视抓好这个环节。

此外，发展旅游业是个系统工程，牵涉方方面面，如果没有人统筹组织，精心安排各方面的人分工负责去做，抓紧就是一句空话。除抓紧时间、加快发展外，还要抓紧组织各方面的人分工负责去搞，因此，建议按旅游六要素（吃、住、行、游、购、娱）组织六个方面军分头去进行（当然也可以按其他方法分组），而在每一个方面军下面，还可以细分。如"游"（旅游产品开发）这个方面，开发建设需要一批人，发掘旅游产品文化内涵，编写新的导游词、标牌、说明书等也需要一批人，策划宣传促销还需要一批人。其他五个方面也同样可以细分。总之，这里有一个科学的组织问题需要地方领导和旅游主管部门认真妥善去解决。

二、实现规划的资金筹措问题

旅游规划的实施需要强大的资金支持，如何获得最优化的资金，已成为各地发展旅游业的焦点之一。

1. 筹集资金的渠道

通常规划编制组对如何积极推进多渠道筹集资金，一般提出以下各种途径：争取一定的财政投入，包括计委部门每年给旅游业安排一定的基本建设投资和技术改革资金；金融部门对符合贷款条件的旅游项目，给予一定贷款指标，以扶持旅游业的起步与发展；坚持"国家、地方、部门、集体、个人一起上"，"谁投资，谁经营，谁受益"和"统一规划、归口管理"的原则，动员和鼓励厂矿企业、行政事业单位、社会团体和群众个人积极参加旅游开发；在旅游项目开发和营运初期，政府采取"低门槛"做法，实行各种优惠政策，鼓励社会各界和外来客商投资。

以上筹资办法都是可行的，但是还不够。在市场经济条件下，筹资还需要学会把目光投向现阶段较好的直接融资场所，也就是说，要学会到资本市场去筹集资金。

2. 资本市场融资方式

资本市场是提供长期营运资金的场所，实际上它就是为产业发展寻求全面投融资服务的。旅游资源开发，在利用资本市场直接融资方面有多种方式：

（1）股票上市。这是效率高、额度大、稳定性能强的融资途径。但一般要求上市公司经营好、盈利大。对旅游企业而言，改制上市融资条件要求较高。一般要求盈利能力强、经营管理好、市场前景广阔，符合产业结构升级要求。同时要受到国家对股票上市实行严格管理等有关规定的制约。

（2）发行债券。这同样要受到国家债券发行的严格管理。我国企业可转换债券的安排，国家是明确向优先发展行业倾斜的。从总体上说，旅游业具有明显的成长潜力和较好的预期经营业绩，符合国家关于发行企业可转换债券的要求。但具体到地方以及企业，还是要受到严格控制的。目前，在发行旅游企业债券方面，国家已经作出有益的尝试。1999 年国家确定发行 5 亿元人民币的旅游企业债券额度，但主要还是集中放在国家旅游度假区。

（3）利用项目融资，推出适应旅游产业结构调整、产品升级换代的可持续发展的旅游项目。如生态旅游示范区的开发经营，吸引国内大企业、大公司、大集团的投资是大有可为的。

（4）股权置换。这主要在上市公司与非上市公司间进行。由于旅游企业具有良好的发展前景，一些传统产业上市公司有可能调整经营方向，寻找在旅游业发展的机会。拥有优质旅游项目的公司，就可借此与上市公司进行股权或资产置换，实现"借壳上市"。

（5）设立旅游产业投资基金。在城乡居民存款与日俱增的基础上，经国家许可向社会发行基金受益凭证，设立旅游产业投资基金，也是利用资本市场，扩大旅游产业融资的有效途径。

总之，旅游业利用资本市场进行直接融资的方式是多种多样的，有关旅游企业可根据自身的具体情况，选择其中一种最适合的方式筹措发展资金。

最后，还要特别指出，党的十六届五中全会已明确提出了建设社会主义新农村的任务，为此各地发展旅游筹措开发资金，还应该有一个更新的思路。过去筹措资金的旧思路往往是旅游开发项目过多，又盲目追求大型豪华，资金来源只有靠招商引资，无人投资，项目也就告吹。新的思路应该是，目光转向内，在广大乡村发展乡村旅游、农业旅游、生态旅游等，应结合建设社会主义新农村、解决"三农"问题组织农户来搞，政府、银行给予一定支持，因地制宜，因陋就简，滚动发展，这样可以惠及广大人民群众，符合以人为本的科学发展观的要求，同时又有利于新农村建设。而"生产发展、生活富裕、乡风文明、村容整洁、管理民主"的社会主义新农村的建立，又可大大促进旅游业的发展。

第三节　旅游规划的实施监督与规划修编

一部成功的旅游规划不仅在于规划内容的精湛，还跟实施的有效性密切相关。如何使规划的实施更有效呢？旅游规划实施监管就变得很有必要了。此外，在实施过程中，难免会出现目标偏差，这时就需要对规划的某些方面进行调整或修编，以使规划能不断适应市场需求的变化。

一、旅游规划实施监管的概念

旅游规划的实施监管，是使未来旅游系统的实际发展与旅游规划相一致的管理过程。该管理的依据就是旅游规划所制定的旅游系统三级（即结构、总体、项目）调控体系。

旅游规划实施监管的任务是，依据有关法律、法规，按照旅游规划的要求，对旅游系统各部门的发展作出年度或阶段的具体部署和安排。具体任务包括：编制年度或阶段计划，实施旅游规划；确定指标和调整旅游系统结构的规模和速度，促进旅游业的健康发展；研究制定实施计划的政策措施，保证计划顺利进行。

二、旅游规划实施监管的内容

旅游规划的实施监管，是一个对旅游系统持续不断的控制过程。通过这一过程，及时了解旅游系统各部分的发展状况和趋势，发现旅游规划实施过程中出现的问题与偏差，并在它们还未变得十分严重之前进行调整和纠正。

1. 对开发建设活动的监管

对开发、建设与经营活动的监管，包括开发项目的立项申报管理、建设用地与工程的规划许可证管理、执行验查管理。对于立项申报，要严格验证申报条件、申报内容，规模须在旅游规划所允许的变化范围内，经旅游主管部门和规划管理部门审批；在旅游资源区建造永久性建筑和工程设施，任何单位和个人须领取建设用地规划许可证，并接受施工检查，确保建设工程的平面布置、空间布局、立面造型、使用功能符合经批准的规划设计要求，该项工作具体由规划管理部门负责。

分区管理（zoning）起源于19世纪末期的法国，后被美国各州及加拿大普遍采用。这是一个以土地开发强度为核心的土地利用控制管理体系，并被用作引导开发商为居民提供公共福利的间接调控手段。在旅游城镇、服务中心、旅游度假集聚区内，常通过用地性质、建筑密度、容积率、建筑高度、停车用地、开发坡限、视廊视域控制、建筑风格、广告牌要求等要素在各分区的不同规定，对其开发建设实施规划管理。

在旅游活动集聚区（接待中心）之外的广大自然地区，通过区划手段，分别实施不同的管理条例。如我国风景名胜区规划条例规定，通常为一级、二级、三级保护区和外围影响区。规划审批时，严禁旅游度假中心建设进入一级、二级保护区内。

2. 对经营活动的监督检查

旅游规划的主管部门，有权力、有责任对管辖范围内的旅游规划实施状况作例行检查，单独或会同园林、食品卫生、交通运输、文化、消协等有关部门，行使对经营服务质量的验查等监管权力，以确保质量、协调矛盾、总结经验、防止失职、纠正偏差。如加拿大对生态旅游区依据区划对旅游活动的管理：

（1）特别保护区，以蓝色小旗为界，严禁游客进入界内，避免干扰动物的自然栖息状态；

（2）原野区，没有道路，以红旗为界，进入后不准喧哗、狩猎、骑自行车；

（3）自然环境区，提供低程度运动场所、信息中心和非永久性宿营设施；

（4）游憩和集中服务区，集中安排娱乐、度假、体育活动及相应设施。

3. 接受社会监督

旅游规划经批准后，要通过报纸、展览、宣传册等方式，公开旅游规划的内容及实施管理标准，让各类有关企业和广大群众了解旅游业的地位、发展方向、结构布局及各项安排，鼓励和保障社会监督，以利于旅游系统微观组织的积极性、主动性与整体结构尽快结合，以利于提高全社会了解和参与旅游规划的实施，掌握解决相互矛盾的依据，自觉维护旅游规划的权威性；以利于规划实施的监督，并配合主管部门及时发现、检举、制止各类违背旅游规划有关规定、违背旅游系统整体发展利益的活动和行为。

4. 统计工作与偏差监控

包括发展指标统计、目标偏差评价、原因分析、实施对策等内容，其实质就是"知错"、"即改"。偏差监控就是跟踪发现内外变量的实际变化，及时发现问题，以确保实际发展向规划所确定的合理目标逐步靠近，或在问题恶化之前及时采取行动。该项工作包括：收集分析人们的旅游活动类型与规模；具有针对性的旅游者满意度测试与调查；坚持每月对旅馆的客房出租率进行统计；实地考察旅游开发的进展；与国内和国际旅游经营商保持密切的联系，了解旅游活动完成后的反馈信息，以及旅游总体规划趋势的变化情况；不断地获得有关本国的出游趋势的信息；将开发进程与其他管理旅游规划的部门进行协调；向上级旅游管理机构提交阶段性报表和工作计划。

5. 项目立项与可行性论证

为了避免具体发展项目的失败，公、私投资者及公共利益群体都希望项目能减少风险。旅游项目的立项与可行性论证工作主要包括盈利能力评估、偿债能力评估、风险评估、环境影响评估、社会文化影响（如物价、就业、治安等）评估。

6. 年度工作计划

规划与计划间的界线很难严格区分。在实际工作中，年度计划一般面向实际条件、紧迫问题，但年度计划的制定应在旅游规划监管体制的作用下进行，以确保每年的合理积累，通过积少成多，使旅游系统朝着合理的发展方向迈出步伐。

三、旅游规划的修编

旅游规划经审批后，须严肃管理、严格实施。但是，旅游规划的实施是一个连续的过程，没有哪一个旅游规划是可以永远有效的。

旅游市场环境变幻莫测，旅游者的需求时尚在不断变化，旅游系统内部随着时间的推移不断地变化，加上外部投资、领导更迭、政策变化，因此，旅游规划的中选方案在一个时期可能是达到目标的最佳方案，但是另一个时期却可能难以符合实际，有些难以预见的障碍可能在方案实施过程中才能体现出来。经过审批的旅游规划，其实施状况与原定目标出现偏差，如通过年度计划的校核修改也难以解决偏差，不能适应形势发展要求，就需要对旅游规划的某些方面进行调整或修编，或开始新一轮的旅游规划工作。

旅游规划的调整，是政府主管机构根据旅游发展的状况和旅游市场的变化，按实际需要对已经批准的旅游规划作出局部性变更。它通常在旅游规划的实施过程中，在规划本身所允许的范围内进行。

旅游规划修编，是政府主管机构在实施旅游规划的管理过程中，发现经批准的旅游规划的某些目标、原则或结构已经不再适应旅游资源保护、旅游市场的需求和旅游系统进一步发展的客观要求，而对已经批准的旅游规划作重大的变更。如高速公路出口、铁路站点的（规划或建设）变化，导致旅游区主要出入口的变化，由此可能导致布局结构的重大变更；因大型项目的开发经营失败或同类产品的竞争所引起的连锁效应，可能导致旅游区产品结构的调整和产品换代，导致旅游资源保护与利用关系的重大调整；等等。

对旅游规划实施管理的重要程序，是对旅游规划的有效性进行定期的评估，如有必要可作局部调整。按照目前的旅游市场变化幅度、预测技术的精度，参照我国的规划、计划体系的变化周期和旅游规划的实施经验，旅游规划每五年要进行一次综合评估和规划修编。

第四节　旅游规划的管理机制

旅游规划的管理机制主要包括管理协同、规划整合与优化、技术推动、政策引导和经济调控五大方面。目前，我国旅游规划的实施管理机制尚未完全统一，这给旅游规划的实施与监管带来了一定难度，但是管理机制的联合必将实现，因为这是旅游发展的客观要求。

一、管理协同

旅游系统所涉及的产业和服务部门很多，旅游规划的实施管理也必然涉及多个管理部门。但是现代旅游市场的激烈竞争的现实、旅游系统巨大的协同发展潜力和可观的效益，客观上要求旅游规划的实施管理，须从部门管理机制走向联合管理机制，由联合管理机制走向协同管理机制。我国旅游规划的实施管理机制主要有四种：

一是部门管理，即由政府外事办公室或旅游局管理，下辖旅游公司，属于条条型管理机制。我国仍有相当部分地区沿用此种带有纯计划基金痕迹的旅游管理模式。

二是由分管行政长官牵头的、较固定的旅游发展协调小组管理，属于条块联络型管理机制。我国部分较重视旅游的城市已采用该管理模式，它能有效应对重大旅游节庆或接待事件，但尚难以有效引导、调控日常的旅游发展及相应的大量复杂、细致的管理监督工作。

三是由政府成立旅游度假区或风景名胜区管理局，全权负责规划实施管理，属于块块型管理机制。该机制的明显优点是高度统一和一体化管理。经过一段时间的管理实践，该管理体制也显现出了重大的缺陷，如公务人员编制有限，特别是缺乏条条联系，专项管理的技术力量严重不足（林业、环保、设计管理、商检等），导致部门专业管理水平明显低于城市；加上块块管理使经营和行政管理联系紧密，极易滋长管理机构对资源过度开发利用的短视行为，遗害匪浅。

四是成立旅游管理委员会（旅委），将园林、文物、旅游、宣传、旅游等直接相关部门通过组织、预算等实质性联系统一起来，该体制属于条块连结型管理机制。如上海市于1997年成立了旅游工作党委和旅游事业管理委员会，职能是对与旅游事业密切相关的各行业和部门，通过实行党务、行政、人事等方面工作的强有力的领导来建立实质性联系，同时，各部门仍能保持各自管理的技术性所需要的与各纵向条条的联系。

为确保中国旅游事业在2010年达到"占GNPD 8%"的目标，旅游规划的实施管理须实现由部门管理模式向联合管理模式的转变。这一转变有利于提高相关部门或行业在旅游发展中的贡献率，有利于提高科技因素在旅游发展中的含量。旅游规划是实现这"两个提高"的媒介，联合管理模式是促使这一媒介生效的主体性因素。

旅游规划的实施管理机制，是一个十分复杂的发展中的课题。从旅游系统、旅游规划的特征着眼，旅游规划的实施管理机制理顺的标志将是各相关管理部门的条块联系更加密切，直至各部门的技术能力、行政能力和执法能力在旅游系统达成管理上的协同。

二、规划整合与优化

旅游规划实施管理的重要机制是，旅游规划由各级旅游管理部门负责编制，但与同级计划部门、国土部门综合平衡后，纳入国民经济和社会发展计划（指战略、总体两个层次）、国土规划、城市规划及政府年度财政计划（指项目层次）。该机制的建立取决于以下两个方面：

一方面，旅游规划自身的类型结构、内容界定及相应技术投入的自我规范，必须至少达到与上述规划相整合的技术要求，才能在内容、技术水平上具备纳入条件。这同时也是旅游规划得以实施、旅游规划得以取信于民和建立规划实施权威性的内在要求。因此，旅游系统在旅游规划阶段应实现技术整合而不是自我分家，是本书始终如一的理论立场，也是本书的一个重要突破点。该点的意义主要在于促进旅游规划与实践之关系的改善。

另一方面，在旅游规划编制的过程中，必须要有各有关部门的参与，特别是保证负责编制上述规划或设计主管部门的介入和充分协作。

此外，要想凸显各层次旅游规划应有的效能，必须营造规划的运行机制，夯实规划长远和深度发展的基础平台。

1. 破计划模式的框架局限，将旅游规划提升到社会层面来全面审视，奠定旅游规划的社会地位

旅游规划既是政府主导行为的体现，又是市场运作行为的反映。对前者而言，传统计划模式所形成的部门地位认同框架，导致那些传统实力部门所组织编制的行业规划地位较高，长久以来被社会所认同，因而尽快提高旅游部门的地位并建立旅游规划成果的审核体系和认定机构，消除既有的规划定式和学科陈见，从而加强人们对旅游规划的特征、功能及意义的了解，进而由部门认同形成普遍意义上的社会认同，提高旅游规划的社会地位和影响力，这是其一；其二，传统计划模式往往从部门自身出发来考虑规划，将规划仅仅理解为某个部门的事务，旅游产业的综合性和多元性使得旅游规划具有一种谋划全局、整体推进的视角，使得旅游规划为我们提供了一个契机和可能，即建立一个较大的宏观框架将社会多个部门功能容纳进去，完成一种非单纯的物质性的大规划整合，打破计划的条块分割运行模式，强调部门的配合协调，以形成社会部门的整体合力。对后者而言，旅游规划超越单纯的行政事务范畴，发挥直接的经济和市场指导功能，是经济效益的助推器，对推动传统体制性规划向市场化轨道迈进有着不可估量的意义。因而从整体协调发展的角度呼吁社会创造条件为囿于一隅的旅游规划取得更高的独立地位展现出旅游规划特色做出应有的社会贡献。

2. 从市场经济的视角看待旅游规划的发展，以现代经济系统的内在推动力带动旅游规划的革新和旅游规划运行系统的更新

中国还处于计划经济向市场经济转型时期，新旧交织的过渡特征和内外形势的激荡使得旅游规划既具有新颖事物的锐气，又不可避免地烙下旧传统的痕迹；

既受惠于新经济条件下的前卫与科学元素，又领受了成熟经济环境所造成的弊端。因而旅游规划本身和其在实践运用中都表现出一种"进步与落后"、"科学与误区"、"长久与短视"并存的二元特征，旅游产业的特殊结构和旅游产品物质与精神结合的特性又加深了这种特征。承认这个特征也就意味着旅游规划的发展根本上取决于市场经济推进的速度与深度以及市场经济本身的成熟度，它决定了旅游规划需要"谁来做，做什么，怎样做，为谁做"，决定了现阶段旅游规划需要做出哪些调适。

鉴于此，旅游规划背倚市场经济大环境，不断经受冲击与历练，不至于转瞬而至、十全十美、无懈可击是切合实情的。而由政府性规划向政府性规划与市场性规划结合的转变，打破规划以部门与行政区域的生产为着力点的模式势在必行，促使旅游规划遵循市场经济所要求的运行规律，即规划作为旅游业发展的一种理性建构，实现宏观架构与微观市场运作的平衡，形成旅游目的地全面发展，将是一种发展趋势。而从运行系统的更新角度而言，旅游系统是一个涉及多个行业部门、多个经济利益主体的现代社会经济边缘组合系统，这个系统正是旅游规划得以实现的运行系统，该系统应主动伸出其触角与更为广阔的大市场经济系统相关联，与市场经济保持协调的步伐，不断引入成熟的市场规则，构建合理的运行秩序，使之接近于理想的运行状态，是保持旅游规划创新性与时代性的关键所在。

3. 建立规范的规划组织形式与组织程序，遵循良性化的旅游规划编制流程

（1）应建立有效的规划专家遴选机制。不仅对规划单位的资质水准与主持人的功底进行严格的鉴别，而且对主持人推荐的规划组成人员也要加以遴选，打破专一化的编制成员结构，组建多学科协作、知识结构与年龄层次合理的规划编制组。而要实现这一目标需要建立与推广旅游规划师个人资质制度，作为考察规划单位水平高低的重要依据，这主要基于两点考虑：一是旅游规划的战略谋划与创意领先，它决定了整部规划所能达到的高度，国内不少旅游规划资质单位脱胎于城市规划、园林规划、资源环境保护等设计单位，对旅游学研习不多，知之甚少，其在旅游规划中的角色定位是辅助的，而不可能成为独立的主角；二是在当前人事变动频繁的情况下，有些规划资质单位仅仅有个空壳式的招牌，仅仅以规划资质单位定规划承担方，有失偏颇，将规划资质单位与规划师个人资质结合起来审核则是个明智的选择。

（2）要有开放规划的运作意识。打开规划的社会之窗，积极吸收城建、园林、文物、文化、国土资源、水利、环境等相关部门、旅游企业和旅游地社区人员参加，并切实加入到规划的具体运作编制中，一则为规划提供直接的指导与建议，二则规划分解的行业任务将来能更好地得到实施。

（3）要强调动态规划的理念。规划只是规划师站在某一个时间点上审视旅游系统而做出的决策，因而对于中长期规划，要根据旅游发展状况和社会经济形势的变化，不断增补新的内容和修正相关思路以利于指导实践；在发展规划编制完成的基础上，根据实际需要和规划细化原则，再编制旅游区和项目规划，并对以前较少涉及的专项营销规划、旅游企业经营管理规划、跨区域产品规划、旅游活动策划等予以关注，不断拓展旅游规划的运用空间；针对地方领导离任所导致的规划流产现象，在重新编制或修编时，旅游部门应坚持"完善、整合、提升"的动态扬弃原则，吸纳原规划中的精华成分予以传承。

（4）要重视过程规划。规划编制过程是旅游意识提高的过程，一个完备的规划过程从某种意义上来说就是一部好规划。规划师实践考察时事必躬亲，有助于规划师之间形成思想火花的碰撞，也有助于规划师与地方各界的交流与合作，充分融合各方的知识、创造性和能动性，从而增强规划的现实指导性。而规划过程中良好的组织与宣传，可间接提高规划的社会影响力。

4. 强化实施宏观至微观的一以贯之、分工合作的技术运用模式，彰显旅游规划的刚性力度

旅游规划技术运用中交织着规划师思辨性的主观判断和相对程式化的技法推衍。从规划各部分分析，景区创意多带有一种依据地脉文脉以资源为基础并结合市场的综合思辨性质，战略制定也有此特征，是规划师在对旅游产业的结构、形态分析基础上的审时度势的思考；而经济效益测算和图件制作就基本上是运用数学方法与计算机进行推算与演绎。从研究流程来说，前期的资料收集和数据调查大量借用技术性的工具，但对数据的深入分析而得出先进的思路就需要一种综合性的思考，思路的具体细化和落实又是一种技术等级的工作。若拿旅游区开发建设规划来说，从空间层次来区分旅游区定位和战略制定是宏观的概念把握与求真，而对具体地段设计、内部空间结构分割和详细的景观设计更多的是一种微观的求准和工匠式的技法展示。

根据规划的这种性质、不同学科规划师的知识结构与技术所长以及实践操作情况，目前比较合理的角色分工格局，应是旅游规划中宏观性的总体规划和中观性的开发建设规划与创意规划由旅游专家牵头，其他专家配合；后续详细的景观设计应该在上述规划思路的指导下由城市、建筑、园林专家主持，旅游专家参与编制。或者是在一部规划编制中由旅游专家编制旅游地概念性规划，然后由相应的城市、建筑、园林专家依据概念性规划的理念与思路编制详细规划，然后附着实施，这样形成由宏观、中观至微观科学的分工合作操作流程，使得科学的旅游理念思想能够一以贯之，既不导致虚空，又不流于机械，呈现出旅游规划各流派的会通融合之势。

5. 加强旅游规划理论的元科学研究，结合本地实际创造出适合于中国旅游产业发展的区域旅游规划方法

近年来，大量国外先进规划理论的引入，大大拓展了我们的视野，然而不应该只强调了旅游规划的"拿来主义"。中国旅游产业的飞速发展更要求立足于本土创新旅游规划理论方法。由于规划师忙于规划实务疏于规划理论的研究，使得在短时期内获得旅游规划基本理论的突破有着很大的难度。目前应尽快创设一个权威性的国家级研究平台，让不同学科背景的规划师打破学科之间的藩篱，暂时从规划实践中脱身出来进行规划的元科学研究分析，以利于规划理论的成熟定型。

在无成熟的规划理论和学科理论支撑前提下，现实旺盛的规划需求又迫切要求建立一套富有实践价值的区域旅游规划方法，基本框架：一是构建具有市场向性的个性化产品，或者是提升景观的个性特征。旅游的本质在于对异地景观与环境的愉悦，旅游规划的实质在于加强和创造出这种特殊的愉悦经历，为此在内容上对于新开发的旅游地规划须注重景观创意的含量，而传统旅游地要谋求产品的创新，规划又必须强调景观个性特征的提升，在形式上必须增加产品或景观规划在整个规划中所占的比例。二是解决阻隔旅游产业发展的实际问题。区域旅游产业在低层次徘徊，直接导源于旅游地的体制、政策、区位、交通、资金、环境等多方面原因，规划应将经世致用放在重要位置，诊断出发展的瓶颈症结，修正存在的偏差。三是战略方向的引导。在内外形势急速变化和市场经济全面渗透的今天，规划的一项重要使命是透过纷繁复杂的区域社会经济背景，在对规划地旅游产业的结构、形态进行分析的基础上，提出深度战略前瞻与透视，以驾驭、规正和引领旅游产业向既定的方向发展。

6. 深入理解运用一种基于文脉的规划思想，真正做到凸显旅游目的地的地方性、提高旅游产品的特色含量与市场对应性

决定一处旅游目的地发展的根基是其具有的地方性（或地格）。已故著名旅游地理学家陈传康先生第一次将这种地方性（或地格）归纳成"文脉"，提出一套旅游形象策划方法，进而首先在实践中进行了成功的运用。我们则认为应有意识地做一种整体性的审视，在旅游规划中将文脉提升到标杆高度，上升到理念层面做一种强化，再进行全方位的渗透，建立一种基于文脉的规划思想（见图9-1）。

（1）文脉梳理。文脉来源于一地自然地理基础和历史文化，但不是目的地自然地理基础与历史文化的简单阐述，而是对地方分散的自然地理与历史文化加以凝练的概括与总结，是对旅游地聚焦性的精神之魂的感知与梳理。

（2）理念形象的认定与提炼。以文脉为本源，依托于旅游地的空间具象载体，进行理念形象的提炼，构建支撑整部规划的战略理念。

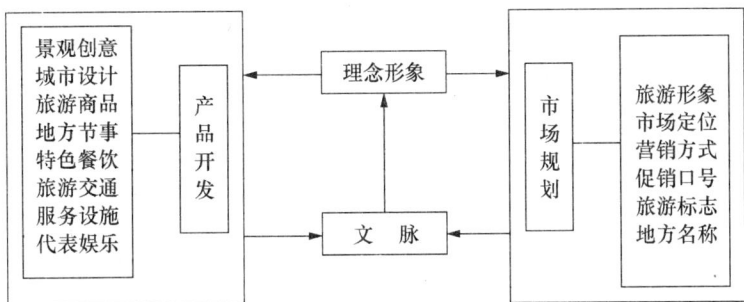

图9-1　一种基于文脉的旅游规划思想

（3）理念的渗透与扩散。架构的理念不能仅仅停留在理念层面，而要得到很好的解释与应用，融入到旅游目的地各个相关部分之中，具体的创意与设计支撑起理念。这种理念的渗透与扩散主要包括产品开发和市场规划两个方面。

7. 确立公允合理的旅游规划衡评标准，强化评审与实施管理环节，建立动态性的循环反馈运作机制，规范后规划行为

旅游规划不能以其他行业规划作为参照系确立衡评标准，根据其特性应从个性尺度、市场尺度和人文尺度三个方面入手。所谓个性尺度，即规划是否彰显旅游地的个性，个性化的规划创新出个性化的旅游地；市场尺度，即规划的成功与否由规划带来的经济效益和项目的市场与经营状况来决定；人文尺度，即文本所应渗透的人本主义理念和规划运行过程中旅游教育功能的发挥。

建立常设性国家级和省级的旅游规划评审委员会，优化评审的组织过程，重视论证过程和评审的部门教育功能，以提高评审的现实针对性与科学化水平。但更为重要的是由市场、社会来认定，由规划的实施状况决定规划的成功，不能倚重于评审会来决定。

应将更多精力放在实施环节，重点是实施主体机构的确立。首先，地方政府应成立专门部门负责规划的实施，目前状态下的旅游局只能负责旅游规划的阐释，而不能由其负责实施。基于规划中的重点项目建设容易得到重视，还应成立专门的项目实施委员会。其次，编制实施规划的规划。旅游规划具有很强的创意性，又必须叙述现状、问题，再提出相应的对策，因而难免出现文本内容的前后重复和表述不规范，可对明显学术化的文字表述予以修正，以便于地方上正确理解。以相关规划的格式分头改写旅游规划文本，将旅游发展思路融入到相关规划中，在现在旅游规划地位较低的情况下，成果和建议能被相关规划所吸收。

规划的实施过程应实行动态性的追踪反馈运作机制。规划实施时规划组应进行现场解说与指导，检验规划在各个环节的进展情况，与实际不适应的规划文本部分，应及时予以修改，给规划实施留有合理的自我调节余地。通过反复实践检

验给规划盖棺定论，对不成功的规划应追究责任。

8. 走专业化旅游规划人才产出与优化之路，创新旅游规划人才整合利用机制，打造区域旅游规划精英集团

旅游规划人才的产出优化途径，首先靠培养与延伸，即建立旅游规划人才多维化培养模式。培养是指可拟向教育部建议设立旅游规划专业硕士与博士点，以多学科的知识架构，培养出具有宏观性与中观性战略眼界的高层规划精英人才。延伸是指相关学科专业向旅游方面拓展，设立旅游规划方向的博士与硕士培养点，为相关专业进入旅游规划提供科学路径与研究平台，目前全国已有多所高校实施。其优点在于旅游规划需要相关专业介入其中，形成跨学科研究的学科机制，便于介入旅游规划编制中各种专业背景的人员能以旅游为核心点形成协调与匹配。其次靠整合利用。以省级为基本区域，省级旅游主管部门监督，由旅游规划资质中一位牵头，以旅游规划为核心，包含市场、建筑、城市规划、园林等相关专业人才整合区域旅游规划力量形成知识合力集团，打造成区域旅游规划精英队伍，承担起目前的区域旅游规划工作。

9. 旅游规划的水平高低，旅游规划的成功与否，旅游规划能不能凸显应有的效能，关键在于规划师在"德、才、识"方面的素养

"德"即要具有一种关怀河山、对地方负责的人文精神；"才"即要具有统率全局的驾驭能力，敏锐的观察和创意能力；"识"即要具有多学科的知识储备和广泛的见识，成为一个通才。

在当前市场急剧膨胀和深入发展的情况下，旅游规划界应提倡将规划师的"德"放在首要位置。旅游规划工作从某种意义上理解是规划师"指点江山、激扬文字"，规划师的责任重大，而规划的深度取决于规划师的主观努力，从短期来讲地方在各项条件具备的情况下能不能更好地启动和发展旅游振兴地方经济，从长远来讲保护与优化自然与人文景观、创造传代的景观都在于规划师眉宇间的思索，在于规划师的良心使然。因而规划师应具有一种对规划地的人文关怀精神，一种深切的河山情结与河山之恋。如果规划师难以维持前辈知识精英式的身心煎熬，连知识阶层这种单向度的智力与良知延伸也不存在，如果仅仅停留在麻木不仁和循规蹈矩上，或在官员逼迫下成为听话的"应声虫"，或在经济利益驱动下成为名副其实的学商，而无独立的立场与权利和良知的思考，就会真正扼杀旅游规划的生机和活力，那么旅游规划就难以扮演推动旅游产业发展这一重要的历史角色。

三、技术推动

建立旅游管理信息系统，进行旅游资源利用与经济发展的高效统计与监测。该系统以电子计算机软件与设备为载体，以旅游资源普查与监测、规划、计划、

市场信息、市场分析、旅游发展统计、企业经营状况等为信息源，对旅游系统的信息进行获取、输入、储存、处理统计、评价、传输和应用的部门经济系统工程。该系统利用生动的图像音响、文字数据，对旅游资源、旅游项目、市场信息、服务信息、管理信息的动态变化进行适时、跨地区信息服务。通过该系统可以实时掌握旅游规划的实施状况，及时输入反馈信息，适时适地调整规划，因此能大大提高旅游规划实施管理机制的运行效率。

另外，聘请有关权威机构和专家，定期或不定期地对旅游开发建设与经营状况进行技术咨询、综合评估，将有利于迅速提高规划实施管理机制的技术含量。

四、政策引导

旅游政策，是政府以支持、放任或限制等意志，对旅游发展所实施的宏观调控手段。它由一系列基本条款所构成，一般涉及当地旅游发展的方向和重点，表明支持、放任或限制等意志，以求实现发展目标。旅游政策的贯彻，表明一个地区的旅游业得到当地政府的鼓励和必要调控。

政策机制，是旅游规划实施管理机制的重要组成部分。旅游政策与旅游规划二者在实践中也难有鲜明的界线。事实上，只有在二者相互结合的条件下，才能制定出合理的旅游政策，方可编制出可实施的旅游规划。

五、经济调控

充分运用经济杠杆调节各部门、各方面的经济利益关系，使旅游系统的微观经济活动同旅游系统的整体发展方向协调一致。它包括价格、税收、财政投入、信贷、资源分配等，如征收旅游资源利用税、建立野生动植物保护基金、控制大众型旅游套餐价格等。经济调控是旅游规划实施管理的一个重要组成部分。

第五节　旅游管理条例

随着旅游业的发展，旅游活动中出现的矛盾、冲突和纠纷日趋增多和复杂化，如何处理和解决旅游业发展与社会政治、经济、文化等方面产生的一系列问题？旅游相关法律法规的作用就显得尤为重要了。

一、旅游法规体系

旅游法规，是调整旅游活动领域中各种社会关系的法律规范之总称，包括旅游基本法，国家旅游部门的行政法规、条例和规章，地方旅游法规，与旅游相关的各类法律法规，它们构成了旅游法规体系。

旅游法规的任务，是以法律和规范手段调整社会旅游关系。它对跨地区、跨行业、跨文化、跨所有制的旅游系统来说，具有整合与协调功能。进一步看，旅游法规是从政府意志到社会意志的飞跃，并为旅游规划提供最坚实的立足点。

随着现代旅游的发展壮大，自60年代起，各国开始了旅游立法，如《日本旅游基本法》(1963)、《韩国旅游振兴法》(1967)、《英国旅游发展法》(1969)、《美国全国旅游政策法》和《墨西哥旅游法》等。

旅游法的作用是，以法制手段规范旅游市场发展所出现的经济关系以及由此产生的各种社会关系，确立和保护旅游法各主权的权利和义务，规范和调整旅游法主体、客体（物、行为、精神财富）间的关系，保障旅游事业的健康发展。旅游法，必然也是依法对旅游规划实施管理的基本法律依据。

我国于1982年开始起草《旅游法》，后在不同范围反复听取各方意见，并经几次修改调整。《中华人民共和国旅游法》，于1994年报送国务院待审，待全国人大审批立法。该法经审批后，将成为我国旅游领域的"基本法"。2013年4月25日，《中华人民共和国家旅游法》经十二届全国人大常委会第2次会议通过并公布，自2013年10月1日起施行。

此外，我国相继颁布了一批与旅游相关的法律规范，如《汽车旅客运输规则》(1988)、《中华人民共和国环境保护法》(1979)、《中华人民共和国森林法》(1984)、《森林和野生动物类型自然保护区管理办法》(1985)、《中华人民共和国文物保护法》(1982)、《风景名胜区管理暂行条例》(1985)、《历史文化名城保护规划编制要求》(1994)、《中华人民共和国水法》(1988)、《城市规划法》(1989)、《北京市城市规划条例》(1992)、《村庄与集镇规划建设管理条例》(1993)、《旅游安全管理暂行办法》(1990)、《中华人民共和国食品卫生法》(1995)、《中华人民共和国消费者权益保护法》(1993)、《营业性歌舞娱乐场所管理办法》(1993)、《旅行社管理条例》(1996)、《旅游行业对客人服务的基本标准（试行)》(1991)、《导游员管理暂行规定》(1987)、《旅游投诉暂行规定》(1991)、《中华人民共和国税收征收办法》(1992)，等等。它们与《旅游法》一起汇成并丰富了旅游规划实施管理的基本法律依据。

二、旅游规划管理条例

旅游规划管理条例，是在上述法律依据的基础上，由国家有关主管机构（或地方立法机构），根据旅游法制精神（或生效的旅游基本法）、旅游规划业已引起我国旅游管理部门的主要领导和社会各界的高度关注。旅游规划编制及实施管理现已成为对我国国民经济和社会有重大影响的、大量的、反复进行的技术活动，因此，规范我国的旅游规划，改善旅游规划的实施管理，起草和颁布《旅游规划管理条例》已经刻不容缓。尽早颁布《旅游规划管理条例》，对我国旅游事业跨世纪、可持续发展具有深远意义。

《旅游规划管理条例》的任务，是衔接与旅游有关的法律法规与旅游规划的关系，对旅游规划的编制和实施管理过程中的职责范围、权利义务进行界定，为旅游规划的编制、审批和实施，确立规范的内容、程序、原则、法律责任和复议措施。

《旅游规划管理条例》中的法律责任部分，是保障旅游规划实施的最有力的手段，它须包括追究行政责任、追究刑事责任、治安管理处罚条例的适用三种形式。

在实施旅游规划的过程中，一切单位、单位的有关责任者和居民，只要违反有关规定构成违法违规行为的，须按相关行政规定，给予行政处罚或行政处分，如果在旅游规划的实施过程中，由于当事人的违法活动造成严重危害、构成触犯刑律的，对于有关责任人员要依据相关法律追究刑事责任。如果规划管理人员在依照有关法律和法规进行旅游规划实施的监督检查或制止违法违规活动时，如遭无理拒绝、刁难辱骂或殴打，致使妨碍公务，但尚不构成触犯刑律的，要按《治安管理条例》依法处置。在运用《旅游规划管理条例》和有关法律法规，以切实保障旅游规划实施的过程中，追究有关当事人责任时，该当事人有权按有关规定提出复议，甚至提出起诉。这必然要求进一步研究制定受理和进行复议工作的具体程序，要求旅游规划的主管部门加强内部教育和监督检查工作人员的行为是否符合法律法规，对于滥用职权或徇私舞弊的，同样要依法追究法律责任。

现代旅游的特征，客观上要求《旅游规划管理条例》要解决好旅游系统各部门之间矛盾，解决好《旅游规划管理条例》与其他各类法律法规的整合与协调关系，从而以一切其他手段都难以取代的法律法规手段，直接、有效地规范编制工作，有力地保障和推动旅游规划的顺利实施。

旅游规划的编制是一项复杂艰巨的系统工程，不仅要求规划内容全面周详、理论与技术选择准确无误，同时也要求因地因时制宜，具体问题具体分析。因此，如何编制好旅游规划不但是一门科学，更是一门艺术，相关工作者只有在实践中不断摸索，不断总结，才能达到合理运用、游刃有余的境界。

"他山之石，可以攻玉"，学习借鉴他人经验能使自己少走弯路，也能启发创新之思想。正因如此，本书将作者多年从事旅游开发与规划工作的部分成果奉献给读者，精心挑选部分主持规划作为案例加以深入分析，目的是使读者通过实例更深刻地领会本书介绍的旅游规划流程和理论与技术应用，并能在实践中获得参考，为我国旅游事业的长足发展做出贡献。

▶▶ 思考与练习

1. 旅游规划实施与管理的障碍是什么?
2. 旅游规划运行机制如何优化?
3. 在什么样的情况下需要对旅游规划进行修编?

附录　旅游发展总体规划编制案例

广西休闲农业中长期发展总体规划编制

本案例将一部完整的广西休闲农业中长期发展总体规划呈献给读者，以期全面系统地展示旅游规划编制的结构、内容、步骤以及理论与方法运用。

该规划共分为八节。第一节为总则，总则明确了规划意义、规划名称与性质、规划范围与期限、规划依据。第二节为资源条件与优势，含休闲农业资源的种类、资源区位和资源形态。第三节为客源市场分析与评价，主要分析广西的客源市场发育现状、客源市场空间结构特征、客源市场行为特征、潜在客源市场、客源市场需求趋势和游客规模及主要经济指标预测。第四节为发展现状与SWOT分析。第五节为发展战略与目标，阐述广西休闲农业发展的指导思想、基本原则、战略目标和战略任务。第六节为空间布局与产品开发，包括空间布局、"一轴"休闲农业产品开发和"两翼"休闲农业产品开发三个部分。第七节为重点工程与项目，列举了广西休闲农业重点建设工程与近期（2011~2015年）重大开发项目。第八节为保障措施，分别阐述如何提高对休闲农业的科学认识、强化发展休闲农业的组织领导、增强休闲农业发展的政策支持力度、加强区域休闲农业的深度开发与规划、拓宽休闲农业投资渠道、加强标准化建设与分类指导、加大品牌营销宣传力度、加快休闲农业形象建设与推广、确保休闲农业可持续发展的九大措施。

第一节　总　则

休闲农业是一种"享受农业"、"体验农业"。它扎根农村，以农业为主要资源，以农民参与为主要形式，并且衔接了第二产业、连接了第三产业。这种对农业、农产品加工和旅游服务业"接二连三"融合的产业已经成为充分开发农村地区旅游资源的重要产业（约70%旅游资源在农村地区），也是推进新农村建设，统筹城乡发展，满足城乡居民日益增长的休闲消费需求的新兴产业。

一、规划意义

1. 规划发展休闲农业是实现"富民强桂"的具体举措

广西第十次党代会明确提出，要加快实现富民强桂新跨越，奋力推进包括"生态文明示范区"在内的"五区"建设。加快发展广西休闲农业是丰富"生态文明示范区"建设的重要内容，是实现广西"富民强桂"战略性新跨越的具体举措。根据"富民强桂"战略的内涵要求，"富民"就是"坚持以人为本、富民优先，走共同富裕道路，加快由总体小康向全面小康转变，大幅增加城乡居民收入，普遍提高人民富裕程度，明显改善生活质量，极大丰富文化生活，更加健全公共服务，促进人的全面发展，提高人民幸福感"。因地制宜，充分利用农业资源优势和旅游市场优势，加快发展广西休闲农业，展示广西现代农业的自然田园风光，开发集特色餐饮、休闲娱乐、文化体验于一体的休闲农业产品，既有利于扩大农民就业、增加农民收入，也有利于丰富人民群众的物质文化生活，提高幸福感，促进城乡统筹协调发展。

2. 规划发展休闲农业是加快农业发展、培育新型农民的有效途径

结合市场需求，大力推进发展广西休闲农业产业，鼓励依托现有特色农业基地与园区，挖掘农业生产、生活以及文化元素的旅游功能，健全和完善旅游服务配套设施，发展具有旅游吸引力的一系列休闲农业旅游产品，是优化合理配置农业生产要素、延伸产业链条，加快农业结构优化的有效路径。发展实践证明，休闲农业不仅可以充分开发农业资源，调整和优化产业结构，延长农业产业链，带动农村运输、餐饮、住宿、商业及其他服务业的发展，还能够促进农村劳动力转移就业，增加农民收入，提高农民整体素质，培养造就有文化、懂技术、会经营的新型农民。

3. 规划发展休闲农业是促进产业融合建设广西旅游强区的形势要求

《广西壮族自治区人民政府关于加快建设旅游强区的决定》指出："要加快旅游业与农业融合，大力发展农家乐、渔家乐等乡村旅游示范区。"休闲农业是现代农业与旅游战略性产业融合的新兴业态。加快全区旅游产业发展，是丰富全区旅游产品结构，满足人民群众多样化、个性化需求，推动消费升级，实现宏观经济保增长、扩内需的客观需要。

二、规划名称与性质

1. 规划名称

广西休闲农业发展规划。

2. 规划性质

加快推进广西休闲农业发展的行动纲领；指导广西全区休闲农业可持续发展

与建设的指导性文件；兼具现代农业发展规划、区域旅游总体规划和项目概念性策划的特点，体现了规划在产业融合与发展中的战略性、专项性、协调性、引导性与可操作性。

三、规划范围与期限

1. 规划范围

广西壮族自治区范围内。

2. 规划期限

本规划的总期限为 2011～2020 年。根据广西休闲农业的发展现状与趋势，兼与广西社会经济发展规划及广西旅游发展相关规划衔接，确定本规划的阶段性划分如下：

近期：2011～2015 年，重点项目启动建设期；

远期：2016～2020 年，纵深发展全面提高期。

四、规划依据

《全国农业农村经济发展第十二个五年规划》（2010）

《全国休闲农业发展"十二五"规划》（2011）

《国务院关于进一步促进广西经济社会发展的若干意见》（2009）

《广西壮族自治区人民政府关于加快建设旅游强区的决定》（2010）

《广西农业生态旅游产业发展规划大纲》（2011）

第二节　资源条件与优势

广西壮族自治区地处祖国南疆，位于东经 104°26′～112°04′，北纬 20°54′～26°24′之间，南邻北部湾，面向东南亚，西南与越南毗邻，东邻粤、港、澳，北连华中，背靠大西南，是中国与东盟之间唯一既有陆地接壤又有海上通道的省区，是中国西南最便捷的出海通道，是华南通向西南的枢纽，是全国唯一的具有沿海、沿江、沿边优势的少数民族自治区，在中国与东南亚的经济交往中占有重要地位。全自治区聚居壮、汉、瑶、苗、侗、仫佬、毛南、回、京、彝、水、仡佬等民族。

广西地处亚热带湿润季风气候区域，气候温暖，亚热带动植物资源丰富。已发现植物 280 多科，1670 多属，近 8000 多种，种植业品种系列达 700 多个品种，热带、亚热带水果占 80% 以上，其中不少饮誉国内外。香蕉、菠萝产量居全国第 2 位；荔枝、龙眼居全国第 3 位。广西被称为"土特产仓库"，野生植物及其他土特产达 1600 多种。其中，中草药材 1000 余种。此外，还有野生油料、芳香、纤维、淀粉、化工原料等植物。全区森林覆盖率达 39.26%，分布有银杉、楠木、柚木、铁力木等珍贵树种 30 多种。

广西南部海岸曲折，港湾多，海岸线长 1595 公里，拥有岛屿 697 个，浅海（水深 10 米以下）滩涂 36 万公顷，其中潮间带滩涂 10 万公顷，可养殖面积 6.67 万公顷，近期可供开发养殖的有 2.66 多万公顷。北部湾是我国著名的四大渔场之一，有海洋鱼类 500 多种，主要经济鱼类 30 多种，适于发展水产捕捞、养殖，是世界闻名的"南珠"产地。凭借独特的资源及区位优势，休闲农业具有广阔的发展前景。

广西休闲农业资源丰富，分布广泛，类型多样，具有明显的区域分异特征和发展阶段梯度。

一、多样的休闲农业资源种类

1. 农业休闲类资源

广西农业（种植业）系列主要包括粮食（以水稻、玉米为主）、糖料蔗、蔬菜、水果、木薯、桑蚕茧、食用菌、烟叶、中药材、茶叶等。其中，蔬果、桑蚕茧、食用菌、中药材、茶叶及地区特色产品都是具有极大休闲农业开发价值的农业资源。

粮食类休闲农业资源：桂北、桂中、桂东南和沿海地区为优质稻主产区，分为桂东南优质稻产业带（以贵港、玉林、梧州、贺州为重点）和桂北、桂中、桂南优质稻产业带（以桂林、柳州、来宾、南宁、钦州为重点）。大区域粮食（尤其是水稻）种植区是田园风光的基调，是休闲农业基本载体。

蔬菜类休闲农业资源：蔬菜类休闲农业资源包括：①秋冬蔬菜优势产区（桂林、贺州、梧州、河池和百色为秋菜主产区；南宁、钦州、防城和百色为冬菜主产区）；②桂林、柳州、贺州以及河池市一部分高山冷凉地区为主的夏秋反季节蔬菜商品生产优势产区；③重点地级中心城市的郊区以及县郊距城市 30 公里左右的中心城市菜篮子商品生产优势产区；④贺州、桂林、柳州、玉林、南宁等地的丘陵山区为主的丘陵、山区特色无公害蔬菜商品生产优势产区；⑤以贺州、河池、玉林、梧州、桂林等地为主的外向型创汇蔬菜商品生产优势产区；⑥南宁、柳州、桂林、玉林、贵港、百色等市的市郊以及部分县（市、区）的野生蔬菜生产基地为主的野生蔬菜驯化栽培区域。其中，城市菜篮子商品生产优势产区、特色无公害蔬菜商品生产优势产区和野生蔬菜驯化栽培区是农家乐等休闲农业活动开展的核心依托资源。

水果类休闲农业资源：水果类休闲农业资源是广西休闲农业发展的优势和亮点。柑橘、香蕉、荔枝、龙眼四大类为主导水果，各地特色品种、特色加工品种、杂果品种丰富。①桂北向桂东北、桂中偏北地区延伸形成的柑橘产业带；②香蕉优势区：右江河谷和崇左南部为中心的春夏熟香蕉优势区和以钦州、南宁、玉林周边区域为主的秋冬熟香蕉优势区；③荔枝优势区：早熟荔枝优势区以横县、博白、陆川、钦南、钦北、合浦、防城、东兴为中心区，中熟荔枝优势区以北流、灵山、钦北、浦北、邕宁、兴业、福绵、平南、港南、容县、玉州、隆安为主产区，晚熟荔枝优势区以桂平、苍梧、藤县为特色产业带；④龙眼优势区：早熟龙眼优势区以博白、陆川、钦北、龙州、宁明、合浦、钦南、防城、凭祥、东兴为主要产区，中熟龙眼优势区以平南、武鸣、北流、邕宁、灵山、大新、扶绥、江州、兴业、容县、港南、覃塘、浦北、隆安、平果为主产区，晚熟龙眼优势区以桂平、岑溪、藤县、马山为主；⑤特色加工品种优势区：月柿以桂林市恭城、平乐为主；波萝以南宁市、崇左市、防城港市为主产区，山葡萄以河池市为产业带；⑥特色品种、杂果类品种优势区：芒果以百色市为重点产区，板栗以百色市、河池市、桂林市为主要产区，金橘以灵川、阳朔等地为主，沙糖橘以梧州市为产业带，南方早熟梨、鲜食葡萄以桂林市为主，火龙果、莲雾、澳洲坚果以防城港市、钦州市为主，桃李梅以桂林市和贺州市为主，番石榴以玉林市为主。各地依托特色水果产业资源，着力发展休闲农业与商贸交流，形成双核带动增收模式。

桑蚕类休闲农业资源：桑蚕类休闲农业资源可成为广西新兴的休闲农业资源。广西蚕桑生产已上规模和蚕茧缫丝加工已有一定基础的优势区域包括河池市、南宁市、来宾市、柳州市和贵港市五大优势产区，拥有桂西北、桂中和桂南三个优势产业带。采桑、养蚕、购制品是十分具有吸引力的休闲农业游憩项目，有待深度开发。

食用菌类休闲农业资源：食用菌营养丰富，是世界卫生组织推荐的六大保健食品之一。广西食用菌资源丰富，生产起步较早，是全国主产区之一，现已初步形成桂东南、桂中、桂北蘑菇主产区，桂北、桂西北香菇主产区，桂西木耳主产区，城郊名优新食用菌主产区，桂西南中、高温菇主产区等五大优势区域。食用菌类休闲农业资源可打造养生特色餐饮主题，具有很大开发价值。

茶叶类休闲农业资源：广西是红茶、绿茶、青茶（乌龙茶）生产最适宜区之一，茶叶面积、产量和产值居全国第 11、12 位，是全国最大的茉莉花生产及花茶加工基地，有机茶生产独具优势。现有桂西、桂南优势区，桂中优势区，桂东、桂北优势区三个优势产业带。桂西、桂南优势区主要发展红茶、早春、晚秋绿茶和茉莉花茶；桂中优势区主要发展绿茶和乌龙茶；桂东、桂北优势区主要发展绿茶、乌龙茶和六堡茶。茶叶产业化建设形成的知名品牌及茶叶加工龙头基地、企业是广西休闲农业观光的重点资源之一。

2. 渔业畜牧业休闲类资源

广西渔业畜牧业休闲类资源包括沿海休闲渔业、内陆水库休闲、水产畜牧加工企业、水产畜牧科技示范园区和畜牧类传统比赛等多种类型。其中以沿海休闲渔业规模最大、最具特色。

沿海休闲渔业：主要包括北海、钦州、防城港三市。其中，钦州三娘湾休闲渔业游已成为钦州休闲农业旅游的著名品牌。防城港市是广西海洋渔业主产区之一，"十一五"期末，全市水产品总产量、总产值均排全区第3位。目前，全市有港口区光坡镇红沙海岛渔庄、港口区牛路村勒山古渔业村、防城区白龙珍珠港双墩海上休闲渔庄等休闲渔业场所10多处，年接待游客约15万人（次）；休闲渔业主要有渔港游、红树林保护区游、近海捕鱼垂钓、重点海生动物保护区游、绕岛风光游和海洋捕捞体验游等形式。

内陆水库休闲：广西内陆水库休闲资源丰富，遍布各市，包括龙滩等红水河梯级电站库区和主要城市郊区水库两种类型，前者适宜开发大型休闲农业/渔业重点项目。水库休闲资源是开发水面养殖及捕捞、垂钓休闲农业的天然平台。

水产畜牧加工企业：主要分布在南宁、北海、桂林、梧州、玉林等市，适宜开展重点加工企业游。

水产畜牧科技示范园区：主要分布在南宁、扶绥、柳州。

畜牧类传统比赛：在柳州、百色、河池、桂林等少数民族聚居地具有丰富的畜牧类传统比赛项目（斗鸡、斗牛、斗马赛等），是开发传统节庆型休闲农业活动的重要发掘对象。

3. 林业休闲资源类

广西地域宽广、雨量热量充沛，境内广泛分布着多种类型的天然次生林和人工林，森林资源丰富，是我国南方重要林区之一。目前，广西共建立各级森林公园50处，其中国家级20处、自治区级24处、县（市）级6处。森林公园总面积25.84万公顷，占全区国土总面积的1.09%。

广西休闲林业的发展主要依托森林公园、自然保护区以及部分其他生态旅游景区。经过20多年的开发与建设，产业规模不断壮大，基本上形成了融食、住、行、游、娱、购各要素为一体的森林休闲网络体系，呈现稳步发展的良好势头。"十一五"期间，全区森林休闲接待人数和收入持续增长，接待游客2673.44万人次，经济收入18.88亿元；其中，森林公园接待游客1726.6万人次，占总接待量的64.58%。

依地域特点，广西林业休闲资源分布表现为"一带三集群"。"一带"即"西江黄金水道"森林资源经济带。"三集群"一是北部湾滨海森林资源集群，二是大桂林山水森林资源集群，三是桂西北森林资源集群。

二、优越的休闲农业资源区位

休闲农业资源所处的地理区位不同，则其依托优势、客源市场需求和发展模式会存在很大差异。全区休闲农业资源根据其地理区位条件可分为大中城市周边区、旅游热点周边区、少数民族地区、传统特色农区、现代农业工程周边区等不同类型。

1. 大中城市周边

主要指分布在大中城市郊区或内部的休闲农业区域。依其所依托城市的社会经济发展状况，休闲农业发展程度有异。一般，城镇收入水平越高、交通体系越完善，对城郊休闲农业的需求越旺盛。南宁市、柳州市周边休闲农业为一级需求区，梧州、北海等其他城市周边资源次之。大中城市周边区休闲农业多为农家乐、休闲农庄等形式，客源市场以其依托城市为主，无公害蔬菜、特色瓜果、河鱼、农家美食等是重点吸引力产品。特色无公害蔬菜生产基地、野生蔬菜驯化栽培基地、特色品种/杂果类品种产地、茶场、水库、森林公园等是可大力开发的资源。

2. 旅游热点周边

主要指分布在广西旅游热点景区（点）周边的休闲农业区域。许多旅游热点景区（点）本身即凭借农业资源而形成。桂林市、玉林市、北海市、百色市多旅游热点周边型休闲农业资源，分别表现为山水田园、文化朝圣、滨海度假、红色旅游等形象特征。旅游热点周边区休闲农业具有无法比拟的客源市场优势，因此，利用当地旅游发展基础、携手旅游业、融入热点旅游线路、争取旅游线路延伸游客是创造发展捷径的关键。

3. 少数民族地区

壮、瑶、苗、侗、仡佬、水、京、毛南、回、彝、仫佬 11 个世居少数民族是广西独特风采的重要组成元素。河池、柳州、桂林、百色、贺州和来宾等市是少数民族风情的集中地，其中民族资源富集度以河池市为首。柳州市融水苗族自治县、三江侗族自治县、桂林市龙胜各族自治县、恭城瑶族自治县、百色市隆林各族自治县、贺州市富川瑶族自治县、河池市南丹县、都安瑶族自治县、罗城仫佬族自治县、巴马瑶族自治县、环江毛南族自治县、大化瑶族自治县、来宾市金秀瑶族自治县等是广西民族民俗节庆、手工艺品等特色项目休闲农业的重要基地。如融水的贝江、苗族风情、斗马，三江的程阳侗族风雨桥、侗族民居，龙胜的龙脊梯田、温泉、红瑶风情等，因民族文化价值而具有深刻内涵。民族休闲农业资源发掘是广西休闲农业建设的一项长远工程。

4. 传统特色农区

广西种植业、渔业与畜牧业在历史发展中形成众多特色农产品产区，如容县沙田柚、融安金橘、恭城月柿、灌阳红枣、东兰墨米、环江香粳和靖西香糯、桂林马蹄、田林八渡笋、桂林豆腐乳、北部湾的海珍品、平果没六鱼、巴马香猪都是享誉海内外的名优土特产。此外还有合浦沙煲、环江凉席等延伸制品。传统特色农区形成的农产品品牌是发展休闲农业无可替代的核心竞争力，吸引游客不仅能提高销量，更能有力地提高产品价格、带来商机，是农民增收的重中之重。

5. 现代农业工程周边

现代农业工程周边型主要指现代农业科技园区或现代农业示范基地等设施场所内部或周边的休闲农业资源，具有很强的休闲、科普、科研、探奇功能，是城镇内部休闲农业的重要形式，尤其对青少年客源市场开发具有巨大潜力。现代农业园区资源在广西各市县均有分布，如南宁市、贺州市、北海市等，规模大小不一，特色不同。

三、丰富的休闲农业资源形态

1. 田园生态型农家乐

农户利用农业与生活资源建立以"吃农家饭、住农家院、摘农家果"为主要内容的农家乐是广西最主要的休闲农业形式。到 2010 年底，全区共有农家乐1000 多家。以特色农产品为载体，农家乐有多种形式，如桂北传统种植业农家乐、桂南滨海渔家乐等。近年来，广西通过"一村一品"培育主导产业，已建成"一村一品"特色农业示范村近 100 个，其中 50 多个已发展起休闲观光旅游。

2. 休闲农庄

以休闲度假和参与体验为核心、拓展多元功能建成的功能齐全、环境友好、文化浓郁的休闲农庄是农家乐发展的高级形式，是休闲农业的规模化和专业化的集中体现，在广西乡村旅游发达的桂林、柳州等地正逐步兴起。如柳州市成团镇碧水湾度假村和渡庄休闲中心分别被评为区级三星级和一星级农家乐。

3. 都市农业园

突出传统农耕文化与现代科技的结合、拓展教育示范功能的都市农业园、农业博览园等，是广西大中城市休闲农业的龙头和典型。到 2010 年底，全区共有都市农业园 453 个，如南宁八桂田园、南宁坛洛金满园、柳州万聚山庄、桂林农科所现代农业园、北海田野生态农业旅游区、上思金花茶种植观赏园、田阳现代农业科技园区等。

4. 休闲型新农村

休闲型新农村是以农村整体形象吸引休闲旅游者和考察学习旅游者的重要休闲农业类型，分布广泛，起到良好的示范作用。到 2010 年底，广西已建成各类休闲型新农村数百个，其中生态农业建设示范村屯 380 个，全国农业旅游示范点 34 个，自治区农业旅游示范点 175 个。

5. 农业文化节

近年来，利用农业生产过程景观，彰显人与自然和谐的丰收景象的民俗文化与农事节庆广泛开展，宣传与增收成效明显。如柳州柳城生态蜜橘文化节、融安金橘文化节、柳州百朋莲藕节、融水芦笙斗马节、恭城桃花节、月柿节、防城港东兴"红姑娘"红薯节等。

概括而言，广西休闲农业资源丰富、类型众多，既有鲜明的区域特征，又充分体现资源类型交错，为广西休闲农业科学发展提供现实依据。据此，广西休闲农业应以布局功能分区、构建区域形象、重点带动、全面推进的战略实现休闲农业跨越性发展。桂林、柳州、南宁、北海、玉林属于重点区域，为全区休闲农业发展模式起到示范作用。

第三节 客源市场分析与评价

广西地理环境独特，资源丰富，休闲农业发展条件得天独厚。随着人们生活水平的提高，双休日游、家庭游、单位活动游、自驾游等日渐时兴。由于休闲农业资源多离市区很近，交通十分便利，不仅可以解决城市居民周末无处可去的烦恼，也满足了人们享受野外新鲜空气、田野风光、放松紧张心情的需求，大大方便了本地市民节假日的休闲观光，有着广阔前景。

一、客源市场发育现状

随着广西生态农业和现代农业的发展，在区委、区政府的重视和支持下，近年来全区注重在品质、特色上下功夫，特别是农业新品种、新技术、新成果的推广应用，围绕历史文化、科技教育、民族风情、农耕文化等主题，逐步打造出了一批特色鲜明的休闲农业产业，推进了现代农业发展进程。休闲农业作为产业链的关键环节，既带动了旅游休闲业的发展，也促进了当地农业、农产品加工业的发展，实现了以游带农促农的发展新趋向，休闲农业各项指标逐年上升。

尤其在 2011 年，广西区把休闲农业列入自治区"十二五"重点发展产业规划、将 2011 年确定为"休闲农业推进年"，着力把休闲农业打造成为超百亿产业。全区充分利用现有的农业科技园区、示范基地和生态家园等资源，进一步完善设施，加强策划包装，提高服务水平，全力打造符合市场需求的休闲农业精品点，并按照"一市一线"的目标将百个休闲农业景区（点）精编为风格各异的 15 条精品线路，打包向区内外游客推介，极大地促进了广西休闲农业发展，全年接待游客量与休闲农业总收入均创历史新高，广西休闲农业步入全面加速发展阶段。截至 2011 年 6 月底，广西累计建立各类休闲农业园 316 个，涉及种养面积 38.6 万亩；农家乐旅游点 1100 多个，经营农户 3.73 万户，休闲农业从业人员 10.81 万人。上半年接待游客 478.9 万人次，休闲农业收入 9.71 亿元，农民从中增收 3.26 亿元，休闲农业景区（点）农民人均增收 300 元以上，最高达 3000 元。

广西休闲农业市场存在以下特点：①市场处于迅速扩大的临界阶段，即现实客源市场规模尚未达到理想状态，但潜在市场前景巨大，政府引导与媒介宣传将起到至关重要的推进作用；②市场构成以本地邻近区域为主，外地游客比例低，尤其是区外和境外游客接待规模小；③资金投入偏少，产品更新较慢，整体形象和大品牌宣传不足，导致重游率较低；④娱乐观光比重大，度假等专项市场尚处于起步阶段，旅游者停留时间短、人均消费偏低，但市场重构与提升空间较大。因此，通过增强区域联动，形成差异互补的产品体系、推介鲜明的整体形象、拓展区域市场是当务之急。

二、客源市场空间结构特征分析

1. 国内客源市场区域结构

在广西主要休闲农业景区点（南宁八桂田园、桂林阳朔县、龙胜龙脊梯田、柳江成团镇、容县都峤山森林公园等）、旅行社等地进行游客随机抽样调查。

调查结果分析表明：

（1）休闲农业景区接待游客以国内游客为主，约占接待游客总量的 98.20%。

（2）国内游客构成中区内游客比重最大，占总数的 85.31%，以本地及周边地区为主；区外客源主要集中在广东省，占游客总数的 11.34%。其他地区游客比重较低，来自湖南、湖北、福建、海南等全国各地的游客共占总数的 3.35%。

远程游客的主要游览目的地集中在桂林、南宁等旅游业较发达的城市。

表 1　2011 年广西国内休闲农业客源市场区域结构

地　区	广西	广东	湖南	西南	中南	华东	其他
比例（%）	85.31	11.34	0.79	1.20	0.91	0.21	0.24

资料来源：根据广西农业厅休闲农业发展总体规划数据整理而得。

六、游客规模及主要经济指标预测

1. 市场预测的依据

（1）全国、广西及其他周边区域的休闲农业发展形势与休闲农业消费趋势；

（2）全国休闲农业发展"十二五"规划；

（3）广西"十二五"规划纲要；

（4）广西农业厅休闲农业发展总体规划主要目标；

（5）广西农业（种植业）"十二五"发展规划；

（6）主要客源地的人口、经济发展情况。

2. 预测方法

制约休闲农业游客规模的因素很多，包括国内外政治因素、社会经济和自然环境等宏观环境因素和消费者主体的社会人口学特征等综合因素。因此，在预测游客规模时，主要考虑如下几种因素：广西政府发展休闲农业的方针政策及广西在国内外市场销售中的竞争力；广西休闲农业景区（点）的开发建设速度和接待能力；休闲农业景区（点）资源质量、优势及开发休闲农业的制约性因素；国内外游客需求发展趋势、休假制度及休闲农业目的地生命周期规律；客源地的社会经济状况及相关休闲农业景区（点）现有年游客流量及开发建设管理经验等。

在广西已有的游客统计资料上，可以判断其游客量的发展趋势，广西休闲农业产品已具有一定规模，处于资源与开发共存阶段，所以，采用自然增长率法，对全区内预计接待的游客数量进行预测。

3. 预测结果

近年来，休闲农业获得我国政府的高度重视，国家旅游局也提出"国民旅游休闲计划"、"全国乡村旅游倍增计划"等一系列计划，有力地拉动了国内休闲农业市场，也为广西的休闲农业市场拓展创造了良好的机遇。

据广西农业厅统计，2010年，广西休闲农业景点景区共接待游客1350万人次，产业总收入45亿元。以2010年作为指标体系预测的基准年，在市场调查的基础上，对广西历年和现在的休闲农业游客人数进行分析，综合考虑客源地、目的地、目的与客源地之间的因素，结合预测依据，得知广西在规划期内的休闲农业游客人数将会持续增长。

在广西休闲农业加强产品建设和大力开展宣传、推广、促销等活动的前提下，预测结果如下：

（1）游客规模预测。预测结果为：到2012年，广西休闲农业游客总量达2109万人次；到2015年，游客总量达4634万人次；到2020年，游客总量达17207万人次。

表3 2011~2020年广西休闲农业游客规模预测

年份＼指标	游客数（万人次）	年增长率（％）
2010	1350	—
2012	2109	25
2015	4634	30
2020	17207	30

（2）旅游收入预测。到2012年，广西休闲农业总收入76亿元；到2015年，广西休闲农业总收入135亿元；到2020年，广西休闲农业总收入突破500亿元。

表4 2011~2020年广西休闲农业收入指标预测

年份＼指标	产业总收入（亿元）	年增长率（％）
2010	45	—
2012	76	25
2015	135	30
2020	500	30

第四节 发展现状与SWOT分析

广西休闲农业资源丰富，分布广泛，类型多样，具有明显的区域分异特征和发展阶段梯度。对广西休闲农业发展的现状进行SWOT分析，有利于加快推进广西休闲农业优势项目的发展，找出广西休闲农业发展的"短板"，更好地抓住休闲农业发展契机。

一、广西休闲农业发展现状

1. 发展规模稳步提升

广西是中国的农业大省，拥有丰富的休闲农业资源。近年来，在自治区党委、政府以及自治区农业厅的大力支持下，围绕农业增产、农民增收、结构调整的基本思路，全区休闲农业发展取得了可喜成果。目前，全区休闲农业累计建立了各类休闲农业园 316 个，涉及种养面积 38.6 万亩；农家乐旅游点 1100 多个，经营农户 3.73 万户，休闲农业从业人员 10.81 万人；旅游点农民人均增收 300 元以上，最高达 3000 元，休闲农业带动农民增收效果十分明显。

表5　全区各市休闲农业发展统计一览

	休闲农业园（点）数量（个）	农家乐旅游点数量（个）	年接待游客量（万人）	营业收入（万元）	就业人数/带动就业人数（人）
玉林	35	283	315	35113	4320/50556
梧州	10	215	25.65	—	2899/19400
钦州	5	43	80	12760	8520
南宁	80	—			
柳州	—	280	90	18829	3136/3350
来宾	13	—	40	4500	1970
贺州	15		66.7	3330	
河池	—	193	109.38	6625.43	1787/16500
贵港	4	91	306	13800	2214
防城港	4	40	15	4000	689
崇左	5	46	—	1682	449
北海	3	68		8500	3000
百色	3	18	59.22	1667	5059

资料来源：广西农业（种植业）"十二五"发展规划。

2. 政府引导错位发展

近年来，全区各地以农村田园景观、农业生产基地和特色农产品为载体，通过政府引导，错位发展，发展田园生态型休闲农业，使"一村一品"成为发展休闲农业的主要载体和农民增收的重要渠道。目前，全区已建设"一村一品"特色农业示范村近 100 个，其中 50 多个已发展起休闲观光旅游。例如，柳江县百朋镇下伦屯近年来努力打造"一村一品"，全村家家户户种双季莲藕，并利用莲藕基地以及石山、古榕、古民居、生态竹林等资源发展休闲农业。该屯生产的莲藕远销美国、日本、港澳台等国家和地区，同时发展的休闲农业平均年接待游客 20 万人次，成为了"一村一品"休闲民村典型。柳江县成团村以 2 万亩葡萄、1000 亩草莓和 3000 亩果蔗为依托，推出了红薯窑、玉米窑、芋头窑、叫花鸡等特色农家菜，全镇共发展休闲农庄 58 家，日接待能力 3000 人次，年营业收入 4000 多万元。

3. 依托园区打造景点

全区各地充分利用农业科技园区、农业博览园等，打造休闲农业精品景点，为游客提供了了解农业历史、学习农业技术、增长农业知识的丰富多彩的农业活动。如八桂田园常年有大批蔬菜、水果和花卉展示，辐射带动周边250个乡镇、1.2万农户致富，吸引了多国元首前来参观，被评为"4A旅游景区"、"全国农业旅游示范点"。同时，全区各地涌现出一大批以现代农业园区为龙头的休闲农业典型，如南宁坛洛的金满园、柳州的万聚农庄、桂林农科所现代农业园、北海田野生态农业旅游区、上思金花茶种植观赏园、玉林汉桂园花卉观赏园、田阳现代农业科技园区、富川神仙湖休闲园、钦州钦南台湾农民创业园等，逐步成为全区休闲农业突出的景点和亮点。

4. 结合建设新农村发展休闲农业

近年来，广西各地结合社会主义新农村建设，创新思路，着力打造一批以休闲农业为支柱产业的新农村建设示范点。全区以"发展休闲农业，建设美好家园"为主题，每年投入1000多万元推进"百村示范"工程，以休闲农业引导新农村示范建设。5年来，全区"百村示范"工程示范村已达500多个，大多数示范村开展了休闲农业建设，成效可喜。

5. 特色节庆交相呼应

全区各级农业部门创新思路，出新点子，搞新创意，推新举措，广泛开展以休闲农业为主题的休闲农业旅游节庆活动，成效明显。目前，全区50%县（市、区）举办有各具特色的休闲农业节庆活动，各种节庆活动精彩纷呈，交相呼应。例如，恭城县连续成功举办了9届桃花节和7届月柿节，树立了休闲农业旅游品牌，2011年第九届桃花节共接待游客25万人次，实现社会旅游收入9560万元，带动恭城油茶、柿饼、柑橘等土特产销售12万多吨，有力促进了农民增收。防城港东兴市举办了五届"红姑娘"红薯节，打造特色红薯文化品牌和产品品牌，推动了农业产业化和新农村建设。目前，全区50%县（市、区）举办有各具特色的休闲农业节庆活动，各种节庆活动精彩纷呈，交相呼应。

二、广西休闲农业SWOT分析

1. 优势

（1）生态山水的环境优势。广西旅游资源丰富，生态系统保存完好，是全世界喀斯特地貌最美的地方之一，为休闲农业发展提供了优越的自然环境背景基础。特别是以广西桂林为代表的生态山水资源素以山青、水秀、洞奇、石美而闻名于世，是观光、休闲、度假、养生的理想环境。近年来，凭借丰富的资源和良好的生态环境，广西旅游业连续以近两成以上的年增幅不断攀升。其中，2010年广西入境旅游者人数250.24万人次，增长19.2%，国际旅游（外汇）收入8.07亿美元，增长25.5%。国内旅客14073.5万人次，增长19.2%，国内旅游收入 898.1 亿元，增长 36.7%。广西优美的生态山水自然环境及其旅游吸引力是广西加快推进休闲农业的强大优势。

（2）特色丰富的农产品。经过多年的建设和培育，广西依托区域土壤与气候优势，逐步形成了一批可供休闲农业开发的优势农作物资源。目前，广西蔗糖、桑蚕、木薯产业继续保持全国首位；优质稻、香蕉、柑橘、蔬菜、食用菌、中药材等产业位居全国前列；沙田柚、荔浦芋等史上被列为朝廷贡品的特色农产品名声在外，家喻户晓；各地、市、县还拥有具有地方特色的潜在休闲农业资源，如防城港市围绕地方气候区位优势重点培育"红系列农产品"（"红姑娘"红薯、红龙果、红莲雾、红衣花生和红八角）和"金系列农产品"（金花茶、金蜜橘、金香糯、金玉桂和金菠萝）。

（3）丰富多样的民俗风情。广西是中国壮文化的聚集地，也是壮、瑶、侗、苗等数十个少数民族的聚居地，拥有悠久的历史和丰富多样的民俗风情。从历史文化上看，早在春秋战国时期，广西的先民就在左江沿岸创作崖壁画，成为广西当时的文化代表；明代的真武阁及三江侗族程阳风雨桥均具有很高的科学、艺术价值。从民俗文化上看，广西素有"歌海"之称，主要有壮族的三月三歌墟、歌坡节、瑶族的达努节、苗族的踩花山和芦笙节、仫佬族的走坡节、侗族的花炮节以及别具风味的打油茶等，其中农历三月三的壮族传统歌节，最为隆重。这些特色是深度挖掘广西休闲农业文化的根源和基础，也是广西休闲农业的人文特色优势所在。

（4）四季可游的宜人气候。广西地处低纬度区域，气候隶属亚热带季风气候区与热带季风气候区，气候温暖，热量丰富，这为一年四季均开展各类休闲农业提供了优越条件。广西属云贵高原向东南沿海丘陵过渡地带，具有周高中低、形似盆地，山地多、平原少的地形特点。在太阳辐射、大气环流和地理环境的共同作用下，形成了热量丰富、雨热同季、降水丰沛、干湿分明、日照适中、冬少夏多的气候特征。广西各地区年平均气温在 16.5~23.1℃，全区约 65% 的地区年平均气温在 20℃ 以上。四季温润的气候环境为广西休闲农业的开发创造了更广阔的空间。

（5）立体畅通的交通区位优势。广西是我国唯一沿海又延边的少数民族自治区，既可以成为面向东盟的旅游目的地和集散地，也拥有国家旅游综合改革的前沿阵地和示范区，还是跨国旅游的合作示范区，这为广西休闲农业不断拓展其影响力提供了良好的先决条件。广西即将建成以南宁国际综合交通枢纽为中心的"一枢纽两大港三通道四辐射"的出海、出边国际大通道，这更有利于拓展游客的出行距离，为广西休闲农业拓展周边以及开外市场提供优越条件。

2. 劣势

（1）缺乏区域性产业融合发展规划。休闲农业是农业与旅游产业相互融合的一种新兴业态，目前仍需要政府的理性构建与引导。一方面，休闲农业发展必须坚持以农为本，把农业的生产功能放在第一位，将促进农业发展、农民增收、农村进步作为根本出发点与落脚点。另一方面，休闲农业的发展也不能完全地按部就班、故步自封，而是应当有机融入旅游产业发展的一般规律，进行富有前瞻性和创意性的策划与建设。休闲农业还必须充分借助区域旅游产业业已形成的产品、客源与接待设施条件，系统地实现产品线路对接。因此，系统地研究产业融合的具体路径与方案，将是加快广西休闲农业发展步伐的前提。然而，目前广西各地能够因地制宜地为加快发展休闲农业进行产业融合规划与研究的区域尚不多见。

（2）缺乏实力强大的投资主体。目前，广西休闲农业投资主体相对分散，缺乏实力派的休闲农业投资主体。广西休闲农业的投资形成了以中小企业、私营业主、农民个体投入为主的格局，开发企业实力与规模普遍偏小，没能起到行业引领和带动作用。广西休闲农业仍需培育一批有实力的龙头企业和品牌。

（3）缺乏一定档次的基础服务设施。广西休闲农业旅游景点主要分布在农业生产现场，虽然近年来随着新农村的建设和发展，交通道路、通讯设备、供水供电以及村容环境卫生等基础设施得到一定改善，但与发展较为成熟的旅游目的地景区及我国东部发达地区休闲农业点相比仍存在较大差距。同时，服务设施的档次水平也大多停留在粗放式开发的阶段，已有的休闲农业园区旅游项目相似度较高，开发的采摘、垂钓或餐饮等项目文化创新和创意不足，特色不够，精品不多，各景点散、乱、小的经营形态尚未根本改变，整体面向的主要是周边的中低端市场。

（4）休闲农业产品季节性较强。广西农业四季繁荣、季节性不强的优势尚未能充分辐射到休闲农业开发之中，导致广西休闲农业季节性差异显著，农业观光娱乐断档期长。休闲农业产品仍需要结合广西农业和旅游产业发展的共同需求，进行具体而系统的产业融合创新与策划。

（5）缺乏品牌化营销。全区休闲农业精品产品知名度较弱、品牌影响力不高仍然是广西休闲农业发展的一个"短板"。由于过去对休闲农业发展的认识仍有不足，导致广西休闲农业景点（区）市场促销普遍薄弱，未形成过统一的营销与宣传计划。

3. 机遇

（1）国际经济环境总体上有利于休闲农业发展。后危机经济时代，全球经济开始缓慢复苏，全世界的旅游发展拥有一个稳定的外部环境。同时，包括世界旅游组织在内的国际组织和各国政府均采取了积极的应对策略，加速了旅游产业在后危机时代的不断恢复和发展步伐。休闲农业是传统农业功能的延伸，也是旅游产品系列的重要组成部分。全球经济的逐步复苏为旅游市场的恢复以及休闲农业的发展创造了有利的外部条件。

（2）我国经济与政策环境有利于加快休闲农业发展。近年来，我国国民经济持续快速发展，人均 GDP 开始迈向 5000 美元，居民人均收入的不断增长和闲暇时间的增加，为休闲农业旅游产品消费的增长提供了条件和空间。同时，广西休闲农业作为旅游经济的重要构成部分，也获得了一系列的政策支撑。中共中央、国务院在《关于加大统筹城乡发展力度进一步夯实农业农村发展基础的若干意见》（中发〔2010〕1号）中明确提出要"积极发展休闲农业、乡村旅游、森林旅游和农村服务业，拓展非农就业空间"。2010 年 12 月，自治区人民政府出台了《关于加快建设旅游强区的决定》，要求各级各部门要大力发展乡村旅游。2011 年，广西农业产业化联席会议办公室制定下发了《广西农业生态旅游产业优先发展规划大纲（2011～2015）》，进一步明确了"十二五"期间全区休闲农业与乡村旅游发展的指导思想和目标任务。当前，随着国家先后批准云南、海南以及桂林为国家级旅游综合改革试验区，积极合作推进的"海南—桂林—云南"的"旅游金三角"也将进一步对广西休闲农业发展提供良好的机遇。同时，中共中央、国务院《关于深入实施西部大开发战略的若干意见》、国务院《关于加快发展旅游业的意见》、国务院《关于进一步促进广西经济社会发展的若干意见》以及自治区出台的《关于加快建设旅游强省（区）的决定》等政策性文件均对广西休闲农业发展创造了极其有利的发展环境。

（3）广西战略地位不断提升有利于休闲农业发展。随着国务院《关于进一步促进广西经济社会发展的若干意见》、北部湾经济区开发、西江经济带开发、新一轮西部大开发、国家海洋战略以及兴边富民行动等一系列国家重大战略出台，广西被推到了时代发展的前沿，成为了国家战略的交会地。广西在国家区域发展总体战略中的地位不断提升，也为广西休闲农业发展占据新的战略高地提供了机遇。

（4）全区旅游业发展积极性日益高涨，形成了休闲农业发展的良好环境。从全省到各地市，全区旅游业发展的积极性空前高涨，形成了休闲农业发展良好的环境氛围。广西壮族自治区党委、政府高度重视旅游产业，并明确提出要把旅游业培育成为全区国民经济的战略性支柱产业和人民群众更加满意的现代服务业。广西 14 个地级市均将旅游作为支柱产业或重要产业加以培育，加快多样化旅游产品的开发建设。全区旅游业发展迅猛的势头为广西休闲农业加快步伐、借势发展创造了契机。

4. 挑战

（1）两大制约因素限制发展。造成广西休闲农业发展劣势的根本原因是广西休闲农业发展的两大制约因素依然存在。一是资金的制约。政府的农业部门现有经费主要是用于确保粮食生产与安全，在发展休闲农业上，目前经费来源较为有限。政府引领性资金的缺位可能导致休闲农业各类项目招商引资的困境。休闲农业仅能以小型化的模式分散发展。二是人才的制约。休闲农业开发需要大量的专业人才对休闲农业产品进行系统策划，实施科学的经营管理，围绕特色开展品牌化经营并有效降低季节性负面效应，最终使经营效益得到不断提高。然而，人才的短缺是导致目前大量低档次重复建设开发的又一原因。

（2）其他可能的威胁。与其他地区的休闲农业一样，广西休闲农业的发展可能面临对正常农业生产造成威胁的风险性，即随着部分区域农业发展重心的转移，休闲农业点的过度商业化、城镇化开发可能造成对基本农田或农用土地的侵占甚至非法改变土地使用性质，最终威胁到正常农业生产活动。然而就当前阶段而言，尽可能加快休闲农业发展，增加农民收入仍然是发展的关键。发展依然是解决一切问题的最终途径。同时，并非所有广西的农业产业都具备开发休闲农业的条件。只要通过建立更科学的制度和更规范化的管理，威胁仍处于可控的范围之内。

第五节　发展战略与目标

旅游规划发展战略的本质是要解决某个地区旅游业的发展问题，最根本的就是把握正确的指导思想，遵循休闲农业发展的几个基本原则，制定科学的战略目标和战略任务，系统地解决旅游发展面临的难题。

一、指导思想

以科学发展观为指导，立足广西休闲农业资源优势，围绕"富民强桂"的基本战略目标，以农业生产经营活动为主体，以旅游市场为导向，以农民增收为主线，创新推进农业的"接二连三"工程①，按照"建精品，规管理，树品牌，拓市场，富农民"的基本思路，尊重规律、科学规划、整合资源、创新机制、规范管理、强化服务、完善设施、打造品牌，形成"政府引导、农民主体、社会参与、市场运作"的发展格局，有效推进广西休闲农业产业发展。

二、基本原则

1. 以农为本，农旅融合

坚持以农业为基础，农民为主体，农村为单元，自始至终把农民利益放在首

---

① "接二连三"，即是将传统农业从第一产业延伸到第二产业与第三产业。

位,以促进农民、农村全面发展为目标,把休闲农业与乡村旅游作为增加农民收入、促进就业、缩小城乡差距、惠民富农、解决"三农"问题的重要民生工程来实施。同时,以旅游发展为切入点,积极寻求农业与旅游产业融合的结合点,发挥旅游的产业黏合剂作用,促使旅游与农业融合协调发展。

2. 因地制宜,突出特色

全区各地区应紧密结合当地的农业与休闲农业资源条件、地理区位及经济社会发展水平,大胆探索符合当地休闲农业发展的开发模式,探索加快发展休闲农业的新路子、新机制,形成新特色。要根据本地自然环境、地域文化、所依托的资源、针对的市场等不同,突出地方特色,积极培育不同类型的休闲农业产品,打造广西具有浓郁地域特色的休闲农业品牌。

3. 差异化建设,标准化管理

坚持全区"一盘棋"的工作思路,加强政府引导,实施错位发展的差异化建设战略,避免重复建设,突出优势互补。同时,强化休闲农业的政府公共管理,推进休闲农业餐饮、住宿、娱乐等服务设施的标准化,实现休闲农业基地建设、食品安全、公共安全、环境保护的规范化。

4. 政府引导,社会参与

要充分调动和发挥各级党委、政府、部门抓好休闲农业与乡村旅游的积极性和主动性。通过各级政府和部门,加强对休闲农业与乡村旅游建设的统筹协调和引导扶持,在统一规划扶持政策、公共设施、引导资金、规范管理、环境营造、宣传推广等方面加大支持和引导力度,形成多层次协同推进、社会各方共同参与的发展格局。积极发挥市场机制有效调节资源分配的基础性作用,进一步整合各类资源,鼓励农户、农民专业合作组织、相关企业参与到休闲农业与乡村旅游的开发中来,逐步建立健全的市场经济体制,形成社会合力共同发展休闲农业的良好局面。

5. 以点带面,示范发展

要通过"广西休闲农业示范点"、"广西休闲农业星级评定"、"广西百强休闲农业示范区"、"广西最佳休闲农业旅游村"等一系列评定工作,鼓励发展壮大一批经济效益好、示范带动作用强的休闲农业骨干企业。重点抓好休闲农业示范县、示范村、示范点的创建,以点带面促进全市休闲农业全面发展。在市场配置资源和产业要素的基础上,通过政府调控、示范发展,逐步引导休闲农业与乡村旅游向优势地区集中,形成产业集聚,提高竞争力,引导各地休闲农业向市场化、集约化、产业化方向发展。

三、战略目标

1. 总体目标

因地制宜地将广西休闲农业与调整改善农业产业结构、增加农民收入相结合，把广西休闲农业打造成为横跨一、二、三产业的新兴产业，农民增收致富的重要途径以及广西旅游产业体系中的优势产业。力争在整个规划期内，实现：

——精品特色突出。广西逐步培育出数个在全区乃至全国有较高影响力的休闲农业精品产品，提高广西休闲农业在全国的整体影响力。

——综合管理规范。逐步建立、健全广西休闲农业发展的制度系统，形成一套能够有效规范并促进广西休闲农业发展的政策体系。

——品牌效应显著。加快打造广西休闲农业的核心主题形象，形成数个具有广泛影响力的广西休闲农业精品品牌，加快带动广西休闲农业的综合发展。

——产业规模扩大。力争到 2020 年，全区休闲农业园数量达到 600 个，农家乐旅游点发展到 1800 个。休闲农业促使城乡经济文化融合，农村面貌明显改善，带动广西现代农业发展效果明显。

——农民收入提升。休闲农业从业者收入显著提高，力争使农户通过依托旅游获取的收入占农民全部收入的 50% 以上。从事休闲农业的农民收入比本地农民人均纯收入平均水平高一倍。

2. 分期目标

到 2015 年，广西休闲农业点总规模水平应超过 1500 个，休闲农业总收入达 135 亿元，休闲农业点农民人均增收超过 800 元。中高档休闲农业点中，年收入超过 5000 万元的达 2 ~ 5 个，年收入大于 1000 万元的达 10 ~ 18 个，大于 500 万元的达 38 ~ 45 个。

到了 2020 年，广西休闲农业点总规模水平应超过 1800 个，休闲农业总收入超过 500 亿元，休闲农业点农民增收超过 3000 元。在各类休闲农业点中，年收入超过 5000 万元的达 7 ~ 15 个，年收入大于 1000 万元的达 16 ~ 34 个，大于 500 万元的达 77 ~ 103 个。

表6　广西休闲农业近期（到 2015 年）主要目标体系一览

	基本目标		目标值
1	休闲农业点总规模水平		>1500 个
2	休闲农业总收入水平		>135 亿元
3	休闲农业点农民人均增收水平		>800 元
4	休闲农业档次水平	年收入 >5000 万元	2 ~ 5 个
		年收入 >1000 万元	10 ~ 18 个
		年收入 >500 万元	38 ~ 45 个

表7 广西休闲农业远期（到2020年）主要目标体系一览

	基本目标		目标值
1	休闲农业点总规模水平		>1800 个
2	休闲农业总收入水平		>500 亿元
3	休闲农业点农民人均增收水平		>3000 元
4	休闲农业档次水平	年收入 >5000 万元	7 ~ 15 个
		年收入 >1000 万元	16 ~ 34 个
		年收入 >500 万元	77 ~ 103 个

四、战略任务

1. 精品建设计划

有序扩大广西休闲农业的发展范围，使有条件的区域逐步开发农业的休闲旅游功能。要以培育休闲农业重大项目、精品项目为核心，建立鼓励精品项目建设的制度与机制，对发展前景良好的休闲农业项目给予更多的政策与资源倾斜。具体任务：

（1）建立"规模化连片式"开发工作引导机制。依据广西各地的土地及气候条件，差别化地结合旅游消费者对农业观光的动机与需求，引导当地农民采取"规模化连片式"方式，种植兼具经济价值与观光价值的农作物，打造一批"广西万亩农业壮美景观"系列休闲农业产品与品牌。

（2）建立广西休闲农业点等级评定制度。为促进打造广西休闲农业精品，树立广西休闲农业发展典范，提升整体素质，可通过广西休闲农业协会制定并负责实施广西休闲农业点等级评定制度。

（3）建立特色精品休闲农业点培育奖励机制。为鼓励各地方政府加快培育广西特色精品休闲农业点，可结合相关绩效考核制度，进一步建立培育奖励机制。

2. 线路培育计划

遵循消费者旅游活动的基本规律，结合广西休闲农业点建设的推进情况，加强与旅行社、知名景区等企业的合作，每年重点主推1~2条休闲农业精品旅游线路。线路培育应根据旅游者的出游方式（组团、家庭、背包自由行）、交通方式（大巴、自驾车）以及时下流行元素形成不同的主题，每年各有侧重。广西休闲农业精品线路培育既不应该全盘推进，也不应面面俱到；既不能脱离农业本身，也不能完全依靠农业资源。线路的培育应遵循旅游者的消费习惯，特定时期确定特定主题，有机融入各类旅游资源，增加游线的娱乐性、趣味性、参与性、多样性。

3. 品牌培育计划

大力推进广西整体休闲农业品牌培育与广西各地方休闲农业品牌的培育。一是要培育"生态田园，享受农业"的广西休闲农业核心主题形象品牌，引入市场机制，拍摄广西休闲农业主题形象宣传片。二是要鼓励广西各地方休闲农业点树立休闲农业的本土品牌，打造具有地方特色的休闲农产品及旅游商品品牌，设计具有地方休闲农业特色的标识与 logo，并注册商标。由广西农业厅及广西休闲农业协会主持，每 2~4 年开展一次"广西休闲农业驰名品牌"、"广西休闲农业十佳农产品品牌"与"最佳品牌"评选活动，加快广西休闲农业品牌化的发展进程。

4. 市场拓展计划

政府引导下的广西休闲农业市场拓展应采取主动的策略，通过一系列公关与合作实现广西休闲农业营销推广效果上一个新的台阶。可采取农业部门与旅游部门的战略合作，充分利用广西旅游市场拓展已经形成的"大篷车"品牌与效应，建立"广西休闲农业主题旅游大篷车"的营销推广活动，主动与国内外客源市场以及旅游中间商推介与对接。同时，运用网络资源共享、互建链接等方式，通过与多家全国业内知名网站合作，不断扩大广西休闲农业影响力。

5. 节庆串联计划

串联广西休闲农业的系列节庆，整合遍布全年、遍及广西的所有农事节庆活动，编撰成为广西休闲农业的节庆串联日历并包装推向市场，实现"月月有节，周周有庆"的广西休闲农业节庆形象，全面打造广西休闲农业节庆活动的整体品牌。

6. 管理培训计划

政府旅游、农业部门应加强对休闲农业行政管理人员、经营管理人员和从业人员的教育培训，不断提高管理水平、经营能力和服务质量，并将其列入工作计划。特别是应加强"农家乐"从业人员开展旅游服务操作技能培训，提高旅游服务质量。使农家乐旅游与当地民俗风情、乡土文化实现有机结合，提高农家乐旅游的文化品位和服务档次。

7. 政府投入计划

加快推进广西休闲农业发展，既要重点引入市场主体参与，也需要政府自身经费的投入，用于支撑各项工作的顺利开展。上级政府应从解决广西"三农"问题的战略高度，为广西农业厅设立广西休闲农业发展专项经费预算，并逐步加大对休闲农业的经费投入。经费主要用于：休闲农业发展目的地市政基础设施、风貌改造和提升，地方休闲农业规划、品牌形象宣传与营销等相关方面。

第六节　空间布局与产品开发

休闲农业发展应始终坚持"独创与联合并举"的发展思路与方略。一方面，休闲农业须凭借农业资源形成特色鲜明的新型产业，这是休闲农业之路的根本；

另一方面，要积极推进与旅游业的战略合作，休闲农业借势已形成的旅游产业格局和旅游精品线路与热点。通过广西休闲农业科学的空间布局与融入不同深度的休闲产品开发策略，力争实现"享受农业、享乐农耕、享福农本"的休闲农业发展之根本目的。

一、空间布局

依据区位优势、资源禀赋、历史文化背景等条件，根据广西经济区与旅游区划分，全区农业（种植业）休闲空间布局为"一轴两翼、四十强"（1240 战略），即以"桂林——柳州——来宾——南宁——钦州——防城港——北海"休闲农业示范带为主线，以"桂东南"、"桂西北"特色休闲农业经济区为两翼，甄选 40 个休闲农业强市县为带动，通过精品点辐射面，全面推进全区休闲农业发展。

1. 一轴——休闲农业示范带

建立休闲农业示范带，不仅是广西休闲农业重点的集聚，是桂东南、桂西北两翼特色休闲农业经济区连通的廊道，也是全区休闲农业线路网络经纬的主轴。示范带和节点城市休闲农业发展模式可为其他区域发展道路提供样板参考。

一轴指"桂林——柳州——南宁——北海"休闲农业示范带。南北向休闲农业主线从旅游龙头桂林延伸至北海，北部湾形成龙头。

2. 两翼——桂东南、桂西北特色休闲农业经济区

（1）以"粤港澳后花园"为主题，以现代园区、滨海渔业、名山奇水为特色的桂东南休闲农业经济区。

桂东南休闲农业区包括桂南和桂东地区。桂南含南宁市、北海市、钦州市和防城港市及其辖县。其中，南宁市以高科技农业园区为特色品牌：依托广西东湖休闲农业示范园、广西现代农业科技展示中心、八桂田园、金满园休闲观光果园等高科技形象景点，利用扬美古镇景区、乡村大世界生态农业观光旅游区等五个全国农业旅游示范点和三里·洋渡风景区、广西药用植物园景区等九个广西农业旅游示范点以及江南区扬美古镇和宾阳县蔡氏书香古宅两个"全区旅游名镇名村"，构建城市高科技农园与城郊农业休闲并举的一体化休闲农业城市。北海市可依托农田野生态农业观光园和金品东盟百花园形成高新农业科技园区特色。

北海、钦州和防城港三市联合打造北部湾休闲渔业品牌区。休闲水产业布局为包括核心休闲渔业基地、浅海养殖休闲渔业、滩涂区养殖休闲渔业、深海捕捞垂钓休闲渔业和渔港型综合休闲渔业基地，成为集海景观光、海产品购物中心和海洋捕捞、考察及展示、水产精深加工工艺展示为一体，综合渔业、海洋旅游、城镇建设和渔民转产转业的渔港经济区和休闲旅游重点区。

桂东的贵港市、玉林市、梧州市和贺州市以玉林市山水风光为核心，以建筑、宗教文化为色彩，以名优土特产为辅助。

（2）以"民俗风情、休闲养生"为主题，以优势农产品、山水田园风光和边关风情为特色的桂西北休闲农业经济区。

桂西北休闲农业经济区包括桂中、桂北和桂西地区。其中，桂中包括柳州市和来宾市及其辖县，以独特农产品为特色。将柳州市打造成为特色农产品区域化、规模化、优质化生产典型，以柳江百朋的6万亩双季莲藕休闲农业基地、柳江成团鲁比的万亩葡萄休闲农业基地、柳江里高镇的万亩青花梨休闲农业基地、柳城10万亩蜜橘休闲农业基地、融安7万亩金橘休闲农业基地为主要休闲农业景点，并培育柳江绿色莲藕节、绿色葡萄节、青花梨节、柳城生态蜜橘文化节、融安举金橘文化节、融水芦笙斗马节、抢花炮节、柳北滑皮金橘、葡萄采摘特色节庆，农产品生产与节庆活动形成规模与特色。

桂北包括桂林市及其辖县，以山水田园风光为特色。以桂林为中心，以百里漓江为主线，向北辐射至灵川、兴安、全州、资源和龙胜，向西延伸至三江、融水，向南延伸至阳朔、荔浦、恭城、金秀、鹿寨、柳州，形成沿漓江风光休闲带。精品景区、景点包括阳朔乡村风光，龙脊梯田，壮、瑶、侗、苗民俗风情，乐满地等。

桂西包括河池市、百色市和崇左市，以边关风情、生态养生、红色旅游为特色。其中，桂西北地区以巴马为中心，向凤山、东兰、乐业县辐射，形成桂西盘阳河流域长寿养生休闲带。

3. 40个休闲农业强市县

为有力推进休闲农业全面开发建设，在全区优先培育、突出建设和完善15个休闲农业强市县，即桂林、柳州、南宁、北海、防城港五个地级市以及阳朔、兴安、恭城、资源、荔浦、三江、融水、武鸣、桂平、容县、东兴11个县（市）。

在突出建设和完善15个重点休闲农业市县的同时，培育如下25个战略休闲农业市县：

桂东南休闲农业经济区：钦州、宁明、江州、大新、合浦、梧州、玉林、贵港、北流、博白、贺州、钟山、富川；

桂西北休闲农业经济区：柳州、金秀、龙胜、灵川、百色、靖西、凌云、河池、宜州、大化、巴马。

二、"一轴"休闲农业产品开发

"一轴"既是广西社会经济发展核心的主轴，也是广西休闲农业产业发展基础条件较好，旅游产业较为发达的优势区域。围绕"一轴"，重点针对广西的入境旅游市场、珠三角旅游市场以及华中市场，开发广西休闲农业产品主要开发内容和线路如下：

1. 桂林市休闲农业产品

（1）精品景区：①阳朔县乡村旅游景区；②龙胜龙脊梯田景区；③恭城红岩村（全国生态示范村）果园生态旅游景区。

（2）精品线路：①桂林——阳朔——荔浦——兴安——资源——龙胜；②桂林——阳朔——荔浦——昭平——钟山——贺州。

2. 柳州市休闲农业产品

（1）精品景点：①柳江成团大荣的草莓园：以草莓自摘为主要内容的成团农家乐项目，娱乐内容有吃土鸡窑、红薯窑等农家饭和休闲垂钓，成团镇共有"农家乐"农庄58家。②柳江百朋下伦的万亩藕海：百朋镇下伦景区获得国家旅游局"国家生态农业旅游示范点"的称号，目前拥有2条旅游线路和万亩莲藕生态农业观光区、观赏莲、楼台山、西口坳田园风光、生态竹林休闲区、盘崖古榕、古民居等多个旅游景点；开发了牛车嫁娶、师公舞、烧烤、庙会、垂钓、游泳、摸鱼等游客参与性强的休闲娱乐项目；经营有五户农家餐馆，旅游接待能力日益增强，2010年5～9月，共接待游客5万人次。2010年下伦屯农业生态旅游已列入柳州市"十大农业工程"项目。③柳城崖山休闲农业点：主要依托1000多亩的蜜橘园、洛崖老街古老建筑、知青城、婀娜多姿的崖山、风景秀丽的融江及休闲区内观光游乐船、游泳池、烧烤场、简易运动场、猪跳水、农家餐厅等游乐项目。④三江丹洲古镇。

（2）精品线路：2日游线路：柳州花果山生态园——柳城洛崖知青城——柳城崖山景区（中寨村）——柳城凉林蜜橘长廊——三江丹洲镇丹洲村文化与生态农业游——三江林溪乡冠洞村冠小百家宴。

（3）特色休闲农业节庆培育。在柳江县培育绿色莲藕节、绿色葡萄节、青花梨节，在柳城举办柳城生太蜜橘文化节，在融安举办金桔文化节，在融水举办计划芦笙斗马节、抢花炮节，在柳北培育滑皮金橘、葡萄采摘特色节庆。

（4）特色休闲主导产品发展。重点发展的特色休闲产品是柳江百朋莲藕、柳江鲁比葡萄园、柳城生态蜜橘、柳城食用菌、融安金橘园。

（5）特色休闲农业名村培育。重点培育柳江百朋镇（莲藕产业）、柳江成团镇鲁比村（葡萄产业）、柳城崖山休闲农业景区（集文化、休闲、观光、娱乐、体验、会议等于一体的多元化的休闲农业点）、柳城马山乡刘三姐影视城休闲农业点、融水香粉乡雨卜村（集文化、休闲、观光、娱乐、体验、会议等于一体的多元化的休闲农业点）、三江丹洲古镇（集文化、休闲、观光、娱乐、体验、会议等于一体的多元化的休闲农业点）、柳北区沙塘农业休闲名镇（辖区内有花果山生态园、金鼎湾鱼乐中心、绿缘度假休闲山庄、君武森林公园等一大批休闲农业点，集文化、休闲、观光、娱乐、体验、会议等多种功能）。

3. 来宾市休闲农业产品

（1）精品景区：①金秀瑶族自治县：作为"广西少数民族风情游"线路重要节点参与全区精品线路推广；②莲花山景区：国家4A级景区；③古象温泉度假村：国家4A级景区。

（2）精品线路：①来宾——武宣文庙——武台民俗文化村——武宣双髻龙茶厂——百崖峡谷二日游；②来宾——金秀龙腾古祠——圣堂药业旅游示范点——孟村——六段茶场——古占民俗体验三日游；③来宾——聚隆农庄——玫瑰种植园——来宾市农业科技示范园农业观光一日游；④来宾——象州温泉——郑小谷故居——大梭瀑布生态康疗二日游；⑤来宾——忻城土司农庄——忻城野生金银花基地二日游。

4. 南宁市休闲农业产品

（1）精品景点：①广西东湖休闲农业示范园：位于宾阳县，地处高速公路出口，交通便利。位于南宁、桂林、玉林、柳州黄金旅游线中段，旅游区位条件得天独厚，园区面积12000亩、投资额为12亿元人民币，以水态休闲养生、园林花卉栽培种植、大面积有机瓜果蔬菜、禽畜水产产品种养为特色的休闲农业项目，是目前广西最大的休闲农业示范园区。②八桂田园：八桂田园是广西现代农业技术展示中心，于1999年创办。园区围绕"现代农业展示，新品种、新技术、新成果应用推广，农业科普技术培训，农业产业化经营和观光旅游农业"五大功能进行建设经营，是"全国农业科普示范基地"、"全国农村科普示范基地"、"广西无公害蔬菜生产基地"、"广西青少年科普教育基地"和"广西农业职业技术学院教学基地"，是目前国内同类园区中功能全、投资少、效果好、科技含量高、辐射力强并颇具地方特色的现代农业示范园。③坛洛镇金满园休闲观光果园：园区面积432亩，具有观光休闲、新品种新技术示范推广等几大功能，拥有能容纳200人的烧烤城、高标准的钓鱼场所、游泳池及体育运动场所。游客可品尝柠檬鸭、脆香茄子、野菜、土鸡等风味，还可采摘枇杷、火龙果等季节水果。

（2）精品线路：①广西风情休闲农业游：桂林——龙胜——三江——融水——宜州——柳州——南宁。主要景区景点：桂林：阳朔县、恭城红岩村、荔浦县；柳州：柳江县成团镇、柳江县百朋镇万亩莲藕；宜州：下枧河、古龙河漂流；融水：香粉乡雨卜东兴、斗马；三江：冠小百家宴、程阳侗族风雨桥、侗族民居；龙胜：龙脊梯田、龙胜温泉、红瑶风情；南宁：广西东湖休闲农业示范园。②广西现代农业旅游线路：八桂田园现代农业游、金满园亚热带水果品尝欢乐游。③横县花茶 2 日游线路：横县中华茉莉园——横县校椅镇岭脚村岭脚农业生态园——横县那阳镇南山圣园茶山旅游（南山茶场）——横县莲塘镇圣山茶场——云表镇云表社区朝南村生态农业游。

5. 钦州市休闲农业产品

（1）精品景点：①大芦村：处灵山县城东五公里的佛子镇，有着丰厚的历史文化底蕴，大芦村劳氏古宅共有九个群落，分别建于明清两代，藏有文天祥手迹等大量的文物珍品，是广西目前较大的明清民居建筑群之一。大芦村盛产荔枝，每年果实成熟时，各地游客蜂拥而至，看三古（古宅、古树、古楹联），摘水果，感受历史文化底蕴，享受农家田园之乐。②浦北县五皇山自然风景区：4A 级旅游景区，位于全国最大的连片天然红椎林中心腹地的浦北县龙门镇马兰村，以其山高、水清、林密、石奇、高山梯田、高山牧场、红椎菌以及悠久的客家文化（岭头节）等特色，成为桂南沿海地区生态旅游的一个新亮点。

（2）精品线路：①北海银滩（东兴金滩、钦州三娘湾）——浦北北通镇福多堂村——浦北五皇山自然风景区；②灵山县大芦古村——钦州林科所树木园——钦州火龙果生态基地；③钦北区贵台镇八寨沟风景区——钦州市钦北区仙芳水果专业社珍珠番石榴休闲基地——钦北区小董镇红豆红山庄；④钦南台湾农民创业园——高丰生态火龙果基地——钦南牛脚镇大环村渔家乐——钦州三娘湾景区。

6. 防城港市休闲农业产品

（1）精品景点：①港口区簕山古渔村：是一个以古渔村风貌结合捕捞、品尝海鲜、观光和购物的休闲渔家乐，基础设施比较完善，日可接待游客 5000 人次。②竹山村古榕部落：位于东兴市东兴镇竹山村十八组，是东兴北仑河口旅游景区的自然景点之一，部落为"独木成林"的奇观。当地农民利用浅海滩涂、咸酸田发展对虾、文蛤等多种优质水产品养殖，远销港澳等地。目前，已开发了生态观光、围网捕鱼、海上划龙舟、农事采摘、休闲运动、露营体验等滨海生态"渔家乐"旅游项目。③河洲生态旅游村：位于东兴镇河洲村，主力推出"生态农家乐"项目，倾力打造"红姑娘"红薯优势品牌，使"生态农家乐"和"红姑娘"红薯在东兴乃至区内外都享有价高的知名度。④上思县十万大山金花茶观赏园：上思县十万大山金花茶观赏园位于上思县，是一个集金花茶种苗繁育、金花茶规范化种植和农业生态休闲观光旅游为一体的生产经营企业，观赏园占地1200 亩。金花茶观赏园在金花茶农业种植基地的基础上完善旅游接待功能，建有游客接待中心、林下别墅、金花茶药膳坊以及十万大山文化展示厅、中草药广场，配套建设有金花茶王阁、足浴坊等旅游配套设施场所。

（2）精品线路：①滨海线：防城茅岭鲈鱼村——港口红沙"四海为

家"——籐山古渔村——交东贝丘湾渔家乐——竹山古榕部落；②十万大山防城边境线：冲敏生态村——黄江村火龙果庄园——那梭南山风景区——那良南山风景区——平丰生态旅游村——河洲生态旅游村——那良古镇——峒中温泉；③十万大山上思线：十万山森林公园——金花茶观赏园——平江村。

（3）特色休闲农业名村。根据特色产业优势、民俗文化等因素将竹山古榕部落、籐山古渔村、那良古镇、冲敏生态村、河洲村、平江村培育为休闲名村。

（4）特色农产品节培育。每年的 6 月前后在东兴市举办"红姑娘"红薯节，农历五月大潮时在籐山古渔村举办观潮节，每年 10 月在上思举办"十万大山森林节"，每年 12 月在防城举办"金花茶节"。

7. 北海市休闲农业产品

（1）精品景区：①田野生态观光园；②中盛生态农业园；③东盟金品百花园；④东园家酒厂农业生态循环科普教育基地；⑤市农科所科技园；⑥平阳镇平阳村"花香人家"乡村旅游观光园。

（2）精品线路：①现代农业产业园区观光旅游线路：田野生态观光园——市农科所科技园——东盟金品百花园——中盛生态农业园——东园家酒厂农业生态循环科普教育基地；②乡村休闲旅游线路：以平阳"花香人家"乡村旅游示范观光园——福成镇宁海村高效设施瓜菜大棚生产基地。

三、"两翼"休闲农业产品开发

广西"两翼"休闲农业产业重点包括桂西北与桂西南两大区域。桂西北休闲农业以"多彩民风、休闲养生"为主题，针对珠三角、长三角以及我们部分发达地区高端市场。桂西南休闲农业发展以打造粤港澳休闲"后花园"为主题，重点针对粤港澳市场。

1. "西北翼"休闲农产品开发

（1）河池市休闲农业产品。

1）精品景区：①壮古佬农家乐：宜州市刘三姐故乡"壮古佬农家乐"把风景秀丽的下枧河风光、太平天国翼王石达开与部将气吞山河的唱和诗碑及全国保存最早的五百罗汉名号碑和无公害农家餐馆组合完整的景区；②巴马县甲篆乡坡纳屯：乡村游与长寿品牌组合景区。

2）精品线路："洞情桃花"、"坡纳长寿屯"、"环江琼园山庄"、"南丹白裤瑶民俗村"等休闲农业旅游景区（点）。

（2）百色市休闲农业产品。

1）精品景区：①凌云万亩高产茶叶示范场：进一步宣传中国凌云茶故乡，利用凌云白毫茶这一品牌，建设加尤万亩高产茶叶示范场这一全国农业旅游示范点旅游精品，在景区中开辟茶园观光摄影，茶艺表演，采茶、制茶、品茶，茶叶加工厂参观，茶山山歌对唱和购物等丰富的旅游内容；②田阳敢壮山布洛陀；③那坡黑衣壮。

2）精品线路：①右江百里文明河谷现代农业观光旅游带：以324国道和右江为主轴，以生态农业资源为主体，以右江百里文明河谷为范围，打造平果芦仙湖——平果县庄内屯——山营葡萄观光园——田东鸽子山庄——十里莲塘——横山古寨——田阳敢壮山——国家农业科技园区——芒果风情园——那生屯——右江区平圩民族村——濑浩屯——华润希望小镇的集农业观光、休闲、访古、祭祖、体验民俗民风为一体的综合观光旅游带；②辐射线路：以线路辐射平果县铝工业基地观光、田东县龙须河观光、靖西县通灵——古龙山峡谷群生态旅游观光、旧州古镇和那坡县黑衣壮民族文化观光、凌云县茶文化观光、乐业县天坑群休闲探秘观光，并与全国重点红色旅游区——百色起义红色旅游区红绿结合、相互辉映。

（3）崇左市休闲农业产品。

1）精品景区：①大新县恩城乡岜隆屯生态休闲园区建设：大新恩城山水风光属国家级自然保护区。②世外桃源：依托姑辽村大力发展农家乐，建设成为世外桃源般的乡村休闲度假胜地。建设乡村旅馆、原生态餐馆、生态人居、乡村作坊、保健养生馆、休闲茶馆、酒坊、五谷加工作坊、特色美食馆、桃源文化馆、DIY劳作田园等项目，丰富世外桃源休闲旅游内涵。③驮卢——左江桃花岛文化休闲旅游区：以品种改良、品质控制、品牌促进的现代化"三品"生产管理体系，发展原生态旅游观光休闲度假产业，主要建设游客服务中心、乡村度假庄园、水岸别墅、生态美容会所、桃林别墅、高效生态农业产业园、农业观光园等设施。

2）精品线路：①以左江山水生态为主题，以319省道和左江水路为交通依托的百里山水生态旅游线路，即崇左——黑水河——棉江——响水——白雪——两岸——上金——龙州旅游线路；②以黑水河、明仕田园、德天瀑布等山水画廊为主题，以213省道为交通依托的百里山水画廊旅游线路，即崇左——新和——雷平——恩城——明仕田园——硕龙——德天旅游线路；③以绿色生态大通道为主题，包括扶绥县、江州区的主要旅游景区，以南友高速公路、左江水路、322国道为交通依托的绿色生态大通道旅游线路，即南宁——扶绥——岜盆——渠黎——驮卢——渠旧——东罗——板利——罗白——崇左旅游线路；④以沿边跨国山水风情为主题，以沿边公路为交通依托的中越边境公路自驾车旅游线，即宁明峒中温泉——爱店口岸——法卡山——友谊关——凭祥——平而关——大青山——水口口岸——北盛山峡谷——金龙美女村——岩应——硕龙——德天旅游线路。

2. "东南翼"休闲农产品开发

（1）玉林市休闲农业产品。

1）精品景点：①容县都峤山森林公园。②容县立峒兰花种植专业合作社是全区"国兰繁殖生产基地"和广西特色农业十大示范村——"名贵兰花村"。基地面积达65亩，培育兰苗500多万苗，主要品种有四季兰、墨兰、春兰、寒兰等十多个名贵品种，参加全国各类兰博会获得51项奖项，在海内外享有较高的知名度。③北流市民乐镇罗政村：充分依靠"全国农业旅游示范点"优势，大力发展观光农业园、农家旅馆、旅游饭店、特色产品和旅游纪念品销售。目前，每年到该村来的游客约30万人，旅游收入16万多元。

2）精品线路：①海峡两岸农业合作试验区花卉基地——城北高山村明清古民居——玉州番石榴、香水莲花基地——福绵天河生态园——福绵梦幻水乡；②海峡两岸农业合作试验区葡萄基地——北流思味特百香果标准化生产基地——荔宝果场——全国生态农业旅游示范村北流罗政村——大容山有机农产品基地；③容县国兰基地——真武阁——都峤山——黎村漂流——黎村温泉；④陆川县龙珠湖——珊罗韭菜基地——陆川猪生态养殖示范园——陆川温泉——谢鲁山庄；⑤兴业县鹿峰山——城隍千亩无公害西瓜种植基地——全国综治先进村四新村——兴业橘香庄园——庞村明清古建筑民居；⑥博白县——王力故居——朱光故居——三滩特色农产品基地——宴石寺——旺茂客家民居——亚山温泉乡村养生度假——龙潭桂台海峡现代农业观光体验——老虎头水库观光休闲；⑦博白县——绿珠庙——浪平特色荔枝村——浪平特色麻竹村——双凤圣女岭风光——绿珠女故乡绿萝村水鸣现代农业示范园——那林云飞嶂风景特色——那林山村生态美食。

（2）梧州市休闲农业产品。

1）精品景点：①藤县石表山休闲旅游风景区：位于藤县象棋镇道家村，是西江黄金水道的旅游明珠。2010年获国家4A级旅游景区、广西农业旅游示范点，设有拓展营地、特色有机蔬菜园、水上乐园、竹林烧烤、主题晚会、沙滩排球、沙滩车越野、篝火晚会、沙地露营、竹海蒙古包营地、休闲茶吧、月光浴场等项目。②大爽河生态游乐景区：位于苍梧县梨埠镇凤仪村，景区主要游乐活动有温泉水疗SPA、漂流、农家特色餐厅、农家菜、果园、水上波波球、戏水鱼趣等，占地2000平方米的水上乐园项目是景区今年新打造的大型项目。③蒙山镇北楼程村桑蚕农业旅游示范点：该示范点位于蒙山镇北楼村程村组，总面积约1.92万亩，目前已初步建成具有蒙山特色的集观特色农产品、桑蚕游（看蚕宝宝、摘桑果、织丝布、购丝被）、休闲（游泳、垂钓）、农家乐（摘蔬菜、尝农家饭）等内容的农业生态旅游精品线路。

2）精品线路：①梧州——六堡茶园——飞龙湖旅游度假区——大爽河漂

流——石桥龙岩；②市区——龙母庙——白云山——长洲岛——李济深故居——圣文园；③市区——仙人湖——六堡茶园——飞龙湖；④市区——岑溪——天龙顶——吉太；⑤市区——太平狮山——蒙山；⑥市区——太平狮山——濛江镇——新马村——藤县；⑦市区——明湖——藤县——石表山——蝴蝶谷。

（3）贵港市休闲农业产品。

1）精品景区：①桂平西山；②桂平市石咀镇小汶农业示范园；③平天山森林公园。

2）精品线路：①南宁、柳州方向来贵港线路：平天山国家森林公园——贵港市现代农业科技示范园——贵港市农业生态农家乐——南山风景区——桂平蒙圩龙门观光果园——桂平西山——大藤峡——金田——北回归线标志公园——平南石峡龙眼母本园——平南丹竹大玉余甘果公司；②玉林方向来（含北海方向经兴业）：南山风景区——贵港市农园生态农家乐——贵港市现代农业科技示范园——平天山森林公园——桂平蒙圩龙门观光果园——桂平西山——大藤峡——金田——北回归线标志公园——平南石峡龙眼母本园——平南丹竹大玉余甘果公司；③梧州方向从南梧二级公路来：平南石峡龙眼母本园——平南丹竹大玉余甘果公司——北回归线标志公园——桂平西山——大藤峡——金田——桂平蒙圩龙门观光果园——南山风景区——贵港市农园生态农家乐——贵港市现代农业科技示范园——平天山森林公园。

（4）贺州市休闲农业产品。

1）精品景区：昭平黄姚古镇：以古民居、农事活动展示为主，2007年获评全国农业旅游示范点，2010年接待游客30万人次。

2）精品线路：①贺州3日游线路：阳光生态园——贺州十八水原生态景区——姑婆山国家森林公园——桂江生态旅游区；②神仙湖瑶族生态休闲园一日游线路。

第七节　重点工程与项目

结合广西休闲农业发展规划的总体目标，根据区内休闲农业资源的类型、特色、规模及品位，依据重点建设项目的基础条件、市场需求、综合效益和产业关联效应以及各项目对广西休闲农业的整体带动作用，确定广西休闲农业重点建设工程与近期（2011～2015年）重大开发项目如下：

一、重点工程

1. 示范基地创建工程

持续开展全国、全区休闲农业与乡村旅游示范县、示范点创建活动。到2015

年，成功获批全国一批休闲农业示范基地，建成一批全区休闲农业示范基地。到2020年，争取全国休闲农业示范基地数量处于全国领先地位。

2. 知名品牌培育工程

统筹设计评价指标，分类开展以最有魅力的休闲乡村推介、休闲农业星级评定和三个"十佳"等评选活动为核心的休闲农业品牌培育工程，打造一批有影响的休闲农业知名品牌和节庆活动。到2015年，培育一批休闲农业乡村和星级休闲农业点。到2020年，确立广西休闲农业在全国的领先地位，培育一批具有国际知名度与影响力的休闲农业品牌。

3. 八桂特色农产品推广工程

到2013年，对广西特色农产品进行梳理、汇集，建立连锁或者有统一标识的展销中心及博物馆，以本工程为龙头，带动其他生产性的产业，如标准型果园基地、养殖基地，与旅游产品的展示基地进行配套，实现旅游资源的深度开发与休闲农业的开发相结合，互促互进。

4. 支撑体系建设工程

加快建设休闲农业公共服务平台，形成集休闲农业信息服务、管理咨询、营销推介、物流交易、虚拟展示为一体的现代信息支撑体系；制定休闲农业行业标准，规范休闲农业设施建设和服务；加强休闲农业设计研究体系建设，依托高等院校和科研单位建立一批休闲农业设计研究中心。

5. 从业人员培训工程

组织专家精心编撰培训教材，确保培训质量；依托各类培训机构，大力开展休闲农业管理和服务人员培训。到2015年，全区休闲农业从业人员大部分参加过专门培训；到2020年，形成专门的休闲农业咨询机构、服务组织和专门从事休闲农业管理和服务的专业人员。

6. 乡土民俗文化挖掘工程

乡土民俗文化是我国传统文化的瑰宝，也是休闲农业持续发展的灵魂。针对目前休闲农业区域同构和产品同质问题，"十二五"期间，要加大乡土民俗文化收集整理挖掘力度。按照传承与创新相结合的理念，就地取材挖掘田园文化，寻幽探微发扬山水文化，追根溯源传承建筑文化，去伪存真浓缩民俗文化，促进乡土文化创意产业发展，形成乡土民俗文化区，加快乡土民俗文化的推广、保护和延续。

二、近期重大项目

近期重大项目主要包括农业休闲重大项目、林业休闲重大项目和渔业畜牧业休闲重大项目。

农业休闲重大项目主要包括全区14条农业生态旅游精品线路建设项目，由

14个地级市各建设1条精品线路，每条精品线路由2~3个以上景点组成。

林业休闲重大项目包括"一带三集群五品牌"及10条森林生态旅游精品线路中的国家级森林公园、部分重点森林旅游景区的生态旅游设施项目建设。

渔业畜牧业休闲重大项目包括渔港、海岛、红树林、水产畜牧加工、水库垂钓、水生野生动物保护基地、斗马、斗牛、斗鸡观赏、野生畜禽保护区旅游等22个重点旅游景点项目建设。

全区休闲农业近期重大项目及投资建议见表8。

表8　全区休闲农业近期重点项目及投资建议

序号	名称	所属城市	投资规模（亿元）	建设期限（年）
1	广西东湖休闲农业示范园	南宁市宾阳县	12	2011~2016
2	中国—东盟（南宁）现代农业园	南宁市	10	2010~2016
3	上思金花茶生态种植观赏园	防城港市	10	2011~2014
4	阳朔县	桂林市	10	2010~2015
5	凌云万亩高产茶叶示范场	百色市	10	2011~2014
6	田阳现代农业科技园区	百色市	9	2008~2014
7	涠洲岛南珠文化休闲观光基地	北海市	7	2011~2014
8	三江丹洲古镇	柳州市	6	2010~2014
9	横县中华茉莉园	南宁市	6	2009~2013
10	八桂田园	南宁市	6	2008~2013
11	金满园休闲观光果园	南宁市	2	2009~2013
12	恭城县红岩村	桂林市	3	2009~2014
13	柳江百朋下伦的万亩藕海	柳州市	2	2010~2014
14	大爽河生态游乐景区	梧州	2	2010~2014
15	北海田野生态农业旅游区	北海市	2	2010~2013
16	柳江县成团镇	柳州市	1.5	2010~2013
17	田阳那生屯	百色市	1.5	2012~2014
18	盘阳河长寿养生观光农业带	河池市	10	2012~2015
19	福绵天河生态园	玉林市	1.5	2011~2014
合计			111.5	

资料来源：本表数据主要由笔者在相关规划编制过程中整理而来。

1. 拟开发重点项目

（1）广西东湖休闲农业示范园。

位置与建设期限。本项目拟建于南宁市宾阳县高速公路出口附近区域，建设期限为 2011～2016 年。

功能定位。循环农业、创新农业与科技农业生产及展示、田园观光、农业休闲娱乐、生态度假等。

投资规模与依据。本项目拟投资 12 亿元，在政府扶持下，主要通过吸引社会资金尤其是具有实力的投资商资本进行开发。投资规模与建设期限规划主要以启动资金测算和工程预算为依据。

项目开发设想。依托项目所在南宁市宾阳县的市场区位优势及空间区位和资源优势，按照现代休闲农业产业化经营体系配置的要求，以循环生态农业、创新农业、科技农业、绿色休闲产品为主题，开发展示现代循环农业产业链及多种与农业生态、农事活动有关的休闲农业项目，建立起集农业生产、田园观光、休闲娱乐、生态度假等功能于一体的综合型农业休闲区。

项目区分为三个功能区域：①农业循环经济生态园。通过农业生物链循环方案，将循环农业的生产、科学、生态与农产品加工融为一体，向游客展示有地方特色的农业循环经济生态园生产流程。②农业观赏体验园。通过多种乡村农业观赏类、休闲娱乐类项目的建设，形成观光、文化体验、餐饮、购物四大功能，使游客在欣赏清新田园风光的同时，通过劳作参与来感受淳朴的乡村生活和田野情趣。③生态休闲度假园。利用项目区的独特位置及生态资源，通过农业观光、户外休闲、运动健身和度假类设施及项目建设，打造成具有地方自然特色的生态休闲度假区。

（2）中国—东盟（南宁）现代农业园。

位置与建设期限：本项目拟建于南宁市，建设期限为 2011～2016 年。

功能定位：农业产学研基地：包括热带/亚热带现代农业生产、热作产业科研示范、科普教育、生态保护、旅游观光、休闲娱乐、劳作体验、特色购物等。

投资规模与依据：本项目拟投资 10 亿元，在政府扶持下，主要通过项目招商吸引社会资金进行开发。

项目开发设想：依托项目的交通区位优势，以土地、气候及农业等资源为载体，在科学分区的基础上，广泛种植类型多样、特色各异且具有较强的观赏、科研和文化价值的热带经济作物、花卉和水果等，形成内容丰富、功能协调的项目空间结构；同时积极开展与省内外农业高校、科研院所及相关企业的交流合作、共建共管等活动，将项目打造成为产学研一体化的热带/亚热带作物产业综合体验示范基地，力争成为广西热带/亚热带农业科研与产业开发的高端平台。

项目开发可按照广西热带/亚热带作物的基本类别，划分为热带/亚热带百花园、热带/亚热带百果园、热带/亚热带百粮园、热带/亚热带珍奇植物园等农业植物景观区，另外建立研发试验、科教培训、产品加工、休闲娱乐、劳作体验及特色购物等配套功能区，形成产学研结合、协调互补的热带/亚热带农业休闲示范园；同时应用多种现代农业技术并遵循低碳开发理念，按照适宜方式将农业生态、文化和科技元素融合注入不同类别的体验产品当中，充分展示本项目区产学研一体化的独特价值和良好发展前景，深化游客的学习和休闲体验效果。

（3）涠洲岛南珠文化休闲观光基地。

位置与建设期限：本项目拟建于北海市涠洲岛，建设期限为 2011～2014 年。

功能定位：南珠生产展示与体验、海上村落观光、渔事劳作体验、渔文化考察、南珠文化体验、特色餐饮与购物等。

投资规模与依据：本项目拟投资 7 亿元，在政府扶持下，主要通过项目招商吸引社会资金进行开发。

项目开发设想：借助北海涠洲岛港湾良好的渔业基础和交通条件、位于北海旅游市场核心、南珠养殖基地的优越区位条件，以南珠文化这一极具吸引力与特色的文化以及当地居民传统习俗和渔事文化为载体，依托传统的南珠生产空间，通过建立南珠历史展览馆、海上南珠文化中心和渔业休闲配套服务设施以及开展"海上村庄"观光、海上生活体验、涠洲人家习俗探访、渔业与珍珠生产过程考察、海洋渔事劳作体验、海上特色餐饮与购物等系列休闲渔业活动，充分展示当地渔业发展风貌、文化内涵及海岛独特的生活形态和传统习俗，打造国内外独具特色、参与性强的北海渔业与南珠文化休闲体验基地，同时通过与邻近旅游项目的联系与互动，构建多位一体的休闲旅游发展空间，形成北海一道亮丽的景色。

2. 进一步开发重点项目

（1）八桂田园——广西现代农业技术展示中心。

发展定位及现状：项目区位于南宁市西乡塘区凤岭路 18 号，总规划面积 10 万平方公里。园区是"全国农业科普示范基地"、"国家 4A 级旅游景区"、"全国农业旅游示范点"及"广西青少年科普教育基地"。

本项目目前已建成蔬菜、瓜果、花卉、种子种苗、生物肥料、基质等农作物生产及配套技术的工厂化农业设施，集"现代农业展示、新品种、新技术、新成果应用推广、农业科普技术培训、农业产业化经营和观光旅游农业"五大功能于一体。2001 年开园至今到八桂田园参观、学习、交流的国内外友人共计 300 多万人次。

进一步开发建议：在现有项目建设基础上，进一步充实内容、提升档次：一是在现有功能分区的基础上，增设农产品精深加工区、绿色食品体验选购区等项目，丰富园区展示及体验内容，增加游客逗留时间；二是加强生态停车场、绿色观光长廊等园区公共配套设施建设，完善综合管理与服务功能；三是为进行新产品研发和中试以及高层次人才交流提供良好平台。另外，要讲究项目设施的景观美学价值及其与园区环境的融合性，保证项目的高品位、高档次和示范性。

近期应结合农业部及广西休闲农业示范企业认定活动工作部署，积极开展推动建设工作，力争进入全国首批"休闲农业示范企业"名录，增强园区的品牌效应及其示范与辐射作用。

（2）上思金花茶生态种植观赏园。

发展定位及现状：上思金花茶生态种植观赏园，占地面积1500亩，其中种植普通种、显脉种金花茶600亩，种植区域良好的生态环境可供游客参观休闲。园内另外建设占地5亩的金花茶精品园，收集引种23种金花茶供游客观赏。有药师佛、金花茶王、观佛塔参观点、铁索桥、垂钓区、烧烤区、林下休闲区、药浴池等其他旅游设施。该园利用十万大山的美丽自然风光，把金花茶农业种植园的功能延伸，配套建设旅游设施，形成良好的经济与社会效益。

进一步开发建议：在现有项目建设基础上，进一步充实内容、扩大基础设施建设规模，加大营销力度：宣传介绍十万大山民族文化，让游客来到十万大山，实现美丽风光之旅（金花茶的美丽、十万大山的风光），文化之旅（十万大山的民族文化、中草药文化、金花茶文化），健康之旅（品金花茶保健饮品、吃药膳、十万大山大氧吧的户外休闲运动）。餐饮以民族药膳为主，利用十万大山的中草药，煲制各色风味药膳，供游客享用。

（3）横县中华茉莉园。

发展定位及现状：中华茉莉园从2007年开始建设，总体规划面积1万亩。以"国家级现代农业示范园区、国家级4A旅游景区"为建设目标，集生产、加工、科研、文化、旅游、观光于一体，涵盖茉莉花品种展示、种植技术应用推广、花茶文化等，是政府投资、管理的农业园区。

进一步开发建议：在现有功能分区及项目开发的基础上，利用园区内良好的生态条件，将其建成集茉莉花农业生产、景观展示、休闲游乐和康体疗养于一体的植物公园，使其在发挥生产、健身、娱乐等多重功效的同时，又能增加游客的休闲体验内容。

此外，以丰富多样的茉莉花植物资源为基础，以知名度和开发成熟度较高的品种为依托，定期举办"茉莉花文化节"等节庆活动项目，围绕相关主题策划一系列文化内涵丰富、参与性强、宣传效应好的活动，进一步将植物园打造为融科学性、文化性、观赏性、表演性、参与性、娱乐性等为一体的具有高端综合体验功能的休闲农业示范基地，提升其品牌文化的影响力。

（4）阳朔县。

发展定位及现状：以风景秀丽著称的阳朔县，位于广西壮族自治区东北部，桂林市区南面，属桂林市管辖，县城距桂林市区65公里。建县始于隋开皇十年

（590 年）。全县总面积 1428 平方公里，有耕地 2 万公顷，有汉、壮、瑶、回等 11 个民族。

"桂林山水甲天下，阳朔堪称甲桂林"高度概括了阳朔自然风光在世界上所占有的重要位置。属地为典型的喀斯特地形、地貌，"山青、水秀、峰奇、洞巧"为天下四绝，被誉为"中国旅游名县"。自 1978 年对外开放以来，阳朔共接待中外游客 1800 万人次，其中外宾 500 多万人次，共有 150 多位外国元首到过阳朔。

阳朔县资源丰富，粮食作物以水稻为主，年产量为 13 万吨。沙田柚、金橘、柿子、板栗为阳朔四大特产，1996 年被农业部确定为"中国沙田柚之乡"。2001 年，阳朔荣获首批广西优秀旅游县；2004 年，世界旅游组织定位：阳朔——休闲度假旅游目的地；2010 年，荣获首批全国休闲农业旅游示范县。

进一步开发建议：以休闲农业与乡村旅游为重点打造特色品牌。通过渔火节与金橘交易会的平台，把旅游业和农业有机结合，大力发展乡村旅游，全力打造世界级的休闲旅游胜地，走出一条具有鲜明特色的立足县级、面向农村、做强优势产业、促进经济发展的可持续发展之路。将休闲农业、乡村旅游相结合作为重要发展方向，拓展农业产业功能，促进农民增收，打造广西大力发展休闲旅游大省的龙头。

（5）三江丹洲古镇。

发展定位及现状：三江丹洲镇丹洲村位于三江、融安、融水三县交会的 209 国道旁，是三江侗族自治县明代、清代和民国时期县城所在地，现今尚存广西重点文物保护单位明代古迹丹洲书院、闽粤会馆、东门城楼、北门城楼、古城墙、怀远县城石刻地图等著名景点。岛上古县城丹洲村是全国农业旅游示范点、广西生态古城旅游村、广西双文明示范村、卫生示范村、无毒治安模范村、柳州市"十大美丽乡村"。丹洲村 2002 年起开发旅游，2004 年被评为自治区农业旅游示范点；2005 年成立丹洲景区公司，同年被评为全国农业旅游示范点。2009 年到丹洲旅游的游客达 40 万人次。丹洲村 2010 年获得国家 4A 级景区称号；2010 年 5 月，被广西农业厅确定为"生态农业旅游精品线路示范点"，是三江县休闲农业与乡村旅游示范区。景区以休闲度假、生态古迹游为主。

进一步开发建议：以生态古迹、奇花异草、奇石盆景、土特产品为依托，大力发展基础设施和旅游设施建设，全面构建整体型休闲农业乡村。突出休闲度假、文化旅游功能，进一步加强桂、湘、黔、粤等地自驾车游客"胜地"的市场地位。提高农民参与比例，建设农家旅馆和柚子、腊味、重阳酒、奇石盆景、工艺品、山货等特色产品商店，发挥景区社会效益，造福于民。

（6）柳江百朋下伦的万亩藕海。

发展定位及现状：柳江县百朋镇怀洪村下伦屯位于柳州市西南部，距离柳州市中心、柳江县县城分别为 25 公里和 13 公里，距离宜柳高速公路柳江出口仅 11 公里，交通便利。柳江县百朋镇下伦屯作为全国农业旅游示范点，全屯 90% 以上水田种植双季莲藕，所产的"玉藕"远销美国、日本、新加坡等国家和地区。莲藕丰收的同时，村民用漂亮的莲叶和荷花吸引游客，发展起农业休闲游。2010 年，该屯接待游客 10 多万人次，仅该项就创收 300 多万元。

进一步开发建议：进一步提升形象，扩大宣传，打造国内和区域闻名的莲藕产地和休闲度假胜地。

（7）恭城县红岩村。

发展定位及现状：红岩生态旅游新村位于恭城瑶族自治县南大门——莲花镇，距莲花集镇 1.2 公里，离县城 14 公里，交通和通讯十分便利。该村主要以种植月柿为主，红岩人依靠科技种水果，走上了富裕的道路。

2003 年初，该村积极响应县委、政府和镇党委、政府建设富裕生态家园新村的号召，按照"高起点、高标准、高质量、高要求"的思路进行统一规划建设新村。近年来，该村先后荣获全区生态富民示范村、全区农业系统十佳生态富民样板村、全国农业旅游示范点、"2006 年全国十大魅力乡村"绿色家园、全国生态文化村等荣誉称号。连续七届月柿节在红岩新村成功地举办，让红岩的旅游业更加红火，自 2003 年首届月柿节以来共接待游客近百万人次。

进一步开发建议：在党的富民政策指引下，稳步推进社会主义新农村建设，进一步扩大月柿节等节庆的吸引力。核心是提高休闲设施和项目的开发建设，提高可参与性、娱乐性，提高游客回头率，使之真正成为休闲消费型接待村庄。

（8）凌云万亩高产茶叶示范场。

发展定位及现状：项目区位于百色市凌云县，凌云白毫茶是全国 21 个优良茶品种之一，因其叶背长满白毛而得名。绝大部分生长在海拔 800～1500 米的岑王老山、青龙山脉，常年云雾缭绕，孕育了凌云白毫茶独特的品质，早在 1915 年的巴拿马国际博览会上，凌云白毫茶就荣获二等奖。作为白毫茶原生地的广西百色市凌云县，多年来始终把茶叶生产作为农民增收的特色产业、主导产业来抓，先后投入 6000 多万元发展茶叶生产，至 2002 年底，全县茶叶面积发展到 8 万多亩，覆盖全县 10 个乡镇 7000 多农户，该县也成为了广西茶园面积最大的产茶大县和全国有名的产茶区之一。2003 年凌云浪伏有机茶场生产的汇珍有机茶获得欧盟国际生态认证中心的"有机茶生产基地"认定和有机产品认证以及美国农业部有机产品认证。

进一步开发建议：在现有项目建设基础上，将有机茶作为一个品牌、一个标准推向全县茶场，计划用 3～5 年提高有机茶单产，建立万亩高产茶叶示范场。

第八节 保障措施

广西休闲农业的发展离不开政府部门的领导与支持，要更好地贯彻落实规划中的具体措施，必须重视休闲农业发展政策的作用通过加大对休闲农业品牌的营销力度，加快休闲农业形象建设，达到保障休闲农业规划的顺利实施的目的。

一、提高对休闲农业的科学认识

1. 提高对休闲农业发展意义的认识

从自治区到地方各级农业主管部门，从政府到企业及个人，均要提高对休闲农业发展的认识，使全社会形成因地制宜大力推进休闲农业，科学发展休闲农业的良好氛围。首先，要"以人为本"，认识到发展休闲农业在提高农民收益，转移农村剩余劳动力的重要作用；它也是促进农业产业结构调整，加快农业转型升级，建设社会主义新农村的有效途径，是改善我国"三农"问题的重要渠道之一。其次，要认识到休闲农业产业的发展是农业与旅游业的产业融合的结果，是带动交通、住宿、餐饮、娱乐、商业购物等产业综合发展，繁荣区域经济的助推器。最后，要认识到休闲农业对于满足城镇居民多样化个性化的休闲需求，加快非城镇区域经济社会发展，促进"城"、"乡"双赢发展格局，实现城乡统筹协调发展的重要作用。

2. 提高休闲农业科学发展理念的认识

农业产业优势并非一定能够转化为旅游产业优势，发展休闲农业应遵循旅游经济发展的一般规律，因地制宜，避免遍地开花。但同时也要高度认识到农业资源开发利用的价值性与多面性，形成休闲农业深度开发的基本理念。在整体上，休闲农业发展应实现产品的知识性、趣味性、参与性、娱乐性与休闲性，将农业生产（农作物、农耕活动、农具、家畜家禽）、农民生活（农民特色、日常生活、农村文化、庆典活动）以及农村生态（农村气象、地理、生物以及景观）均纳入到开发的范畴之中，避免休闲农业产品的单一化、陈旧化或发展模式僵化。在局部上，休闲农业发展应在系统调查和分析本地域的区位条件、资源优势、市场客源及周围环境条件的基础上，明确区域功能定位，因地制宜，合理布局，确立发展目标，制定发展方向，突出地方特色，挖掘地方休闲农业文化内涵，打造形象鲜明的地方休闲农业发展品牌，形成差异化的休闲农业发展格局。

二、强化发展休闲农业的组织领导

由自治区农业厅牵头，成立与自治区旅游局联合构成的全区休闲农业发展指导委员会，定期召开全区休闲农业厅协调工作会议，研究制定全区休闲农业发展战略，协调解决广西休闲农业发展中涉及的跨部门、跨行政区等重大问题，强化对广西休闲农业发展的协调管理和公共服务职能。组织工作要做到有领导、有机构、有人员、有规划、有重点、有检查、有评比。在宏观调控、发展规划、宣传促销、市场监管以及环境营造等工作上，形成主要领导亲自抓、分管领导权力抓、相关部门具体抓的工作机制，实现加快广西休闲农业发展的部门联动合力。

三、增强休闲农业发展的政策支持力度

1. 新增政策

《关于加快发展广西休闲农业的指导意见》。在农业厅的推进下，由广西壮族自治区政府颁布《关于加快发展广西休闲农业的指导意见》。意见可从加快发展广西休闲农业的重大意义、指导思想、基本原则、发展思路、预期目标以及政策措施等方面为广西休闲农业指明发展方向。并在规划与建设、投资与融资、产业发展、经营方式、产品开发、财政税收等方面予以引导，提高各级部门的重视程度与支持力度。

《广西休闲农业标准化经营管理指导标准》。在"指导标准"中，应包含广西休闲农业示范县评选标准、广西休闲农业示范点评选标准，广西休闲农业（农家乐）服务质量等级评定评分标准，广西休闲农业庄园软硬条件评分标准等。同时，对休闲农业经营者的人才培养进行指导，注重培养休闲农业管理、艺术、园林、导游等方面的专业人才。

2. 新增政策的内容要点

在土地政策方面，贯彻落实《国土资源部、农业部关于完善设施农用地管理有关问题的通知》精神，对广西休闲农业用地管理制度进行规范与细化。鼓励各地整理荒山、荒坡、荒滩，复垦整理建设用地和废弃园地、鱼塘、林地，盘活集体存量土地等发展休闲农业。休闲农业用地应当符合乡镇土地利用总体规划，充分利用现有集体建设用地，不占用基本农田，不改变农用地性质，不修建永久性建（构）筑物，期满恢复农业用途，各地将休闲农业用地纳入农业用地范畴，可在5%的用地范围内发放建筑（土地）使用权证。

此外，发挥广西沿海沿边的区位优势，实行更开放的出入境政策、产业扶持政策、市场准入政策、灵活的审批政策，推进广西休闲农业快速发展。

四、加强区域休闲农业的深度开发与规划

广西各地方在乡村自然风貌、农作物特色以及历史文脉上各有差异，发展休闲农业应进一步加强资源整合与深度开发，做好区域性休闲农业发展规划，突出地方特色。为此，一是要认真调查各区域的休闲农业资源，充分发挥区位优势和资源优势，合理开发农业资源、农业产品和农耕文化，以市场需求为导向，大胆借鉴意大利、法国、日本等国外休闲农业产品的开发经验以及我国东部地区成熟的开发模式，准确把握市场需求的变化规律，高起点开展策划，深度挖掘休闲农业产品的多重附加值。二是要科学地确定区域性休闲农业发展的功能定位，选择具有较强竞争力的农业资源作为"拳头"产品重点包装。围绕核心产品进行系统的旅游功能区划、景观布局以及基础服务设施。三是要认真调查分析客源市场，确定游客构成、消费能力以及取向，开发层次适应的项目产品，防止重复建设及恶性竞争。

五、拓宽休闲农业投资渠道

在资金渠道上，采取政府主导，社会以及广大农户多方参与的方式，争取各种经费，坚持"国家、地方、部门、集体、个人一起上"，大力拓展民间投资渠道和领域，努力形成政府引领性投资与社会经营性投资的良性互动，灵活建立"国有民营"、"集体经营"、"联户经营"、"个体经营"、"股份制经营"等多元化的经营体制以及"公司＋农户"、"农户＋基地"的运作机制。

在政府方面，采取多部门联合投入的方式，优先投入资金完善广西休闲农业示范点的交通、通讯、供水、排水、供电、环境治理、安全保障等，积极开展示范点评比以及宣传促销等工作。其中，农业部门应结合国家"三农"扶持政策，对广西休闲农业发展提供必要的资金支持；旅游部门应结合广西旅游产业发展的总体布局，对休闲农业的宣传促销予以一定扶持，着力支撑广西休闲农业发展的引领性宣传促销；交通部门应优先支持广西休闲农业示范点等区域的道路升级建设；工商部门、发改委等部门应对广西休闲农业项目给予必要的优惠政策，以税收优惠的方式鼓励国内外企业以独资、股份制或合资合作经营等方式开发广西休闲农业。在金融方面，应把支持休闲农业列入信贷支持的范围。在风险可控的前提下，鼓励金融机构开发适应休闲农业发展的企业金融产品。建立健全休闲农业融资担保体系，完善休闲农业投融资担保制度。在金融部门和银行支持下，成立休闲农业项目担保公司，为发展前景良好的休闲农业项目、中小企业以及农户设立担保基金。

六、加强标准化建设与分类指导

在标准化建设方面，制定涉及休闲农业基础设施、管理规范、服务标准、安全卫生、环境保护等方面的相关标准和良好操作规范，规范休闲农业管理，使休闲农业服务质量管理系统化、标准化和制度化。鼓励和支持组建休闲农业行业协会，开展休闲农庄标准化星级评定推荐工作。应尽快建立休闲农业内部标准化管理体系。根据各个休闲农业园服务质量和质量管理的实际情况及休闲者对休闲农业服务质量的具体要求，分阶段确定服务质量管理目标、工作方针、工作步骤等，以保证服务质量稳步提升。建立服务质量责任制，明确休闲农业园相关人员的责、权、利，建立内部管理机构，确保服务质量保证体系高效运行。健全标准化的食品安全监管机制，确保各类休闲农业点的食品卫生安全。同时，联合政府相关部门以及行业协会，逐步建立标准化休闲农业信息化平台，建立休闲农业信息预告制度，并通过网络及时发布广西休闲农业的综合资讯，适时推广广西各大区域休闲农业的闲暇设施、利用状况、产品特色、交通路况、游览线路以及促销信息，增强广西休闲农业的信息传递的规范性与效率。

在分类指导方面，要根据广西休闲农业发展的类型和模式，选择发展基础条件不同、经营模式各异、发展效果良好的休闲农业旅游目的地作为试点，联合相关部门，针对不同类型的休闲农业产品制定差异化指导方案，为广西休闲农业的发展奠定基础。

1. 按产品类型分

"农家乐"型产品的提升应立足区域农业特色，引导群众调整种养殖结构，注重发展观赏、采摘、新奇的花卉、水果等农作物种植，打造出各具特色的"农家乐"要素。

"农业庄园"型产品的提升应依托规模化、标准化农作物种植基地，形成成片的农业观光景观，并配套富有文化创意的休闲、健身、科普、娱乐等旅游项目设施，从而形成景色壮丽、功能齐全的"农业庄园"。

"农业示范园"型产品的提升应以现代农业技术和设施为依托，系统展示现代化农业生产、自动化管理、科学栽培以及丰富的绿色农产品，并不断创新盈利模式、延伸产业链条，将"安全有机农产品"、"高效定点物流配送"与"休闲农业旅游市场"有机结合，形成寓教于乐、多元化盈利的亮丽现代农业风景线。

"农业度假基地"型产品的提升应以文化创意为依托、以规模化投资为基础，建设具有商业性的，休闲、养生、体验为核心的农业度假基地。

2. 按参与主体分

"政府＋农户"的开发模式中，政府担当投资商的角色，由政府争取各类资金对旅游点内的基础设施进行完善，并对旅游点进行管理、宣传促销；农户农业旅馆的建设则由政府提供担保，由农户向信用社贷款。采取政府加农户的开发模式，政府要充分利用国家政策，科学利用上级项目投入，完善基础设施的建设，引导村民参与农业旅游的开发经营。前期由政府旅游部门引导管理，逐步过渡到由村民自主开发经营上来。

"农户自发组成实体自主开发"的模式要求在政府的指导下，村民自发组织成立诸如休闲农业协会、旅游管理公司等机构，负责休闲农业旅游点的管理、维护与宣传。村民建设休闲农业旅馆的资金，通过自筹和农村信用社给予支持。对休闲农业点内的基础设施建设投入，主要结合新农村建设，向上争取资金。政府部门则加强指导和协调，通过有组织、有针对性的培训，使村民不断积累休闲农业旅游管理经验，并在发展资金等方面给予积极支持。

"投资商＋农户（农村集体组织）"的开发模式则须通过招商引资对农业旅游示范点进行规模化开发，弥补政府和农业旅游投入不足，也弥补村民农业旅游经营管理经验的不足。在开发过程中要注意妥善地处理好投资商与村民的利益关系，避免由于旅游开发而使村民利益受到损害以及投资商信心受到影响的现象发生。

七、加大品牌营销宣传力度

增强对广西休闲农业营销宣传的重视程度，建立从区政府到地方政府，从企业到农户的多层次营销主体体系，综合运用多种营销手段和渠道，借助多种媒体，系统规划未来若干年内每年的差异化营销造势方案，实现"一波推动一波"的主题式营销，不断扩大广西休闲农业的影响力。

1. 营销主体

在营销主体上，打破传统营销中单一依赖企业或单一依赖政府的模式，建立起多层次的营销主体体系。区政府层面，农业主管部门应主动与旅游部门合作，充分利用好政府每年划拨给旅游部门的营销专项经费，将广西休闲农业形象展示有机融入到广西旅游业每年的营销计划之中。地方政府层面，农业部门应通过举办展览会、学术论坛、会议、参观调研以及专项培训等活动，加强宣传与推广，扩大地方休闲农业的影响力。企业以及农户层面，则应积极加强与旅行社的合作，加强与周边景区、景点的客源互荐战略性合作。

2. 营销手段

在营销手段上，广西休闲农业不同营销主体可供采用多样的营销策略手段。广告作为一种常用的营销手段，包括电视广告、平面媒体广告、网络广告等方式。广西休闲农业一方面可重点针对珠三角、长三角以及周边重点城市开展广告营销；另一方面针对广西现有的重点目的地城市客源，运用广告媒体吸引现有的旅游客源，利用休闲农业产品延长游客停留时间。活动可以成为广西休闲农业营销宣传的重要渠道。借助节庆活动、商业活动、会议活动、展览活动以及调研考察活动等形式，广西休闲农业可精确定位目标客户群，提高营销效果。公关是塑造广西休闲农业品牌，拓展影响力的手段之一。它可以通过新闻发布会，各种优秀称号等荣誉，不断提升受众的心理接受程度，提高品牌的知名度、美誉度和品牌影响力。网络则是信息时代传播速度最快，传播范围最广，传播效果最理想的渠道之一。休闲农业营销可利用网络建立企业或商户电子商务平台，实现休闲农业旅游产品的在线浏览、网上预定、网上团购、网上咨询以及网络分享等功能。

3. 营销时机

为了尽快打开广西休闲农业发展的局面，营销时机的选择应把握"主题化营销，年年有新意"的营销理念，使广西休闲农业在一年又一年、一波接一波的营销造势推动下形成强大的社会知名效应。具体而言，就是在规划的未来数年内，结合国家政治环境与社会经济发展的需要，系统策划每年一个广西休闲农业的营销主题。结合相应主题，广西每年着重包装一批、推广一批广西休闲农业精品旅游点。通过主题化营销和推陈出新，能够不断吸引消费者眼球。同时，通过营销主题的切换，也有利于鼓励广西休闲农业不断朝着精品化、差异化的方向发展。

八、加快休闲农业形象建设与推广

1. 休闲农业形象建设

在确立并统一对外促销的品牌形象和宣传口号的基础之上，应全面策划、设计和实施休闲农业品牌形象传播的"五个一"工程，内容包括：形成各个市县鲜明的休闲农业品牌形象；高起点、高标准设计、制作，广泛传播休闲农业旅游手册；高起点、高标准设计、制作，广泛传播（同时剪辑成5秒、15秒、30秒广告片）全区和各市展示休闲农业形象风光片；在现有旅游网站基础上，策划、制作一个内容丰富、互动性较强的休闲农业旅游网站；倡导一系列各市县独有的休闲农业体验主题：如"乡村美食"主题游、"土特产商贸"主题游、"滨海渔家"主题游等。

2. 休闲农业形象推广

（1）各部门、旅游企业整合推广。部门策略：休闲旅游农业是一项综合性的工程，要做好这个大文章，要整合多个社会领域的资源形成合力。需要以旅游部门为主，充分发挥其在旅游方面的优势，再协调交通、林业、水利、农业、水产畜牧等部门及行业的资源着力打造，选择几个条件好、易于复制和推广的项目，使其成为全区乃至全国知名的旅游品牌；媒体策略：与宣传、广播、电视、出版等部门密切配合，开辟专题、专栏，出版休闲农业音像制品和书刊，经济合作等部门应结合经贸活动与招商引资工作进行宣传促销，宣传、外事部门要适当安排国外宣传媒体来采访考察，多层次、宽领域、全方位地宣传休闲农业旅游形象；旅游企业策略：整合各级政府、旅游企业、旅行社、旅游代理商和经销商、媒体、社会等方方面面的力量，以突出各市休闲农业主题为目标，规划设计主题旅游线路。

（2）休闲农业景区（点）整合推广。联合组织共同参加各种国内、国际旅游交易会或展销会，联合举办大型宣传促销会，加强旅游网站的联系，互相加入链接；整合各景区（点）共同和相互的客源市场，创造合力，培育共同市场，增加客源。

（3）广西"休闲农业推进年"计划推动。突出六项重点，开展三大评比：结合"一村一品"建设，着力打造一批田园生态型休闲农业名镇名村；结合农业科技园区建设，着力打造一批科普教育型休闲农业基地；结合新农村"百村示范"工程，着力打造一批民俗风情型休闲旅游新农村示范点；结合农户庭院经济建设，着力打造一批农家乐型休闲农业旅游点；结合各地特色节会重大活动，努力提升全区休闲农业影响力；结合休闲农业摄影大赛，多方扩大广西休闲农业知名度。并通过开展广西"十佳休闲农业名村"、"十佳休闲农业节庆"及"十佳休闲农业产品"的评选，增强各县区的重视和社会氛围。对评选上的单位，将通过制作宣传手册派送到各市宾馆饭店、旅行社、车站、机场；在报纸、电视、电台开设专栏，同时通过其他宣传方式进行集中宣传推介。

九、确保休闲农业的可持续发展

广西休闲农业发展以科学发展观为指导，并采取一系列措施规范企业和个人行为，实现休闲农业的可持续发展。为此，首先，要对目前大多数休闲农业的服务设施、郊区疗养院、会议中心、培训中心等设施进行全面评估和整合，提高经营管理水平，降低对生态环境的影响。其次，对于污染水源地的、易导致水土流失的、易堵塞河道的以及过度抽取地热水源的休闲农业项目要坚决予以整改。新建的休闲农业项目必须经过科学的专家论证，严禁在水源地、山区河道以及易发生地质灾害的区域建设各类休闲农业项目。最后，重视保护休闲农业发展的自然景观和生态环境，提升乡村环境质量，防止农业污染，杜绝休闲农业发展导致的破坏性开发，维持生态平衡。在旅游旺季和接待高峰期严格控制游客数量，不能超过休闲农业旅游点的环境承载力。同时，要重视乡村文化和具有地方特色的原生态农耕文化的保护，实行开发与保护相结合，继承与发展相结合。

案例分析

《广西休闲农业中长期发展总体规划》是广西大学旅游科学研究院受广西壮族自治区农业厅委托编制的旅游发展总体规划，属于区域旅游规划范畴。它是在可持续发展思想和生态理念广为国民接受并付诸行动、旅游者追求回归自然、返璞归真、崇尚自然、特色区域经济大发展的背景下，依据区域旅游规划理论原理进行规划的。规划以科学发展观为指导，立足广西休闲农业资源优势，围绕"富民强桂"的基本战略目标，以农业生产经营活动为主体，以旅游市场为导向，以农民增收为主线，在对广西休闲农业旅游资源和旅游市场进行调查的基础上，经过项目编制团队深入各个旅游区进行反复调研和多次召开地方政府、学者专家论证会的基础上编制而成的，并于 2011 年 12 月举行由国务院农业部、中央党校及清华大学等专家组织的专家评审会，规划获得评审组成员一致好评，并顺利通过评审。

一、规划的特色——框架体系特色

本规划框架体系内容除了严格执行《旅游规划通则》的条款之外，还根据市场和广西的区位优势，有弹性地进行了创新，这些框架体系创新点主要表现在：一是十分强调休闲农业发展应始终坚持"独创与联合并举"的发展思路与方略的规划新理念，并将其贯穿全规划之中，具体为规划中的《资源条件与优势》、《客源市场分析与评价》、《发展战略与目标》、《空间布局与产品开发》、《重点工程与项目》等篇章均体现了这样的特色。二是规划十分重视旅游业的可持续发展和生态环境的保护，力求旅游资源开发与生态环境互动共生发展，在规划过程中始终将生态理念和可持续发展思想贯穿其中，体现了当今及其未来旅游发展态势。具体表现在规划中的《发展战略与目标》、《空间布局与产品开发》、《保障措施》等章节内容。三是十分重视以旅游市场为导向进行规划编制，并且注重适当的引导市场消费潮流。当今，旅游市场出现了多元化，但绿色、健康、生态当前及其未来至少 10 年内将成为旅游市场消费的热点，根据对旅游市场发展规律特征及其发展前景，规划中的《客源市场分析与评价》、《空间布局与产品开发》、《重点工程与项目》等章节就体现了这一特色。

二、规划理念特色

规划理念是旅游规划的灵魂，是贯穿整个规划的指导思想，也是能否体现规划特色的最大亮点，规划的理念将决定规划实施的成败。通俗地讲，规划的理念就是点子，好的点子可以快速地促进地方社会进步、经济发展；不好的点子则反之。规划文本内容如何，在很大程度上取决于其规划理念是否反映规划界当前普遍认可的发展理念，而在本规划中始终灌输着生态、可持续发展、人文关怀等文明理念。

一是生态理念。生态包括人文生态和自然生态，生态也是人类生存所依托之本，因此，必须十分重视生态问题，规划中对广西的人文生态（地方性文化）

和自然生态（"一轴两翼、四十强战略"中的休闲农业景点）等进行深入调查，并从指导思想、基本原则、战略目标、战略任务、空间布局和产品开发等多方面多层次地强化这一理念，比如在对南宁、桂林、柳州等市县休闲农业产品规划时，提出打造精品景点、精品线路等内容无一不体现了保护生态环境这一理念。

二是可持续发展理念。在规划上，广西休闲农业中长期发展总体规划也十分强调可持续发展的理念。在发展战略与目标章节上体现了旅游的可持续发展理念。同时，在旅游可持续发展理念的体现上，规划也十分重视可持续发展理念的核心内容——人文关怀。人文关怀主要体现在最后一章保障措施方面上，如"提高对休闲农业的科学认识"中提到要"以人为本"，认识到发展休闲农业在提高农民收益，转移农村剩余劳动力的重要作用等。

如前所述，旅游规划是分为不同类型的，不同类型的旅游规划都有不同的要求，区域旅游规划更多的是从区域的视野对整个规划范围做一个总体的布局，并提出发展的目标与步骤，然而，随着我国旅游业发展的不断成熟，国家也不断出台规范旅游的法律法规与政策，但国家的法律法规都是从宏观上对我国旅游业发展作出法律依据以及规范标准化要求的，具体的操作还需要规划人员从社会发展和市场需求出发，依据实际情况，为地方做出科学、合理、可操作性强的规划文本，为地方经济服务。《广西休闲农业中长期发展总体规划》正是秉承了国家法律法规一级相关国家标准的基础上有所创新，对整个广西休闲农业产业做出了总体的布局与描绘，因此，这个规划具有规范性、科学性和可操作性。

然而，该规划也存在一些有待提高与完善的地方，主要表现在对旅游市场的调查分析不够到位，对旅游产业经济体系指标规划不够系统、对其他相邻省市以及所在的区域——中国与东盟自由贸易区、泛珠三角区域如何联动以及借助外力发展广西休闲农业旅游等区域旅游的规划力度不够。

参考文献

［1］中华人民共和国国家标准《旅游规划通则》（GB/T—2002）.

［2］国家旅游局人事劳动教育司．旅游规划原理［M］．北京：旅游教育出版社，1999.

［3］杨永德．浅论特色旅游资源的规划［J］．旅游论坛，2003（1）.

［4］杨永德．生态旅游新诠释［J］．旅游论坛，2004（12）.

［5］朱玉槐，刘伟．旅游学［M］．广东：广东旅游出版社，1999.

［6］王兴斌．旅游产业规划指南［M］．北京：中国旅游出版社，2000.

［7］李肇荣．旅游规划论纲［M］．南宁：广西美术出版社，2004.

［8］杨永德．广西旅游资源开发思考［J］．学术论坛，2000（5）.

［9］王兴斌．旅游规划与国际标准接轨初探［J］．中国旅游报，1999（3）.

［10］杨永德．改变漓江旅游方式探讨［J］．学术论坛，2005（3）.

［11］吴人伟．旅游规划原理［M］．北京：旅游教育出版社，1999.

［12］吴人伟．旅游规划方法论［M］．上海：同济大学出版社，1999.

［13］杨永德．我国西部发展旅游业对生态环境影响的思考与建议［J］．经济与社会发展，2003（10）.

［14］范业正．以产品为中心的旅游规划方法［J］．旅游学刊，2001（4）.

［15］尹泽生．区域旅游开发中资源表达方法［J］．北京联合大学学报，2003（1）.

［16］杨永德．浅论我国西南部区域旅游业合作发展［J］．广西大学学报，2002（9）.

［17］谷上礼等．试论遥感技术在旅游资源调查、旅游规划工作中的应用［J］．国土资源遥感，1993（10）.

［18］王旭科．试论旅游规划运行机制的优化［J］．旅游学刊，2004（6）.

［19］杨永德．我国西南地区区域旅游合作研究［J］．旅游论坛，2001（12）.

[20] 刘丹萍，阎顺．关于旅游环境保护规划的探讨，以新疆克拉玛依市为例 [J]．新疆环境保护，2001（23）．

[21] 孟永琴．浅谈旅游环境保护 [J]．山西广播电视大学学报，2004（4）．

[22] 娄世娣．旅游商品开发及其营销策略 [J]．中国市场，2006（18）．